교육심리학

- 이론과 실제 -

| 신현숙 · 오선아 · 류정희 · 김선미 공저 |

Theories and Practice in Educational Psychology

학지사

2판 머리말

이 책의 초판이 출간된 지 1년여 만에 2판을 내게 되었다. 초판을 집필할 때 저자들은 교사 임용을 목표로 공부하는 예비교사들에게 교육심리학의 내용을 이해하기 쉽게 전달하고 교육심리학 이론에 대한 기초지식을 교육현장에 응용해 보는 기회를 제공하는 데 목표를 두었었다. 그럼에도 초판의 출간 이후 부족한 점이 눈에 들어와, 지체 없이 2판을 준비하게 되었다. 이번 개정판에서는 교육심리학의 기초 내용과 핵심 주제를 충실히 포함하려는 초판의 원칙을 준수하면서, 예비교사들이 교육심리학의 이론을 교육현장에 적용하려는 태도와 교육현장의 문제를 선제적으로 이해하고 예방하는 역량을 키우는 데 더 초점을 맞추었다.

2판에서도 초판의 전체적인 구성은 그대로 유지하였다. 제1장은 교육심리학의 기초를 소개하고, 제2장과 제3장은 학습자의 인지, 성격, 사회성, 도덕성의 발달이론과 교육적 시사점을 서술하고, 제4장과 제5장은 지능과 창의성, 학습동기라는 개인차 변인에 관한 내용을 다루고, 제6장과 제7장은 학습을 설명하는 대표 이론인 행동주의 학습이론과 인지주의 학습이론 및 교육적 시사점을 서술하고, 제8장은 구성주의 인식론에 기초한 학습과 수업의 방법을 소개하고, 제9장은 수업설계를 위한 대표적 교수이론을 제시하며, 제10장은 학급운영과 문제 예방 및 대응 방안에 대해 살펴본다.

2판의 가장 중요한 특징은 교육심리학의 여러 이론이 실제 교육현장에서 어떻게 적용될 수 있는지, 교육심리학을 잘 배운 교사가 효과적인 학교수업과 학생지도를 위해 무엇을 어떻게 하는지를 배우는 데 도움이 될 만한 내용을 초판보다 좀 더 많이 담아내려고 노력했다는 점이다. 이를 위하여 교육심리학 이론에 기초하여 학생을 이해하고 가르치며 발달을 돕는 활동에 관한 내용을 본문에 좀 더 보완하였고, 초판에서는 일부 장에만 제시했던 '이론 적용 활동'을 모든 장에 제시하였다. '이론 적용 활동'은 각 장에서 배운 이론이나 주요 개념을 수업과 학생지도뿐만 아니라 일상생활에 적용해 보는 기회를 제공한다. 이러한 활동을 통해 예비교사들이 수업이나 학생지도와 관련된 사례를 다루어 봄으로써 현장수업 역량을 키울 수 있을 것으로 기대된다.

또한 2판에는 학생 이해 및 지도와 관련된 교육부 활동과 권고사항을 일부 소개하였다. 교육부에서 온라인 또는 서면으로 실시하고 학교현장에서 그 결과를 활용하는 '학생정서 · 행동특성검사'와 최근 개정된 '학교생활기록부' 기재요령의 내용을 간략하게 소개함으로써 예비교사들의 학교현장 이해력과 적응력을 높이고자 하였다.

마지막으로, 초판을 가지고 교직수업을 수강했던 학부 학생들이 모호하다고 지적하거나 질문했던 부분을 좀 더 명료하게 작성하여 가독성을 높이고자 하였다. 일부 사례나 예시도 이론과 실제에 좀 더 관련되도록 고쳤고, 모호한 사진이나 일러스트는 수정하거나 교체하여 의미가 분명하게 전달되도록 하였다.

이번 개정 작업을 마무리하면서도 교육심리학의 이론을 실제에 연계하는 교재를 쓰고자 했던 원래 의도가 충분히 충족되지 않아 아쉬움이 남는다. 또한 저자들의 노력에도 책의 내용, 구성, 사례, 일러스트, 표와 그림, 자료의 측면에서 부족한 점이 남아 있다. 그러나 초판에 비해서는 교육심리학의 실제가 조금이나마 보완되었다는 점에 안도하면서, 부족한 점은 앞으로 계속해서 수정하고 보완해 나갈 것이다.

이 책을 쓰고 개정하기까지 많은 분의 도움이 있었다. 이 책의 초판으로 공부하면서 저자들에게 날카로운 질문을 던져 저자들로 하여금 개정 작업을 신속히 시작하게 만든 모든 학생에게 한편으로는 미안한 마음을, 다른 한편으로는 고마운 마음을 전한다. 그리고 이 책의 출간을 물심양면으로 지원해 주신 학지사 김진환 사장님과 편집부 황미나 선생님께 깊은 감사를 드린다.

2020년 6월

저자 일동

1판 머리말

교직이론 과목 중에서 교육심리학은 가르치고 배우는 과정과 관련된 인간 심리에 대해 연구하는 학문이다. 교사가 교육심리학을 충실히 공부하면, 교육의 목표를 효과적으로 달성하는 데 도움이 되는 방향으로 교육실제를 개선하는 방안을 찾을 수 있다. 그렇기 때문에 교육심리학은 교직을 이수하고 있는 예비교사와 교육학을 전공하는 학생들이 반드시 공부해야 할 과목이다.

이 책의 저자들은 특히 교사 임용을 목표로 공부하고 있는 예비교사들이 교육심리학의 내용을 쉽게 이해하고, 교육심리학의 기초지식을 교육현장의 문제해결에 응용하는 데 필요한 교육심리학 교재를 집필하고자 하였다. 이 책의 앞부분에는 교육심리학의 발전에 기여한 주요 학자들의 업적을 시간 순서대로 나열한 타임라인을 제시하였다. 이를 참조하면 독자들이 교육심리학의 탄생과 발전 과정을 파악할 수 있을 것이다. 또한 각 장의 끝에 주요 용어와 탐구문제를 제시하여 해당 장의 핵심 내용을 정리하고 복습할 수 있게 하였으며, 일부 장의 끝에는 그 장에서 배운 이론을 실제에 응용하는 '이론 적용 활동'을 해 볼 수 있게 하였다.

교육심리학은 가르치고 배우는 과정에 관련된 인간 심리의 다양한 요인을 다루는 학문이지만, 인간발달, 교수, 학습에 관한 이론을 핵심 주제로 하고 있다. 따라서 이 책에서는 교육심리학의 핵심 주제를 충실히 다루고자 하였다. 총 10개 장 가운데 교육심리학의 기초를 소개한 제1장과 학급운영을 다룬 제10장을 제외하고, 나머지 8개 장에서 인간발달, 교수, 학습에 관한 이론과 교육적 시사점을 중점적으로 제시하였다.

제1장은 교육심리학의 기초를 소개하는 장으로 교육심리학의 의미, 학문적 발전배경, 연구방법을 안내한다. 제2장과 제3장은 인간발달을 설명하는 이론들을 소개한다. 제2장에서는 인지발달이론을 대표하는 피아제(Piaget)와 비고츠키(Vygotsky)의 이론과 그 교육적 적용을 논의하고, 제3장에서는 성격 및 사회성 발달이론을 대표하는 프로이트(Freud)의 심리성적 성격발달이론, 에릭슨(Erikson)의 심리사회적 성격 및 정체감 발달이론, 콜버그(Kohlberg)의 도덕성 발달이론, 셀먼(Selman)의 사회적 조망수용 발달이론, 호프먼(Hoffman)의 감정이입 발달이론과 그 교육적 시사점에 대해 공부한다. 제4장과 제5장은 학습자의 개인차에 관한 내용을 다룬다. 제4장에서는 지능의 구성요소와 기능을 설명하는 다양한 이론과 지능검사 점수에 대한 올바른 이해, 창의성 이론과 창의성 증진 방법을 배운다. 제5장에서는 학습동기이론을 다루고, 학습동기에 영향을 주는 변인들을 검토하며, 학습동기 증진 방법에 대해서도 고찰한다. 제6, 7, 8장에서는 학습이론을 공부한다. 제6장은 행동주의 학습이론과 교육적 시사점을 다루는데, 특히 파블로프(Pavlov)의 고전적 조건형성 실험, 스키너(Skinner)의 도구적 조건형성 실험, 밴듀라(Bandura)의 사회학습이론에 대해 논의한다. 제7장은 행동주의 도그마에 도전하면서 인지과학의 길을 마련한 형태주의 심리학(gestalt psychology, 게슈탈트 심리학)과 톨먼(Tolman)의 잠재학습 실험 그리고 최근의 정보처리이론과 신경망 모형 등 인지주의 학습이론과 교육적 적용을 제시한다. 제8장은 교사와 학생의 역할, 학습환경, 교수설계 등의 측면에서 대조를 이루는 객관주의와 구성주의를 비교하고, 구성주의 중에서 개인적 구성주의와 사회적 구성주의를 비교한다. 또한 구성주의 학습이론을 적용한 상황학습이론, 인지적 도제제도 등에 대해서도 살펴본다. 제9장에서는 교수이론을 소개하는데, 오수벨(Ausubel)의 유의미학습이론, 브루너(Bruner)의 발견학습모형, 캐롤(Carroll)의 학교학습모형, 가네(Gagné)의 학습조건모형뿐만 아니라 켈러(Keller)가 기존의 ARCS 이론의 연구결과를 통합하여 제시한 동기설계의 접근을 배운다. 마지막으로, 제10장은 학급운영의 기초와 실제, 학생의 성장에 도움이 되는 교사의 태도, 문제 예방을 위한 학급운영 기법, 발생한 문제에 대응하기 위한 사후방안을 살펴본다.

제1장과 제10장은 신현숙, 제2장과 제3장은 김선미, 제4~6장은 류정희, 제7~9장은 오선아가 집필하였다. 이처럼 각 저자의 주요 관심에 따라 각 장의 주요 집필자가 구분

되지만, 저자들은 용어의 사용, 교재의 구성 체제, 내용 범위 등에 대해 여러 차례 논의하고 윤독하면서 함께 이 책을 완성하였다.

이 책이 나오기까지 많은 분의 노고가 컸다. 학지사 김진환 사장님의 지원과 정승철 이사님의 독려에 힘입어 이 책이 출간되었다. 또한 편집 과정에서 수고해 주신 황미나 선생님의 세심한 배려와 인내가 큰 도움이 되었다. 이 모든 분께 깊은 감사를 드린다.

2019년 3월

저자 일동

차례

제4장 지능과 창의성 • 123

제5장 학습동기 • 157

제6장 행동주의 학습이론과 교육 • 189

제7장 인지주의 학습이론과 교육 • 221

[교육심리학 발전의 타임라인]

1879
- 분트(Wundt)가 독일 라이프치히 대학교에 최초로 심리학 실험실을 설립하다.

1888
- 제임스 캐텔(J. M. Cattell)이 미국 펜실베이니아 대학교에 검사 실험실을 설립하다.

1890
- 윌리엄 제임스(James)가 『심리학 원리(The Principles of Psychology)』를 출간하다.

1900
- 프로이트(Freud)가 『꿈의 해석(Die Traumdeutung [The Interpretation of Dreams])』을 출간하다.

1903
- 손다이크(Thorndike)가 최초의 교육심리학 교재인 『교육심리학(Educational Psychology)』을 출간하다.

1904
- 홀(Hall)이 『청소년기: 심리학 그리고 생리학, 인류학, 사회학, 성, 범죄, 종교 및 교육과의 관계(Adolescence: Its Psychology and Its Relations to Physiology, Anthropology, Sociology, Sex, Crime, Religion, and Education)』를 출간하고, 아동연구운동에 앞장서다.
- 스피어먼(Spearman)이 지능의 2요인이론을 제안하다.

1905
- 손다이크가 동물의 지능에 대한 연구를 시작하고, 학습 법칙과 검사 구성의 원리를 발표하다.
- 비네(Binet)와 시몽(Simon)이 학령기 아동 선별용 지능검사를 개발하다.

1906
- 손다이크가 『심리학에 입각한 교수 원리(The Principles of Teaching Based on Psychology)』를 출간하다.

1910
- 프로이트가 『정신분석의 기원과 발달(Über Psychoanalyse [The Origin and Development of Psychoanalysis])』을 출간하다.
- 손다이크가 전문학술지 『Journal of Educational Psychology』 1권 1호에 논문 「교육에 대한 심리학의 기여(The Contribution of Psychology to Education)」를 발표하다.

1911
- 홀이 『교육의 문제(Educational Problems)』를 출간하다.
- 손다이크가 『동물의 지능: 실험연구(Animal Intelligence: Experimental Studies)』를 출간하다.

1912
- 스턴(Stern)이 '정신지수(mental quotient)' 개념을 발표하다.

1913
• 왓슨(Watson)의 『행동주의자의 관점에서 본 심리학(Psychology as the Behaviorist Views It)』이 행동주의의 탄생을 알리다.

1915
• 프로이트의 『무의식에 관하여(Das Unbewusste [The Unconscious])』가 출간되다.

1916
• 터먼(Terman)이 스탠퍼드-비네 지능검사를 개발하다.

1917
• 쾰러(Köhler)가 독일어 저서인 『유인원의 지혜(Intelligenzprüfungen an Menschenaffen)』를 출간하고, 기존의 시행착오설을 대신하는 통찰이론을 제안하다.

1920
• 왓슨이 리틀 앨버트 실험을 통해 공포의 조건형성을 증명하다.

1921
• 손다이크가 『교육심리학(Educational Psychology)』(2판)을 출간하다.

1923
• 프로이트가 『자아와 원초아(Das Ich und das Es [The Ego and the Id])』를 출간하다.
• 피아제(Piaget)가 『아동의 언어와 사고(Le langage et la pensée chez l'enfant [The Language and Thought of the Child])』를 출간하다.

1924
• 피아제가 『아동의 판단과 추론(Le jugement et le raisonnement chez l'enfant [Judgment and Reasoning in the Child])』을 출간하다.
• 왓슨이 『행동주의(Behaviorism)』를 출간하다.

1925
• 쾰러의 『유인원의 지혜(The Mentality of Apes)』 영문판이 출간되다.

1926
• 비고츠키(Vygotsky)가 『교육심리학(Pedagogicheskaja psikhologija [Educational Psychology])』(2판)을 출간하다.

1927
• 손다이크가 『지능의 측정(The Measurement of Intelligence)』을 출간하다.
• 파블로프(Pavlov)가 『조건반사: 대뇌피질의 생리적 활동 탐구(Conditioned Reflexes: An Investigation of the Physiological Activity of the Cerebral Cortex)』를 출간하다.

1932
• 피아제가 『아동의 도덕적 판단(Le jugement moral chez l'enfant [The Moral Judgment of the Child])』을 출간하다.

1933
• 서스톤(Thurstone)이 기본정신능력이론을 제안하다.

1934
- 비고츠키의 「사고와 언어(Мышление И Речь [Thought and Language])」가 출간되다.

1936
- 피아제가 「아동 지능의 기원(La naissance de l'intelligence chez l'enfant [The Origins of Intelligence in Children])」을 출간하다.

1938
- 스키너(Skinner)가 행동주의를 체계적으로 정리한 최초의 서적 「유기체의 행동(The Behavior of Organisms)」을 출간하고, 그 책에서 스키너 박스를 공개하다.

1939
- 웩슬러(Wechsler)가 성인용 지능검사인 웩슬러 벨레뷰 지능검사(Wechsler-Bellevue Intelligence Scale)를 개발하다.

1948
- 톨먼(Tolman)이 인지도에 관한 연구를 수행하여 행동주의 도그마에 도전장을 내밀다.
- 스키너가 「월든 투(Walden Two)」를 출간하고, 그 책에서 조건형성의 원리에 따라 건설한 유토피아 사회를 묘사하다.

1949
- 웩슬러가 웩슬러 아동용 지능검사(Wechsler Intelligence Scale for Children: WISC)를 개발하다.

1950
- 에릭슨(Erikson)이 「유년기와 사회(Childhood and Society)」를 출간하다.

1952
- 해비거스트(Havighurst)가 「발달과업과 교육(Developmental Tasks and Education)」을 출간하다.

1954
- 매슬로(Maslow)가 「동기와 성격(Motivation and Personality)」을 출간하고, 이 책에서 인본주의 관점에 비추어 욕구위계설을 주창하다.

1958
- 오수벨(Ausubel)이 「아동발달의 이론과 문제(Theories and Problems in Child Development)」를 출간하다.

1959
- 에릭슨이 「정체감과 생애주기(Identity and the Life Cycle)」를 출간하다.
- 길포드(Guilford)가 지능구조(Structure of Intellect: SOI) 모형을 발표하다.

1960
- 브루너(Bruner)에 의해 발견학습에 관한 논의가 본격적으로 시작되고, 학생이 지식의 구조를 스스로 발견하는 수업이 강조되다. 학문중심 교육과정, 구조중심 교육과정을 대표하는 「교육의 과정(The Process of Education)」이 출간되다.
- 닐(Neill)이 「서머힐(Summerhill: A Radical Approach to Child Rearing)」을 출간하다.

1961
- 밴듀라(Bandura)가 보보 인형 실험을 하다.
- 오수벨이 기계적 학습에 대비되는 유의미학습을 위한 선행조직자의 필요성을 강조하는 논문을 발표하다.

1962
- 밴듀라가 모방(관찰)학습에 대해 발표하다.
- 매슬로가 인본주의를 토대로 한 『존재의 심리학(Toward a Psychology of Being)』을 출간하다.

1963
- 콜버그(Kohlberg)가 '도덕적 사고 발달의 단계'를 주장하다.
- 레이먼드 캐텔(R. B. Cattell)이 스피어먼의 일반지능(g)을 부정하고, 유동성 지능-결정성 지능(Gf-Gc) 이론을 제안하다.
- 캐롤(Carroll)이 완전학습의 이론적 토대가 되는 학교학습모형(model of school learning)을 발표하다.

1965
- 가네(Gagné)가 『학습의 조건(The Conditions of Learning)』을 저술하고, 수업설계 연구를 수행하다.

1966
- 브루너가 『교수이론(Toward of a Theory of Instruction)』을 출간하다.

1967
- 셀리그먼(Seligman)이 학습된 무기력 실험의 결과를 발표하다.

1968
- 에릭슨이 『정체감: 청년과 위기(Identity: Youth and Crisis)』를 출간하다.
- 블룸(Bloom)이 완전학습이론을 제안하다.
- 오수벨이 대표 저서 『교육심리학: 인지적 관점(Educational Psychology: A Cognitive View)』을 출간하다.
- 앳킨슨(Atkinson)과 쉬프린(Shiffrin)이 정보처리 이론을 발표하다.

1969
- 피아제가 『교육과학과 아동심리학(Psychologie et pédagogie [Science of Education and the Psychology of the Child])』을 출간하다.
- 콜버그가 '정의 공동체(just community)'의 개념을 소개하다.
- 배로우즈(Barrows)가 캐나다 맥매스터 대학교 의과대학에서 최초로 문제중심학습(Problem-Based Learning: PBL)을 시행하다.

1970
- 과정-산출 연구가 활발히 수행되다.

1973
- 현대 동물학의 선구자 로렌츠(Lorenz)가 노벨 생리·의학상을 수상하다.

1975

- 셀리그먼이 실험 결과를 토대로 『무기력: 우울, 발달, 죽음에 관하여(Helplessness: On Depression, Development, and Death)』를 출간하다.

1977

- 밴듀라가 『사회학습이론(Social Learning Theory)』을 출간하다.

1978

- 딕(Dick)과 캐리(Carey)가 『체제적 교수설계(The Systematic Design of Instruction)』를 출간하다.
- 캠피온(Campione)과 브라운(Brown)이 정보처리모형을 사용하여 지능이론을 개발하다.
- 비고츠키 사후에 『사회 속의 정신: 고등심리과정의 발달(Mind in Society: The Development of Higher Psychological Processes)』이 출간되다.

1979

- 브론펜브레너(Bronfenbrenner)가 『인간발달의 생태학(The Ecology of Human Development)』을 출간하고, 인간발달의 생태학적 체계이론을 주창하다.

1980

- 마샤(Marcia)가 정체성 지위(identity status)에 관해 연구하고 '청소년기 정체성(Identity in Adolescence)'에 대해 집필하다.

1982

- 길리건(Gilligan)이 『다른 목소리로: 심리 이론과 여성의 발달(In a Different Voice: Psychological Theory and Women's Development)』을 출간하여, 여성의 배려 중심 도덕성을 주장하다.

1983

- 가드너(Gardner)가 『마음의 틀: 다중지능이론(Frames of Mind: The Theory of Multiple Intelligences)』을 출간하다.
- 켈러(Keller)가 학습자 동기 유발에 관한 ARCS 이론을 소개하는 논문을 발표하다.

1984

- 콜버그가 『도덕발달의 심리학(The Psychology of Moral Development)』을 출간하다.

1985

- 스턴버그(Sternberg)가 『IQ를 넘어서: 인간지능의 삼원론(Beyond IQ: A Triarchic Theory of Human Intelligence)』을 출간하다.
- 캠피온, 브라운, 보코우스키(Borkowski)가 구조체계와 집행체계로 구성된 지능의 정보처리이론을 발표하다.

1986

- 배들리(Baddeley)가 음운루프, 시공간 잡기장, 중앙집행장치의 3요소로 구성된 다중체계의 작동기억 모형을 발표하다.
- 맥클랜드(McClelland)가 신경망 모형을 제안하고, 인지현상을 병렬분배처리로 설명하다.

1988

- 맥클랜드와 러멜하트(Rumelhart)가 『병렬분배 처리 탐구(Explorations in Parallel Distributed Processing: A Handbook of Models, Programs, and Exercises)』를 출간하다.

1989

- 브론펜브레너가 논문 「생태학적 체계이론(Ecological systems theory)」을 발표하다.
- 밴듀라가 논문 「사회인지이론(Social cognitive theory)」을 발표하다.
- 브라운과 팰린사(Palincsar)가 읽기 교수에 비계설정(스캐폴딩)을 적용한 상보적 교수(reciprocal teaching)를 제안하다.
- 브라운과 동료들이 상황학습이론을 반영한 현대적 의미의 인지적 도제 모형을 제안하다.

1992

- 브라운과 동료들이 상황학습이론을 적용한 정착교수를 실시하고 이에 대해 연구하다.

1995

- 골먼(Goleman)이 정서능력의 중요성을 강조한 『정서지능(Emotional Intelligence)』을 출간하다.

1997

- 밴듀라가 『자기효능감(Self-efficacy: The Exercise of Control)』을 출간하다.

1999

- 레이먼드 캐텔(R. B. Cattell)과 혼(Horn)의 유동성 지능-결정성 지능 이론과 캐롤의 3층위 이론을 결합한 'CHC 이론'에 대한 합의가 이루어지다.

2000

- 셀리그먼이 긍정심리학, 행복, 인간의 최적 기능에 관한 연구의 부활을 선언하다.
- 배들리가 일화적 버퍼를 작동기억의 구성요소로 추가하다.

2005

- 스턴버그가 논문 「성공지능 이론(The theory of successful intelligence)」을 발표하다.

2006

- 브론펜브레너와 모리스(Morris)가 논문 「인간발달의 생물생태학 모형(The bioecological model of human development)」을 발표하고, 발달의 과정에서 인간과 맥락의 역동적 관계를 강조하다.

2009

- 켈러가 기존의 ARCS 이론과 여러 연구결과를 종합하여 『학습과 수행을 위한 동기 설계: ARCS 모형 접근(Motivational Design for Learning and Performance: The ARCS Model Approach)』을 출간하다.

제1장

교육심리학의 기초

1. 교육심리학의 정의
2. 교육심리학의 발전 과정
3. 교육심리학의 연구방법

교사라면 누구나 학생을 잘 가르치며 교육현장에서 일어나는 여러 가지 문제를 예방하고 해결하는 능력을 갖추기를 원할 것이다. 교사로 임용된 후 빠른 시일 안에 교육목표를 설정하고 최선의 교육방법을 찾아 실행하는 교사들도 많이 있지만, 교육전문가로서 역량을 발휘하는 데는 오랜 시간과 많은 경험이 필요하다. 이 장에서는 교육전문가로서 교사가 교육심리학에 대해 알아야 할 기초 내용을 소개한다. 구체적으로 교육심리학이란 어떤 학문인지, 교육심리학은 어떤 역사적 배경에서 탄생하였고 어떻게 하나의 학문 영역으로서의 정체성을 가지게 되었는지, 교육심리학 분야에서는 어떤 연구방법을 적용하여 지식과 이론을 구축하고 교육현상을 이해하는지에 대해 살펴본다.

1. 교육심리학의 정의

교육심리학은 독립된 학문 분야인가, 아니면 심리학을 교육장면에 응용하는 심리학의 한 분과 영역인가? 교육심리학의 정의에 대한 논쟁을 통해 교육심리학자들의 주요 관심이 때로는 학문적 정체성을 분명하게 보여 주는 방향으로 집중되기도 하였고, 때로는 학문적 외연을 확장하기도 하였다.

교육심리학이 학문으로 발전하기 시작한 초창기에는 좁은 의미로 정의되었다. 좁은 의미에서 교육심리학이란 학습 현상에 관한 심리학 연구의 결과를 활용하여 교육의 핵심 문제인 가르치고 배우는 과정, 즉 교수 · 학습 과정과 이와 관련된 인간심리에 대해 연구하는 분야이다(이용남, 신현숙, 2017).

그런데 20세기 중반부터 인간의 마음과 행동에 대한 많은 연구가 이루어지면서 심리학 분야가 급속도로 발전했고 교육심리학의 영역도 확장되었다. 인간발달, 학습, 성격, 인지, 동기, 정서, 두뇌와 신경계에서 일어나는 생물학적 변화, 인간관계와 상호작용, 태도, 심리적 부적응과 정신건강 등 다양한 분야에서 연구결과가 축적되었다. 또한 교육현장에서 복잡하고 다양한 문제가 발생함에 따라 이에 대한 이해와 설명 그리고 해결이 필요해졌다. 이에 발맞추어 교육심리학은 수업과정과 학습뿐만 아니라 다양한 교육실제와 활동에 내재되어 있는 심리적 요인들(인지능력 · 태도 · 흥미 · 동기 · 자기개념 등 학습자의 특징, 발달양상, 개인차, 적응과 부적응 문제, 교수효능감 · 교사기대 · 교사소진 등 교수자의 특징)을 과학적으로 연구하는 학문으로 정의되었다.

좁은 의미이든 넓은 의미이든 교육심리학을 심리학의 이론과 연구결과를 교육 현상에 응용하는 학문으로 정의 내리면, 교육심리학의 학문적 정체성은 모호해진다. 즉, 교육심리학은 독자적 개념체계와 탐구방법이 결여된, 단지 심리학의 응용학문일 뿐이다. 그러나 교육심리학은 단순히 심리학의 이론과 연구결과를 교육이라는 주제와 장면에 그대로 응용하는 분야가 아니다. 학자들의 다양한 정의를 종합하고 학문적 정체성에 역점을 두면, 교육심리학은 교육의 목표를 효과적으로 달성하기 위하여 교육의 과정(process)과 현상에 내재된 심리적 요인들을 체계적으로 연구하여 이론을 발전시키고, 교육실제를 개선하며 인간행동의 바람직한 변화를 만들어 내는 실천적 방법을 연구하는 학문이라고 할 수 있다(신명희 외, 2014; 신종호, 2008).

2. 교육심리학의 발전 과정

인류가 진화해 온 기간 내내 가르치고 배우는 행위는 늘 존재해 왔다. 후속세대를 가르치고 성년세계에 입문시켰던 흔적이 동서고금을 막론하고 도처에 남아 있고, 형식적이든 비형식적이든 크고 작은 교육기관들이 존재했다. 그러므로 교육의 역사는 곧 인간의 역사라고도 할 수 있다. 이러한 역사에서 교육의 과정과 방식에 관한 문제의 해답을 찾으려 하던 노력이 있었고, 노력의 결과로 교육심리학이라는 분야가 탄생하기에 이르렀다. 교육심리학은 그 명칭에서 유추할 수 있듯이 교육학과 심리학을 뿌리에 두고 발전하였다(Walberg & Haertel, 1992).

이 책의 앞부분에 있는 '교육심리학 발전의 타임라인'에서 보았듯이, 교육심리학뿐만 아니라 인접한 분야의 여러 학자가 발표한 연구 업적과 이론이 교육심리학의 발전 과정에 영향을 미쳤다. 여러 학자의 연구 업적과 이론 및 교육적 시사점은 발달, 학습, 교수, 인지능력, 동기 등 각론에서 상세하게 다루기로 하고, 여기에서는 교육심리학이 학문 영역으로 발전해 온 과정을 간략하게 살펴보고자 한다. 교육심리학의 발전 과정은 크게 교육심리학이 과학의 한 학문 영역으로 성립되지 않았던 20세기 이전 시기, 교육심리학이 하나의 학문 영역으로 태동하던 20세기 초반부터 중반까지의 시기, 교육의 과정과 수업방법 및 이와 관련된 다양한 심리적 요인에 대한 연구가 활발해지면서 교육심리학이 독립된 학문 영역으로 성장한 20세기 중반 이후 시기로 구분해 볼 수 있다.

1) 20세기 이전: 철학적 논제의 영향과 과학적 심리학의 탄생

교육심리학의 토대가 된 심리학을 포함한 과학의 여러 분야는 철학에서 발전하였다. 고대 그리스의 철학자들이 인간의 정신에 대한 문제를 해결하려고 했었고, 그 이후에도 수많은 철학자가 정신과 신체의 관계, 정신의 작용, 정신에 영향을 주는 요인들(예, 본성 대 양육)에 대해 논쟁하였다. 인간의 정신을 백지 상태(tabula rasa)로 본 아리스토

텔레스 학파의 주장과 인간의 복잡한 사고가 간단한 생각들의 연합에 의해 만들어진다고 본 영국의 연합주의는 행동주의 학습이론의 초석이 되었다. 이와 반대로, 독일의 철학자 칸트(Kant)는 인간의 정신에 선험적 범주(a priori categories)가 내재되어 있어서 인간의 정신은 감각적 경험의 단순한 복사가 아니라 선험적 범주에 부과된 해석과 변형의 결과라고 주장하였다. 그의 입장은 인지발달이론과 현대 인지심리학이 발전하는 데 토대가 되었다. 한편, 프랑스의 철학자 데카르트(Descarte)는 정신과 신체 사이에 큰 차이가 있다고 주장하면서 인간을 정신과 신체로 이루어진 이원론적 존재로 간주하였다. 이러한 철학적 논의 또한 인간심리에 관한 연구가 발전하는 데 영향을 미쳤다. 특히 독일의 철학자 헤르바르트(Herbart)는 그의 저서 『심리학 교과서(Lehrbuch der Psychologie)』에서 정신의 작용을 의식과 무의식으로 설명하였다. 의식과 무의식의 본질과 작용에 대한 논쟁은 프로이트(Freud)에 의해 정신분석학으로 발전하였다.

이러한 철학적 논제를 배경으로, **과학으로서의 심리학**이 19세기 중반 이후에 태동하였다. 학자들은 과학적 심리학의 탄생을 독일의 실험심리학자였던 **분트**(Wundt)의 업적에서 찾는다. 그는 1862년에 하이델베르크 대학교에 과학적 심리학 강좌를 개설하였고, 1879년에 라이프치히 대학교에 세계 최초로 심리학 실험실을 설립하여 인간의 의식에 대한 과학적 연구를 시작하였다. 분트는 물질이 여러 요소로 구성되어 있듯이 인간의 의식도 여러 요소로 구성되어 있을 것이라고 기대하였고, 마치 화학자들이 물질의 최소 단위를 구분하고 결합시키는 것처럼 의식을 구성하는 최소 단위의 요소들을 분리하고 그 요소들이 어떻게 연합되어 의식적 경험을 만들어 내는지를 확인하려 하였다. 이를 위하여 분트는 **내성법**(內省法, introspection)을 사용하여 연구대상에게 빛, 소리, 이미지 등 다양한 자극을 제시하고 연구대상으로 하여금 마음속에 일어나는 의식적 경험을 가능한 한 객관적으로 관찰하여 보고하게 하였다. 연구대상이 보고하는 정서 반응, 자극에 대한 반응 시간, 자극을 변별하는 정도 등을 측정하여 인간의 의식이 감각, 감정, 의지, 관념 등의 요소들로 환원될 수 있다는 결론에 이르렀다. 분트에게 심리학은 인간 의식에 대한 과학적 탐구였기에, 후대의 학자들은 분트를 과학적 심리학의 선구자로 간주하였다.

2) 20세기 초반부터 20세기 중반까지: 교육심리학의 탄생

19세기 말부터 20세기 초반에 이르는 동안 교육심리학은 서서히 하나의 학문 영역으로 태동하기 시작하였다. 이 시기에는 특히 세 명의 심리학자, 윌리엄 제임스(James), 스탠리 홀(Hall), 제임스 캐텔(J. M. Cattell)이 교육심리학의 발전에 기여하였다.

먼저, 미국의 심리학자 **윌리엄 제임스**는 미국에서 최초로 하버드 대학교에 실험심리학 과정을 개설하는 등 심리학을 과학의 한 분야로 발전시키는 데 공헌하였다. 윌리엄 제임스는 독일의 분트에 비해 인간의 정신에 대해 좀 더 이론적이고 철학적인 논제를 다루었다. 그는 의식이 여러 요소로 나누어지지도 않고 결합되지도 않는, 일종의 흐름이자 과정이라고 보았다. 윌리엄 제임스의 이러한 주장은 1890년에 『심리학 원리(The Principles of Psychology)』로 발표되었다. 또한 1899년에는 교육현장에 있는 교사들에게 심리학의 원리와 지식을 소개하는 『심리학에 대한 교사와의 대화(Talks to Teachers on Psychology)』가 출간되었다.

한편, 분트의 라이프치히 대학교 심리학 실험실에서 연구하던 **홀**은 모국인 미국으로 돌아와 미국 최초의 심리학 실험실을 설립하였고, 아동 · 청소년에 대한 과학적 연구를 주도하였다. 1904년에 『청소년기: 심리학 그리고 생리학, 인류학, 사회학, 성, 범죄, 종교 및 교육과의 관계(Adolescence: Its Psychology and Its Relations to Physiology, Anthropology, Sociology, Sex, Crime, Religion, and Education)』를 출간하였고, 1911년에는 『교육의 문제(Educational Problems)』를 출간하였다. 그는 18세기 독일의 음악가들과 작가들이 계몽주의에 반대하여 감각의 경험, 개성과 독창성, 완전한 표현의 자유 추구를 강조하였던 질풍노도(Sturm und Drang) 운동의 영향을 받아, 청소년기를 '질풍노도의 시기'로 명명하였다. 홀이 앞장섰던 **아동연구운동**(child study movement)은 아동 · 청소년 발달과 아동 · 청소년 문제에 대한 심리학 연구를 이끌었고, 이러한 시도는 교육심리학의 발전에 중대한 영향을 미쳤다.

제임스 캐텔 역시 라이프치히 대학교에서 분트와 함께 의식의 내용에 대해 연구하였다. 그러나 검사와 질문지를 사용해 최초로 개인차를 과학적으로 연구하였던 골턴(Galton)의 연구에 합류하면서 그의 연구 관심은 인간 능력과 특성의 개인차와 검사로 기울어졌다. 제임스 캐텔은 1888년에 미국 펜실베이니아 대학교에 검사 실험실을 설립하였고, 1890년에 발표한 연구논문에서 '정신검사(mental test)'라는 용어를 최초로 사용하였다. 이러한 초기의 측정도구들은 감각능력과 운동능력의 평가에 제한적이어서 검사 점수로 인지발달이나 교육적 성취를 예측하지는 못하였다. 그럼에도 제임스 캐텔의 업적은 정신능력의 평가를 철학적 논제가 아닌 과학적 탐구로 전환시키는 발판이 되었다. 검사도구의 개발과 활용 그리고 평가를 통한 학생의 이해가 교육심리학의 연구 영역으로 포함되는 계기가 마련되었다고 볼 수 있다.

이처럼 분트 이후에 일부 심리학자들이 교육심리학의 출현에 기여한 바 있으나, 교육심리학이 일반심리학으로부터 독립된 학문 영역으로 인정받는 것은 시기상조였다. 분트의 제자였던 모이만(Meumann)이 분트가 사용하였던 실험심리학의 방법을 교육현상에 응용하여 독일 교육심리학의 발전을 이끌었으나, 본격적으로 교육심리학 연구를 광범위하게 수행하여 교육심리학을 독자적 학문 분야로 발전시킨 학자는 미국의 손다이크(Thorndike)이다.

손다이크는 1903년에 『교육심리학(Educational Psychology)』이라는 이름으로 최초의 교육심리학 교재를 출간하였고, 1906년에는 『심리학에 입각한 교수 원리(The Principles of Teaching Based on Psychology)』를 출간하였다. 이처럼 그는 과학적 심리학이라는 새로운 연구 분야를 교육과 학습에 대한 관심으로 확대하였다. 행동주의 심리학자로서 그는 인간의 학습을 연구하고 싶었지만, 연구에 적합한 피험자를 모집할 수 없었다. 따라서 그는 동물의 지능과 시행착오의 학습과정을 연구하기 시작하였고, 일련의 연구를 통해 과학자로서의 면모를 보여 주었다. 그러나 그는 자신이 교육심리학자로 불리기를 원했고, 1910년에는 「교육에 대한 심리학의 기여(The Contribution of Psychology to Education)」를 발표하였다.

초기 실험의 결과는 학습의 법칙(효과의 법칙, 연습의 법칙, 준비성의 법칙)으로 정립되었다. 그 가운데 효과의 법칙(긍정적인 결과를 이끌어 내는 반응은 미래에 다시 일어날 것이고, 부정적인 결과를 이끌어 내는 반응은 사라질 것이라는 법칙)은 모든 행동주의 심리학의 토대가 되었다. 손다이크는 실험의 결과를 정리하여 1911년에 초기 행동주의의 고전이라고 할 수 있는 저서 『동물의 지능: 실험연구(Animal Intelligence: Experimental Studies)』를 출간하였다.

『동물의 지능: 실험연구』를 출간한 이후에 손다이크는 인간의 행동변화와 학습도 동물의 행동변화 및 학습과 비슷할 것이라는 가정 아래 인간 대상의 연구를 본격적으로 수행하였고, 인간 지능으로 관심을 돌렸다. 가장 기본적인 지능은 간단한 자극과 반응의 연합으로 이루어지고, 지능이 높을수록 이러한 연합을 만들어 내는 능력이 높다는 것이 손다이크의 생각이었다. 이러한 생각은 인간 지능에 대한 이론적 고찰로 이어져 **지능의 다요인론**으로 집대성되었다. 이 이론은 인간 지능이 사회적 지능, 구체적 지능, 추상적 지능으로 구성되어 있다는 주장으로서, 인간 지능의 여러 측면을 측정하려는 지능검사 개발자들에게는 하나의 이정표가 되었다. 손다이크 자신도 인간 지능을 측정하기 위해 어휘력, 문장완성력, 수리력, 지시수행능력 검사도구를 고안하였다. 1927년에는 『지능의 측정(The Measurement of Intelligence)』이라는 저서를 출간하였다. 학습과정과 지능에 대한 손다이크의 관심은 자연스럽게 학교교육으로 이어져 다양한 교수자료와 수업설계를 개발하였고, 아동의 어휘발달과 개인차에 관한 연구를 수행하였다. 이뿐만 아니라 손다이크는 대학에서 교육심리학을 강의하였고 교사교육도 하였다. 이처럼 학습, 개인차, 정신 측정 등에 관한 그의 연구와 교사교육은 효과적인 학교교육의 발전을 이끌었고, 1921년에는 『교육심리학』(2판)이 출판되었다.

3) 20세기 중반 이후: 학문적 정체성의 확립

20세기 중반 이후부터는 교육의 과정에 관련된 심리적 변인들에 대한 과학적 탐구가 본격적으로 진행되어, 교육심리학이 독자적 학문 영역으로서 위상을 갖추기 시작하였다. 교육심리학자들은 수업설계를 발전시키고, 효과적인 교사의 교수과정(teaching process)을 연구하며, 능숙한 학습자와 초보 학습자가 사용하는 학습전략과 기억전략 및 메타인지의 차이를 비교하는 등 더욱 직접적으로 학교교육을 이해하고 개선하려는 노력을 기울였다. 이 시기의 교육심리학 연구는 수업설계, 교수과정, 학습자의 사고과정이라는 세 가지 주제를 중심으로 이루어졌다고 해도 과언이 아니다(임규혁, 임웅, 2007).

첫째, **수업설계**에 관한 많은 연구가 이루어졌고, 그 결과로 수업설계모형이 개발되었다.

캐롤(Carroll, 1963)이 발표한 **학교학습모형**(model of school learning)은 학습에 작용하는 주요 변인으로 '시간' 개념을 강조하였다. 학습의 정도는 학습하는 데 필요한 시간에 대한 실제로 학습에 사용한 시간의 비율로 산출되었다. 학습에 필요한 시간은 학생의 적성, 수업이해력, 수업의 질에 의해 결정되고, 학습에 사용한 시간은 학습에 할당된 시간(학습기회)과 학생이 수업에 몰두하는 시간(지구력)에 의해 결정되었다. 시간 변인들 중에서 일부는 교사가 개입할 수 있는 변인이므로, 학생이 필요로 하는 시간만큼 학습에 사용할 수 있게 하는 수업전략을 어떻게 설계할지는 교육심리학의 주요 연구문제가 되었다.

또한 가네(Gagné)는 **교수목표**의 영역을 지적 기능, 인지전략, 언어정보, 태도, 운동기능으로 구분하였고, 학습자 변인, 수업 변인, 학습성과 변인의 관계로 학교학습모형을 구성하였다. 1965년에는 『학습의 조건(The Conditions of Learning)』을 출간하였고, 이 저서는 이후 수업설계 연구의 길잡이가 되었다.

같은 시기에 블룸(Bloom, 1968)은 **완전학습**을 이룰 수 있는 수업설계를 구상하였다. 완전학습은 전체 학생 중 95%가 학습과제의 90% 이상을 학습하는 것을 말한다. 약 5%의 학생을 제외하고, 학생의 적성, 수업이해력, 지구력에 적절한 최상의 수업조건만 마련된다면 완전학습을 할 수 있다는 것이다.

둘째, **교수과정**에 관한 연구가 교육심리학 분야에서 주류를 이루었다.

1966년에 콜먼(Coleman)이 교사의 수업행동은 학생의 학업성취에 매우 미미한 영향을 미치는 반면에 학생의 가정환경이 미치는 영향이 매우 크다는 보고서를 발표하자, 교육심리학자들은 이러한 주장이 과연 옳은지를 확인하고자 하였다. 이를 위해 교실에서 발생하는 수업의 과정을 체계적으로 관찰하였고, 교수과정과 결과(학생의 학업수행) 간의 상관관계를 분석하였다. 이러한 연구는 **과정-산출 연구**(process-product research)로 대표되었다. 과정-산출 연구를 통해, 교사가 가르치는 교수과정이나 수업행동이 학생에게 나타나는 결과와 밀접한 관계를 이루는 것으로 확인되었다. 그 결과, 교육심리학자들은 콜먼의 보고서를 반박하였고, 교사의 어떤 교수과정과 수업행동이 학생의 학업성취에 더 유용하고 효과적인지에 대한 연구를 계속하였다(Walberg & Haertel, 1992).

셋째, **학습자의 사고과정**은 20세기 중반 이후 교육심리학 분야에서 간과될 수 없는 중요한 연구 주제이다. 특히 인지처리과정, 능동적 학습자, 지식의 구성 등 인지주의적 관점이 채택되었고, 교육심리학자들은 학습자가 구성하고 이해하는 지식의 양과 질의 차이 그리고 사고과정의 차이를 만들어 내는 다양한 요인에 관심을 두었다.

이러한 인지주의적 관점의 뿌리는 형태주의 심리학(gestalt psychology, 게슈탈트 심리학), 톨먼(Tolman)의 잠재학습 실험, 쾰러(Köhler)의 통찰학습 실험 등 초기 실험심리학자들의 연구결과, 피아제(Piaget)와 비고츠키(Vygotsky)의 인지발달이론, 앳킨슨(Atkinson)과 쉬프린(Shiffrin)의 정보처리이론 등에서 찾을 수 있다. 이들의 영향을 받은 교육심리학자들은 객관주의보다는 **구성주의**(constructivism) 관점을 채택하였다. 구성주의 관점에서 보면, 지식은 개인이 어떤 사회적 상황(맥락)에서 겪은 사회적 경험을 이해하고 해석하는 인지적 과정을 거쳐 구성되는 것이다. 지식의 구성 과정에서 교사는 학생의 조력자로 기능하고, 학생은 자율적이고 적극적인 학습의 주체로 기능한다. 교육심리학 분야에서도 교사와 학생의 이러한 역할을 밝히려는 연구가 이루어졌다.

1960년대 초반에는 교육심리학 분야에서 학습자가 어떤 인지적 과정을 거쳐 지식을 습득하는지에 대한 연구가 수행되었고, 이에 관한 대표적인 두 가지 관점이 발표되었다. 하나는 브루너(Bruner)의 발견학습 관점이고, 다른 하나는 오수벨(Ausubel)의 유의미학습 관점이다. 발견학습과 유의미학습은 학습자의 사고과정뿐만 아니라 개념학습, 사고 발달, 수업전략에서 대조를 이룬다. 브루너와 오수벨이라는 두 명의 교육심리학자는 인지주의 관점에서 교수·학습 이론을 확립하였을 뿐만 아니라 심리학 분야에서 인지학습모형을 발전시키는 데도 공헌하였다(신명희 외, 2014).

브루너의 발견학습은 구체적 사례로부터 일반적 원리를 추출해 내는 과정, 즉 귀납적 추론(inductive reasoning)의 과정을 통해 이루어지는 학습을 말한다. 따라서 교사가 학생에게 가르치고자 하는 개념의 구체적 사례를 경험시켜 탐구심과 호기심을 자극하면, 학생은 지식의 구조, 즉 어떤 분야에서 주로 다루어지는 기본 개념들, 개념들의 관계, 전체 패턴을 발견할 수 있게 된다는 것이다. 이러한 주장은 1960년에 저서 『교육의 과정(The Process of Education)』에 발표되었다.

반면, 오수벨의 유의미학습이론에 의하면, 지식의 습득은 발견이 아니라 수용을 통해 이루어지고, 유의미학습은 일반적인 개념과 원리에서 시작하여 점차 구체적인 내용으로 나아가는 연역적 추론(deductive reasoning)의 방식을 따른다. 교사는 설명식 수업을 통해 학생이 지식을 수용하도록 돕는데, 여기에서 설명식 수업은 기계적 학습이 아닌 유의미학습을 가능하게 하는 수업을 뜻한다. 유의미학습을 위한 오수벨의 교수는 3단계로 진행된다. 1단계에서 교사는 선행조직자(advance organizer)를 제시하고, 2단계에서 새로운 학습과제를 제시하며, 3단계에서 기존의 지식과 새로운 학습과제를 비교하여 유사점과 차이점을 파악할 수 있도록 설명한다. 이처럼 유의미학습은 학생이 새로운 지식을 기존의 지식과 관련짓고, 지식에 대해 비판적으로 접근하는 능력을 증진시킨다. 오수벨은 1968년에 출간한 저서 『교육심리학: 인지적 관점(Educational Psychology: A Cognitive View)』에서 유의미학습의 주요 개념과 조건 및 과정을 소개하였다.

한편, 앳킨슨과 쉬프린이 1968년에 처음으로 제안한 정보처리이론(information processing theory)은 교육심리학 분야에서 제안된 이론은 아니지만, 교육심리학자들이 학습자의 머릿속에서 일어나는 인지과정을 설명하는 데 관심을 가지는 계기가 되었다. 정보처리이론에 의하면, 컴퓨터가 입력된 자극정보를 부호화하고 시연하며 저장하고 인출하는 정보처리과정을 거치듯이 인간도 유사한 인지과정을 거친다. 정보처리이론을 토대로 수행된 교육심리학 연구의 결과는 어떻게 하면 학생이 잘 배울 수 있고 기억을 잘 관리할 수 있으며 능동적으로 학습과정에 참여하도록 도울 수 있을지에 대한 해답을 찾는 데 활용되었다.

지금까지 살펴본 바와 같이 20세기 초에 독립된 학문 영역으로서 그 틀을 만들기 시작한 교육심리학은 계속해서 다양한 연구결과와 이론모형을 발표하였다. 20세기 초부터 수행되었던 인간 학습자를 대상으로 한 연구와 아동연구운동이 교육심리학 분야의 연구와 교육실제에 큰 영향을 미쳤다. 20세기 중반 이후부터 활발히 연구되어 온 세 가지 연구주제인 수업설계, 교수과정, 학습자의 인지과정은 교육심리학의 학문적 정체성에 부합하였고, 교육심리학자들의 주요 연구주제가 되었다.

3. 교육심리학의 연구방법

유구한 역사를 통해 도처에서 교육이 이루어졌고, 교육심리학에서 다루는 개념들은 우리 주변의 생활과 광범위하고도 밀접하게 관련되어 있다. 그런데 이처럼 친숙한 분야에서 다수가 당연시하거나 일반적으로 지지하고 있는 생각들이 모두 항상 옳은 것은 아니다.

예를 들면, 사람들은 노력을 많이 기울이는 학생의 학업성취도가 높고 학업과 관련한 자기개념이 긍정적일 것이라고 생각한다. 그러나 노력은 양날의 검과 같다. 많은 노력은 학업성취도를 향상시킬 수도 있지만, 성공하려고 노력을 해야 하는 것은 능력이 부족하기 때문이라는 생각을 가지게 하여 긍정적 자기개념을 손상시킬 수도 있다(Nicholls, 1976). 물론 학업적 자기개념이 긍정적인 학생은 많은 노력을 기울이므로 향후 학업성적이 향상되는 결과를 얻을 수 있다(Marsh et al., 2016).

일반적으로 당연하다고 여겨지는 것이나 새로운 사건에 과학적인 방법을 적용하여 검증함으로써 그 현상을 올바르게 이해하고 설명할 수 있다. 따라서 교육심리학자들은 교육 현상과 관련된 문제를 제기하고 문제에 대한 답을 얻기 위한 시도로 연구를 수행한다. 교사들 중에도 직접 연구문제를 제기하고 연구를 수행하는 교사도 있고, 직접 연구를 수행하지 않을지라도 연구의 결과물(예, 학술논문, 연구보고서, 통계자료)을 참고하여 교육과 관련된 문제를 이해하고 효과적으로 해결하기를 원하는 교사도 있다. 직접 연구를 수행하든 안 하든 교사는 수많은 연구결과 중에서 타당한 연구결과를 선별하고, 연구결과를 정확하게 이해하고 해석하며 올바르게 활용해야 한다(Eggen & Kauchak, 2010/2011). 교육심리학 분야의 연구에 관심이 없거나 잘 모르거나 최근 연구동향에 익숙하지 않은 교사는 학생 이해와 지도에 있어서 어려움을 겪을지도 모른다. 교사가 연구방법에 대한 기초지식을 습득해야 하는 이유가 바로 여기에 있다.

[그림 1-1]에서 볼 수 있듯이, 연구란 과학의 목적을 위해 자료를 수집하고 분석하여 현상에 대해 체계적으로 탐구하는 과정이다(McMillan, 2008). 첫째, 어떤 현상 또는 변수 간에 존재하는 관계를 기술한다. 둘째, 무엇이 그러한 현상을 일으키는지 또는 그러한 현상이 어떤 결과를 초래하는지, 즉 변수 간의 인과관계를 설명한다. 셋째, 밝혀진 인과관계를 근거로 원인에 따른 결과를 예측한다. 넷째, 바람직한 결과를 일으키는 원인이

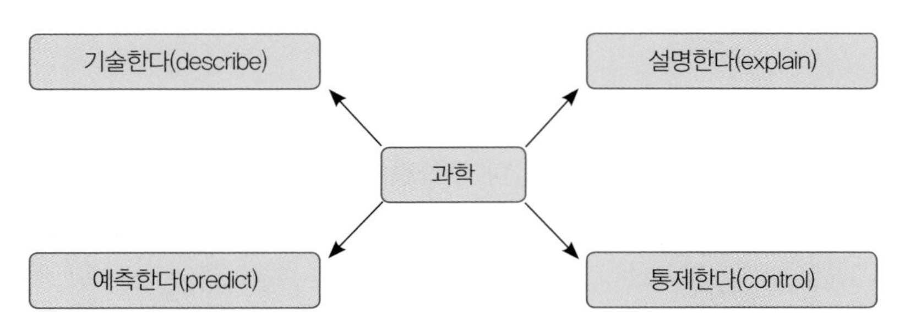

[그림 1-1] 과학의 목적

될 만한 조건을 마련하고, 현상을 개선할 수 있는 방안을 도입하는 등 현상을 통제(관리)한다. 교육심리학은 교수 · 학습 과정을 기술하고 이와 관련된 심리적 측면들을 설명하고 예측하며 학습자의 삶에 긍정적 효과를 만들어 내는 데 목적이 있다(신명희 외, 2014).

연구는 크게 양적 연구와 질적 연구로 구분된다. 양적 연구는 수량으로 표현되는 자료를 수집하고 분석한 결과로 개인이나 전체 집단을 이해하는 데 연구의 목적이 있다. 질적 연구는 양적 연구의 대안적 연구법으로 등장하였다. 질적 연구에서 질(質)이란 측정하기 이전의 상태, 즉 개별적 대상의 고유한 속성을 의미한다(한국교육평가학회, 2004). 질적 연구는 면접, 관찰, 문헌조사와 같은 방법을 통해 특정 현상에 관한 자료를 수집하여 바로 그 현상을 있는 그대로 이해하는 데 목적을 둔다. 양적 연구는 실증주의 패러다임에 기반을 두고 발전하였고, 질적 연구는 탈실증주의, 특히 현상학적 패러다임에 기반을 두고 출발하였다. 여기서는 양적 연구, 질적 연구, 양적 연구와 질적 연구를 보완적으로 활용하여 현상을 탐구하는 통합적 연구(혼합적 연구)에 대해 살펴보고자 한다.

1) 양적 연구

양적 연구에서는 수학 시험 성적, 지능지수, 체중과 같이 수량으로 표현되는 양적 자료와 거주 지역(예, ① 서울, ② 광주, ③ 제주), 성별(예, ① 남자, ② 여자)과 같이 수량으로 쉽게 전환될 수 있는 양적 자료를 수집하고 분석한다. 양적 연구는 엄격한 연구설계에 따라 수행되는데, 주로 변인 간의 상관관계를 분석하는 상관연구, 실험처치가 만들어 내는 효과를 검증하는 실험연구, 개인이나 소수의 변화를 반복적으로 측정하여 개입의 효과를 검증하는 단일대상연구의 형태로 진행된다.

(1) 상관연구

학생이 행복을 느낄수록 학업성적이 좋은가? 이러한 의문에 대한 답을 얻으려면, 많은 학생을 대상으로 행복을 느끼는 정도와 학업성적을 평가하고, 행복감 수준과 학업성적 간의 상관계수(correlation coefficient)를 산출해야 한다. 상관계수는 −1에서 1 사이의 값을 가진다. 상관계수가 −1이나 1에 가까울수록 상관관계가 강력하고, 0에 가까울수록 상관관계가 약하며, 상관계수 0은 두 변수 간에 선형적 관련성이 없는 것으로 해석한다. [그림 1-2]는 상관계수 1의 완벽한 정적 상관을 나타내는 산포도이고, [그림 1-3]은 상관계수 0의 산포도이다.

상관계수는 양수의 값을 가질 수도 있고 음수의 값을 가질 수도 있다. 상관계수가 양수의 값을 가질 때 두 변수 간에는 정적 상관(positive correlation)이 있다고 한다. 정적 상관은 [그림 1-2]나 [그림 1-4]와 같이 한 변수의 값이 높아질 때 다른 변수의 값도 높아지는 관계를 말한다. 예를 들면, 학습몰입 시간과 학업성적 간에는 정적 상관이 있다. 이와 반대로, 상관계수가 음수의 값을 가질 때 두 변수 간에는 부적 상관(negative correlation)이 있다고 한다. 부적 상관이란 [그림 1-5]처럼 한 변수의 값이 높아질 때 다른 변수의 값은 낮아지는 관계를 의미한다. 예를 들면, 학습몰입 시간과 오답 수는 부적 상관을 이룬다.

상관연구를 통해서 두 변수 간의 상호관련성을 파악할 수 있을 뿐만 아니라 한 변수의 정보로 다른 변수를 예측할 수도 있다. 그러나 두 변수 간의 상관계수가 아무리 높을지라도 인과관계(원인과 결과 간의 관계)를 해석할 수는 없다. 예를 들면, 행복감 수준과 학업성적의 상관계수가 1에 가까울지라도 행복감이 학업성적의 원인이라고 확신할 수 없

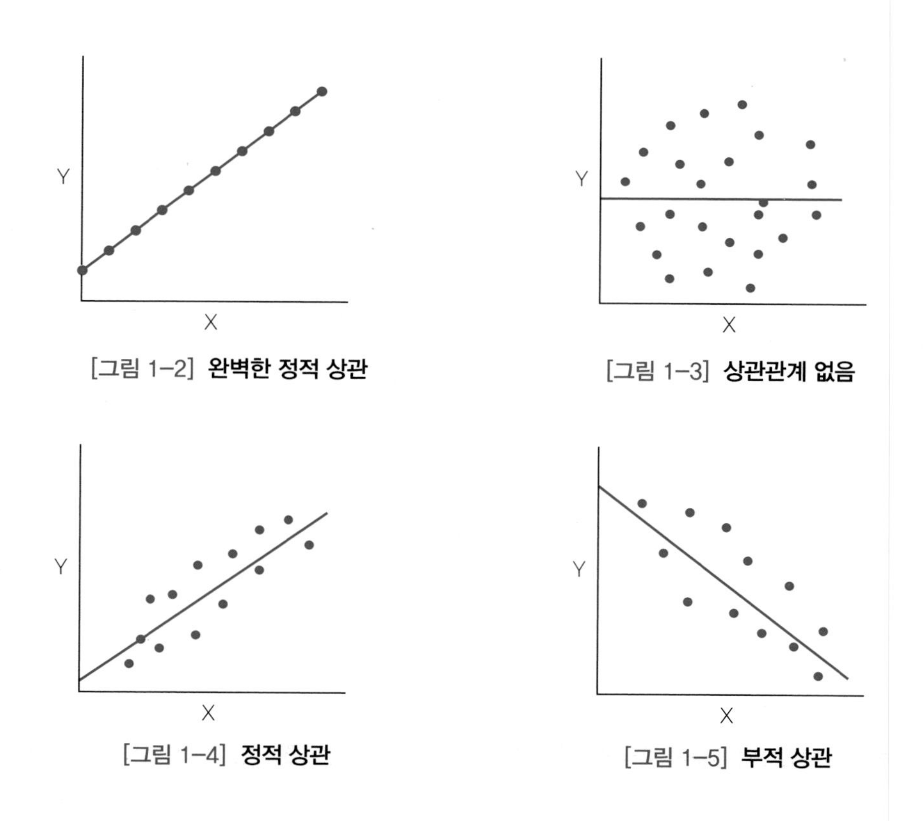

[그림 1-2] **완벽한 정적 상관**

[그림 1-3] **상관관계 없음**

[그림 1-4] **정적 상관**

[그림 1-5] **부적 상관**

다. 높은 학업성적이 행복을 느끼게 만드는 원인일 수도 있고, 제3의 변수(예, 안전한 학교풍토)가 학생의 행복감과 학업성적 둘 다에 영향을 주는 원인일 수도 있다.

(2) 실험연구

보상을 주면 학생이 공부에 대한 흥미를 가지게 될까? 상관연구로는 어떤 변수가 다른 변수의 원인으로 작용하는지, 즉 인과관계를 밝힐 수 없기 때문에 이러한 의문에 대답할 수 없다. 보상을 주는 처치(독립변수)가 공부 흥미(종속변수)의 변화를 일으키는 원인인지를 밝히려면 실험연구를 해야 한다.

실험연구에서 기억해야 할 주요 개념으로는 독립변수, 종속변수, 무선화, 가외변수의 통제가 있다. **독립변수**(independent variable, X로 표기됨)는 종속변수에 변화를 일으키기 위하여 연구자가 조작하는 변수로서 처치변수라고도 한다. **종속변수**(dependent variable, Y로 표기됨)는 독립변수의 영향을 받는 변수를 말한다. 독립변수와 종속변수 사이에 존재하는 인과관계를 밝히려면 엄격한 실험연구를 설계하고 실행해야 한다. **무선화**(randomization)와 **가외변수**(혼재변수, extraneous variable)의 철저한 통제는 엄격한 실험연구의 요건이다. 이러한 요건이 갖추어진 실험연구를 진실험(true experiment)이라고 한다.

첫째, 무선화는 무선표집과 무선할당으로 실행된다. 연구자는 전체 집단에서 실험대상을 무작위로 표집하고, 이 중에서 반은 실험집단(연구자가 계획한 실험처치를 받는 집단)에, 나머지 반은 통제집단(실험처치를 받지 않는 집단)에 무작위로 배정(할당)한다. 무선화는 실험집단과 통제집단의 동질성을 확보하기 위한 시도이므로 두 집단을 비교 가능하게 만들어 준다.

둘째, 종속변수에 영향을 미칠 수 있는 변수들 중에서 독립변수 이외의 변수들을 가외변수(혼재변수)라고 한다. 실험연구에서는 가외변수들의 영향을 철저하게 통제하여, 오로지 독립변수만이 종속변수에 영향을 미치게 해야 한다.

엄격한 실험연구는 인과관계를 밝히는 데 유용하지만, 현실적 제약과 윤리적 문제를 안고 있다. 먼저, 엄격한 실험연구의 한계를 현실적 제약의 측면에서 살펴보자. 어떤 교육 프로그램이나 교수법 또는 교육환경이 학생의 학업, 사회성, 건강상태 등에 미치는 효과를 검증하는 것과 같은 실험연구에서는 실험대상이 될 학생들을 완벽하게 무작위로 표집하기가 어렵고, 실험처치 이외의 모든 가외변수를 철저하게 통제하기도 어렵다. 인간은 여러 변수 간의 매우 복잡한 관계와 상호작용의 영향을 받기 때문이다. 교사가 선택한 어떤 교육 프로그램이나 교수법 또는 교육환경 이외에도 가정환경, 학생의 기질 등이 학생의 학습에 영향을 미친다. 그러므로 인간 대상의 연구에서 혼재변수를 완벽하게 통제하기란 불가능에 가깝다. 이러한 경우에 인간 대상 연구를 하는 연구자들은 매칭(matching)의 방법을 쓴다. 매칭이란 종속변수(예, 학업성취도)에 영향을 미칠 수도 있는 대표적인 혼재변수(예, 지능지수)를 확인하고, 혼재변수의 각 수준에서 비슷한 사람을 두 명씩 선발하여, 한 사람은 실험집단에, 나머지 한 사람은 통제집단에 무작위로 배정하는 방법을 말한다. 〈표 1-1〉은 실험연구의 한 가지 예를 보여 준다.

다음으로 엄격한 실험연구의 한계를 윤리적 문제의 측면에서 살펴보도록 하자. 실험처치를 가하기 위하여 실험대상에게 위해를 끼치거나 실험대상이 당연히 받아야 할 혜택을 철회하는 것은 매우 비윤리적인 처사이다. 예를 들면, 학생의 학교폭력 피해경험이 정신건강 문제나 학교생활 부적응을 일으키는 원인인지를 밝히기 위해 실험집단 학생들에게 의도적으로 학교폭력 피해를 경험시켜서는 안 된다.

표 1-1 실험연구의 예

[연구논문]

Lepper, M. R., Green, D., & Nisbett, R. E. (1973). Undermining children's intrinsic interest with extrinsic reward: A test of the "overjustification" hypothesis. *Journal of Personality and Social Psychology*, *28*, 129-137.

[연구방법]

- 연구대상: 유치원 아동 51명(백인, 중산층, 평균~평균 이상 지적 능력)
- 독립변수: 보상 제공
- 종속변수: 실험처치가 끝난 1~2주 후에 그림 그리기 활동에 보이는 흥미(그림 활동 발생 빈도)
- 세 집단으로 무선배정
  - 집단1(보상 기대): 그림을 그리면 보상을 주겠다는 사전 예고를 받았고, 그림 활동 종료 후 보상을 제공받았음
  - 집단2(보상 무기대): 보상에 대한 사전 예고를 받지 않은 상태에서, 그림 활동 종료 후 집단1과 동일한 보상을 제공받았음
  - 집단3(무보상): 보상에 대한 사전 예고를 받지 않았고, 그림 활동 종료 후 보상을 제공받지 않았음

[연구결과]

- 집단 간 차이에 관한 결과: 보상 기대 집단에서 그림 활동이 발생한 비율(8.59%)보다 보상 무기대 집단(18.09%)과 무보상 집단(16.73%)에서 그림 활동의 발생 비율이 더 높고, 그 차이가 통계적으로 유의함
- 집단 내 차이에 관한 결과: 보상 무기대 집단과 무보상 집단에서는 실험처치 이전의 행동 비율과 실험처치 이후의 행동 비율 간에 큰 차이가 없는 반면, 보상 기대 집단에서는 실험처치 이전보다 이후에 그림 활동의 발생 비율이 통계적으로 유의하게 감소하였음

[결론]

홍미를 느끼면서 수행하는 행동에 보상이 주어지면, 단지 보상을 얻기 위해 행동하고 있다고 인식하게 되어 내재적 동기가 약화되고 흥미를 잃는다. 과잉정당화(overjustification) 가설*이 지지됨

* 과잉정당화 가설이란 행동의 원인을 외부 요인(예, 보상, 위협)에서 찾으면 외부 요인으로 행동을 지나치게 정당화하게 되므로 내부 요인(예, 흥미, 호기심)의 효과가 감소한다는 가설이다.

(3) 단일대상연구

실험처치가 개인 또는 소수의 행동에 변화를 일으키는지를 알아보기 위한 방법으로는 단일대상연구가 있다. 단일대상연구는 개별화 교육계획(Individualized Education Plan: IEP)에 따라 교육을 받는 특수교육 대상자들에게 나타나는 교육적 개입의 효과를 검증하기 위하여 주로 시행되어 왔다(이소현, 박은혜, 김영태, 2000). 최근에는 일반교육 분야에서 교육 및 상담 프로그램의 효과성을 검증하기 위해서도 단일대상연구를 수행한다(김창대, 김형수, 신을진, 이상희, 최한나, 2011). 단일대상연구는 다음과 같은 점에서 집단연구와 구별된다.

첫째, 집단연구에서는 실험집단과 통제집단의 평균 점수를 비교하여 실험처치의 효과를 검증한다. 반면, 단일대상연구에서는 실험처치를 단일대상에게 실시하고 그 대상이 실험처치 이전 단계와 이후 단계에서 얻은 점수들을 비교함으로써 실험처치의 효과를 검증한다.

둘째, 집단연구에서는 추리통계의 방법을 적용하여 실험집단과 통제집단 간의 차이가 유의한지 아닌지를 분석하고, 단일대상연구에서는 연구대상에 나타난 변화를 반복적으로 측정하여 실험처치 이전 단계와 이후 단계 간 자료의 차이 또는 중복 정도, 자료가 보여 주는 변화의 경향성과 변동률을 시각적으로 분석하여 비교한다. 이를 위해 단일대상연구에서는 개인의 행동을 여러 번 측정해야 하므로 반복 실시에 적합하고 행동

변화를 민감하게 탐지할 수 있는 측정방법을 실행해야 한다. 예를 들면, 연구하고자 하는 **표적행동**(목표행동, target behavior; 예, 수업시간 중 5분 이상 제자리에 앉아 있기)을 관찰하거나 성취도 검사(예, 철자 오류 없이 다섯 문장 이상의 일기 쓰기)를 실시하여 자료를 수집한다.

일반적으로 단일대상연구는 교육적 개입이나 실험처치를 제공하지 않은 단계에 비해 교육적 개입이나 실험처치를 제공한 단계에서 현저한 변화가 나타나는지를 검토한다. 실험처치를 하지 않는 단계를 **기초선 단계**(A)라고 하고, 실험처치를 하는 단계를 **개입 단계**(B)라고 한다. [그림 1-6]에서 볼 수 있듯이, 기초선 단계에 비해 개입 단계에서 현저한 변화가 나타나면, 이러한 변화를 실험처치의 효과로 해석할 수 있다. 1차 기초선(A_1)과 1차 개입(B_1) 이후에 2차 기초선(A_2)으로 반전하고 그 이후에 2차 개입(B_2)을 실시하는 단일대상연구는 단계별 부호를 붙여 **ABAB 반전설계**로 칭해진다. 이 설계

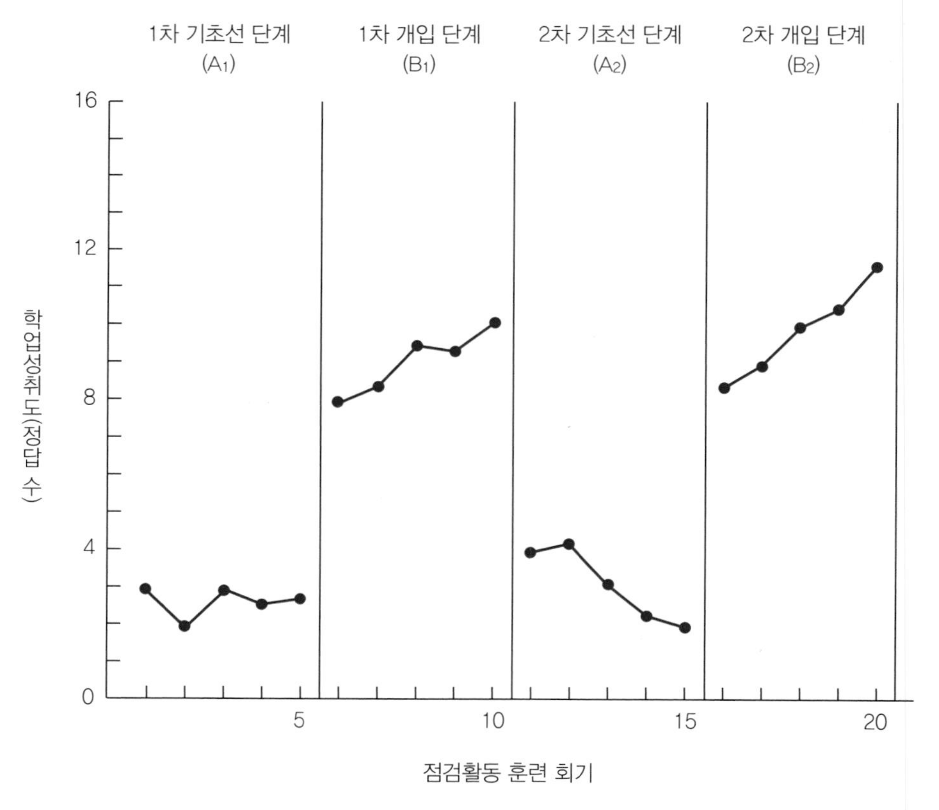

[그림 1-6] ABAB 반전설계: 목표달성 과정에 대한 점검활동이 학업성취도에 미치는 영향

는 기초선 단계와 개입 단계를 두 번에 걸쳐 반복하므로 개입의 효과성을 비교적 확실하게 검증할 수 있고, 행동의 변화를 일으키는 개입을 제공한 후에 연구를 종료하므로 ABA 반전설계에 비해 윤리적 문제를 일으키지 않는다는 장점이 있다.

(4) 양적 연구를 위한 자료수집 방법

상관연구이든 실험연구이든 집단연구이든 단일대상연구이든 양적 연구를 하려면 수량으로 표시되거나 수량으로 전환될 수 있는 자료를 수집해야 한다. 예를 들면, 시험불안과 학업성적 간의 상관관계를 파악하려면 시험불안 수준과 학업성적의 자료를 수집해야 한다. 만일 토론식 수업이 영어 독해력을 향상시키는지를 확인하기 위한 실험을 하려면 토론식 수업에 참여한 실험집단과 그렇지 않은 통제집단의 영어 독해력 점수를 수집해야 한다. 성별은 처음부터 수량으로 표시되지 않지만 여성은 1, 남성은 2로 전환될 수 있다.

교육심리학 분야에서 양적 연구를 할 때는 연구 자료를 수집하기 위하여 기존 자료를 검토하거나 행동관찰을 하거나 설문조사를 하거나 검사를 실시한다.

첫째, 기존 자료란 이미 수집·보관되어 있는 자료를 말한다. 예를 들면, 성적표, 신체검사 기록표, 교육청에서 배포하는 학업성취도 검사점수, 교육부에서 발표하는 연간 학교폭력 발생빈도, 질병관리본부에서 매년 발표하는 청소년건강행태온라인조사 통계자료 등이 있다. 연구자는 존재하는 모든 기존 자료를 연구에 사용하지 않고 연구에 필요한 자료를 선별하여 사용한다.

기존 자료를 활용하여 연구를 수행하고자 하는 경우에 유념해야 할 점이 있다. 연구자는 사용하고자 하는 자료에 대한 저작권을 가진 사람이나 기관으로부터 사전에 자료 사용에 대한 공식적인 승인을 얻어야 한다. 또한 기존 자료를 사용하여 작성한 보고서에는 자료의 출처를 분명하고 정확하게 표시해야 한다.

둘째, 양적 연구에서 행동관찰은 특정 행동이 얼마나 자주, 얼마나 빨리, 얼마나 오랫동안 발생하는지에 관한 양적 자료를 수집하는 방법으로 활용된다. 이때 지켜야 하는 두 가지 조건이 있다. 먼저, 표적행동(목표행동)을 조작적으로 정의해야 한다. 표적행동의 **조작적 정의**란 표적행동이 발생하거나 발생하지 않은 것에 대해 여러 사람이 동의할 수 있을 정도로 표적행동을 객관적이고 측정 가능한 용어로 정의한 것을 말한다.

또한 관찰대상의 자연스러운 반응을 관찰해야 한다. 그러므로 관찰대상이 부자연스러운 행동을 하거나 의도적으로 좋게 또는 나쁘게 보이려는 행동을 하지 않도록 관찰대상이 관찰도구나 관찰자에 친숙해진 후에 관찰과 기록을 시작하는 것이 바람직하다.

행동관찰을 통해 양적 자료를 수집하려면, 행동을 관찰하고 자료를 기록하는 두 가지 활동이 필요하다. 〈표 1-2〉에서 볼 수 있듯이, 행동을 관찰하는 방법으로는 직접 관찰, 간접 관찰, 참여 관찰, 비참여 관찰, 자연적 관찰, 인위적 관찰이 있다.

표 1-2 관찰법의 종류

직접 관찰	관찰대상의 행동이 발생하는 장면 안에서 관찰자가 직접 행동을 관찰한다.
간접 관찰	이미 기록된 자료나 증거(예, 동영상자료)를 통해 행동을 관찰한다.
참여 관찰	관찰자가 관찰대상이 있는 장면 안에서 함께 생활하면서 행동을 관찰한다.
비참여 관찰	관찰자가 관찰대상과 상호작용 없이 행동을 관찰한다.
자연적 관찰	인위적 조작을 가하지 않은 자연스러운 장면 안에서 행동을 관찰한다.
인위적 관찰	인위적 조작을 가한 장면 안에서 행동을 관찰한다.

관찰한 행동을 기록하는 방법으로는 일화 기록법, 사건 기록법(빈도 기록법), 시간 표집법, 반응지연시간 기록법(잠재기 기록법), 지속시간 기록법, 행동평정척도를 사용한 기록법이 있다. 표적행동의 특징에 따라 적절한 기록법을 선택하여 사용하면 된다. 이 중에서 일화 기록법은 사건의 전모와 사건이 발생한 상황을 이야기하듯이 기록하는 방법인데, 수량 자료를 즉시 산출하기 어렵기 때문에 양적 연구에 적절하지 않다. 또한 교사가 수업을 하면서 동시에 일화 기록법을 사용하여 자료를 수집하기는 어려우므로, 여기에서는 일화 기록법을 제외한 나머지 기록법에 대해 살펴본다. 〈표 1-3〉은 기록법의 종류이다.

표 1-3 기록법의 종류

기록법	설명
사건 기록법 (빈도 기록법)	사건, 즉 불연속적이고 구별되는 행동이 발생한 빈도를 기록한다.
시간 표집법	관찰기간(예, 30분)을 동일한 시간 간격(예, 1분)으로 구분하고, 연속적이거나 높은 빈도로 발생하는 행동이 발생한 시간 간격을 기록한다.
간격 기록법	관찰기간을 여러 개의 시간 간격으로 구분하고, 표적행동이 매 시간 간격 내내 발생했을 때 행동이 발생한 시간 간격을 기록하거나(전체 간격 기록법) 시간 간격 중 어느 때라도 표적행동이 발생했을 때 표적행동이 발생한 시간 간격을 기록한다(부분 간격 기록법).
순간시간 표집법	관찰기간을 여러 개의 시간 간격으로 구분하고, 매 시간 간격의 마지막 순간에 표적행동이 발생했을 때 표적행동이 발생한 시간 간격을 기록한다.
반응지연시간 기록법 (잠재기 기록법)	지시나 질문에 대한 반응이 나타날 때까지 걸린 시간을 기록한다.
지속시간 기록법	반응을 시작해서 얼마나 오래 지속했는지 지속시간을 기록한다.
행동평정척도	행동을 관찰하면서 또는 관찰했던 기억에 비추어, 문항에 묘사된 행동이 발생한 정도나 심각한 정도를 기록한다.

관찰을 통해 수집한 수량 자료는 기록용지에 체계적으로 기록한다. 기록용지는 연구자가 관찰하고자 하는 표적행동의 특징에 맞게 선택하거나 제작해서 사용할 수 있다.

[사건 기록용지]

요일	관찰시간	행동빈도기록	빈도
월	9:30~10:15	///	3
화	13:55~14:40	~~////~~	5
수	11:20~12:05	//	2
목	9:30~10:15	~~////~~ /	6
금	10:25~11:10	~~////~~ //	7

관찰대상: 이성실　　　관찰자: 1학년 국어과 교사

관찰기간: 2020. 6. 8. ~ 12.　　　관찰장소: 1학년 5반 교실

표적행동: 국어시간에 정확한 뜻을 답한 단어 수

특이사항: ____

[시간 표집 기록용지]

관찰대상: 김슬기 관찰자: 박소담 관찰일: 2020. 9. 17.
관찰장소: 2학년 3반 교실 관찰시간: 오전 8시 50분~9시 20분 시간 간격: 1분
특이사항: 다음 날 진로 캠프 행사가 계획되어 있음

✓ = 표적행동 발생함 – = 표적행동 발생하지 않음

표적행동 \ 간격	1	2	3	4	5	6	7	8	9	10
짝에게 말 걸기	–	–	–	–	✓	✓	✓	✓	–	–
올바른 자세로 앉아 있기	✓	✓	–	✓	✓	–	–	–	–	✓
노트필기하기	–	–	–	–	–	–	–	–	✓	✓

[반응지연시간 기록용지]

관찰대상: 박용기 관찰자: 정하늘 교사
관찰일시: 2020. 11. 16. 관찰장소: 2학년 6반 교실
표적행동: 교사의 지시에 맞는 행동하기
특이사항:

지시시각	반응시각	반응지연시간
10:00	10:05	5분
10:12	10:14	2분
10:27	NR	–
10:39	NR	–

※ NR = No Response (반응 없음)

[지속시간 기록용지]

관찰대상: 강우리　　관찰자: 차선진

관찰일시: 2020. 12. 8. 5교시　　관찰장소: 과학 실험실

표적행동: 제시된 실험절차대로 실행하기

특이사항:

행동개시시각	행동종료시각	지속시간
1:15	1:21	6분
1:33	1:35	2분

[행동평정척도]

학생 이름: 오주민　　교사 이름: 남다름　　기록일: 2020. 9. 29.

오늘 수업시간과 기타 일과 중에 위 학생이 다음과 같은 행동을 얼마나 자주 했는지 0, 1, 2 중에서 해당하는 숫자에 ○표 하세요.

	0(전혀)	1(가끔)	2(자주)
① 교사나 또래에게 필요한 도움을 요청한다.	0	1	②(circled)
② 또래와 사이좋게 협동한다.	0	①(circled)	2
③ 주어진 과제를 정해진 시간 안에 마친다.	0	①(circled)	2

셋째, 조사를 시행하여 양적 자료를 수집할 수 있다. 조사는 어떤 대상에 대하여 사람들이 가지고 있는 태도나 의견을 파악하기 위한 방법으로, 지필식 질문지, 전화, 온라인을 매체로 시행된다. 조사결과에 기초하여 전체 집단의 태도나 의견을 파악하려면, 전체 집단을 잘 대표할 만한 사람들을 표집하고 이들로부터 자료를 수집해야 한다.

이처럼 특별한 의도나 기준을 정하지 않은 채 무작위로 조사대상자를 표집하는 방법을 무선표집(random sampling)이라고 한다. 조사결과에 영향을 줄 것으로 추측되는 어떤 특징(예, 성별)에서 비율이 불균형적이라면(예, 중학교 남교사 30%, 여교사 70%), 연구를 위해 조사대상자 1,000명을 표집할 때 3:7의 비율을 고려하여 무선표집하기도 한다. 이를 유층무선표집 또는 층화무선표집(stratified random sampling)이라고 한다.

넷째, 검사는 인간행동의 표본(sample)에 관한 자료를 수집하는 방법이다. 예를 들면, 지능검사로 인간이 발휘할 수 있는 모든 지적 능력을 평가할 수 없으므로 인간의 지적 능력을 대표할 만한 일부를 문항으로 제작하여 지능검사를 구성한다. 따라서 지능검사는 인간이 발휘할 수 있는 지적 능력의 표본에 관한 자료를 제공한다. 마찬가지로, 창의성 검사는 창의성의 표본에 관한 자료를 제공하고, 성격검사는 성격의 표본에 관한 자료를 제공한다.

검사는 지능검사 혹은 성취도 검사처럼 피검자가 발휘하는 최대 수행(maximum performance)을 평가하는 능력검사와 성격검사 혹은 적응상태 검사처럼 피검자의 평소 상태와 일반적 반응(typical response)을 평가하는 성향 검사로 구분된다. 피검자는 전자에서 자신이 할 수 있는 수행을 최대한 발휘할 수 있어야 하고, 후자에서는 일상적인 경험이나 자신의 평상시 모습을 왜곡 없이 있는 그대로 표현해야 한다. 그러므로 교사는 학생들이 검사 상황에서 최대 수행 또는 일반적 반응을 할 수 있도록 검사 실시에 대해 학생들에게 사전 예고를 하고 교실환경을 준비해 검사에 대한 스트레스와 불안을 감소시켜야 한다.

2) 질적 연구

(1) 연구 패러다임의 변화: 실증주의에서 탈실증주의로

앞에서 살펴보았듯이, 양적 연구에서는 수량으로 표현되어 있거나 전환될 수 있는 자료를 수집하여 분석한다. 따라서 양적 연구를 하면, 수량화될 수 있는 인간의 능력과 특징에서 나타나는 변화나 차이를 정확하게 파악할 수 있다. 그러나 양적 연구는 인간의 삶 속에서 일어나는 복잡한 상황을 묘사하기 어렵고, 그러한 상황에서 삶이 개인에게 주는 주관적이고 개별적인 의미 또는 개인의 관점을 해석하기 어렵다. 따라서 숫자로 쉽게 전환될 수 없는 복잡한 현상(예, 교사의 소명의식, 인간관계의 질)에 대한 자료를 다양한 출처에서 수집하고, 수집된 자료가 연구참여자에게 주는 의미를 해석할 수 있는 연구 패러다임이 필요하게 되었다(Yin, 2016). 이러한 필요에 따라, 질적 연구에서는 현상을 계량화하고 범주화하는 방식으로 변형하지 않고, 최대한 '있는 그대로' 또는 '그 본래 입장에서' 현상에 접근한다.

양적 연구가 기초한 실증주의 패러다임에 대한 대안으로 출발한 질적 연구는 탈실증주의 연구 패러다임을 지향한다(김영천, 2016). 〈표 1-4〉와 같이, 연구자가 전제하는 철학적 가정들(assumptions)을 패러다임이라고 한다. 구바(Guba)와 링컨(Lincoln)은 존재론(ontology), 인식론(epistemology), 방법론(methodology), 가치론(axiology)의 네 가지 철학적 가정에서 질적 연구에 대해 논의하였다(김영천, 2016; Creswell, 2013/2015; Guba & Lincoln, 2005).

표 1-4 탈실증주의 패러다임에 기초한 철학적 논제

철학적 가정	문제제기	질적 연구자의 신념
존재론	실재(reality)의 본질은 무엇인가?	다양한 실재가 존재하므로 상대주의를 인정하며, 연구결과에 따라 주제가 발전하고 상이한 관점들을 보고할 수 있다.
인식론	지식이란 무엇인가?	객관적 지식보다는 있는 그대로의 현상에 대한 개인의 경험과 의미가 중요하므로 연구참여자의 말을 인용하여 증거로 삼는다.
방법론	연구는 어떤 과정을 거치며 수행되는가?	귀납적 과정을 거치고, 통제하지 않은 자연스러운 맥락 안에서 연구하며, 자료와 경험의 축적에 따라 새로운 질문을 제기한다.
가치론	연구에서 가치는 어떤 역할을 하는가?	연구란 가치 중립적 활동이라기보다는 가치 내재적 활동임을 인정하고, 연구자 자신의 가치와 편향을 적극적으로 나타낸다.

출처: Creswell (2013/2015).

(2) 질적 연구의 특징

크레스웰(Creswell)은 질적 연구를 실, 색깔, 질감과 재료가 다양하게 혼합되어 있는 직물에 비유하였다(Creswell, 2008, 2013/2015). 이렇게 직조된 직물을 단순하게 묘사하기란 어렵다. 마찬가지로 질적 연구자들은 어느 상황에나 다양한 관점을 가진 수많은 사람이 존재한다는 점을 인정하면서 현상을 바라본다. 질적 연구는 단순한 묘사

나 설명 또는 측정이 어려운 현상을 이해할 필요가 있을 때, 새로운 주제를 탐색하고자 할 때, 맥락 안에 있는 개인들의 목소리를 들으려 할 때 가장 적절한 연구방법이다(Creswell, 2013/2015; Denzin & Lincoln, 1994).

질적 연구는 인류학, 사회학, 교육학, 심리학 등 다양한 학문 분야에서 시작되었고, 어떤 현상을 여러 학문 분야의 연구자들이 함께 연구하는 간학문적 연구의 증가로 인해 발전해 왔다. 그렇기 때문에 이론적 개념이나 방법론적 강조점이 매우 다양하다(김영천, 2016). 그럼에도 질적 연구는 몇 가지 공통된 특징을 가지고 있다.

질적 연구자는 자신과 연구참여자들 사이의 거리, 즉 객관적 분리를 최소화하려고 노력하면서 자연스러운 상황 안에서 연구참여자의 견해를 상세하게 탐구하고 그들이 사용하는 언어를 분석하여 그들이 살고 있는 세상을 이해하려고 한다(Guba & Lincoln, 2005). 숫자로 쉽게 전환될 수 없는 복잡한 현상에 대한 자료를 수집하기 위해 개방형 질문을 사용한 심층면담, 참여관찰, 기록물(글쓰기, 사진, 메모 등)에 대한 검토를 한다. 미리 가설을 설정하지 않은 채 현상에 관한 구체적이고 깊이 있는 자료를 수집한다. 이때 연구참여자의 관점과 견해를 파악하면서 구체적인 것에서부터 추상적인 것으로 나

표 1-5 질적 연구의 목적과 특징

목적	특징
• 복잡한 일상 세계의 심층 탐구 • 특정 사례에 대한 탐구 • 연구참여자가 현상에 대해 가지고 있는 의미 파악과 이해 • 당연하다고 수용해 온 것에 대한 비판적 탐구와 새로운 통찰 • 발견과 이론의 구축 • 프로그램 평가	• 자연적 상황에서 비교적 장기간 연구 • 연구자와 연구참여자의 친밀함과 믿음의 관계에 기반함 • 연구참여자의 관점과 의미 및 생생한 목소리에 대한 이해 • 특정 사례 또는 현상의 심층 탐구 • 목적표집(의도적 표본 추출) • 사전에 짜이지 않은 유연한 연구설계 • 자료수집의 주요 도구로서 연구자의 편향성 인정 및 그것에 대한 성찰 중시 • 면담, 관찰, 문서, 연구자가 개발한 도구로 자료수집 • 자료수집과 자료분석의 상호보완적 순환성 • 반성적 연구 활동 • 연구주제에 대한 복합적이고 전체적인 이해와 묘사 • 서술적 형태로 표현되는 연구결과

출처: 김병욱(2018); 김영천(2016); Creswell (2013/2015).

아가는 귀납적인 과정을 따라가며 자료를 수집하고 분석한다. 이렇게 함으로써 이미 발표된 문헌, 선행연구의 결과, 연구자가 발견하기를 기대하는 것으로부터 방해받지 않으면서 현상이 발생하는 맥락 안에서 현상을 이해하고, 현상에 대한 연구참여자들의 주관적이고 개별적인 의미를 해석하며, 연구문제에 대한 복합적이고 전체적인 그림을 그릴 수 있다(Creswell, 2013/2015).

질적 연구의 목적과 특징을 정리하면 〈표 1-5〉와 같다.

(3) 질적 연구의 예시

교육심리학 분야에서 수행된 질적 연구를 예시하면 다음과 같다.

첫째, 피아제는 자신의 자녀 세 명에게 다양한 과제와 상황을 주어 이를 어떻게 해결하는지를 면밀하게 관찰하고, 제시된 과제와 질문에 대해 어떤 대답을 하고 자신의 대답에 대해 어떤 설명을 내놓는지를 면담하는 방법을 사용하였다. 피아제는 관찰과 면담의 자료를 잘 기록해 두고, 기록한 내용을 분석하여 인지발달이론을 체계화하였다. 비록 연구대상이 자신의 자녀에 제한되었고 그 숫자도 적었지만, 피아제의 관찰과 면담은 나이가 많은 아동과 어린 아동이 이 세상에 대해 질적으로 상이한 방식으로 사고한다는 결론으로 이어졌다.

둘째, 콜버그(Kohlberg)는 도덕적 딜레마를 사용한 면담을 통해 질적 자료를 수집하였다. 우선, 연구참여자는 아픈 아내를 살리기 위해 약을 훔친 하인츠의 딜레마처럼 옳고 그름이 분명하지 않은 도덕적 딜레마를 들은 후 모호한 상황에 있는 주인공의 행동이 옳은지 그른지를 판단한다. 그런 다음, 콜버그는 연구참여자에게 왜 그런 판단을 했는지를 질문하고, 연구참여자는 자신의 판단의 근거를 대답한다. 콜버그는 연구참여자의 대답을 모두 그대로 기록하고, 대답의 내용을 범주화하여 3수준 6단계로 이루어진 도덕성 발달이론을 구축하였다. 한편, 콜버그가 제안한 정의(justice) 중심의 도덕성에 대한 대안을 찾으려 하였던 길리건(Gilligan) 역시 면담의 방법을 사용해 여성의 도덕성에 대해 연구하였다. 길리건은 여성이 남성에 비해 도덕적으로 미숙한 것이 아니라 배려(care) 중심의 도덕성을 발달시킨다는 점을 발견하였다.

질적 연구는 심층적이고 복잡할 수 있지만, 교사도 학교현장에서 교육의 과정과 현상에 대한 질적 연구를 수행할 수 있다. 예를 들면, 학교가 학생들을 어떤 기준에서 집단으로 분류하는지, 어떤 식으로 특권을 주거나 박탈하는지, 학업성취도가 높은 학생과 낮은 학생이 어떤 상황에서 어떤 학습전략을 어떻게 사용하고 있는지, 학업스트레스나 진로스트레스가 학생들의 일상생활에서 어떤 의미를 가지는지, 초임 교사가 교직에 어떻게 적응하고 어떤 어려움을 겪으며 극복하는지를 있는 그대로 이해하려면 질적 연구를 수행하는 것이 적절할 것이다.

표 1-6 질적 연구의 예

[연구논문] 김동일, 라영안, 이혜은, 금창민, 박소영(2016). 자유학기제 정착을 위해 교원들이 인식한 촉진요인과 저해요인 탐색. **교육심리연구, 30**(2), 345-371.
[연구목적] 중학교 자유학기제의 전면 시행을 맞이하여, 교장, 교감, 교사들이 인식한 자유학기제 정착에 대한 촉진요인과 저해요인 및 자유학기제 정착에 요구되는 사항을 알아보고자 함
[연구대상] 자유학기제 운영학교의 교원 13명, 자유학기제 미운영학교의 교원 8명
[연구절차] ① 반구조화된 개방형 질문을 사용한 심층면담(1회 소요시간은 약 1시간) ② 면담 내용 녹취와 전사 ③ 합의적 질적 연구방법을 적용한 자료분석. 4명의 분석팀이 전사 자료를 읽고 줄 단위로 내용을 분석하여 중심개념을 추출하는 토론을 통해 4명 모두가 합의할 수 있는 결론 도출 ④ 감수자 1명의 검토
[연구결과] ① 자유학기제의 성공적 정착을 위한 촉진요인을 학교수준(학생 체험 인프라 구축, 교사의 충분한 이해와 협조, 학부모 교육 및 홍보, 충분한 준비기간, 추진위원회 결성, 예비중학생 수요조사, 학년 간 연계)과 교실수준(교육과정 재구성, 다양한 자유학기 활동 구안, 평가방법 개선, 수업방법 개선)으로 구분하여 진술 ② 자유학기제의 성공적 정착을 방해하는 저해요인을 학교 안 요인(업무부담의 증대, 예산 부족 및 편성의 어려움, 미운영 교사의 이해 부족, 프로그램 개발의 어려움)과 학교 밖 요인(체험 인프라의 부족, 인적 자원 부족)으로 구분하여 진술 ③ 자유학기제의 성공적 정착에 요구되는 사항을 교사 측면(효율적인 연수 이수, 교사의 전문성 함양 노력, 업무 경감, 학교실정에 맞는 강사 지원, 교사협의회 활성화), 학생 측면(효과적 오리엔테이션 실시, 학생의 적극적 참여), 학부모 측면(학부모의 적극적 참여와 협조, 자유학기제에 대한 충분한 이해)으로 구분하여 진술

질적 연구를 통해, 학교 안에서 구성원들이 어떤 현상을 만들고 변화시키고 있는지를 상세하고도 깊이 있게 탐구하는 것은 의미 있는 작업이다. 〈표 1-6〉은 자유학기제의 전면 시행에 대한 중학교 교사와 학교관리자들의 인식을 알아보기 위해 심층면담의 방법으로 자료를 수집하고 그 의미를 분류한 질적 연구를 요약한 것이다.

3) 통합적 연구

그동안 교육심리학 분야에서는 주로 양적 연구를 많이 수행하였고, 대안적 방법으로 질적 연구를 수행하기도 하였다. 대체로 연구자들은 양적 연구나 질적 연구 중 어느 하나의 방법을 선호하고 집중적으로 실행해 온 것이 사실이다. 그러나 양적 연구나 질적 연구 하나만으로 교육현상과 이에 관련된 심리적 변인을 완전하게 이해하기는 어렵다. 이러한 경우에 통합적 연구(혼합적 연구)가 수행된다.

양적 연구와 질적 연구 각각의 장점을 최대한 활용하고 단점을 최대한 보완하는 방식으로 통합적 연구를 수행할 수 있다. 통합적 연구를 수행하는 연구자는 세상을 바라보는 관점이나 철학적 가정, 연구문제의 설정, 자료 수집 및 분석, 결과 해석에 이르기까지 연구의 여러 단계에서 필요한 만큼 유연하게 양적 연구와 질적 연구의 방법을 혼합하여 적용한다(Creswell, 2009/2013; Tashakkor & Teddlie, 1998/2001).

예를 들면, 학업성적이 저조한 두 명의 학생에게 학습전략 검사를 실시하고 두 학생이 얻은 검사 점수(예, 기억전략 점수, 시험대비전략 점수, 노트 필기 점수)를 비교하는 것만으로는 이들이 어떤 이유에서 학업성적이 낮아졌는지, 어떤 측면에서 학업문제를 겪고 있는지 온전히 이해하기 어렵다. 더 나아가 이들의 학업문제를 어떻게 해결할 수 있을지에 대한 단서를 얻기도 어렵다. 따라서 양적 자료를 수집하고 분석하는 것에 추가하여, 교사는 학업성적이 저조한 학생에게 무엇 때문에 공부에 집중하기 어려운지, 어떤 경우에 공부한 내용을 기억하기 어려운지, 공부한 내용을 잘 기억하기 위해 어떤 방법을 쓰고 있는지, 학업과 관련된 도움을 얻을 만한 인적 및 물적 자원을 가지고 있는지 등을 물을 수 있다. 이에 대한 대답의 내용을 분류하고 그 의미를 분석하면, 학생의 학업문제를 깊이 있게 이해할 수 있을 것이다.

'학생들이 중학교 진학 이후에 공부에 대한 관심과 열의를 잃는 이유는 무엇인가?'

'초임교사가 임용 첫해에 학교현장에 어떻게 적응하는가?' '교사들의 교직에 대한 소명의식과 학생에 대한 관심이 교직 경력과 더불어 어떻게 변화하는가?'와 같은 문제의 제기는 교육이 이루어지는 바로 그 현장에 대한 물음과 호기심에서 출발한다. 예비교사로서 그리고 미래의 교육전문가로서 여러분도 자신의 관심과 선호에 따라 양적 연구나 질적 연구 또는 통합적 연구(혼합적 연구)를 수행할 수 있다. 〈표 1-7〉은 이 책의 저자 중 한 명이 수행한 통합적 연구(혼합적 연구)를 요약한 것이다.

표 1-7 통합적 연구(혼합적 연구)의 예

[연구논문]

김선미(2016). 고등학생의 학업스트레스에 대한 정서표현 글쓰기 프로그램의 개발 및 효과. 전남대학교 대학원 박사학위논문.

[연구목적]

학업스트레스를 경험하면서 느끼는 정서를 표현하는 글쓰기 프로그램을 개발하고, 글쓰기 프로그램 참여자가 정서인식 명확성, 자기조절효능감, 학업스트레스에 미치는 효과를 검증하고자 함

[연구대상]

고등학교 2학년 남학생 79명을 편의표집하였음

[연구절차]

① 14회기 분량의 프로그램 개발
② 연구대상 79명 중 34명은 실험집단에 배정되어, 학업스트레스와 관련된 정서경험을 표현하는 글쓰기 프로그램의 처치를 받았음. 나머지 45명은 비교집단에 배정되어, 평소대로 문학작품 감상과 관련된 국어 교과 수업을 받았음

[양적 연구: 방법과 결과]

세 차례(프로그램 실행 직전, 종료 직후, 종료 1개월 후)에 걸쳐 정서인식 명확성, 자기조절효능감, 학업스트레스의 수준을 측정하였음. 프로그램 종료 직후와 종료 1개월 후에 실험집단의 정서인식 명확성과 자기조절효능감 평균이 비교집단의 평균보다 얼마나 많이 향상되었는지, 학업스트레스 평균이 비교집단의 평균보다 얼마나 많이 낮아졌는지를 비교하기 위하여 통계분석을 실행하였음

① 실험집단의 정서인식 명확성이 사전검사보다 직후검사에서 유의하게 증가하여 지연검사 시기까지 유지된 반면, 비교집단의 정서인식 명확성은 계속 감소하였음
② 실험집단의 자기조절효능감이 사전검사보다 직후검사에서 유의하게 증가하여 지연검사 시기까지 유지된 반면, 비교집단의 정서인식 명확성은 측정시기에 따른 차이가 유의하지 않았음
③ 실험집단의 학업스트레스가 사전검사보다 직후검사와 지연검사에서 완만하게 감소하였으나 유의한 차이를 나타내지는 못하였음. 반면에 비교집단의 학업스트레스는 사전검사보다 직후검사에서 유의하게 증가하였고 지연검사 시기까지 유지되었음

[질적 연구: 방법과 결과]

실험집단에 배정된 연구대상 중에서 학업스트레스가 감소한 학생 두 명과 감소하지 않은 학생 두 명을 목적표집하였음. 연구자가 학생 각자의 글을 반복해서 읽으면서 자료 속에 내재된 주제를 찾아내고, 글에 나타난 의미와 그 변화를 분석하였음

① "나만의 시간을 갖지 못하게 하는 엄마가 너무 싫고, 성적이 나왔을 때도 또 잔소리하고 화를 내실까 봐 말하기도 싫다." "공부를 하고 있으면 인내심의 한계가 오는 것 같다." "버스를 타고 통학하는 것도 짜증이 나고, 중학교 때 내 진로에 대해 고민해 보지 않은 것도 짜증 난다." → 정서표현 첫 회기에는 스트레스 표현이 가장 활발함

② "공부하기가 싫어지고 심지어는 아예 살기가 싫어진다." "열심히 해도 성적이 잘 안 나올 수도 있고 손해 본 것 같고 힘들다. 기분 드럽다. 진심." "맨날 교과서만 들여다보고 있으면 짜증 나고 신물이 난다. 지겨워 죽겠다." "열심히 했다고 생각을 해서 뿌듯했다." "지금은 수학을 하는 것이 즐겁다." → 프로그램이 진행되면서 부정적 정서표현이 지속됨. 일부 학생들에게서 긍정적 정서가 표현되기도 함

③ "열심히 했는데 성적이 그 따구인 걸 어떻게 하나. 그리고 솔직히 나도 나 자신에 대해서 한심하게 느껴진다." "사실 학업스트레스는 아버지가 다 만드신 것이 맞다." → 학업스트레스와 더불어 정서경험을 하게 되는 이유에 대한 탐색과 자기반성이 나타남

④ "쓰다 보니 내 속에 있는 말이 다 나왔다. 그래서 정말 후련했다." "가치 있는 시간이었다. 목표에 대해 다시 생각하게 되었고, 열심히 해야겠다는 생각이 들었다." "생각하다 보니 스트레스를 받는 것 같다. 안 좋은 것만 떠오르고 기분이 약간 우울해진 것 같다." → 정서표현 글쓰기 활동에 대해 후련함을 느끼고 자신의 스트레스와 목표에 대해 깊이 탐색해 보는 계기를 찾은 학생도 있고, 글쓰기 활동의 의미를 찾지 못한 학생도 있음

이론 적용 활동

임용 두 번째 해를 맞이한 A 교사는 지난 1년 동안의 수업 경험을 통해 어느 한 가지 수업방법이 모든 학생에게 효과적인 것은 아니라는 교훈을 얻었다. 교사가 준비한 교과서나 읽기자료를 활용하여 설명을 많이 하는 수업시간에 더 잘 집중하고 정서적으로 안정된 모습을 보이는 학생들이 있는 반면에 쉽게 지루해하고 주의가 산만해지는 학생들도 있었다. 또한 주어진 주제를 중심으로 자율적으로 자료를 검색하고 팀을 이루어 다양한 문제해결 방안을 탐구하는 수업시간에 활기차게 참여하는 학생들이 있는 반면에, 팀 과제에서 자주 소외되는 학생들도 있었다. A 교사는 학생들의 심리적 특성(인지능력, 정서, 행동 특성, 사회성, 학습태도, 학습동기 등)을 잘 파악하면, 그에 적합한 수업방법을 적용하여 좋은 성과를 얻을 수 있을 것으로 기대한다. 과연 A 교사의 기대대로 학생의 특성에 맞는 수업방법이 교육적 성과를 이루는 데 효과적일까? 자신이 A 교사라면 이 문제를 해결하기 위해 어떻게 연구를 수행해 보고 싶은가?

- 연구문제의 설정

- 연구방법의 결정: 양적 연구(상관연구, 실험연구, 단일대상연구), 질적 연구, 통합적 연구

- 자료수집 방법

- 결과발표 방법

주요 용어

검사
관찰
교육심리학
내성법
단일대상연구
독립변수
매칭
무선표집
반전설계
부적 상관
상관연구
실험연구
양적 연구
정적 상관
조사
종속변수
질적 연구
통합적 연구

탐구문제

1. 교육심리학을 정의하시오.
2. 교사가 교육심리학에 대한 지식을 갖추어야 할 이유를 기술하시오.
3. 교육심리학의 학문적 정체성을 분명히 나타내는 연구주제를 탐색하고, 최근 학교교육의 문제점을 해결하는 데 교육심리학이 어떤 기여를 할지 논하시오.
4. 교사가 교육심리학에서 실행되는 연구의 방법을 알아야 하는 이유를 열거하시오.
5. 양적 연구와 질적 연구의 특징을 비교하시오.
6. 상관연구, 실험연구, 단일대상연구의 특징과 각 연구결과의 활용 방안을 기술하시오.
7. 실험의 두 가지 조건(무선화, 가외변수의 통제)을 충족시켜야 하는 이유를 설명하시오.
8. 양적 연구에서 자료를 수집하는 방법을 기술하시오.
9. 각자의 전공 영역에서 최근 관심을 가지게 된 주제를 하나 선정하고, 이 주제를 연구하기에 적절한 연구법을 찾아보시오.

제2장

인지발달이론과 교육

1. 발달의 이해
2. 피아제의 인지발달이론
3. 비고츠키의 인지발달이론

교사가 만나는 학생들은 연령에 따라 생물학적 발달, 인지발달, 성격 및 사회성 발달 수준이 다르다. 이러한 발달은 서로 상호작용하며, 개인에게 영향을 미친 환경에 따라 점차 복잡하고 정교한 발달이 이루어진다. 학생들의 인지능력은 점차 발달해 나가기 때문에 학년에 따라 개념을 이해하고 표현하는 능력 및 문제해결능력도 다르다. 따라서 유능한 교사는 학생들의 인지발달 수준을 파악하고 그에 적합한 수업내용과 방법을 설계한다. 이를 위하여, 이 장에서는 발달의 기초부터 시작해 발달의 정의와 원리, 발달 단계 및 단계별 발달과업에 대해 살펴본다. 그다음으로 발달과 환경에서는 인간발달에 영향을 주는 개인적 · 생태학적 요인들에 대한 종합적인 관점을 제시하는 생물생태학적 발달이론을 검토한다. 또한 인지발달을 설명하는 대표적 이론인 피아제와 신피아제 학파 그리고 비고츠키의 인지발달이론을 검토하고 교육에 대한 시사점을 살펴본다.

1. 발달의 이해

1) 발달의 정의

발달(development)은 모태 안에서 난자와 정자가 수정되는 순간부터 출생 후 사망에 이르기까지 전 생애에 걸쳐 나타나는 모든 변화의 과정을 의미한다. 여기에는 신체적 측면뿐만 아니라 인지적, 언어적, 정서적, 사회적, 도덕적 측면이 모두 포함된다. 또한 발달은 연령의 증가에 따라 인간의 모든 측면에서 나타나는 상승적 변화와 하강적 변화를 포함한다. 인간이 보통 청소년기에 이르기까지는 상승적 변화를 보이지만 청년기 이후에는 하강적 변화를 보인다고 생각하기 쉽다. 그러나 최근의 연구결과에 의하면, 노년기에도 지혜, 충동조절, 정서적 안정과 같은 긍정적인 발달이 여러 영역에서 이루어진다. 따라서 인간의 발달을 시기에 따라 긍정적 또는 부정적 변화, 상승적 또는 하강적 변화로 구분하는 것은 적절하지 못하다(Kail & Cavanaugh, 2018).

발달은 비교적 영속적인 결과를 낳는 변화를 의미한다. 그러므로 특정 사건에 의해 일시적으로 좋아지거나 나빠지는 기분 또는 신체적 반응의 변화는 발달에서 제외된다. 발달과 관련하여 자주 언급되는 개념으로 성장(growth), 성숙(maturation), 학습(learning)을 들 수 있다. 먼저, 성장은 신장이나 체중 등 신체적 측면에서 나타나는 양적 변화를 의미하는 용어로 주로 쓰였다. 하지만 최근에는 지적 성장, 영적 성장, 외상 후 성장 같이 수량적으로 측정하기 어려운 변화를 성장이라고 부르기도 한다. 성숙은 외부 환경의 영향보다 유전인자에 의해 발생하는 생리적 변화로, 사춘기의 2차 성징을 예로 들 수 있다. 마지막으로, 학습은 외부 환경이나 후천적 경험에 의해 초래되는 변화로, 성숙과 대비되는 개념이다.

2) 발달의 원리

인간발달에는 대다수의 사람에게 일정하게 일어나는 보편적인 규칙이 있다. 여러 학자가 다양한 관점에서 발달의 원리를 제안하였는데, 여기에서는 몇 가지 공통된 원리를 제시하고자 한다.

(1) 발달은 유전과 환경의 상호작용 결과이다

만일 뛰어난 지적 능력을 가진 매력적이고 인기 있는 학생이 고등학교에서 학생회장이 되었다면, 그 학생의 성공은 유전의 영향일까 아니면 환경의 영향일까? 유전과 환경이 발달에 미치는 상대적 기여에 대한 논쟁은 오랫동안 계속되었다. 예를 들면, 전성설(前成說, preformationism)을 주장한 중세 학자들은 신생아를 성인의 축소판으로 보고 유전의 영향력에 무게를 실은 반면, 백지설을 주장한 로크(Locke)는 백지 상태로 태어난 인간에게 환경의 영향력이 크다고 주장하였다. 최근 뇌 연구가 발달하면서 유전과 환경 중 어느 쪽이 중요하냐는 소위 본성(nature)과 양육(nurture)의 논쟁이 다시 일어났다. 예를 들면, 뇌 연구를 통해 기억이 신경세포의 특정 시냅스 간에 이루어지는 전기화학적 반응이고, 많은 정신질환이 유전적 영향이라는 것이 밝혀졌다(하지현, 2016). 이러한 결과는 학습과 경험이 기억과 정신질환에 영향을 미친다는 기존의 학문적 인식을 흔들기도 하였다. 하지만 기억이나 정신질환의 원인은 매우 다양하고 유전과 환경이 서로 밀접하게 연결되어 상호작용하는 고차원적인 시스템이기 때문에 단일한 원인을 찾기는 힘들다.

읽을거리

한 아이를 키우려면 온 마을이 필요하다

"한 아이를 키우려면 온 마을이 필요하다."라는 아프리카 속담은 교육과 관련하여 자주 언급된다. 학생들은 학교를 다니면서 다양한 주변 환경과 관계를 맺고 영향을 주고받으며 성장한다. 같은 사회적 · 물리적 환경에서 사는 학생일지라도 교사나 또래, 지역사회 등과 다양한 상호의존적 체계를 이루면서 살고 있다.

러시아 모스크바에서 태어난 브론펜브레너(Bronfenbrenner)는 개인과 환경 간 상호관련성과 상호조절의 과정에 따라 인간발달과 적응이 좌우된다고 보았다. 이후 환경체계들이 개인에게 미치는 영향뿐만 아니라 개인의 기질, 건강, 체격 등 유전적 소인과 생물학적 요인들이 환경체계와의 상호작용 방식에 미치는 영향도 인정하면서 '생물생태학적 체계 이론(bioecological systems theory)'을 주장한다(Bronfenbrenner & Morris, 2006). 즉, 인간발달은 진공상태에서 개인적 특징(예, 성별, 연령, 기질)에 의해서만 일어나거나 개인이 환경의 영향을 받아서만 일어나는 현상이 아니라 인간과 사회적 및 물리적 환경의 끊임없는 상호작용을 통해 이루어진다.

개인이 상호작용하는 환경체계에는 미시체계(microsystem), 중간체계(mesosystem), 외체계(exosystem), 거시체계(macrosystem), 시간체계(chronosystem, 연대체계)로 구성되어 있다. 미시체계는 개인에게 가장 가깝고 개인과 직접적인 상호작용을 하는 환경체계로(예, 부모, 교사, 또래친구, 학교, 가정, 놀이터), 개인은 미시체계와 서로 영향을 주고받으며 안정감을 갖는다. 중간체계는 둘 또는 그 이상의 미시체계가 상호 관련되어 서로 영향을 주고받는 양방향 관계로(예, 부모-교사 관계, 가정-학교 관계, 부모-또래친구 관계), 미시체계 간 협력적 상호작용은 개인의 발달과 적응에 중요한 영향을 미친다. 외체계는 개인에게 직접 영향을 미치지는 않지만 미시체계나 중간체계에 영향을 미침으로써 개인에게 간접적인 영향을 주는 생태체계로(예, 부모의 직장, 교육청, 법 집행기관), 이때 개인은 외체계에 직접 참여하지 않으며 그의 구성원도 아니다. 거시체계는 미시체계, 중간체계, 외체계를 모두 포함하는 환경체계로(예, 문화, 신념, 가치관, 전통, 관습, 법률제도, 정치적 이념 등), 개인의 삶과 발달에 지속적이며 광범위하게 영향을 미친다. 시간체계는 개인이 생활하는 시대적 배경, 역사적 조건을 포함한다(예, IMF와 같은 국가의 경제적 위기, 4차 산업혁명 시대, 코로나 대유행 상황).

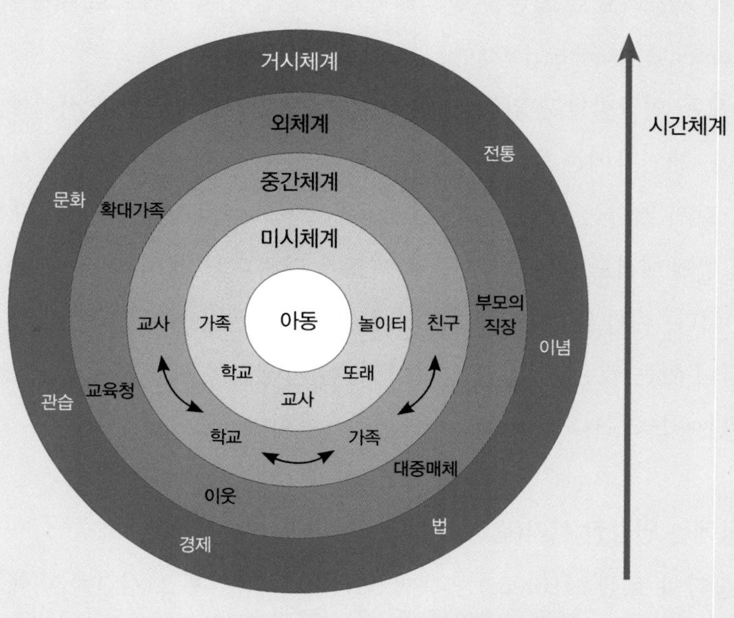

[그림 2-1] **브론펜브레너의 생물생태학적 체계 모형**

(2) 발달은 일정한 발생학적 순서를 따르지만, 그 속도와 시기에는 개인차가 있다

아기는 울음을 터트리고 난 후, 옹알이, 한 단어 말, 두 단어로 구성된 전보식 문장, 세 단어 이상의 복잡한 문장으로 발달해 간다. 이제 말을 하기 시작한 유아는 민주주의와 같은 추상적 개념을 이해할 수 없다. 이렇듯 인간발달은 예측 가능한 일정한 단계가 순서에 맞게 일어나기 때문에 현재의 발달은 다음 단계의 발달과 유기적인 관련성을 갖는다. 인간발달에 일정한 순서와 방향이 있다는 것은 발달의 앞 단계가 다음 단계의 기초가 되며, 한 단계에서 다음 단계로 이행할 때 더욱 높은 차원의 발달이 이루어짐을 보여 준다.

예를 들면, 신체적 발달의 경우에는 뒤집고 기던 아기가 서고 걷고 달리게 되는 것, 정서적 발달의 경우에는 쾌와 불쾌의 정서가 점점 다양하고 복잡한 형태로 분화되다가 정서를 적절한 방식으로 조절할 수 있게 되는 단계까지 이르게 되는 것이라 할 수 있다. 인지발달의 경우도 농구공이나 자동차 같은 구체적 개념을 배우고 난 다음에 자유나 평화 같은 추상적인 개념을 배우는 순서로 나타난다. 이러한 발달은 비교적 순차적이고 예측 가능하므로 많은 발달심리학자는 발달이 체계적으로 이루어진다고 본다(Damon, Lerner, & Eisenberg, 2006).

이처럼 모든 인간발달은 일정한 순서에 따르지만, 발달 속도와 시기에 있어서는 개인차가 있다. 개인차에는 두 가지 측면이 있다. 하나는 한 사람과 다른 사람 사이의 발달이 서로 같지 않다는 개인 간 차이(inter-individual difference)이고, 다른 하나는 한 사람 내의 발달에서도 각 측면의 발달 속도가 다르다는 개인 내 차이(intra-individual difference)이다. 예를 들면, 신체발달의 경우 연령은 같은데 키가 먼저 큰 학생과 나중에 큰 학생이 있는 것은 개인 간 차이이고, 한 학생이 신체발달에 비해 언어발달이나 사회성 발달이 느리거나 빠른 것은 개인 내 차이이다.

(3) 발달에는 민감한 시기(결정적 시기)가 있다

동물행동학자 로렌츠(Lorenz)는 새끼 오리가 부화 직후 24시간 이내에 어미 오리가 아닌 주변의 움직이는 물체를 따르는 행동을 관찰하였고, 이를 각인(imprinting)이라고 하였다([그림 2-2] 참조). 이렇게 생명체가 가진 어떤 특징의 발달이 매우 빠르고도 쉽게 일어나고 유리하든 불리하든 환경의 영향을 크게 받는 시기를 결정적 시기(critical

[그림 2-2] **로렌츠 박사와 각인 현상**

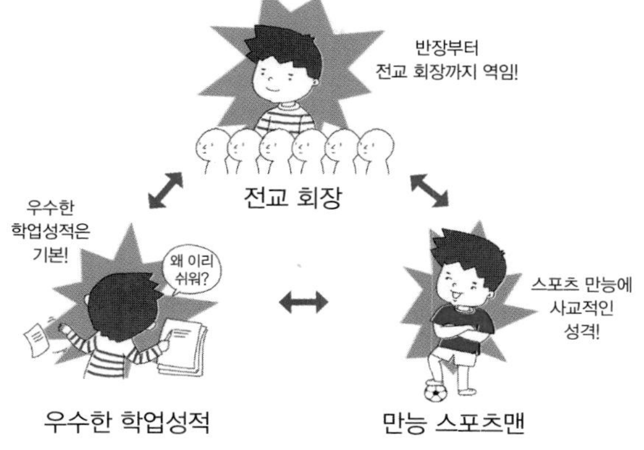

[그림 2-3] **발달 영역의 상호관련성**

period)라고 한다. 학습과 달리, 유전적으로 프로그래밍된 각인은 되돌릴 수도 없고 망각되지도 않는 현상이다. 인간발달에도 영역마다 상이한 결정적 시기가 있다. 보울비(Bowlby)는 이와 같은 동물행동학적 이론을 적용하여 아기도 생애 초기에 어머니와 애착을 형성하도록 생물학적으로 설정되어 있다고 보았다. 이 시기의 애착이 긍정적이면 이후 발달에 긍정적인 영향을 미치고, 그렇지 않으면 부정적인 영향을 미친다고 보았다. 인간발달은 결정적 시기 이후에라도 환경의 개선을 통해 유연하게 바뀌기도 하므로 '결정적 시기' 대신 '민감기' 또는 '민감한 시기(sensitive period)'라는 용어를 사용하기도 한다(Klahr, Bornstein, & Lamb, 1999).

(4) 각 영역의 발달은 상호 관련되어 있지만, 각 영역의 발달 속도는 다르다

발달은 신체, 운동, 성, 언어, 인지, 정서, 사회성, 도덕성 등 서로 다른 영역에서 무관하게 이루어지지 않고 영향을 주고받는다. 예를 들면, 신체발달이 뛰어난 아동은 지도자의 역할을 자주 하게 되어 지도력을 키우게 되고, 지도력은 긍정적 자기개념을 가지게 하여 학업성적을 향상시킨다([그림 2-3] 참조). 즉, 신체발달이 사회성 발달에 영향을 주고, 사회성 발달이 인지발달에 영향을 미치는 것이다. 이처럼 발달의 각 영역은 서로 영향을 주고받는다.

발달은 연속적이지만 그 속도가 일정하지 않아서 때로는 빠르게, 때로는 느리게 나타난다. 신체의 각 부위에 따라 또는 발달의 영역(인지, 기억, 언어, 신체, 정서, 도덕성, 친사회적 행동 등)에 따라 발달의 속도가 다르다. 예를 들면, 신체발달은 출생 후 급속히 일어나다가 점점 발달 속도가 늦춰지지만 청소년기에 또다시 급격하게 발달 속도가 빨라진다. 언어발달도 5세 이전에 급격하게 일어나며, 추상적 사고력은 아동기에서 청년기에 걸쳐 현저한 발달을 보인다. 이처럼 발달은 연속적 과정이지만 그 속도는 일정하지 않다.

(5) 발달은 점진적으로 또는 비연속적으로 일어난다

과거의 삶을 돌이켜 보면, 자신의 모습에 많은 변화가 있었음을 알 수 있다. 이러한 변화가 천천히 이루어졌는지, 아니면 갑작스럽게 이루어졌는지 생각해 보자. 작은 나무가 큰 나무로 자라듯이 몸은 커졌을 것이고, 번데기에서 나비가 되듯이 어떤 시점에서는 이전에 없던 사고를 할 수 있었을 것이다. 이렇듯 연속성과 비연속성도 발달의 중요한 이슈이다. 연속이론(continuity theory)에 의하면, 인간발달은 기본적으로 자극-반응의 결합으로 이루어지는 조건화의 누적된 결과처럼 점진적으로 나타나는 변화의 과정이다. 그러나 비연속이론(discontinuity theory)에 의하면, 인간은 질적으로 명백히 구분되는 몇 개의 단계를 거치면서 발달하고, 한 단계에서 다음 단계로의 이행은 돌연 비연속적으로 일어난다. 인간발달은 연속성이 있으나, 인간발달을 연구하는 학자들은 질적으로 상이한 특징의 순서에 따라 발달 단계를 구분하기도 한다.

3) 발달 단계

일정한 연령대에 도달하면, 그 전후 시기와는 구별되며 그 시기의 사람들에게 공통적인 발달적 특징이 나타난다. 발달 단계란 이러한 발달적 특징을 전 생애에 걸쳐 몇 개의 시기(period)나 단계(stage)로 구분해 놓은 것이다. 따라서 같은 문제라도 연령에 따라 해결하는 방식이 선명하게 구분되는 질적인 차이를 보인다. 인간발달을 연구하는 학자들은 인간발달을 태아기부터 노년기에 이르기까지 계열성에 따라서 여덟 단계로 구분한다([그림 2-4] 참조). 이 단계는 각각 태내기, 영아기, 아동 초기, 아동 중기 및 후기, 청소년기, 성인 초기, 성인 중기(중년기), 성인 후기(노년기)로 구분된다(곽금주, 2016). 이러한 구분방식이 보편적이기는 하나 절대적인 것은 아니며, 시대의 흐름을 고려하여 새로

[그림 2-4] 인간의 발달 단계

운 발달시기가 제안되기도 한다. 아네트(Arnett, 2000)는 청소년기에서 성인기로 전환하는 만 18~25세를 '성인진입기(emerging adulthood, 성인모색기라고도 함)'로 명명하였다. 또한 발달 단계의 구분은 학자들의 관심 영역 혹은 구분의 기준에 따라 상이하며 명칭도 각기 다양하다. 예를 들면, 피아제(Piaget)는 정신적 경험에 대한 인지적 조작을 할 수 있는지 그리고 어떤 인지적 조작을 할 수 있는지에 따라 발달 단계를 구분하였다. 프로이트(S. Freud)는 성적 에너지인 리비도가 어떤 신체부위에 집중되는지를 근거로, 콜버그(Kohlberg)는 도덕적 딜레마 상황에서 어떤 기준으로 도덕적 판단을 내리는지를 근거로 발달 단계를 구분하고 있다.

발달연구자들이 인간발달을 여러 단계로 나누어 연구하는 데는 다음과 같은 중요한 이유가 있다. 첫째, 모든 인간은 비슷한 시기에 똑같은 순서로 각 단계를 통과한다. 둘째, 인간발달에 있어 앞 단계와 다음 단계 간에는 질적인 차이가 있다. 셋째, 각 발달 단계마다 그 단계에서 성취해야 할 고유한 대표적인 주제가 있다.

4) 발달과업

해비거스트(Havighurst, 1952)가 제안한 발달과업(developmental tasks)은 개인이 정상적으로 발달하기 위해 일정한 시기에 달성해야 하고 그렇지 않으면 다음 단계의 발달에 지장을 초래하는 과업을 말한다. 〈표 2-1〉에서 볼 수 있듯이, 발달과업은 모든 사

표 2-1 해비거스트(1952)의 진로영역 발달과업

발달 단계	발달과업
유아기	자신을 부모, 동료 및 타인과 정서적으로 관련짓기
아동기	성장하는 유기체로서 자신에 대한 건전한 태도 형성하기, 일반적인 놀이에 필요한 기능 학습하기, 친구와 사귀기를 배우기, 여성과 남성으로서의 사회적 역할 학습하기
청년기	남성 또는 여성으로서의 역할을 감당하기, 직업 설계 및 준비하기, 사회적으로 책임 있는 행동하기
성인 초기	결혼하기, 가정생활 시작하기, 취업하기, 시민적 책임 감당하기
중년기	생활의 경제적 표준을 세우고 유지하기, 여가 활동하기
노년기	체력 감소와 건강 약화에 적응하기, 은퇴와 수입 감소에 적응하기, 사회적 책임의 이행, 만족스러운 생활조건 구비

람에게 특정한 시기에 기대되는 과업이고, 질서와 계열성을 가지고 있다. 또한 발달과업은 인간의 생물학적 발달과 관련되고, 사회의 요구에 따라 형성되기도 하며, 같은 사회 속에서도 개인의 조건에 따라 구체적인 발달과업은 다를 수 있다.

교사와 학부모는 학생들이 발달과업을 성취하고 있는 정도를 파악하고 그들이 직면하는 문제들을 이해하여 발달과업을 성공적으로 수행하도록 도와주어야 한다. 또한 발달과업의 개념은 특정한 교육적 노력을 기울여야 할 시기를 알려 주고, 특정 단계에서 어떤 교육목표를 설정해야 할지를 시사한다. 발달과업은 사회나 문화 그리고 시대에 따라 다를 수 있는데, 한국인의 발달과업은 일곱 범주(가족생활, 지적, 정서, 도덕, 진로, 기본생활, 성 · 결혼)로 구분되기도 한다(이성진, 윤경희, 2009).

2. 피아제의 인지발달이론

스위스 뇌샤텔에서 태어난 피아제(Piaget)는 어린 시절 생물학에 관심이 많았고, 스스로 탐색하고 검증하는 호기심이 강한 아이였다. 11세에 백피증을 가진 참새에 대한 논문을 썼고, 18세에 연체동물에 대한 논문을 쓰기도 하였다. 1918년에는 생물학 박사 학위를 받은 후, 프랑스 파리의 비네(Binet) 연구소에서 지능검사 개발 연구를 통해 아

피아제
(1896~1980)

동의 지적 기능에 관심을 가지게 된다. 피아제는 지능검사 질문을 통해 연령대에 따라 아이들의 실수가 질적으로 다르다는 것을 발견한다. 이러한 경험은 이후 인지발달 단계이론을 정립하는 데 중요한 영향을 미친다. 비네 연구소를 떠난 피아제는 스위스 제네바의 장 자크 루소(Jean-Jacques Rousseau) 연구소에서 발달심리 연구를 이끌었고, 발렌틴 샤트네(Valentine Châtenay)와 결혼하여 세 명의 자녀를 두었다. 1936년에 하버드 대학교로부터 명예학위를 받은 후, 에라스무스상을 포함한 40개 이상의 상을 받아 아동심리학에서 세계적인 권위자로 인정받았다.

피아제는 지능검사 개발 연구에 참여하면서 아동들의 대답은 정답이든 오답이든 아동들이 이 세상에 대해 인식하는 독특한 방식을 반영한다는 생각을 가지게 되었다. 다양한 연령대 아이들의 지능 수준을 비교하는 것보다 시간의 흐름에 따라 정신적 능력이 변해 가는 과정에 관심을 둔 것이다. 그는 지능이 내용(content), 구조(structure), 기능(function)으로 구성된다고 보았는데, 지능의 구성요소는 [그림 2-5]와 같다(Phillips, 1969).

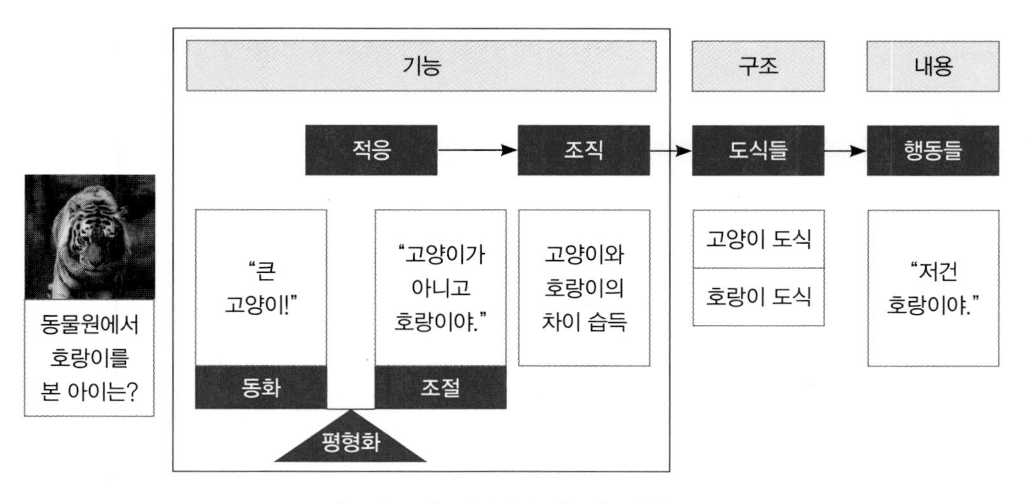

[그림 2-5] **피아제의 지능의 구성요소**

1) 기본 개념

(1) 도식

도식(schema, 인지구조, 스키마, 쉐마)은 외부의 정보를 통합하고 조직화하는 인지적 틀이자 구조이다. 도식은 인간이 환경에 대해 경험하고 이해한 것이 조직되어 두뇌 속에 저장된 '세상에 대한 내적 표상'을 말한다. 예를 들면, 초등학생이 가진 '곰' 도식에는 곰의 생김새와 소리가 표상되어 있을 수도 있고, 곰이 동물에 속한다는 지식이 표상되어 있을 수도 있다. 한국인들에게는 단군신화와 관련하여 곰은 인내의 상징으로 표상되어 있을 수도 있고, 가족들과 함께 동물원에 가서 곰을 본 일상적 기억이 표상되어 있을 수도 있다. 아동은 성장하면서 더 많은 경험을 통해 더 많은 동물에 대한 지식을 얻을 것이고, 경험과 지식의 깊이와 폭이 증가하면서 더욱 복잡하고 정교한 도식을 만들 것이다. 나아가 논리적 사고가 가능해지고 추상적 개념에 대한 도식들도 만들어질 것이다.

(2) 평형화

기능은 인간이 환경에 적응하는 인지적 작용으로, 적응(adaptation)과 조직(organization)으로 나뉜다(Piaget, 1972, 1977). 우리는 기존의 도식과 새로운 경험 사이에 균형을 이루면서 환경에 인지적으로 적응한다. 기존의 도식과 새로운 경험이 균형을 이루는 상태를 평형화(equilibration)라고 한다. 평형화는 인지발달을 이룰 수 있게 하는 중요한 기제이고, 동화(assimilation)와 조절(accommodation)의 과정에 의해 획득된다. 여기에서 동화란 환경으로부터 도전해 오는 문제를 모두 소화하여 해결하는 것을 말한다. 즉, 환경 안에서 경험을 통해 새롭게 얻은 정보를 이미 가지고 있는 도식에 맞추어 받아들이는 적응의 과정을 동화라고 한다. 예를 들면, '고양이'라는 도식을 가진 아동이 동물원에서 '호랑이'라는 새로운 자극을 접할 때 '큰 고양이'로 반응하는 경우가 동화이다. 이에 반해 조절이란 기존의 도식으로 해결하기 어려운 문제가 발생했을 때 새로운 정보에 적응하기 위해 기존의 도식을 바꾸는 인지과정이다. 예를 들면, 앞의 예에서 '고양이'와 '호랑이'의 차이점을 발견한 아동이 '고양이'라는 도식으로부터 '호랑이'라는 새로운 도식을 구분하여 새로 만드는 경우이다.

유능한 교사는 학생들이 기존의 도식을 변경시키거나 새로운 도식을 만들어 더 높은 인지 수준에 도달하도록 돕는다. 이를 위해서 적절한 인지적 갈등을 일으키는 수업을 통해 학생들이 불평형(disequilibration) 상태를 경험하고 동화와 조절을 균형 있게 사용할 수 있도록 해야 한다.

(3) 언어발달

피아제는 아동의 사고가 언어에 선행하는 것으로 보았다. 다시 말해, 언어는 인지발달의 부산물인 것이다. 그의 관점에 따르면, 언어는 인지능력이 발달한 후에 이루어지므로 아동이 사용하는 언어는 사고를 반영한다. 예를 들면, 어린 아동의 자기중심적 언어 사용은 그의 자기중심적 사고 특징을 나타내고, 아동이 발달해 감에 따라서 더욱 정교한 언어를 사용한다는 것은 그의 사고과정이 더욱 정교해졌음을 나타낸다. 따라서 피아제의 견해를 가진 부모나 교사는 아동의 인지발달이 적절한 수준에 도달하지 못했을 때 별도의 언어 학습이나 훈련은 도움이 되지 않는다고 생각하고, 지나친 조기 언어교육에 부정적인 견해를 가질 수 있다.

2) 인지발달 단계

피아제는 인지발달 단계를 크게 네 개로 구분하였다([그림 2-6] 참조). 이렇게 단계를 구분할 수 있는 이유는 각 단계가 질적으로 다른 인지능력을 포함하고, 모든 아동이 발달의 연속선상에서 이전의 발달과업을 완성해야 하기 때문이다. 인지발달의 단계를 질적으로 구분하는 기준은 조작(operation)의 유무와 그 유형이다. 조작이란 내면화된 행

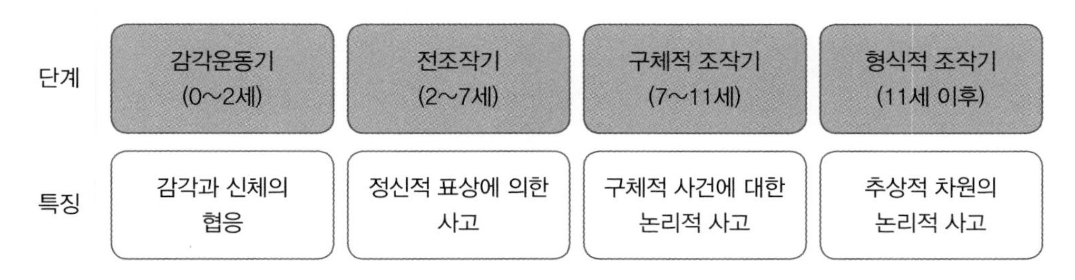

[그림 2-6] 피아제의 인지발달 4단계

동체계로, 실제 행동을 하기 전에 그 행동에 대한 추론을 통해 결론에 도달하는 논리적 사고 능력, 정신적 활동, 내면화된 행동체계를 포함한다. 각 인지발달의 단계 및 특징을 간단히 요약하면 [그림 2-6]과 같다.

(1) 감각운동기

감각운동기(sensori-motor stage)의 주요한 지적 성취는 순환반응(circular reaction), 대상영속성(object permanence) 획득, 표상적 사고(representational thought)의 출현이다.

신생아는 주로 빨기 반사나 잡기 반사와 같이 반사행동에 의존하지만, 이후 순환반응의 조정을 통해 점차 목표지향적 활동으로 발전해 나간다. 순환반응이란 어떤 행동을 반복하는 것을 말하는데, 사람들은 우연한 행동으로 인한 긍정적 정서를 느낄 때 그 행동을 반복한다. 예를 들면, 모빌이 흔들리는 것이 재미있어서 반복해서 발로 차는 행동을 하는 것이다([그림 2-7] 참조). 순환반응은 유아가 목표-수단 간 관계를 이해할 수 있고 의도적으로 행동할 수 있다는 것을 나타낸다.

다음으로 대상영속성은 사물이나 대상이 다른 장소로 옮겨지거나 유아 자신의 시야에서 사라지더라도 독립적인 실체로서 계속 존재한다는 사실에 대해 인식하는 것을 말한다([그림 2-8] 참조). 예를 들면, 대상영속성이 획득되지 않은 유아는 쿠션 아래에 좋아하는 장난감을 숨기면 우는 것을 볼 수 있다. 반면, 쿠션 아래에 장난감을 숨겨도 유아가 울지 않고 쿠션을 들어 장난감을 찾으려 시도한다면 대상영속성 개념을 가지고 있는 것으로 볼 수 있다.

생후 18~24개월에 유아의 지적 능력은 표상적 사고가 가능할 정도로 발달한다. 이때의 유아는 초보적이고 미흡할지라도 단어를 사용해 사물에 이름을 붙이고, 이전에 보았

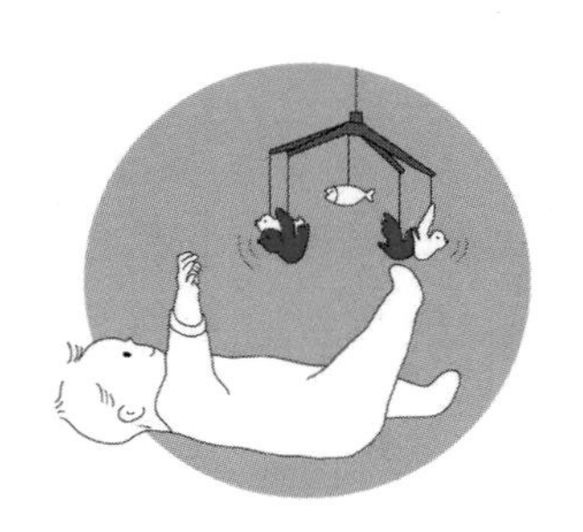

[그림 2-7] **순환반응**

[그림 2-8] **대상영속성 습득**

[그림 2-9] **표상과 학습**

던 행동을 기억하고 있다가 이후에 다시 해 보기도 하며, 이전의 경험을 나중에 다시 이야기하기도 한다([그림 2-9] 참조). 이렇듯 사물에 이름을 붙이고 기억하며 모방행동을 통해 아동이 자극대상을 정신적 부호로 표상하고 있음을 알 수 있다.

이 시기의 부모는 유아의 발과 모빌을 끈으로 연결하여 유아의 행동이 다른 물건을 움직일 수 있다는 목표-수단 간 관계를 경험하도록 함으로써 순환반응을 유도할 수 있다. 또한 까꿍놀이나 숨겨진 장난감 찾기를 통해 대상영속성을 확인할 수 있고, 아이들이 자주 접하는 환경이나 물건에 대한 명명어를 반복해서 알려 주거나 동화책을 읽어 줌으로써 표상활동을 도울 수 있다.

(2) 전조작기

전조작기(pre-operational stage)에는 감각운동기에 발달하기 시작한 정신적 표상에 의해 사고와 언어의 사용이 활발해지고 소꿉놀이나 병원놀이와 같은 가상놀이가 가능해진다. 하지만 전조작기에 해당하는 아동의 사고는 여러 측면에서 성인의 사고와 다른데, 피아제는 연구를 통해 이를 과학적으로 증명하였다.

자기중심성(ego-centrism)은 자신의 관점에 집중함으로써 타인이 자신과 다른 관점에서 생각한다는 것을 이해하지 못하고 타인도 자신과 똑같이 생각한다고 믿는 것을 말한다. 피아제의 '세 산 실험'([그림 2-10] 참조)은 전조작기 아동의 자기중심적 사고를 증명한 유명한 실험이다(Piaget & Inhelder, 1956). 세 산 실험은 아이에게 다른 모양의 세 산을 보여 주고, 자신이 보이는 산을 표현한 그림을 고르도록 한다. 그리고 맞은편에 앉은 인형은 무엇을 보고 있는지 그림에서 고르도록 하는데, 대개 4~5세 이전의 아동은 자신이 보이는 산의 모습을 고른다. 이러한 자기중심성은 언어를 통해서도 드러나는데, 이 시기의 두 아동이 만나 이야기를 할 때 대화를 하는 것이 아니라 서로 자신의 이야기만 하거나 엉뚱한 대답을 하는 집단독백(group monologue)이 나타나기도 한다.

중심화(centration)는 사물이 가진 여러 속성 중에서 현저하게 지각되는 하나의 속성에 집중하고 여타의 속성들을 간과하는 경향성을 말한다. 이는 전조작기 아동이 논리적 사고보다는 눈에 보이는 대로 판단하는 직관적 사고(intuitive thinking)에 의존한다는 것을 의미한다. [그림 2-11]과 같이, 같은 그릇 두 개에 같은 양의 물이 담긴 것을 보여 주고, 그릇 한 개의 물을 길고 좁은 그릇에 옮긴다. 성인은 사물의 모양이나 위치가 변

과제: 맞은편에 앉은 인형은 어떤 산을 가장 가까이에서 볼까요?

[그림 2-10] 피아제의 세 산 실험

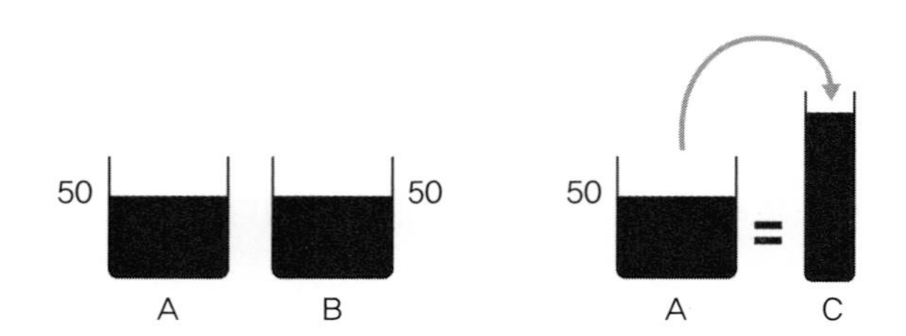

과제: A와 C 중에서 많다고 생각하는 그릇을 가져가 보세요.

[그림 2-11] 액체(양) 보존개념

해도 본래의 속성인 물의 양은 유지된다고 이해하는 보존개념이 형성되어 있기 때문에 A와 C 그릇의 물의 양이 같다고 한다. 하지만 전조작기 아동은 눈앞에서 같은 물이라는 것을 보여 주어도 눈에 보이는 물의 높이만 보고 길고 좁은 그릇의 물의 양이 많다고 한다. 전조작기의 미숙한 보존개념(conservation)은 중심화, 직관적 사고 이외에도 사물의 현재 상태를 이전 상태로 되돌리기 어려운 비가역성(irreversibility)과도 관계된다.

이 외에 생명이 없는 대상도 살아 있다고 믿는 **물활론**(animism)적 사고를 하기 때문에 애착인형에게 밥을 먹이기도 하고 장난감과 대화를 나누기도 한다. 또한 원인과 결과를 구분하지 못하고 하나의 특정한 사건으로부터 다른 특정한 사건을 추론하는 비약적 추론(전환적 추론, transductive reasoning)이 이루어진다. "까마귀 날자 배 떨어진다."라는 속담과 같이 아무 관계가 없는 사건에 인과관계를 부여하는 것이다. 예를 들면, 삼촌이 집에 놀러 왔는데 엄마가 주문한 택배가 함께 오는 것을 본 전조작기 아동이 택배가 오면 삼촌이 오는 것이라고 생각하는 것이다.

(3) 구체적 조작기

구체적 조작기(concrete operational stage)에 들어서면 전조작기의 한계를 벗어나 훨씬 성숙된 인지능력을 보여 주며, 어느 정도 논리적인 사고가 가능해진다. 구체적 조작기의 아동은 자기중심성에서 점차 벗어나게 되며, 7~8세 이후에는 조망수용능력이 생기면서 타인의 관점을 이해하게 된다. 또한 중심화를 극복하며, **가역적 사고**(reversible thought)를 할 수 있다. 이로써 다른 관점의 사고가 가능해지고 **보존개념**도 형성할 수 있게 된다.

구체적 조작기의 아동은 보존개념 이외에도 유목포함(class inclusion)의 과제를 성공적으로 해결할 수 있다. **유목포함**이란 상위 유목과 하위 유목의 관계, 전체와 부분의 관계를 이해하는 능력을 말한다. 예를 들면, 식물이라는 범주 안에 나무와 꽃을 나누고, 다시 꽃 아래에 장미, 백합, 팬지 등을 분류할 수 있는 능력을 말한다. 또한 사물들을 어떤 특징에 기초하여 비슷한 것끼리 묶는 정신적 과정인 **분류화**(classification)가 가능하다. 전조작기 유아가 단순 분류를 할 수 있다면, 구체적 조작기 아동은 도형의 모양과 색깔이라는 두 개 이상의 속성에 따라 다중 분류를 할 수 있다. 더불어 순서대로 배열하는 정신적 과정인 **서열화**(seriation)도 다중 서열화가 가능한 수준까지 발달하는데, 자동차의 크기와 번호를 동시에 고려하여 배열할 수 있다.

구체적 조작기 아동에게 크기가 다른 물건을 보여 주며 크기를 비교한다면(A<B, B<C), C가 A보다 크다고 대답할 수 있다([그림 2-12] 참조). 이처럼 일정한 관계를 논리

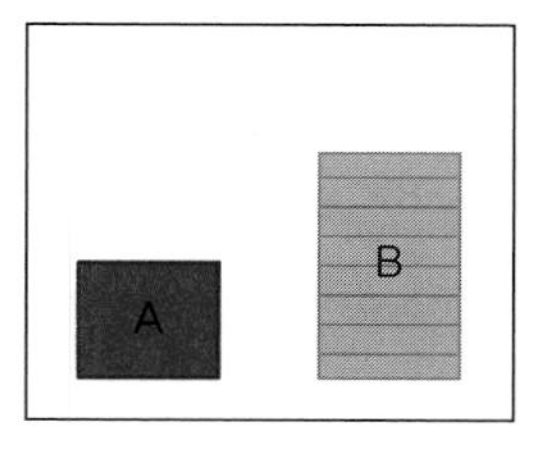

A는 B보다 작아요.

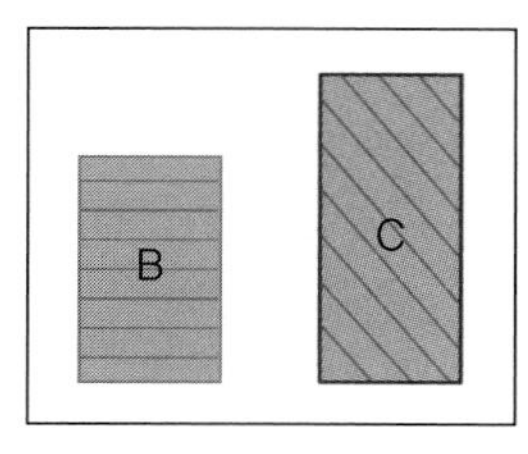

B는 C보다 작아요.

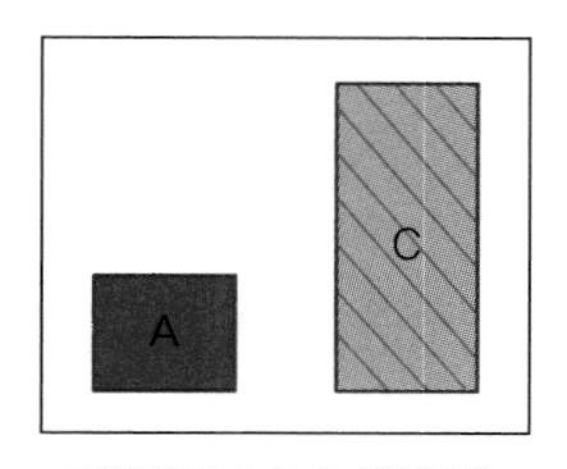

그렇다면 A와 C 중에서는 어떤 것이 더 작을까요?

[그림 2-12] 구체적 조작기 아동을 대상으로 한 추이성 판단의 예시

적으로 통합하여 결론에 도달하는 능력, 즉 추이성 판단능력이 발달한다. 구체적 조작기 아동의 논리적 사고는 구체적이고 가시적인 것에 관한 문제일 때 가능하고, 추상적이거나 복잡한 수준에서는 어려움이 있다. 따라서 구체적 조작기 아동을 지도하는 교사는 시청각 보조물을 활용하여 아동이 논리적 사고를 하는 데 필요한 도움을 줄 수 있다.

(4) 형식적 조작기

형식적 조작기(formal operational stage)에는 성인과 유사한 논리적 사고와 융통성 있는 사고가 가능하기 때문에 자신이 경험한 지식을 꼭 해당 영역이 아니더라도 다른 영역에 적용할 수 있다. 그리고 추상적 사고(abstract thinking)도 할 수 있게 되면서, 문학작품의 숨은 의미나 글 속의 숨은 풍자와 해학도 찾아낼 수 있다. 예를 들면, 구체적 조작기에서는 "까마귀 날자 배 떨어진다."라는 말을 표현 그대로 이해하는 반면, 형식적 조작기에서는 관련 없는 일이 우연히 시기가 겹쳐 서로 관련이 있는 것처럼 의심받는 억울한 상황을 말하는 것임을 생각할 수 있다. 또한 문제에 대한 가설을 세워 검토하는 가설 연역적 사고(hypothetico-deductive thinking)가 가능해지고, 나아가 여러 가설을 체계적으로 비교 검토하는 조합적 사고(combinational thinking)도 가능해진다. 예를 들면, 무색무취인 서로 다른 종류의 액체를 각각 A, B, C, D, E 병에 넣어 주고, 노란색을 만들어 보라는 문제를 제시한다. 이때 구체적 조작기의 아동은 무작위로 섞거나 한 개의 액체(예, A)를 나머지 액체(예, B, C, D, E)와 섞는 반면, 형식적 조작기의 청소년은 모든 가능성을 고려하여 조합을 만들어 보고 체계적으로 액체를 섞는다.

읽을거리

청소년기의 자기중심적 사고

형식적 조작기에는 과학적이고 체계적인 사고의 능력이 발달한다. 그런데 이 시기에는 형식적 조작 능력의 발달뿐만 아니라 사회적 압력과 심리적 독립에 따른 갈등에 대한 방어적 반응도 나타난다. 청소년기가 되어 자기중심적 사고에서 완전히 벗어났을 것으로 기대할 수 있지만, 사회적 · 관계적 문제에 있어서는 여전히 자기중심적 사고를 한다(Elkind, 1967, 1985). 즉, 전조작기의 아동이 인지적 측면에서 자기중심적 사고를 하고, 형식적 조작기의 청소년은 사회적 관계의 측면에서 자기중심적 사고를 한다는 점이 다르다. 이러한 사고는 청소년 시기에 급격한 신체적 · 심리적 변화를 겪으면서 자신의 외모와 행동, 생각, 감정에 몰두하는 데서 비롯된다(정옥분, 2006).

이렇듯 청소년기의 자기중심적 사고가 드러나는 현상으로 상상의 청중(imaginary audience)과 개인적 우화(personal fable)가 있다. 상상의 청중은 다른 사람들이 모두 자신에게 집중하고 있다고 생각하는 것이다. 청소년들은 상상의 청중 앞에 자신이 서 있다고 생각하기 때문에 다른 사람에게 어떻게 보일지 고민하고 자신을 꾸미는 데 많은 시간을 보낸다. 개인적 우화는 자신의 생각과 감정이 매우 독특한 것이어서 아무도 이해하지 못한다고 믿는 것이다. 이러한 사회적 관계 측면의 자기중심성은 연령의 증가와 사회적 경험의 축적에 따라 점차 감소한다(Enright, Shukla, & Lapsley, 1980).

하지만 상상의 청중이나 개인적 우화와 같은 청소년의 자기중심성이 인지적 자기중심성의 결과(Elkind, 1967)가 아니라 청소년기 발달의 적응적 반응이고 사회환경 요인들에 의해 영향을 받는다는 비판이 제기되고 있다(Aalsma, Lapsley, & Flannery, 2006). 이를 고려하여 교사는 학생들이 의미 있는 사람과 친밀한 관계를 맺고 다른 사람을 이해하는 사회적 경험을 축적할 수 있도록 한다. 더불어 비슷한 고민을 가진 학생들로 집단상담을 구성하여 학생들이 자신의 경험이 다른 사람과 크게 다르지 않음을 이해함으로써 자기중심성을 줄이고 문제를 해결하게 할 수 있다.

3) 피아제 이론의 시사점

피아제 이론이 교육에 주는 시사점은 다음과 같다.

첫째, 학생의 인지발달 수준을 감안하여 교육과정과 수업을 설계하고 실행해야 한다. 교사는 구체적 경험을 먼저 제공하고 추상적 개념을 나중에 제시하는 방식으로 수업을 진행하고, 추상적 개념이나 원리를 설명할 때에도 학생들에게 구체적 경험을 추상적 개념과 연결시킬 수 있도록 도울 필요가 있다(Eggen & Kauchak, 2010/2011).

둘째, 학생이 스스로 동화와 조절을 균형 있게 사용함으로써 기존의 인지도식을 발전시키고 새로운 인지도식을 만들어 낼 수 있도록 능동적 탐색활동을 강조했다. 교사는 학생의 현재 인지발달 수준을 파악하여 그 수준에 적절한 인지적 갈등을 일으키는 수업을 제공할 필요가 있다.

셋째, 학생이 오답을 하거나 실수를 저지를 때 교사가 어떻게 대응할지에 대한 시사점을 가진다. 교사는 점수만 알려 주는 데 그치지 말고 학생이 어떤 실수를 왜 했는지 그리고 실수를 어떻게 정정할 수 있는지를 스스로 찾아보도록 격려할 필요가 있다.

넷째, 피아제가 인지발달에 관한 단계이론을 제안하였지만 인지발달의 연속성을 부정한 것은 아니다. 새로운 인지도식은 어느 날 아침에 갑자기 생성되지 않는다. 교사는 기존의 인지도식 위에 새로운 인지도식이 구성된다는 점을 명심하고, 이미 학생들이 알고 있는 지식을 기반으로 새로운 개념이나 지식과의 관련성을 언급하면서 새로운 내용을 도입하는 것이 바람직하다.

4) 신피아제 학파

피아제 이론이 가진 시사점에도 불구하고 몇 가지 비판점이 제기되기도 하였다. 우선, 연구방법적 측면에서 임상적 면담을 사용하였고, 연구대상을 소수의 유럽 중산층으로 했다는 점에 비판적 의견이 제기되었다. 임상적 면담이 객관적 지식을 얻기 위한 방법인지에 대해 논의가 필요하고, 연구대상도 여러 문화권에 보편화하기에는 표본이 충분하지 않다는 것이다. 다음으로 아동의 인지능력을 과소평가하였다는 비판이 있다. 피아제가 실험을 통해 아동에게 제시한 과제는 추상적이고 복잡한 지시문을 포함하고 있어 이를 이해해야 과제를 수행할 수 있다. 따라서 특정 과제에서 아동이 실수를 하거나 실패하는 것은 추론능력의 미숙함 때문이 아니라 복잡한 지시문을 기억하지 못하기 때문일 수 있다(Bryant & Trabasso, 1971). 실제로 피아제의 세 산 모형 실험을 좀 더 쉽게 변형시킨 플라벨(Flavell, 1981)의 카드 실험에서는 아동이 탈자기중심적 사고가 가능함을 보여 주었다([그림 2-13] 참조).

이 외에도 피아제 이론에 대한 비판적 시각을 가지고 대안적 이론을 제시하거나 피아제 이론의 제한점을 보완하려는 학자들이 있었다. 그중 케이스(Case), 알린(Arlin), 파스쿠알-레온(Pascual-Leone), 리겔(Riegel)은 신피아제(neo-Piagetian) 학파를 대표한다.

첫째, 케이스(1984, 1985)는 피아제의 인지발달 단계를 정보처리이론의 작업기억(working memory, 작동기억) 용량의 개념으로 설명하였다. 그는 인지발달이 감각운동

아동에게 다음 카드를 보여 주고, 아래의 과제를 줍니다.

과제: 1. 무슨 동물이 보이나요?
2. 반대편 친구는 어떤 동물이 보일까요?

[그림 2-13] 플라벨의 카드 실험

단계, 상호관련 단계, 차원 단계, 추상적 단계의 4단계를 거치는데, 이러한 인지발달은 다름 아닌 작업기억 용량과 정보처리 효율성의 증가에 의해 일어난다고 주장하였다. 작업기억은 실제 과제를 해결하는 데 동원되는 처리 공간과 처리한 정보를 저장하는 저장 공간으로 구성되어 있다. 그런데 전체 작업기억의 공간은 한정되어 있으므로, 한쪽이 커지면 다른 쪽은 작아진다. 인지발달은 정보처리의 효율성을 증가시킴으로써 더 큰 저장 공간을 확보할 수 있게 해 준다. 정보처리의 효율성을 증가시키려면 많은 연습과 피드백을 통해 작업을 자동화하는 것이 필요하다.

둘째, 알린(1975)은 형식적 조작기로는 성인의 인지발달을 충분히 설명할 수 없다고 생각하고 인지발달의 다섯 번째 단계를 제안하였다. 이는 피아제가 만 12세 이후에 발달하는 형식적 조작기를 인지발달의 마지막 단계로 주장했던 것과 대조를 이룬다. 알린은 인지발달의 5단계를 문제발견(problem finding) 단계라고 하였다. 이 단계에 도달한 성인은 자신이 어떤 문제에 직면하고 있는지 그리고 자신이 해결해야 할 문제가 무엇인지를 정확하게 이해하고, 어떤 문제가 가장 중요한지를 변별하며, 그 문제가 해결을 위한 노력을 기울일 가치가 있는지를 결정하는 지혜를 가지게 된다(Arlin, 1990). 학교에서 학생들은 주어진 문제를 성공적으로 해결하면 학업성취를 이룬 것으로 평가받지만, 성인은 자신이 해결해야 할 문제를 발견하고 그 문제의 해결이 가진 중요성을 파악하여 의미 있는 문제를 선별해 낼 수 있어야 한다.

셋째, 파스쿠알-레온(1984)과 리겔(1973) 역시 형식적 조작기 이후의 발달 단계인 변증법적 사고(dialectic thought) 단계를 제시한다. 변증법적 사고 단계에 도달한 사람은 정답을 찾는 데 그치지 않고 문제점이나 모순을 인식하여 더 나은 해결책을 찾기 위해 노력한다. 그래서 처음에 생각했던 해결책을 점차 여러 관점에서 통합적으로 보완하고 발전시키는 생각을 할 수 있게 된다. 간혹 처음에 생각했던 관점과 상반되는 관점에서 문제를 돌이켜 생각해 봄으로써 새로운 대안을 제안하고, 더 나아가 새로운 대안에 대해서도 여러 관점에서 접근해 보는 정(thesis)-반(antithesis)-합(synthesis)의 과정을 거친다.

3. 비고츠키의 인지발달이론

비고츠키
(1896~1934)

러시아 벨라루스의 오르샤에서 태어난 비고츠키(Vygotsky)는 유대인 부모로부터 최상의 교육을 지원받으며 성장하였다. 18세에 이미 역사, 철학, 예술, 문학을 포함한 다양한 주제에 관심을 가지고 익혔으며, 이는 훗날 연구의 밑거름이 되었다. 1913년에 모스크바 대학교에 입학하여 의학과 법학을 공부하였고, 졸업 후 호멜로 가서 학생들을 가르치다가 모스크바로 돌아가 연구활동을 시작하였다. 다양한 학제를 아우르며 기반을 다진 그의 이론은 이후 교육학, 언어학 등 많은 분야의 연구와 실제에 영향을 미치고 있다. 1925년 박사학위논문 「The Psychology of Art」의 서문에서 비고츠키는 관찰 가능한 행동뿐만 아니라 내적 성찰도 심리학의 증거로 활용되어야 한다고 주장하였다. 그는 고등정신 기능, 언어발달과 사고의 관계에 특별한 관심을 가지고 있었고, 대표 저서 중 하나인 『사고와 언어(Thought and Language)』가 1934년에 출간되었다. 그는 피아제와 같은 해에 태어났으나 37세의 젊은 나이에 폐결핵으로 사망하였다.

비고츠키의 이론은 구성주의(constructivism)의 토대가 되고, 인지발달이 일어나는 사회문화적 기제를 보여 주는 이론이기 때문에 교육학계의 꾸준한 관심을 받고 있다. 인지발달과 관련된 비고츠키 이론의 핵심은 사회문화적 맥락의 중요성, 능동적 활동을 통한 지식의 구성, 언어를 통한 사고라 할 수 있다. 우리나라에서도 1997년에 고시되며 시작된 7차 교육과정은 구성주의에 바탕을 두고 있는데, 교사가 일방적으로 지식을 전달하기보다 학생들의 능동적인 지식 구성을 위해 학생들이 학습에 주도적으로 참여할 것을 강조한다.

1) 기본 개념

(1) 근접발달영역

근접발달영역(Zone of Proximal Development: ZPD)은 [그림 2-14]에서 볼 수 있듯이, 학습자가 타인의 도움을 받지 않은 채 독립적으로 과제를 수행하는 실제적 발달 수준(독립적 수행 수준)과 자신보다 뛰어난 타인의 도움을 받아 과제를 수행하는 잠재적 발달 수준(촉진에 의한 수행 수준) 간의 차이를 말한다. 근접발달영역은 역동적 평가(dynamic assessment)를 실시하여 확인할 수도 있다. 예를 들어, 두 학생의 지능검사 결과가 8세로 나타났다고 가정해 보자. 동형의 지능검사를 다시 실시하며 교사의 힌트나 시범으로 도움을 주었을 때 각 학생의 정신연령이 10세와 9세로 판명된다면, 두 학생의 실제적 발달 수준은 8세로 동일하지만 근접발달영역은 2세와 1세로 다르다(Vygotsky, 1978).

전통적인 검사가 각 개인에게 피드백 없이 검사를 제시하여 발달된 상태를 평가했다면, 역동적 평가는 문항을 제시하여 근접발달영역을 확인하고 학습을 통한 변화 과정을 평가한다(Sternberg & Grigorenko, 2002/2006). 이렇듯 근접발달영역은 미래지향적 학습능력으로 무엇을 얼마나 할 수 있느냐를 묻는 개념이고, 많은 학자가 이를 측정하기 위한 방법을 제안하였다. 그 방법은 ZPD 평가, 학습잠재력 평가, 상호작용평가 등으로 불리었고, 최근 포이에르스타인(Feuerstein)이 제안한 역동적 평가라는 용어가 보편적으로 사용되고 있다(한순미, 1999).

비고츠키는 인간의 발달은 그가 학습한 사회문화적 요소에 의해 결정된다고 주장하였고, 학습을 이해하기 위해서는 전체적인 사회적 상호작용을 탐구해야 한다고 보았다. 따라서 학습자는 사회문화적 유산을 먼저 접한 유능한 사회 구성원, 즉 부모, 교사,

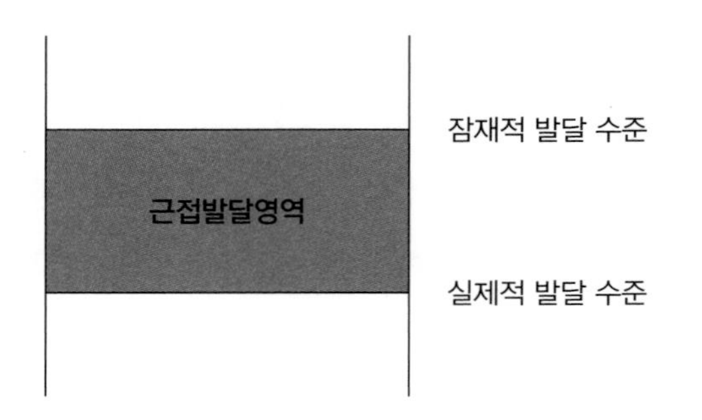

[그림 2-14] 근접발달영역(ZPD)

[그림 2-15] 비계

선배들과 상호작용함으로써 자신의 근접발달영역 안에서 가장 활발한 인지발달을 경험할 수 있다(Lidz, 1987). 그러므로 유능한 교사는 학습자의 잠재적 발달 수준을 평가하여 근접발달영역을 확인하고, 근접발달영역 안에서 교육함으로써 학습자의 인지발달을 그의 잠재적 발달 수준까지 끌어올릴 수 있다.

(2) 비계설정

학습자가 혼자 문제를 해결할 수 없지만 안내와 도움을 받아서 해결할 수 있다면, 이때 필요한 안내와 도움을 제공하는 것을 **비계설정**(scaffolding, 발판화, 스캐폴딩)이라고 한다. 건축 용어인 **비계**(scaffold, 발판)는 건물을 지을 때 층수를 올리거나 외벽에 칠을 할 때 만드는 보조물을 의미한다([그림 2-15] 참조). 이 보조물은 작업이 끝나면 제거된다.

교육장면에서도 학습 초기에는 많은 도움을 주다가 학생이 혼자서 과제를 해결할 수 있게 되면 원래 제시했던 도움이나 힌트를 점차 줄여서 결국에는 도움 없이도 혼자 문제를 해결할 수 있게 한다. 예를 들면, 비계설정을 위해 학생들의 수준에 적절한 과제를 구성하거나 학생들의 요구와 능력에 맞게 부모나 교사가 개입의 양을 조절할 수 있다. 성취 수준이 낮은 학생들은 대표 답안이나 예시를 제시해 주고 과제해결 단계마다 힌트나 단서를 주며 능력에 따라 시간을 다르게 제공할 수 있다(성태제, 2019). 부모나 교사 또는 선배가 학생이 독자적으로 해결할 수 없는 과제를 해결할 수 있도록 도와줄지라도 이들이 학생의 과제를 대신 해 주는 것은 아니다. 실제로 과제를 수행하고 해결하는 사람은 학생 자신이다.

(3) 내면화

내면화(internalization)란 사회적 상호작용과 언어적 교류를 통해 받아들인 지식을 자기 내면의 사고체계에 통합하는 과정을 말한다(Vygotsky, 1962, 1978). 지식은 이미 오랜 시간을 거치면서 한 문화권에서 축적된 것이기 때문에 우리는 다른 사람들과의 상호작용이나 언어적 교류를 통해 그 지식을 받아들여서 내면화한다. 내면화는 학습자의 외부 세계와 내부 세계를 연결하는 역할을 함으로써 인지발달이 일어나는 기제로 중요한 작용을 한다. 이때 언어의 사용은 복잡한 지식과 개념을 내면화하는 데 핵심적인 요소이다. 이에 근거하면, 비고츠키의 이론에서 언어와 사고의 밀접한 관계를 강조한다는 것을 알 수 있다.

2) 사고와 언어의 발달

언어발달을 설명하는 이론에는 행동주의적 관점, 생득론적 관점, 상호주의적 관점, 인지론적 관점, 연결주의적 관점이 있다. 이 중에서 언어발달이론의 인지론적 관점은 언어발달과 인지발달의 연관성을 고려하는데, 이러한 관점의 대표적인 학자 중 한 사람이 비고츠키이다.

(1) 언어와 사고

비고츠키는 피아제와 달리 인지발달에 있어서 언어의 역할을 강조하였다. 그는 언어가 사고와 전적으로 다른 기원을 가지고 있고, 2세경이 되면 분리된 사고와 언어가 결합되기 시작한다고 보았다. 사고와 언어가 결합되면서, 사고는 언어적이 되고 언어는 합리적으로 표현된다. 이후로 언어는 두 가지 기능을 수행하게 된다. 첫째, 언어는 내적인 사고를 조정하고 지시하며 자신의 행동을 통제하는 내적·인지적 기능을 한다. 둘째, 언어는 사고의 결과를 타인에게 전달하고 타인의 지식에 접근하여 사회적 상호작용에 참여하도록 돕는 외적·사회적 기능을 수행한다. 사회, 문화에 이미 입문하여 많은 지식을 가지고 있는 부모, 교사, 선배들과 상호작용을 하는 데 있어 언어는 매우 중요한 수단이다. 이처럼 언어와 사고는 아동이 세상에 대한 의미를 형성하는 데 중요한 역할을 한다.

(2) 언어의 발달

언어와 사고가 통합된 아동은 언어적 사고를 하게 되고, 언어를 사용해 사물에 이름을 붙이거나 사물의 이름을 묻는 질문을 많이 한다. 언어의 상징적 기능을 발견한 아동의 언어는 그때부터 사회적 언어(external speech, 외적 언어), 자기중심적 언어(egocentric speech), 내적 언어(inner speech)의 단계에 걸쳐 발달한다.

첫째, 사회적 언어는 대략 3세 이전에 발달하는 언어로서 타인의 행동을 통제하고 자신의 생각과 감정을 타인에게 전달하는 기능을 한다. 예를 들어, 아동이 "엄마, 물." 하고 말한다면, 이는 물을 마시고 싶은 자신의 상태를 엄마에게 알려서 물을 주는 행동을 하게 하는 기능을 한다. 둘째, 자기중심적 언어가 대략 3~7세 아동의 특징적인 언어로 나타난다. 자기중심적 언어는 아동이 자신의 행동을 조절하고 문제해결을 위해 자기 자신에게 하는 언어이다. 이 시기의 아동은 자신의 사고를 이끌어 주는 혼잣말을 자주 한다. 어려운 과제에 직면하거나 혼자 과제를 수행해야 하는 경우 혼잣말이 많아지는데, 이러한 혼잣말은 타인에게는 별 의미가 없고 말하는 아동 자신에게만 의미가 있으므로 사적 언어(private speech)라고 한다. 예를 들면, 양치질을 하려는 아이가 "옷을 걷고, 칫솔에 치약을 찌익, 치카치카, 내 컵은 노란 컵, 형아는 빨간 컵"이라고 혼자 말하는 것이 사적 언어이다. 이러한 혼잣말은 개인의 사고를 소리 내어 말한다고 해서 유성(有聲)의 사적 언어라고도 하는데, 이는 타인과의 소통에 목적을 두지 않는다. 사적 언어는 자신의 행동이나 문제해결의 과정에 대해 생각하고 선택하며 관리할 수 있게 도와주는, 자기 자신을 위한 언어(speech for self)인 것이다. 셋째, 유성의 사적 언어는 속삭임이나 소리 없는 입술 움직임으로 점차 변하고, 결국에는 내적 언어로 내면화된다. 피아제는 혼잣말을 자기중심적인 사고를 하는 아동의 특성이 언어로 나타난 것이라고 본 반면, 비고츠키는 상호작용을 통해 습득한 외적 언어를 내재적인 사고로 바꾸는 과정이라고 보았다. 영리한 아동일수록 사적 언어를 많이 사용한다는 것은 피아제의 주장처럼 인지적 미성숙을 반영하는 것이라기보다는 오히려 인지적 능력을 반영하는 것이라고 볼 수 있다(Berk, 1992). 7세 이후에는 문제를 해결하고 행동의 순서를 결정하기 위해 머릿속으로 생각을 하지, 소리 내어 말하지는 않는다. 그러나 생각은 언어를 매개로 하므로 이러한 언어적 사고를 무성(無聲)의 사적 언어라고 한다. 이제부터 아동은 내적 언어와 사회적 언어를 병행하여 사용할 수 있게 된다.

(3) 개념적 사고의 발달

개념적 사고는 언어발달과 같이 3단계에 걸쳐 발달하고, 각 단계는 다시 하위 단계로 구성되어 있다. 하지만 언어발달과 인지발달의 각 단계가 일대일로 대응되는 것은 아니고, 언어발달과 달리 개념적 사고 발달의 단계별 연령대는 알려져 있지 않다.

첫째, 개념적 사고가 나타나기 이전에 아동들의 사고는 혼합적 심상사고의 단계(phase of syncretic images)에 있고, 하위 단계로는 시행착오 단계, 지각적 단계, 재구성 단계가 있다. 이 단계에 있는 아동들은 확실한 이유 없이 혹은 자신의 감각에 의해 특별한 의미 없이 묶거나 조합하는 사고를 한다. 둘째, 복합체적 사고의 단계(phase of complexes)가 있고, 하위 단계로는 연합단계, 집합적 단계, 연쇄단계, 확산단계, 유사개념단계가 있다. 이 단계의 아동들은 사물이 가진 형태나 색과 같이 구체적이고 객관적인 특징이 비슷한 것들을 묶거나 조합하는 사고를 한다. 마지막 단계는 개념적 사고의 단계(phase of concepts)가 있고, 하위 단계로는 최대 유사성의 단계, 잠재적 개념의 단계, 순수 개념의 단계가 있다. 이 단계에서 아동들은 사물의 기능이나 용도와 같은 추상적 특징을 중심으로 비슷한 것들을 하나로 묶는다. 이때 다양한 대상을 묶어 나가는 추상적 특징들과 함께 단어를 살펴보면 사회의 문화와 역사를 반영하는 것을 알 수 있다. 따라서 아동이 사용하는 사고의 도구인 언어를 바꾸면 사고도 변화되어 다른 정신구조를 가지게 된다. 기후가 추운 나라의 경우 눈을 지칭하는 말이 다양하고, 쌀을 주식으로 하는

표 2-2 피아제와 비고츠키의 비교

구분	피아제	비고츠키
구성주의	인지적 구성주의	사회적 구성주의
지식 형성	개인 내적 지식이 사회적 지식으로 확대	사회적 지식이 개인 내적 지식으로 내면화
환경	물리적 환경 중시	사회적, 문화적, 역사적 환경 중시
교사	인지능력을 정교화하는 역할	사회문화적 도구를 사용하는 방법을 지원하는 역할
협동학습	구체적 조작기부터 또래 학습 가능	모든 연령에서 협동학습 가능
사고와 언어	사고가 언어를 결정	사고와 언어는 원래 분리되어 있지만 점차 통합됨
혼잣말	미성숙하고 자기중심적인 성향의 표현	문제해결을 위한 사고에 도움을 주는 도구

나라는 쌀과 관련된 언어가 더 다양하듯이, 다양한 사물을 묶거나 조합하는 개념적 사고가 언어와 함께 사회문화적인 맥락 안에서 발달한다는 것을 알 수 있다.

3) 비고츠키 이론의 시사점

피아제의 이론은 인지적 구성주의 관점으로 학습자의 개인적 체험에 기초하여 발달이 이루어진다고 본 반면, 비고츠키의 이론은 사회적 구성주의로 사회적 상호작용과 언어적 교류를 통한 학습이 발달을 주도한다고 보았다. 비고츠키는 지식의 습득 과정에서 부모, 교사, 유능한 또래 등 유능한 사회 구성원의 역할을 강조하였지만, 학습자가 외부에서 이미 만들어진 지식을 그대로 암기하는 수동적 존재라고 보지는 않았다. 학습자는 유능한 구성원과의 사회적 상호작용과 언어적 교류를 통해 사회적, 문화적, 역사적 산물을 배울지라도, 궁극적으로는 능동적으로 지식을 구성하여 자기의 것으로 내면화하는 과정을 거친다.

비고츠키의 이론은 학습자의 능동적인 지식 구성에 있어 외부 조력의 중요성을 강조하였다. 이는 유능한 또래와의 상호작용이 인지발달에 중요한 역할을 하므로 개별학습보다는 **협동학습**을 통해 학생들이 복잡한 추론과정에 대한 통찰을 얻을 수 있다는 주장으로 이어졌다. 협동학습은 학급 구성원들과 과제를 어떻게 분담하여 학습할 것인가에 초점을 둔 방법(예, Jigsaw, GI 등)과 구성원들에게 어떻게 보상할 것인가에 초점을 둔 방법(예, STAD, TGT 등)으로 나뉜다. 협동학습의 교육적 효과를 위해서 교사는 적절한 협동학습 방법을 선택하고, 집단을 구성할 때 능력 수준이 상이한 학생들을 선발하는 것이 도움이 된다. 또한 〈표 2-3〉과 같이 존슨(Johnson) 형제가 제안한 협동학습의 5요소를 고려하는 것도 좋은 방법이다.

비고츠키의 근접발달영역은 학생들의 학습과 발달의 관계를 잘 보여 주며, 교육평가가 교수 · 학습의 결과에 관한 정보를 제공하는 데 그쳐서는 안 되고, 역동적 평가와 ZPD 평가를 통해 학생의 발전 가능성과 다음 교수 과정과 방법을 알려 주어야 할 필요성을 강조하였다. 근접발달영역의 평가를 통해 학생에게 적절한 교수발판을 제공하고, 지속적인 비계설정을 통해 교수 · 학습의 과정이 계속 진행되도록 돕는 교사의 역할이 매우 중요하다.

표 2-3 존슨(Johnson) 형제가 제안하는 성공적 협동학습의 5요소

① 긍정적 상호의존(Positive interdependence)
② 개인적 책무(Individual responsibility)
③ 촉진적 상호작용(Promotive interaction)
④ 사회적 기술(Social skills)
⑤ 집단활동 성찰과정(Group processing)

출처: Johnson, Johnson, & Smith (2014).

이론 적용 활동

활동 1

다음 학생들의 대화를 읽고, 비고츠키의 근접발달영역 및 비계설정과 관련된 부분을 설명해 보시오.

학생 A: 어제 서바이벌 오디션 프로그램 봤니? 어제 나온 신인가수 ○○ 노래 진짜 많이 늘었더라. 처음 예선 때 봤을 때는 촌스럽고 노래도 진짜 못 불렀는데. 안 그래?

학생 B: 그러니까. 예선 때 심사위원이 허리 펴고 자기처럼 호흡 따라 해 보라고 했을 때 생각나? 그 때 심사위원이 지금은 실력이 안 되지만, 가능성을 보고 뽑아 준다고 했잖아. 그때는 좀 불공평하다고 생각했는데. 이렇게 실력이 늘지 상상도 못했어.

학생 A: 예선 때 잘했던 가수 중에 보면 여전히 그 수준인 가수도 있는데, ○○는 진짜 깜짝 놀랄 정도로 잘하는 것 같아.

학생 B: 그룹 미션 때도 보니, 같은 멤버들끼리 사이도 좋고 잘 지내더라. 함께 하는 음악 작업에서 더 높은 수준의 결과물을 만들어 내는 것 같아.

활동 2

다른 사람의 도움을 받아서 해결했던 문제 중 가장 인상 깊었던 도움을 모둠과 함께 이야기해 보시오.

주요 용어

개념적 사고
근접발달영역
내면화
도식
동화
발달
브론펜브레너의 생물생태학적 이론
비계설정
비고츠키의 인지발달이론
성숙
성장
역동적 평가
인간발달의 원리
자기중심성
조작
조절
중심화
직관적 사고
평형화
표상적 사고
피아제의 인지발달이론
학습
해비거스트의 발달과업

탐구문제

1. 발달, 성장, 성숙, 학습의 차이점을 기술하시오.
2. 인간발달의 원리를 요약하시오.
3. 브론펜브레너의 생물생태학적 관점의 구성요소를 기술하시오.
4. 해비거스트의 발달과업이 가진 교육적 시사점을 제시하시오.
5. 인지발달에 대한 피아제 이론과 비고츠키 이론을 비교하여 설명하시오.
6. 중학교 또는 고등학교 교과수업시간에 일어나는 동화나 조절의 예를 하나씩 들어 보시오.
7. 중학교 또는 고등학교 교과수업시간에 학생의 인지발달을 돕기 위해 교사가 사용할 만한 비계설정의 예를 들어 보시오.

제3장

성격 및 사회성 발달이론과 교육

1. 프로이트의 심리성적 성격발달이론
2. 에릭슨의 심리사회적 성격발달이론
3. 콜버그의 도덕성 발달이론
4. 셀먼의 사회적 조망수용 발달이론
5. 호프먼의 감정이입 발달이론

인간의 발달은 전인적(全人的) 발달로 인지, 사회성, 정서, 행동 등 여러 영역에서의 발달이 서로 영향을 주고 받으며 일어난다. 최근 개정 교육과정과 인성교육 시행의 맥락에서 정서, 사회성, 행동 발달에 대한 관심이 증가하고 있다. 이 장에서는 성격과 사회성의 발달을 설명한 이론과 그 교육적 시사점을 살펴보고자 한다. 프로이트의 심리성적 성격발달이론과 에릭슨의 심리사회적 성격발달이론은 성격발달이론을 대표한다. 또한 콜버그의 도덕성 발달이론은 피아제의 인지발달이론의 영향을 받은 것으로서 도덕적 판단능력의 발달을 설명한다. 마지막으로, 셀먼과 호프먼의 이론을 통해 타인에 대한 이해와 배려, 도움행동 등 원만한 사회적 상호작용과 친사회성의 기초가 되는 사회적 조망수용과 감정이입의 발달을 살펴보고자 한다.

1. 프로이트의 심리성적 성격발달이론

프로이트
(1856~1939)

모라비아 지방의 프라이부르크(후에 체코슬로바키아에 편입됨)에서 태어난 지크문트 슐로모 프로이트(S. S. Freud)는 어머니의 사랑을 듬뿍 받고 큰 아이였다. 프로이트는 1886년에 신경질환 전문의로 개업한 후, 신경증 환자에 대해 연구하고 치료하는 일에 관심을 가지게 되었다. 이후 '대화 치료'를 개발하여 완전히 새로운 심리학적 접근법인 정신분석으로 발전시켰다. 프로이트는 1908년에 정신분석학회를 설립하여 이후 정신분석 학파의 기반을 마련하였다. 제2차 세계대전 때 나치가 그의 저서를 공개적으로 불사른 후 프로이트는 런던으로 망명하였고, 구강암을 앓다가 숨을 거두었다.

프로이트는 과거 인간의 심층 심리인 '무의식'을 발견한 최초의 학자이다. 당시 인간은 동물과 달리 절대적 자유의지를 가진 고고한 성품을 가진 존재로 인식되었으나, 프로이트는 이러한 발상을 뒤집어 무의식적 욕망과 본능이 우리의 성격을 형성하는 데 강력한 영향을 미치고 있다고 보았다. 이러한 관점은 무의식이 정서나 인간의 행동에 미치는 영향력과 심층 심리에 대한 이해를 넓히는 계기를 제공하였다.

1) 기본 개념

(1) 인간의 정신세계

프로이트는 인간의 정신세계를 의식(consciousness), 전의식(preconsciousness), 무의식(unconsciousness)으로 나누었다. 의식은 수면 밖으로 드러나 주의를 기울이는 순간에 곧 알아차릴 수 있는 정신으로, 현재 지각하고 사고하는 부분이다. 전의식은 수면의 상층부로 떠올리려 노력하면 의식할 수 있는 부분이다. 작년에 친구들과 함께 놀러 간 추억, 갑작스러운 깨달음을 얻거나 창의적 발상을 하는 경우가 전의식에 해당된다. 깊은 물속에 잠긴 무의식은 노력하는 정도와 관계없이 의식할 수 없는 정신의 심층에 자

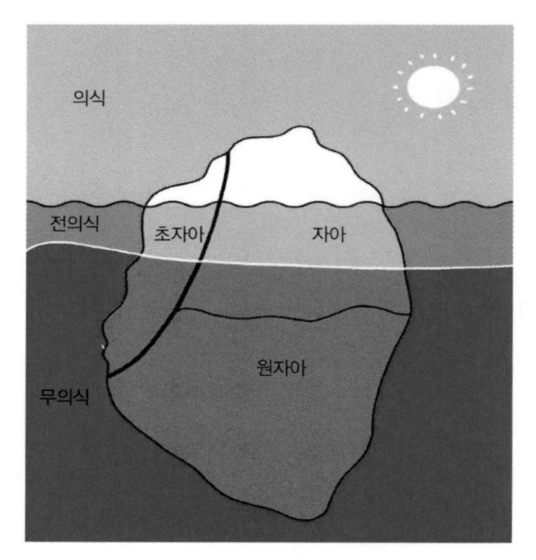

[그림 3-1] **정신세계와 성격의 구조**

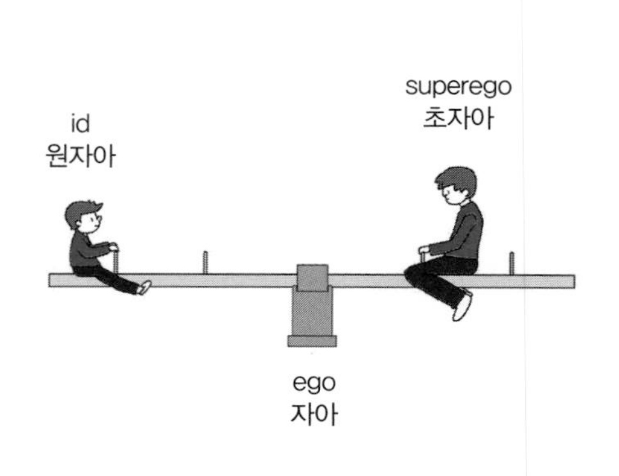

[그림 3-2] **원자아와 초자아의 균형**

리한 부분이다. 무의식에는 억압된 본능, 충동, 소망, 정서가 포함되어 있고, 무의식에 억압된 내용은 의식의 힘이 약해지는 틈에 꿈, 사고, 실수, 신경증 증상을 통해 왜곡된 형태로 표현된다. 그래서 프로이트는 꿈이야말로 무의식에 이르는 왕도라고 보았고, 1900년에 『꿈의 해석(The Interpretation of Dreams)』을 출간하였다. 프로이트의 이론은 무의식에 있는 본능과 욕망 그리고 충동이 현재의 행동이나 증상 등에 강력한 영향을 미친다고 본다. 그래서 그의 이론을 심리결정론(psychic determinism)으로 부른다. 의식-전의식-무의식으로 구성된 정신세계를 개념화하는 것으로는 욕망(집중, 카텍시스, cathexis)과 욕망을 억누르는 힘(반집중, 항카텍시스)이 무의식 안에서 대립되는 심리적 갈등을 설명하기는 어렵다. 따라서 무의식 안의 심리적 갈등을 이해하기 위해서는 성격구조에 대한 설명이 필요하다.

(2) 인간의 성격구조

프로이트는 성격을 원자아(원초아, id), 자아(ego), 초자아(superego)로 구분하였다. 이 성격구조의 세 요인 간의 상호작용에서 균형이 깨지면 세 요인 간의 갈등이 심리적 문제를 발생시킨다. 원자아는 무의식에만 위치하고, 충동과 생물학적 본능으로 구성된다. 쾌락 추구를 목표로 작동하는 어린이 같은 자아이고, 자아와 초자아가 작동하는 데 필요한 정신에너지의 저장고이기도 하다.

다음으로, 자아는 원초아의 욕구를 충족하는 현실적 수단을 찾는 역할을 한다. 자아는 의식, 전의식, 무의식에 모두 걸쳐 있고, 현실적 제약조건과 요구에 직면하면서 1세말~2세경에 원자아에서 분리되어 발달한다. [그림 3-2]와 같이 자아는 외부 현실, 쾌락을 추구하는 원자아, 도덕적 판단을 내리는 초자아 간의 갈등을 조정하는 시소의 균형점 역할을 하고, 현실원리에 따라 작동한다.

마지막으로, 초자아는 의식, 전의식, 무의식에 모두 걸쳐 있고, 만 3~5세에 부모와의 동일시(identification) 과정을 통해 자아에서 분리되어 발달한다. 따라서 어린 시절 부모의 영향이 중요하고, 이후 사회적 가치나 도덕 등이 내면화되면서 초자아가 형성된다. 초자아는 도덕적으로 그른 행동이나 생각을 할 때 가지는 죄책감으로서의 양심(conscience)과 도덕적으로 옳은 행동이나 생각을 할 때 가지는 자부심으로서의 자아이상(ego ideal)으로 구성되며, 옳고 그름의 판단에 따라 작동한다.

(3) 무의식을 드러내는 방법: 자유연상, 프로이트식 말실수

프로이트는 의사 브로이어(Breuer)가 히스테리 환자 안나 오(가명)의 환각과 불안장애 증상을 최면을 통해 치료했다는 이야기를 들었다. 프로이트는 무의식에 억압된 정서를 표현하면 증상이 사라진다는 것을 밝혀내려 하였지만 모든 사람에게 최면이 효과적인 것은 아니었다. 그 대신에 환자가 편안한 자세로 누워 생각나는 대로 이야기하면 환자가 미처 의식하지 못한 것을 기억할 수 있다는 것을 발견하고, 이를 자유연상(free association)이라고 하였다. 정신분석의 가장 기본적인 기법인 자유연상은 마음속에 떠오르는 생각이나 느낌을 검열하거나 조직하지 않은 채 그대로 보고하는 방법으로 억압된 생각이나 욕망에 다가갈 수 있다. 그런데 환자(또는 내담자)는 자유연상을 하는 도중에 자유연상하기를 거부하거나 화제를 바꾸기도 한다. 이는 저항(resistance)을 하고 있음을 의미한다. 저항은 인간의 심층 심리 안에 욕망, 본능, 갈등이 강력하게 억압되어 있음을 시사한다.

자유연상과 더불어 무의식이 드러나는 방법으로 프로이트식 말실수(Freudian slip)가 있다. 무의식에 숨겨 둔 속마음을 들켜 버리는 실언을 흔히 프로이트식 말실수라고 한다. 정신분석에서는 이러한 말실수를 분석하고 해석하기도 한다.

(4) 리비도

리비도(libido)는 욕망을 뜻하는 라틴어로, 정신분석학 용어로서 좁은 의미에서 성본능, 성충동, 심리성적 에너지를 의미한다. 넓은 의미에서는 태어날 때부터 가지고 있는 본능적 에너지로, 태어나면서부터 서서히 발달한다. 리비도는 특정 시기에 특정 신체 부위에 집중되고, 인간은 그 신체 부위를 통해 욕구를 충족한다.

(5) 고착과 퇴행

고착(fixation)은 발달 단계에서 욕구의 과잉만족이나 극단적인 불만족으로 발달이 순조롭지 않아 다음 단계로 넘어가지 못하고 해당 수준에 머무는 것을 뜻한다. 퇴행(regression)은 현재보다 미성숙한 정신기능의 발달 단계로 돌아가는 것으로, 자신의 미해결된 갈등을 재작업하기 위해 미성숙한 이전 단계로 돌아가는 것이다. 예를 들면, 수유, 이유, 배변훈련을 경험하거나 성에 대해 배우면서 가지게 된 불안과 좌절로 인해 특정 단계에 머물러 미발달된 상태가 고착이고, 부모의 관심을 받는 어린 동생을 보며 아동이 다시 젖병을 빠는 것 같이 이전의 발달 단계로 돌아가는 것은 퇴행이다.

2) 심리성적 성격발달 단계

심리성적 발달(psychosexual development)은 리비도가 집중되는 신체부위에 따라 다섯 단계로 구분된다. 각 발달 단계는 [그림 3-3]과 같다.

[그림 3-3] 프로이트의 심리성적 성격발달 단계

(1) 구강기

구강기(oral stage)에는 신생아기의 리비도가 입과 그 주위의 입술에 있기 때문에 주로 빠는 행위를 통해 쾌감을 충족시킨다. 수유와 이유를 통해 욕구 충족이 좌절되거나 반대로 욕구가 과도하게 충족되는 경험을 하면 구순 고착(oral fixation) 성격을 가지게 된다. 이것은 후에 과식이나 과음, 과다 흡연 등과 같은 행동 특성으로 나타나기도 하고, 때로는 타인에 대한 지나친 의존 혹은 타인에 대한 분노나 신랄한 비판, 빈정거림, 수다 등으로 표현된다. 따라서 이 시기에 부모는 자녀의 수유나 이유의 기회를 적절히 제공하고, 물건을 입으로 가져가서 탐색하거나 빠는 행위가 과하지 않다면 욕구를 충족하는 적절한 수준에서 허용할 필요가 있다.

(2) 항문기

항문기(anal stage)에는 영아기의 리비도가 항문에 집중되기 때문에 배설과 보유의 행위를 통해 안도감과 쾌감을 얻는다. 배변훈련을 통해 영아는 처음으로 외부로부터 본능적 욕구 충족을 통제받는 경험을 한다. 이때 적절한 욕구 충족이 이루어지지 않으면 항문 고착(anal fixation) 성격을 가지게 된다. 우선, 배변훈련과 관련하여 너무 엄격하고 강압적인 경험을 하게 되면 항문 강박적 성격을 가지게 되는데, 이로써 고집이 세고 완고하며 검소한 반면에 인색하고 규율을 지나치게 강조하는 완벽주의 성격을 가지게 된다. 반대로 너무 느슨한 경험을 하게 되면 항문 폭발적 성격을 가지게 되는데, 성장 후에도 지저분하고 정돈되지 않으며 방탕하고 낭비벽이 심한 행동 특성을 나타낸다. 이 시기의 부모는 자녀가 자신의 몸으로 만들어 낸 배설물에 대해 긍정적으로 관심을 가지고 대소변을 가릴 수 있도록 적절히 지도하고 스스로 처리할 수 있도록 기다려 준다.

(3) 남근기

남근기(phallic stage)에는 유아가 성기를 통한 리비도의 만족을 추구하기 때문에 성역할과 성적 특징에 대한 관심이 고조된다. 남아의 경우, 이성 부모인 어머니에 대해 성적인 욕망과 애착을 느끼며, 아버지를 경쟁자로 생각하지만 이길 수 없다고 느끼는 오이디푸스 열등의식(Oedipus complex)을 가진다. 남아는 이러한 과정에서 생긴 거세 불안(castration anxiety)을 감소시키기 위해 어머니에 대한 성적인 욕망과 아버지에 대한 적대감을 억압하게 된다. 아울러 아버지에 대한 동일시를 통하여 남성다움을 발달시킨다. 여아의 경우, 이성의 부모인 아버지에 대해 성적인 애착을 느끼며, 경쟁자인 어머니를 이길 수 없다고 느끼는 엘렉트라 열등의식(Electra complex)을 나타낸다. 여아는 남근이 없기 때문에 남근 선망(penis envy)과 함께 열등감이 나타난다. 아동은 동성 부모와의 동일시를 통해 자신의 열등의식을 해결하지만, 그렇지 않고 고착이 되면 남성다움의 과시, 야심, 공격적이고 경쟁적인 인간관계와 같은 성격이 나타난다. 이 시기의 부모는 자녀가 각자의 성에 적합한 역할을 배우도록 안내하고, 동성 부모의 가치와 이상을 수용함으로써 초자아를 발달시키도록 돕는다.

(4) 잠복기

잠복기(latency stage)는 학령기 아동이 이전 남근기의 열등의식을 극복하고 성적 욕구나 갈등이 없는 평온한 시기라고 볼 수 있다. 사춘기 이전의 아동은 초등학교에서 지적 활동이나 운동 등 사회적으로 용인되는 활동에 많은 에너지를 투입하며, 특히 지적인 탐색이나 주위 환경에 대한 탐색을 활발히 한다. 따라서 사회적 관계가 확장되고, 도덕성 및 심미성이 강화된다. 이 시기에 고착될 경우, 과도한 성욕의 억압에서 오는 수치심과 혐오감이 나타난다. 이 시기의 부모는 다양한 체험활동 및 신체활동의 기회를 마련하고, 동성 친구들과 다양한 활동을 경험할 수 있는 장을 마련하도록 한다.

(5) 생식기

생식기(genital stage)는 성기기라고도 하는데, 사춘기 이후 전 생애에 걸쳐 계속되는 시기로서, 리비도가 다시 성기로 돌아온다. 이제 청소년 또는 성인은 단순한 쾌감이 아닌 이성에 대한 진정한 관심을 가지고 사랑의 대상을 추구하며 성행위를 통해 성적인 만족을 얻으려고 한다. 이 시기에 이르면 이성에 대한 성숙한 사랑을 할 수 있으며, 이 단계에 이르기까지 순조롭게 발달한 사람은 이타적이고 원숙한 성격을 지니게 된다. 단, 잠복기 동안에 원자아, 자아, 초자아 간에 이루었던 균형이 깨지면서 갈등과 혼란을 겪게 되면, 청소년 자살, 비행, 불안 등의 문제가 발생하기도 한다.

3) 프로이트 이론의 시사점

정신분석학(psychoanalysis) 또는 정신역동학(psychodynamics)이라고 불리는 프로이트의 이론은 무의식의 내용과 작용을 발견하고 그 의미를 해석하는 데 도움이 되었고, 성격발달에 대한 관심을 불러일으켰으며, 신경증의 치료에 큰 영향을 미쳤다. 그러나 이에 대해 몇 가지 비판이 있다. 첫째, 이론적 측면에서는 소수의 신경증 환자들의 치료경험에 근거하여 과학적 검증이 충분히 이루어지지 않았다는 것이다. 둘째, 아동기 성욕에 집착했다는 점 때문에 후대의 학자들에게 비난을 받았다. 셋째, 인간이 자유의지를 가지고 자신의 선택에 책임을 지는 존재로 보는 시대에 인간행동이 무의식적 본능에 의해 결정된다는 그의 이론은 비합리적이고 비관적인 인간관을 토대로 한다는 평가를 받기도 한다. 넷째, 프로이트는 성격이 생물학적 성숙에 있고 생의 초기에 이미 완성된다고 보았다. 하지만 인간의 성격발달은 개인적 경험과 사회문화적 환경의 영향을 받기도 하고 변화의 여지도 있다는 점에서 비판을 받았다. 이에 후기 정신분석학자인 아들러(Adler), 융(Jung), 에릭슨(Erikson) 등은 사회적 환경과 인간관계가 성격발달에 중요한 영향을 미치고 성격발달은 평생 동안 이루어지는 과정이라고 주장하며, 이를 사회적 정신역동이론 또는 심리사회적 성격발달이론이라 하였다.

이러한 비판에도, 교육 측면에서 볼 때 프로이트의 이론은 생물학적 욕구가 적절히 충족되어야 학습이 가능하다는 점에서 중요하다. 따라서 부모나 교사는 학생들의 기본적인 생물학적 욕구가 과잉 충족되거나 결핍되지는 않는지를 살펴볼 필요가 있다. 특히 각 단계의 욕구가 적절히 충족되지 못할 경우에 해당 단계에서 욕구 충족이 고착되어 성격 문제가 발생할 수 있으므로 단계별 욕구가 적절히 충족되고 있는지 살펴볼 필요가 있다.

다음으로 아동 초기의 경험과 부모-자녀 관계가 성격발달의 토대가 된다는 점이다. 따라서 교사는 학생의 건강하고 원만한 성격발달을 돕기 위해, 부모에게 자녀양육에 대한 훈련과 자문을 제공할 필요가 있다. 더불어 아동 초기의 부모-자녀 관계에서 해결되지 못한 감정과 욕구를 가진 학생은 현재의 학교생활에서도 어려움을 가질 수 있으므로 관심이 필요하다. 특히 미해결된 감정이나 충족되지 않은 욕구를 가진 아동은 교사에게 해당 감정과 욕구를 표현할 수 있는데, 이를 전이(transference)라고 한다. 전이는 내담자가 의미 있는 타인(예, 부모)에게 가졌던 감정이나 충족되지 않은 욕구를 상담자에게 드러내는 현상을 말한다. 반대로 교사가 자신의 감정과 경험을 학생들에게 역전이(countertransference)할 수도 있으므로, 교사는 학생을 상담하거나 지도할 때 전이와 역전이를 고려하여 적절하게 대응해야 한다.

2. 에릭슨의 심리사회적 성격발달이론

에릭슨
(1902~1994)

독일 프랑크푸르트에서 태어난 에릭슨(Erikson)은 세 살 때 어머니가 유대계 남성과 재혼하면서 유대인 마을에서 살게 되었다. 또래와 다른 북유럽계 외모 때문에 학창 시절에 놀림거리가 되었고 정체성 혼란을 느꼈다. 미술을 공부하였던 그는 이탈리아를 여행하다 더욱 악화된 정체성 위기를 겪으며 빈으로 건너가 미술을 가르쳤다. 그는 지크문트 프로이트의 딸 안나 프로이트(A. Freud)가 설립한 신설학교에서 아이들을 가르쳤고, 이후 안나 프로이트에게 아동정신분석가 수련을 받았다. 요안 세르손(Joan Serson)과 결혼 후, 1933년에 미국 보스턴으로 이주하여 아동정신분석가로 활동하였다. 이후 하버드, 예일, 버클리 대학교에서 학생들을 가르치며 큰 성공을 거두었다. 하지만 자신의 정체성에 대한 물음은 계속되었고, 1933년에 미국 시민권을 받을 때 스스로 선택한 '에릭슨'으로 성을 바꾸었다.

자신의 출생배경과 성장 과정을 반영하듯이, 에릭슨은 주류 문화권에 속하지 않은 아동들의 삶을 연구하기 시작하였고, '나는 누구인가?' '나는 누구와 중요한 관계를 맺고 있는가?'와 같은 물음에 대한 대답을 찾고자 하였다. 이는 에릭슨이 프로이트의 영향을 많이 받기는 했지만 인간발달에 대한 독특한 관점을 발전시키려 했다는 것을 의미한다(Crain, 2005). 이처럼 정체감 형성과 정체감 위기는 에릭슨이 평생 동안 관심을 두면서 연구한 주제이다. 에릭슨의 이론에서 개인은 주요한 타인들과 특별한 관계를 맺고 상호작용하는 과정을 거치면서 성격을 발달시켜 나간다. 그가 인간발달에 있어 중요하다고 생각한 것은 본능적 성이 아니라 후천적인 사회문화적 인간관계이다.

1) 기본 개념

(1) 자아

성격의 핵심 구조로 원자아를 강조하였던 프로이트와 달리, 에릭슨의 심리사회적 성격발달이론에서는 자아가 성격의 핵심 구조이다. 이에 프로이트의 이론을 심리성적 발달이론으로 부르는 데 반해, 에릭슨의 이론을 심리사회적(psychosocial) 발달이론이라 부른다. 인간은 미숙하지만 자아를 가지고 출생하며, 자아는 평생 동안 생물학적 본능과 사회적 요구 사이의 갈등을 조정하는 역할을 한다. 자아가 기능함으로써 인간은 사회적 맥락 안에서 주요한 타인과 관계를 맺고 상호작용할 수 있으며, 이러한 사회적 관계와 상호작용 안에서 개인의 성격과 사회성이 발달한다.

(2) 자아정체감

자아정체감(ego identity)은 '나는 누구인가?' '내 삶은 무엇을 향해 가고 있는가?' '나는 앞으로 어떻게 될 것인가?'에 대한 질문과 이러한 질문에 대한 고뇌를 통해 형성되는 심리적 상태를 말한다. 한 사회 안에서 함께 사는 타인들의 관심과 행동양식 그리고 태도와 가치관을 어느 정도 공유할지라도, 개인은 타인과는 구별되는 독특한 존재라는 인식을 가지고 있다. 이처럼 사람들은 자신이 타인과는 다른 존재라는 인식(개별성), 시간이 경과할지라도 자신이 한결같은 사람이라는 인식(계속성), 자신의 생각, 행동, 가치, 동기 등 여러 측면은 전체적으로 통합되어 있다는 인식(총체성)을 가지게 되면서 자아정체감을 형성한다(정옥분, 2008).

읽을거리

당신은 누구인가?

내가 그의 이름을 불러주었을 때
그는 나에게로 와서 꽃이 되었다.
– 김춘수의 〈꽃〉

세상을 향한 울음을 터트리고 삶을 시작할 때, 누군가로부터 이름이 불린다. 부모는 배 속에 아기가 생긴 것을 알게 된 날부터 태명을 불러 주고, 탯줄을 떼고 세상에서 불릴 이름을 지어 준다. 부모는 아기의 이름을 고민하며, 이름 속에 부부가 그동안 품어 왔던 소중한 가치를 담는다.

에릭슨의 이름은 어떠했을까? 에릭슨은 어머니인 칼라 아브라함슨(Karla Abrahamsen)과 덴마크인 아버지 사이에서 태어났으나, 아버지는 에릭슨이 태어나기도 전에 어머니를 떠났고, 이러한 사실은 에릭슨의 어린 시절 동안 비밀로 되어 있었다. 에릭슨은 1902년에 태어나서 에릭 살로몬슨(Erik Salomonsen)이라는 이름을 가지게 되었다. 이후 어머니가 1905년에 소아과 의사인 테오도르 홈부르거(Theodor Homburger)와 재혼하여 유대인 가정을 꾸리면서 그의 이름은 에릭 홈부르거(Erik Homburger)가 된다.

에릭슨이 청소년기가 되었을 때도 부모는 에릭슨의 출생에 대한 구체적인 내용을 비밀로 했다. 하지만 유대인들과 함께 공부하며 자랐던 에릭슨은 친구들과 다른 신체적 조건을 가진 탓에 많은 놀림을 받았다. 그는 방황하며 자신의 정체성과 아버지에 대한 질문을 이어 갔다. 안나 프로이트를 만나 자신의 삶을 돌아보고 정신분석을 배운 뒤, 미국으로 건너가 아동정신분석가가 된다. 그리고 많은 방황의 끝에 자신의 이름을 스스로 에릭 홈부르거 에릭슨이라고 짓는다.

에릭슨의 인생을 꼬리표처럼 따라다닌 정체감만큼 이름도 그 일생의 중요한 화두였다. 일례로 그의 이름에 대해서는 다양한 설이 있다. 미국으로 건너간 후 홈부르거(Homburger)를 햄버거와 혼동하는 것이 싫었다거나 '에릭의 아이'라는 의미로 스칸디나비아 습관에 맞추어 지어진 이름이라는 설(Roazen, 1976), 에릭을 버린 아버지의 이름을 받은 것이라는 설(Maier, 1965), 자신이 자신의 아버지가 된다는 의미라는 설(Berman, 1975) 등이 있다.

1. 여러분의 이름과 그 의미를 한 번 떠올려 보자.
2. 미래의 나의 자녀나 소중한 사람에게 지어 주고 싶은 이름을 생각해 보자.

(3) 위기

심리사회적 위기(psychosocial crisis)란 발달의 기회를 제공하는 심리사회적 도전을 말한다. 각 단계에서 위기는 '긍정적 대안'과 '부정적 대안'으로 구성되는데, 위기를 어떻게 극복하는가에 따라 발달은 다른 양상을 보인다. 각 단계에서 부정적 대안보다는 긍정적 대안을 좀 더 많이 경험하면서 위기를 성공적으로 해결하면 긍정적 성격의 발달이 이루어지고, 부정적 대안을 더 많이 경험하면서 위기를 해결하지 못하거나 위기 자체를 회피하면 부정적 성격의 발달이 초래된다.

하지만 모든 사람이 위기를 완전히 해결할 수 있는 것도 아니고, 한 단계에서의 위기를 해결하지 못했을 때 다음 단계의 발달이 힘들어질 수는 있지만 완전히 실패하는 것도 아니다. 심리사회적 위기는 발달의 긍정적 대안과 부정적 대안이 새끼를 꼬듯 깊게 연결되어 있고, 상극의 상태에서 역동적인 균형을 만들어 낸다. 이렇게 인간이 발달해 나가는 과정을 표현하기 위해 에릭슨은 '대(versus)'라는 표현을 사용한다.

2) 심리사회적 성격발달 단계

에릭슨은 태어나서 죽을 때까지 시기마다 직면한 심리사회적 위기와 과제가 있다고 보고, 이를 8단계로 구분하였다([그림 3-4] 참조). 각 시기의 위기와 과제를 잘 극복하고 성공적으로 해결하면 해당 단계의 덕목을 획득한다.

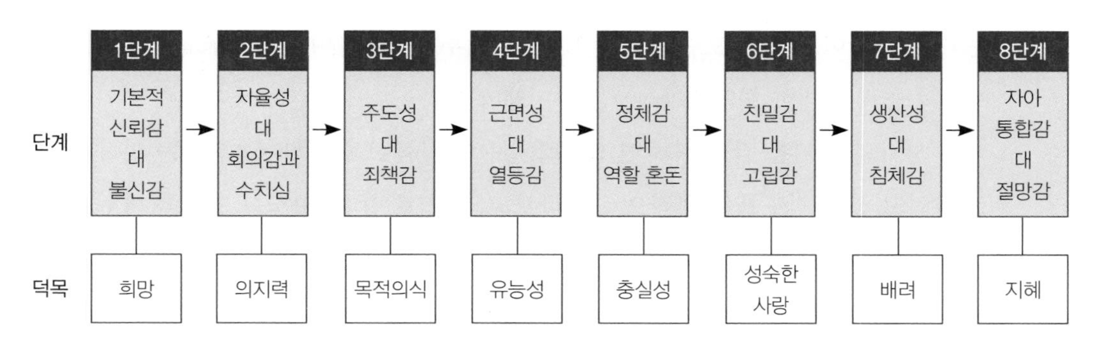

[그림 3-4] 에릭슨의 심리사회적 성격발달 단계

(1) 기본적 신뢰감 대 불신감(0~1세)

출생 후 1년 동안의 신생아는 1차 양육자인 어머니와의 사회적 상호작용을 통해 세상에 대한 기본적 신뢰감(trust) 대 불신감(mistrust)의 심리가 발달한다. 이 시기 동안 어머니는 신생아의 욕구에 민감하게 반응해 주고 충분한 사랑을 주는 중요한 존재이고, 이러한 관계를 바탕으로 신생아는 주위 세상을 신뢰하기 시작한다. 이러한 **기본적 신뢰감**은 타인에 대해서뿐만 아니라 자신에 대한 낙관적 태도와 안정감에도 영향을 준다. 반면에, 어머니가 거부적이고 적절하게 대응하지 못하거나 행동에 일관성이 없으면 신생아는 주위 세상에 대한 **불신감**을 가지게 된다. 이처럼 양육의 질에 따라서 이 세상에 대한 신뢰 혹은 불신의 태도가 발달하게 된다.

이 시기의 위기를 잘 극복하면 **희망**(hope)의 덕목을 가지게 된다. 부모는 아이가 사회적인 관계 형성에 바탕이 되는 기본적인 신뢰감을 형성할 수 있도록 배가 고프거나 기저귀가 젖어서 자신의 욕구를 표현할 때 이를 민감하게 알아차리고 일관성 있게 대처해 주어야 한다.

(2) 자율성 대 회의감과 수치심(2~3세)

생후 2~3세경의 영아기는 스스로 걷기 시작하고 주변을 탐색하며 다양한 신체적 · 정신적 능력을 발달시키는 시기이다. 영아는 부모의 도움을 받아서 하던 식사와 배변 활동 등을 스스로 하게 되는데, 이 과정에서 **자율성**(autonomy)을 경험하게 된다. 하지만 자신이 스스로 음식을 먹지 못하고 부모가 음식을 먹여 주는 행동이 지속되면, 아이는 다른 사람이 자신의 모습을 보는 것에 대해 부끄러워하며 **수치심**(shame)을 느끼거나 자신의 능력에 대한 **회의감**(doubt)을 가지게 된다.

이 시기의 위기를 잘 극복하면 **의지력**(will)의 덕목이 발달한다. 부모는 영아가 스스로 하려고 하는 시도를 긍정적으로 바라보고, 스스로 할 수 있도록 기회를 마련해 주는 것이 좋다. 다만, 영아가 스스로 하는 활동에 재미를 느낄 수 있도록 음식을 먹기 편한 숟가락이나 가벼운 그릇을 주거나, 배변훈련을 위해 스스로 쉽게 입고 벗을 수 있는 옷을 입히는 것이 좋다.

(3) 주도성 대 죄책감(4~5세)

이 시기에는 유아가 자율성을 익히고 부모로부터 더 벗어나 적극적으로 활동을 시작한다. 유아의 운동능력이나 지적 능력은 더욱 발달하고, 독립적인 활동을 더 많이 할 수 있게 된다. 특히 놀이를 통해 활동의 목표나 계획을 세워 이를 달성하고자 노력하고, 이 과정에서 **주도성**(initiative)이 발달한다. 새로운 놀이나 자기주도적 활동에 대해 처벌하거나 금기시하고 나쁜 것으로 느끼도록 하면 **죄책감**(guilt)이 발달한다.

이 시기의 위기를 원만하게 해결하면 **목적의식**(purpose)의 덕목을 획득하게 된다. 부모는 유아가 집중할 때 개입하지 않고 느긋하게 기다리면서 스스로 선택하는 자유로운 상황을 만들어 주는 것이 좋다. 다만, 유아가 위험한 물건을 다루지 않도록 주의를 기울이되, 심하게 꾸짖거나 활동을 제한하지 않도록 한다.

(4) 근면성 대 열등감(6~12세)

이 시기에는 아동의 활동 범위가 이전 시기에 비해 상당히 확대되고, 특히 학교생활에서 많은 영향을 받는다. 아동은 학교를 다니면서 과업의 성취를 통해 **근면성**을 학습하기 시작하는데, 이것은 다른 사람의 인정과 과제의 완수로부터 오는 즐거움과 만족감을 통해 얻게 된다. 이때 부모나 교사가 건설적인 칭찬이나 적절한 강화를 주면 아동의 근면성(industry)이 발달하지만, 목표를 달성하지 못한 아동에게 조롱과 거부적인 태도를 보이면 부적합감이나 **열등감**(inferiority)이 발달한다.

이 시기의 위기를 잘 극복하면 **유능성**(competence)이라는 덕목을 가지게 된다. 부모는 아동이 성취감을 느낄 수 있도록 기회를 주고, 아동 스스로 현실적인 목표를 세우고 실행할 수 있도록 지도한다. 또한 아동의 실수에 의연하게 대처하고 진심으로 격려하며, 또래와의 상대적 비교보다는 목표를 점진적으로 달성하는 과정에 의미를 두어야 한다.

(5) 정체감 대 역할 혼돈(청소년기)

청소년기는 급격한 신체 변화와 사회적 요구, 진로 및 진학, 자신의 존재에 대한 탐색을 통해 개인의 자아정체감을 형성해야 하는 중요한 시기이다. 이 시기에 청소년들은 다양한 역할과 대안을 탐색하고 실험해 보는 **심리적 유예기**를 거쳐 정체감을 형성한다. 정체감이란 사회와의 관계 안에서 자신의 역할, 위치, 능력, 의무에 대한 분명한 의식을 가지는 것을 말한다. 그런데 청소년기는 아동기와 성인기 간의 과도기로서 자아정체감을 형성하고 수용하는 일이 지극히 어렵고 불안한 과제가 된다. 정체감이 형성된 개인은 확신을 가지고 성인기에 대비하지만, 실패한 개인은 **역할 혼돈**(role confusion)에 빠진다. 이 시기의 위기를 잘 극복하면 자신에 대한 **충실성**(fidelity)의 덕목이 형성된다.

에릭슨은 청소년기에 이전의 발달적 위기가 반복되고, 앞으로 겪게 될 발달적 위기를 미리 경험한다고 보았다. 청소년기에는 신생아가 1차 양육자와 신뢰를 맺은 것처럼 믿고 따를 우상을 찾고, 유아가 스스로 걸으며 자율성을 추구한 것처럼 자신의 미래를 스스로 선택하려고 한다. 또한 아동이 놀이를 통해 역할을 경험하고 주도성을 추구한 것처럼 자신의 역할을 탐색하고, 취학아동이 자신이 잘할 수 있는 것을 찾는 것처럼 자신에게 맞는 직업을 찾으려 한다. 반대로 성인 초기에 친밀감을 획득하는 것처럼 자신의 성역할에 대해 생각하고, 중년에 사회 공헌을 통해 생산성을 추구하는 것처럼 자신의 관계에서 지도성을 발휘하며, 노년기에 자아통합성을 획득하는 것처럼 자신이 중요하다고 생각하는 가치를 추구한다. 따라서 청소년은 많은 고민과 함께 여러 가지 결정과 선택을 경험하게 되고, 과거-현재-미래를 조망하는 능력을 기르게 된다(정옥분, 2006). 그렇기 때문에 정체감은 청소년기의 발달과업이기도 하지만 일생 동안 계속되는 발달과정이다.

청소년들의 경우, 위기를 경험하지 않고 부모의 가치에 따라 인생의 방향을 결정하거나 부모와 교류 없이 무엇을 해야 할지 고민하는 경우가 있다. 학교진로교육 지표조사(교육과학기술부, 2012)에 따르면, 모든 학교급에서 장래희망에 가장 큰 영향을 미치는 대상은 부모이다. 따라서 부모는 청소년이 삶의 목표 및 가치, 직업 등에서 정체감을 가질 수 있도록 적절한 기회를 제공하고, 스스로 정한 것을 지킬 수 있도록 하며, 역할모델이 되어 주어야 한다.

(6) 친밀감 대 고립감(성인 초기)

성인 초기에는 직업을 가지며 다양한 형태의 인간관계를 맺는다. 나아가 가정을 꾸릴 배우자를 찾아 성숙한 성인으로서의 역할을 시작한다. 이때 자신의 정체감을 잃지 않으면서도 자신의 정체감을 타인과 조화시켜야 진정한 친밀감(intimacy)이 형성된다. 일관성 있는 자신의 정체성을 확립하지 않은 상태로 타인과 친밀한 관계를 수립하는 데 실패한 사람은 고립감(isolation)을 가지게 된다. 이러한 고립감으로 인해 타인과의 만남을 피하거나 자신에게 위협적으로 느껴지는 사람에게 거부적이고 공격적인 태도를 형성한다. 이 시기의 위기를 잘 극복하면 성숙한 사랑(mature love)의 덕목을 획득한다.

성인 초기는 부모에게서 자립할 나이이지만, 학업에 전념하거나 취업이 어렵거나 경제적인 사정으로 부모에게 기대어 살거나 함께 사는 캥거루족이 급증하는 추세이다. 이러한 현상은 우리나라뿐 아니라 다른 나라에서도 일어나고 있고, 비슷한 맥락의 용어들도 있다. 일본에서는 돈이 급할 때만 임시로 취업하는 프리터(freeter), 영국에서는 부모님의 연금을 쓰는 키퍼스(kippers), 이탈리아에서는 엄마가 해 주는 음식에 집착하는 맘모네(mammone)라는 용어를 쓰고, 미국은 자립도 취직도 아닌 트윅스터(twixter) 등의 용어를 쓰고 있다. 부모에게 의존하는 시간이 길어진 자녀는 현실적 위기감을 잃어버릴 수 있다. 따라서 부모는 자녀의 독립을 위하여 심리적인 탯줄을 자르고 기한을 정하여 자녀의 독립을 실행하도록 안내해야 한다.

(7) 생산성 대 침체감(중년기)

중년기에 성숙한 성인은 자신이 종사하는 직업 장면에서 의미 있는 사회적 기여를 하거나 자녀양육이나 후속세대를 위한 교육활동을 하며 창의적인 작품을 만들면서 생산성(generativity)을 발휘한다. 융(Jung)은 중년기에 내적으로의 전환이 이루어진다고 본 반면, 에릭슨은 외적으로 전환된다고 보았다. 따라서 생산성을 경험하지 못하는 개인은 침체감(stagnation)에 빠지고 자신의 인생이 쓸모없다고 느끼며 자신의 존재를 하찮게 여긴다. 이 시기의 위기를 잘 극복하면 배려(care)의 덕목을 가지게 된다.

2018년 11월에 일본 정부는 40~64세 성인을 대상으로 중년의 히키코모리(은둔형 외톨이)에 대한 실태조사를 실시하고 국가 차원의 지원 방법을 검토하였다. 옥스퍼드 영어사전에도 등재된 히키코모리는 처음에는 소외당하거나 취업에 실패하고 자신의 세계에 갇힌 젊은이를 의미하였다. 이후 히키코모리의 장기화로 등장한 중년의 히키코모리는 1990년대의 장기적인 경기 침체와 청년실업으로 인해 중도탈락한 로스트 제너레이션(1970년에서 1980년대 초에 태어난 세대)이다. 침체감을 겪는 중년에게는 건강뿐 아니라 장기적 고립으로 인간관계에도 문제가 있기 때문에 사회적 고립이 심각해지지 않도록 경제적 지원뿐 아니라 건강관리, 가족 내 갈등 해소 등 복합적인 개입이 필요하다.

(8) 자아통합감 대 절망감(노년기)

노년기에는 자신의 인생을 돌아보고 삶에 만족과 보람을 느끼면 **자아통합감**(ego integrity)을 획득하고, 조망한 인생에 대해 헛살았다고 후회하면 **절망감**(despair)을 느낀다. 다만, 인생을 실패했다고 느낄지라도 이를 수용한다면 자아통합감을 느낄 수 있고, 이 시기의 위기를 잘 극복하면 **지혜**(wisdom)의 덕목을 획득하게 된다. 자아통합감은 남은 인생을 동요 없이 살아갈 수 있도록 하고, 죽음에도 의연하게 대처할 수 있도록 한다. 이 시기의 자아통합감은 전 생애를 조망하고 수용하는 것뿐 아니라 적극적 사회참여, 창조적 활동을 통해서도 획득될 수 있다. 노년기에는 신체적으로 그 기능이 쇠하고 주변에서 가까운 사람들이 죽음을 맞이하기 때문에 무력감에 빠지기 쉬우므로, 이 시기의 사람들이 적극적인 삶의 자세를 유지하도록 도움을 제공할 필요가 있다.

3) 에릭슨 이론에 대한 시사점

프로이트의 영향을 받은 에릭슨이지만 프로이트의 이론과는 다른 방식으로 인간발달에 대해 설명하였다. 우선, 에릭슨에게 발달이란 평생 동안 심리적 위기를 잘 극복해 나가며 다양한 사회적 맥락의 상호작용을 통해 이루어 가는 과정이다. 인간 성격의 핵심을 이루는 자아는 전 생애 동안 8단계를 거치면서 발달하는데, 각 단계의 위기를 잘 극복하면 해당 단계의 덕목을 획득하게 된다. 전 생애적 접근, 유전과 환경의 상호작용은 인간의 건강한 성격발달을 지원할 만한 방안을 다방면에서 찾는 데 유용한 근거가 된다. 또한 에릭슨의 이론은 **점성설**(epigenesis)에 의해 특정 단계의 발달은 이전 발달의 영향을 받고 이전 단계에서 해결하지 못한 위기는 다음 단계에서 해결할 기회를 얻을 수도 있음을 강조하기 때문에 결정론적인 프로이트의 이론과는 대조적이다. 에릭슨의 이론은 성인기와 그 이후의 발달 단계를 구분하는 연령 구분이 모호하기는 하지만, 전 생애 측면의 폭넓은 관점을 제공했다는 의의가 있다.

다만, 에릭슨이 제시한 개념, 발달을 일으키는 원인, 발달 단계를 전환시키는 기제에 대한 설명이 명쾌하지 않다는 비판이 있다. 또한 문화와 시대에 따른 단계별 연령 구분이 보편적이지 않고, 이론을 지지할 만한 임상적 자료가 부족한 편이며, 성인기 이후의 발달 단계가 모호하다는 비판이 있었다. 그 후 시간이 지나 성인기 이후 발달 단계를 구체화한 레빈슨(Levinson)에 의해 인생의 사계절 이론[1]이 등장하였다.

에릭슨은 청소년기의 정체감 발달에 있어서 유예 기간의 중요성을 강조하였다. 정체감 형성에는 동일시하고자 하는 인물이나 사회집단의 영향력이 중요할지라도 청소년이 닮고자 하는 모델을 바로 모방하여 정체감을 형성하는 것보다는 독서나 여행, 많은 사람과의 대화와 만남 등 청소년기만의 독특한 경험을 통해 서서히 정체감을 형성하는 것이 더욱 바람직하다(Erikson, 1968). 에릭슨의 이론을 발전시켜 청소년기의 정체감을 연구한 마샤(Marcia)는 위기(고민) 차원과 결정(전념) 차원을 조합하여 정체감 지위를 다음의 네 가지로 분류하였다(Marcia, 1980).

- 정체감 성취(Achievement: A): 자신의 정체감을 찾기 위해 많은 고민을 했고 스스로 결정을 내렸으며 자신이 결정한 것에 전념하고 있는 상태
- 정체감 유실(폐쇄, Foreclosure: F): 자신의 정체감에 관한 의문을 가지고 정체감을 찾으려는 노력을 하지 않은 상태에서 부모나 역할모델의 가치, 기대, 결정을 수용한 상태
- 정체감 유예(Moratorium: M): 정체감을 찾으려고 여러 대안을 탐색하고 고민했으며 몇 가지 대안은 실험 삼아 시도해 보았지만 아직 결정을 내리지는 못한 상태
- 정체감 혼미(혼란, Diffusion: D): 정체감 확립을 위한 노력이나 고민을 하지 않았고 정체감에 대한 결정이나 전념을 하지 않는 상태

마샤에 의하면, 정체감 유예(M) 상태는 정체감 성취(A)를 이루는 과정으로 나아가고 다시 정체감 유예(M)를 경험한 다음에 또다시 정체감 성취(A)에 도달하는 등 정체감 유예(M)와 정체감 성취(A)를 반복하는 경우가 있다. 따라서 인생은 정체감을 찾는

1) 인생의 사계절 이론은 발달을 성인 이전 시기(봄), 성인기(여름), 중년기(가을), 노년기(겨울)로 구분하고, 계절이 바뀌면서 환절기가 있듯이 각 시기 간에는 5년의 전환기가 있다고 본다.

MAMA 주기를 반복하는 과정이고, 자아정체감 형성은 청소년기에 국한되지 않고 전 생애에 걸쳐 달성해야 할 과업인 것이다(Stephen, Fraser, & Marcia, 1992).

부정적 자아정체감이 형성된 청소년은 자신을 무가치하고 무능한 존재라고 생각하게 된다. 청소년 시기의 자아정체감은 학교적응 및 정신건강, 나아가 진로에 영향을 미치고, 이후 건강한 성인으로 성장하는 데 중요한 역할을 한다. 청소년의 자아정체감에

표 3-1 프로이트와 에릭슨의 비교

구분	프로이트	에릭슨
인간관	무의식의 영향을 받는 수동적 인간관	위기를 경험하고 극복하는 능동적 인간관
성격의 핵심	원초아(id)	자아(ego)
인간과 환경	개인은 심리성적 요인에 의해 결정되고, 부모와의 관계 이외의 환경의 중요성은 강조하지 않았다.	개인은 심리적 요인 및 사회문화적 영향과 상호작용하며, 환경은 개인에게 지속적으로 영향을 미친다.
성격 형성	아동 초기 경험이 성격에 결정적인 영향을 미치므로 부모의 역할이 중요하다.	자아통제력과 사회적 지지에 의해 형성된 성격은 전 생애에 걸쳐 발달하므로 심리사회적 환경이 중요하다.
연령	**성격발달 5단계**	**성격발달 8단계**
0~1세 (신생아기)	구강기	기본적 신뢰감 대 불신감
2~3세 (영아기)	항문기	자율성 대 회의감 및 수치심
4~5세 (유아기)	남근기	주도성 대 죄책감
6~11세 (학령기)	잠복기	근면성 대 열등감
12~18세 (청소년기)	생식기	정체감 대 역할 혼돈
19~35세 (성인 초기)		친밀감 대 고립감
36~60세 (중년기)		생산성 대 침체감
60세 이후 (노년기)		자아통합감 대 절망감

영향을 주는 요인으로는 학업성취, 부모 및 또래와의 관계, 취미 및 외모 만족도 등이 있다(김재열, 2010).

에릭슨의 이론을 발전시켰다는 시사점에도 불구하고, 마샤가 정체감의 지위를 구분하는 접근 방법은 개인의 발달과 경험, 사회문화적 맥락에 대한 개인의 해석을 반영할 수 없다는 점에서 비판을 받아 왔다. 이러한 비판에 최근 정체감 발달 연구에서 자신의 발달사를 분석하여 정체감의 발달과정과 정체감 형성의 주관성을 고려한 방법들이 제안되고 있다(김근영, 2012). 따라서 교사는 자아정체감 발달이 청소년의 심리적 과정뿐만 아니라 사회문화적으로 매우 복잡하게 얽혀 있는 상호의존적 과정임을 인식하고, 자아정체감 발달을 위한 종합적인 접근을 실행해야 한다(박아청, 2010).

3. 콜버그의 도덕성 발달이론

콜버그
(1927~1987)

뉴욕 브롱스빌에서 태어난 콜버그(Kohlberg)는 부유한 가정에서 태어났지만, 학창 시절에 공부에 흥미가 없는 문제아였던 것으로 알려져 있다. 하지만 그는 대학교에 입학하면서 이전과는 다른 학생이 되었다. 1948년에 시카고 대학교에 입학하여 1년 만인 1949년에 시카고 대학교를 졸업하였다. 1958년에는 같은 대학에서 아동의 도덕적 판단에 관한 피아제 연구에 관심을 가지고 도덕성에 관한 박사학위논문을 완성하였다. 그는 도덕성에 대한 지속적인 연구로 학계의 주목을 받았다. 1968년에 만난 제자 길리건(Gilligan)은 이후 콜버그의 도덕 이론이 성 편향적이라고 반박하며 논쟁을 벌이게 된다. 콜버그는 1969년에 이스라엘을 방문하면서 정의 공동체(just community)라는 개념을 도입하고, 예일 대학교 교수를 거쳐 하버드 대학교 교수를 역임하였으며, 1974년에 하버드 대학교의 도덕교육센터 소장으로 취임하였다.

콜버그는 인지발달을 기초로 한 도덕성 발달에 대해서 연구한 피아제의 영향을 받아 도덕적 추론능력의 발달이론을 더욱 체계적으로 연구하였다. 콜버그 이론에 앞서 피아제의 이론을 간단히 살펴보자.

존 이야기: 존은 엄마가 저녁을 먹으라고 부르는 소리에 식탁으로 가기 위해 거실 문을 열었다. 문 뒤에 있던 의자 위에는 컵 15개가 있었고, 존은 이 사실을 모르고 문을 열었다. 문이 열리면서 의자 위의 컵 15개가 모두 깨져 버렸다.

헨리 이야기: 헨리는 엄마가 없는 틈을 타 수납장 맨 위칸에 있는 과자를 꺼내려고 했다. 헨리는 높은 곳에 있는 과자를 꺼내려고 애쓰다가 컵을 떨어뜨렸고, 바닥에 떨어진 컵은 깨지고 말았다.

피아제는 아동을 대상으로 존과 헨리의 이야기를 제시하고, 어떤 아이가 더 나쁜지 그리고 그 이유가 무엇인지 물었다. 그리고 대답에서 등장인물에 대한 행동의 의도 또는 결과를 언급했는지에 따라 도덕성 발달을 3단계로 구분하였다. 첫째, **전도덕성 단계**(pre-moral stage)에 속하는 만 4세 미만의 유아는 규칙을 전혀 이해하지 못하고 도덕적 판단도 어려운 인지발달 수준에 머물러 있다. 둘째, **타율적 도덕성 단계**(heteronomous morality stage)에 해당하는 만 4~7세 유아는 외부에서 정해진 규칙을 행위에 대한 절대적 판단기준으로 삼고 규칙은 불변한다고 본다. 이 시기의 유아는 동기보다 결과를 중시하고, 다양한 정보를 바탕으로 도덕적 판단을 내리는 데 어려움을 보인다. 만 7~9세는 전환기로, 이때 아동은 규칙이 상황에 따라 바뀔 수도 있다고 생각하고 행위자의 행동 의도를 고려하기 시작하지만, 여전히 결과를 더 중요시한다. 셋째, 만 10세 이후에는 동기를 고려하여 선악을 스스로 평가하고 상황에 맞게 또는 구성원들의 합의에 따라 규칙을 바꿀 수 있다고 생각하는 **자율적 도덕성 단계**(autonomous morality stage)에 이른다. 이렇듯 세 단계에 걸친 도덕성 발달은 자기중심적 사고의 감소와 추상적 사고의 발달에 의한다. 이러한 피아제 이론의 영향을 받은 콜버그 역시 도덕성 발달을 인식능력의 발달에 의한 결과로 간주하였다.

하인츠 딜레마

유럽에서 한 여자가 병으로 죽어 가고 있었다. 어쩌면 여자를 살릴 수도 있는 한 가지 약이 있기는 했다. 그 약은 어느 제약회사에서 개발한 것인데, 약의 재료비가 비싸기도 했지만 제약회사는 아주 적은 양의 약을 원가의 10배나 비싼 가격인 2천 불이나 받고 팔았다. 여자의 남편인 하인츠는 약을 사려고 아는 사람을 모두 찾아가 돈을 꾸었지만, 약값의 절반인 천 불밖에 마련하지 못하였다. 하인츠는 제약회사를 찾아가 아내가 죽어 가고 있으니, 약을 반값에 팔든지 아니면 나중에 나머지 돈을 갚겠으니 약을 달라고 간청했다. 그러나 제약회사는 약을 개발하느라 시간과 돈을 매우 많이 투자했으니 이제부터는 수익을 내야 한다고 말하면서 하인츠의 요청을 거절했다. 절망에 빠진 하인츠는 약을 훔치기 위해 밤에 제약회사에 몰래 침입하였다.

다음은 이 딜레마를 활용한 질문으로, 학생들의 도덕적 추론을 이끌어 낼 수 있다.

1. 하인츠는 그런 선택을 해야 했을까? 그것은 옳은 일인가, 나쁜 일인가? 그 이유는?

2. 어쩔 수 없을 때 아내를 위해서 약을 도둑질하는 것은 남편이 꼭 해야 할 일인가? 아니면, 좋은 남편이라는 말을 듣기 위해서 그렇게 하는 것은 아닌가?

3. 제약회사는 높은 가격을 부를 권리가 있는가? 그 이유는?

4의 a)와 b)는 하인츠가 약을 훔쳐야 한다고 생각하는 사람만 대답한다.

4. a) 남편은 사랑하지 않는 아내를 위해 약을 훔쳐야 하는가?
   b) 암으로 죽어 가는 사람이 아내가 아니라 가장 친한 친구라면 어떨까?
      친구는 약 살 돈도 없고, 그를 위해 약을 훔쳐 줄 사람도 없다.
      이 경우 하인츠는 친구를 위해 약을 훔쳐야 하는가? 그 이유는?

5의 a)와 b)는 하인츠가 약을 훔치지 말아야 한다고 생각하는 사람만 대답한다.

5. a) 당신의 아내가 죽어 가고 있다면 약을 훔칠까?
   b) 당신이 암에 걸렸고 약을 훔칠 만한 힘이 남아 있다면, 당신 자신의 목숨을 구하기 위해 약을 훔칠까?

6. 하인츠는 약을 훔쳐 자신의 아내에게 주었고, 결국 법정에 서게 되었다. 판사는 하인츠에게 벌을 내려야 하는가, 아니면 그를 석방해야 하는가? 그 이유는?

출처: Poter & Taylor (1972).

1) 콜버그의 도덕성 발달 단계

콜버그는 다른 수준의 발달 단계에서의 도덕성은 다른 수준의 인지능력을 요구한다고 보았고, 도덕적 갈등 상황인 도덕적 딜레마(moral dilemma)를 사용하여 면담을 진행하였다. 그는 하인츠 딜레마에 관한 두 가지 종류의 질문을 제시한 후, 내용을 분석하여 도덕성 발달 단계를 3수준 6단계로 구분하였다. 첫 번째 질문은 '하인츠가 약을 훔친다면, 그것은 옳은 행동인가, 아니면 옳지 않은 행동인가?'로, 등장인물의 행위가 도덕적으로 옳은 것인지를 판단하는 것이다. 두 번째 질문은 '하인츠의 행동이 옳은 행동이라고 또는 옳지 않은 행동이라고 생각한 이유는 무엇인가?'로, 첫 번째 대답에 대한 판단 근거를 묻는 것이다.

표 3-2 콜버그의 도덕성 발달 단계

3수준	6단계
전인습적 수준	벌과 복종에 의한 도덕성
	욕구 충족 수단으로서의 도덕성
인습적 수준	대인관계의 조화를 위한 도덕성
	법과 질서 준수로서의 도덕성
후인습적 수준	사회계약으로서의 도덕성
	보편적 원리로서의 도덕성

콜버그는 도덕성 발달 수준이 인지능력과 밀접한 관련이 있다고 보았다. 즉, 자기중심적 사고에 머물 경우 도덕성은 전인습적 수준의 발달을 보이지만, 타인의 관점과 입장을 이해하는 능력이 발달하면서 자기중심적 사고에서 벗어나 인습적 수준의 도덕적 판단이 가능해진다. 그리고 결국 추상적 사고를 할 수 있게 되면서 후인습적 수준에 도달하는 것이다.

(1) 전인습적 수준

전인습적 수준(pre-conventional level)의 도덕성은 사회 인습 이전의 원초적 도덕성으로, 사회의 인습이나 규칙을 정확하게 이해하지 못한 수준이라 할 수 있다. 벌이나 물질적 보상이 도덕성 판단의 기준이 되며, 두 개의 하위 단계로 나뉜다.

1단계: 벌과 복종에 의한 도덕성 이 단계에서는 행동의 결과로 벌을 받는지의 여부와 행위를 강요한 사람이 누구인가를 선악 판단의 기준으로 삼는다. 이 단계의 아동은 벌을 받지 않는 행동은 좋은 행동이고 벌을 받는 행동은 나쁜 행동이라고 판단하는데, 선악은 행위의 결과에 따라 결정되는 것이다. 또한 처벌에 대한 권한을 가지거나 힘 있는 사람에게 무조건 복종하는 것이 가치 있다고 생각한다. 예를 들면, 하인츠 딜레마에 대해 "경찰서에 잡혀가니까 약을 훔치는 것은 나쁜 짓이야."라고 대답하거나 아이가 "어른들한테 인사를 안 하면 엄마가 혼내니까 나쁜 행동이야."라고 말하는 것이 이에 해당한다.

2단계: 욕구 충족 수단으로서의 도덕성 이 단계에서는 자신 혹은 타인의 필요나 욕구를 충족시켜 주는 행위를 옳다고 판단한다. 여기서 욕구 충족은 부부로서의 믿음을 지킨다거나 공정한 것이 아니라, 상호 대등한 위치에서 도움을 주고받는 호혜적 관계로 일종의 교환(exchange) 행위이다. 즉, 어떤 행위의 결과로 보상을 받기를 원하며, 욕구의 충족에서 오는 즐거움을 원하고 유지하고 싶어 하는 도덕적 쾌락주의(hedonism)의 관점을 가지고 있다. "하인츠는 아내의 도움을 필요로 하니까 아내를 살리려고 한 행동은 나쁘지 않아."라고 대답하거나 아이가 "인사를 하면 내가 누군지 아니까 나를 도와줄 수 있을 거야."라고 말하는 것이 이에 해당한다.

(2) 인습적 수준

인습적 수준(conventional level)의 도덕성은 자신이 속한 집단의 기준과 기대에 부응하도록 사회 인습에 비추어 판단을 내리는 수준을 말한다. 대인관계 조화나 법질서 준수를 도덕성 판단의 기준으로 삼으며, 두 개의 하위 단계로 나뉜다.

3단계: 대인관계의 조화를 위한 도덕성 이 단계에 해당하는 아동은 타인의 인정을 받거나 타인을 기쁘게 해 주거나 타인과 좋은 관계를 유지시키는 행동을 좋은 행동이라고 간주하여, 이 단계는 '착한 소년-착한 소녀 지향의 도덕성' 단계로도 불린다. 3단계의 아동은 대부분의 사람들에게 좋은 행동으로 인정되는 행동에 동화하려고 하고, 다른 사람의 관점과 의도를 이해할 수 있어 타인의 기대에 부응할 수 있다. 예를 들면, 하인츠 딜레마에 대해 "하인츠가 약을 훔치면 동네 사람들이 나쁜 사람으로 볼 테니까 훔치는 건 나쁜 행동이야."라고 대답하거나 아이가 "인사를 하면 사람들이 나를 착한 아이라고 생각할 거야."라고 말하는 것이 이에 해당한다.

4단계: 법과 질서 준수로서의 도덕성 이 단계에 있는 사람들은 개인적 문제보다 공동체 전체를 위한 의무감을 더 중요하게 생각한다. 사회에는 행동통제를 위한 법과 질서가 있는데, 이를 지키는 것은 좋은 행동이고 어기는 것은 나쁜 행동이라고 판단한다. 예를 들면, 하인츠 딜레마에 대해 "남의 물건을 훔치는 것은 법을 어기는 행동이니까 훔치면 안 돼."라고 대답하거나 "얼굴에 침을 뱉는 마사이족의 인사법은 우리나라에서는 법에 어긋나니까 하면 안 돼요."라고 대답하는 것이 이에 속한다.

(3) 후인습적 수준

후인습적 수준(post-conventional level)의 도덕성은 개인이나 사회규칙의 선악 판단에서 벗어나 보편적 원리와 윤리를 도덕성 판단의 기준으로 삼으며, 두 개의 하위 단계로 나뉜다. 이 시기의 개인이 '우리'의 관점이 아닌 개인적 수준의 조망을 취하는 점은 전인습적 수준과 유사해 보일 수 있다. 하지만 후인습적 수준의 개인적 조망은 보편적이고 합리적인 도덕적 관점으로, 자신을 사회 구성원으로 인식하면서도 개인의 도덕적 조망에 비추어 살펴본다.

5단계: 사회계약으로서의 도덕성 이 단계에서는 법이 다수의 합의에 의해 만들어진 것이고, 사회적 유용성에 따라 바뀔 수도 있다고 생각한다. 예를 들면, 마약으로 분류되는 것들 중에 신체적 고통을 줄이기 위한 약물로 쓰일 수 있는 것이 있다. 이때 단순히 마약으로 분류된 약물을 사용한 것에 초점을 두는 것이 아니라 그 약물을 쓰는 이유에 대해서 생각하며 그 약물이 집단에 미치는 파급력을 생각하게 된다. 이러한 판단을 근거로 하여 도덕적으로 나쁘지 않은 행위라고 생각되면, 사회적 계약과 개인적 권리의 균형을 이루는지, 아니면 합의를 통한 결정인지 판단해야 한다. 5단계의 법과 도덕은 모두 개인의 권리와 가치에서 나오며, 이는 대등한 위치에 놓인다. 하인츠 딜레마에 대해 "제약회사의 소유권을 인정하는 법규가 인간의 생명에 우선한다면 해당 법규를 민주적 절차를 통해 변경해야 해."라고 대답하거나 학생이 "교칙이라도 상당수의 학생들이 바꾸어야 한다고 주장하고 바꾸어야 할 명분이 있다면 합리적이고 민주적인 절차의 합의 과정을 통해 바꿀 수 있어."라고 대답하는 것이 이 단계에 속한다.

6단계: 보편적 원리로서의 도덕성 이 단계에 도달한 사람은 사회 법규에 제약을 받지 않고 스스로 선택한 보편적 도덕원리인 양심에 비추어 행위를 판단한다. 이 단계는 도덕성이 가장 깊게 내면화된 단계로, 실제로 이 단계까지 도덕성이 발달하는 사람은 극소수이다. 도덕원리는 행위 규칙이 아니라 행위 이유이고, 행위 이유는 사람에 대한 존중이라고 할 수 있다. 여기에는 정의, 공정성, 인간권리의 상호성과 평등, 인간의 존엄성에 대한 존중 등이 있다. 예를 들어, 하인츠 딜레마에 대해 "사람의 생명은 그 어떠한 것보다 존엄하고 소중해."라고 대답하거나 테레사 수녀(Mother Teresa)가 "가난한 사람들에게 가장 필요한 것은 사랑입니다. 그들은 다른 이들만큼 자신들의 존엄성이 존중받는다고 느낄 필요가 있습니다."라고 인터뷰한 내용은 이 단계에 속한다.

2) 콜버그의 도덕성 발달이론의 시사점

우선, 콜버그의 도덕성 발달이론은 도덕적 사고 발달에 따른 도덕교육의 초석을 다지며 교육방법에도 큰 변화를 가져왔다는 시사점을 가진다. 그 이론을 기반으로 도덕적 추론 수준을 측정할 수 있는 콜비와 콜버그(Colby & Kohlberg, 1987)의 도덕판단면접법(Moral Judgment Interview), 레스트(Rest, 1979)의 도덕판단력 검사(Defining Issues Test)가 개발되었다. 소수 아동의 행동을 관찰하고 면담을 했던 피아제와 달리, 콜버그는 측정 도구를 사용해 종단연구를 수행하고 도덕교육 프로그램의 효과를 검증하였다. 그의 이론은 학생이 자신의 인지발달 수준보다 높은 도덕적 판단을 할 것으로 기대하기보다는 학생의 인지발달 수준에 맞는 내용과 방법으로 교육해야 한다는 점을 강조한다.

둘째, 콜버그 이전의 도덕교육은 당위성을 강조하여 '~을 반드시 해야 한다.' '~을 절대 해서는 안 된다.'라고 도덕적 행동을 지시하거나 강요하는 훈련이 중심을 이루었으나, 콜버그는 이러한 도덕교육의 한계를 지적하였다. 콜버그는 특정 상황에서 해당 행동을 '왜' 해야 하는지 또는 '왜' 하면 안 되는지에 대해 생각해 보게 하는 도덕적 사고력의 증진을 강조하였다.

셋째, 토론을 통해 학생들은 도덕적 딜레마에 대한 도덕적 판단을 다른 학생들과 비교하면서 사건에 대해 다양한 관점을 가질 수 있다. 또래와 상호작용하며 자신의 의견을 솔직하게 표현하는 사회적 경험은 타인의 관점을 이해하는 능력을 발달시킬 것이고, 점차 더 높은 수준의 도덕적 판단이 가능해질 것이다. 따라서 도덕성을 발달시키기 위해서는 강의식 수업보다는 토론식 수업이 효과적이다. 단, 이를 지도하는 교사는 학생들이 생활 속의 모든 도덕적 선택 상황이 복잡한 딜레마라는 인식을 가지지 않도록 하고, 실제 상황에서 행해야 하는 옳은 선택은 명백히 하도록 지도하여야 한다. 어린 학생들에게 활용할 딜레마는 쉽게 도덕적 행동을 찾아낼 수 있는 분명한 해답이 있어야 한다.

넷째, 콜버그는 수업시간에 이루어지는 가설적 활동에서 나아가 실생활 속의 도덕적 딜레마를 다루는 활동이 필요하다고 보았다. 이에, 학생들이 학교 공동체 생활에서 발생하는 모든 문제와 갈등을 해결할 수 있는 공정함과 정의로움의 가치를 배우는 "정의 공동체"가 제안되었다(Power, Higgins, & Kohlberg, 1991). 도덕성에 대한 정의 공동체 접근은 클러스터 스쿨(cluster school)에서 학생들이 실제 삶의 문제를 토의하는 과정을 통해 도덕성을 향상시키는 학교교육 프로젝트로 이어졌다(배한동, 은종태, 2010).

이러한 시사점에도 불구하고, 그의 이론에는 몇 가지 문제점도 있다.

첫째, 도덕적 딜레마에 대한 반응을 채점하는 방식이 주관적이라 개인의 도덕성 발달 단계를 분명하게 단정하기 어렵다. 특히 사람들이 처해 있는 상황에 따라서 여러 수준의 도덕성 단계가 혼재될 수 있으므로 도덕성 발달 단계의 구분은 더욱 어려워진다.

둘째, 도덕성 발달 단계 중에서 후인습적 수준의 적합성에 대한 논란이 계속되고 있다. [그림 3-5]에서 볼 수 있듯이, 대부분의 성인들은 3단계나 4단계의 도덕적 판단을 주로 많이 한다(Colby, Kohlberg, Gibbs, & Lieberman, 1983). 10대 말경에 나타나기 시작한 5단계의 반응은 그 이후에도 크게 증가하지 않으며 해당하는 사람도 적은 편이고, 6단계에 해당하는 사람은 극히 드물다. 도덕성 발달 단계가 보편적 계열성을 갖는다는 콜버그의 주장은 연구대상 문화권에서 후인습적 단계를 찾아내지 못해 많은 비판을 받았다.

셋째, 도덕적 판단은 한 사회에서 공유하는 가치를 반영하는데, 콜버그의 이론은 개인의 권리와 복지 그리고 합리성을 중시하는 미국의 백인 중산층 문화에 편향되어 있다. 또한 여성과 남성의 상이한 도덕적 판단 근거를 고려하지 못하였다. 즉, 공동체적 가치와 관계성을 중시하는 문화권과 배려를 지향하는 여성의 도덕성을 고려하지 못하였다.

넷째, 콜버그의 도덕적 딜레마는 정의(justice)의 추론을 탐지하는 데 더 잘 활용되므로 배려(care)를 지향하는 도덕성은 이 딜레마에 의해서 잘 드러나지 않는다(문용린, 2004). 실제로 콜버그의 발달 단계 분류체계를 여성들에게 적용하면 다수가 3단계에 해당되지만, 이러한 결과가 여성의 도덕성이 남성보다 미숙하다는 것을 증명하지는 않는다. 콜버그의 제자인 길리건(Gilligan, 1982)은 『다른 목소리로: 심리 이론과 여성의 발달(In a Different Voice: Psychological Theory and Women's Development)』이라는 저서에서 남성은 정의를 지향하는 도덕적 판단을 하고 여성은 배려를 지향하는 도덕적 판단을 한다고 주장하였다.

다섯째, 콜버그는 도덕적 판단이 행동의 동기화에 영향을 미친다고 보았지만, 도덕적 판단이 도덕적 행동을 의미하지는 않는다. 실제로 발생하는 도덕적 갈등상황에서는 자부심, 죄책감이나 수치심 등의 정서를 경험하므로 이러한 부분을 고려하지 않고는 도덕적 행동을 이해하기 어렵다. 이러한 관점에서 호프먼(Hoffman)은 감정이입이 도덕적 행동의 동기화에 의미 있는 영향을 미친다고 보았다. 따라서 도덕적 추론능력뿐만

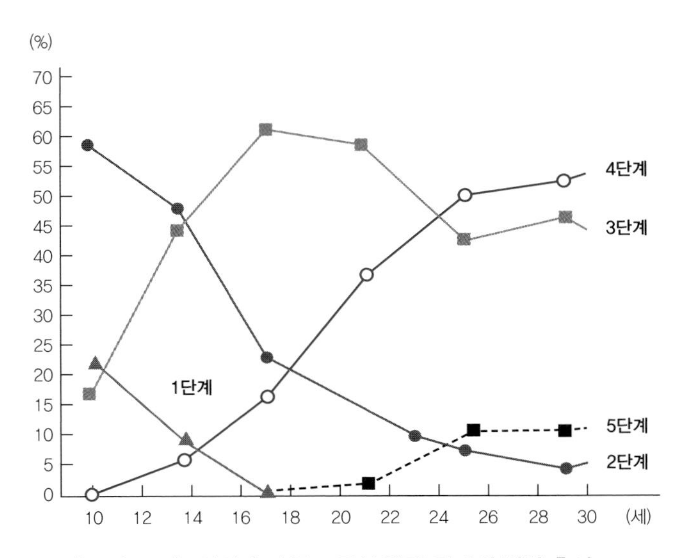

[그림 3-5] 연령에 따른 도덕성 발달 단계의 변화 추이

출처: Colby et al. (1983).

아니라 도덕적 정서(이상적인 기준에 못 미치는 행동이나 판단을 했을 때 느끼는 죄책감과 수치심, 이상적인 기준에 도달했을 때 느끼는 자부심) 및 타인의 관점을 정확하게 이해하는 능력(조망수용능력)도 도덕적 행동을 동기화하는 데 중요하다.

4. 셀먼의 사회적 조망수용 발달이론

도덕성의 발달은 도덕적 판단능력만으로 결정되는 것은 아니고, 도덕적 판단능력이 꼭 도덕적인 행동의 실천을 의미하지는 않는다. 도덕적 판단뿐만 아니라 도덕적 정서, 감정이입, 타인의 조망을 수용하는 능력의 발달이 도덕적 행동을 동기화하는 데 작용한다(Kurtines & Gewirtz, 2004; Walker, 1980).

1) 사회적 조망수용의 발달

사회적 조망수용(social perspective taking)은 사회적 상호작용이나 대인관계 안에서 타인의 입장, 관점, 감정을 추론하고 이해할 수 있는 능력을 의미한다. 다시 말해, 사회적 조망수용능력, 즉 역할수용능력은 타인의 관점에서 이 세상을 이해할 수 있는 역지사지(易地思之)의 마음자세이고, 객관적 입장에서 타인의 능력, 특징, 기대, 감정, 동기 등을 정확하게 추론할 수 있는 능력이다. 사회적 조망수용능력을 갖춘 사람은 다른 사람과의 사회적 관계를 정확하게 예측할 수 있고, 타인의 요구에 적절하게 반응할 수 있고, 효율적으로 의사소통하고 관계를 지속할 수 있으며, 어려운 사회적 문제도 해결할 수 있다(Eisenberg & Strayer, 1987).

셀먼(Selman, 1980)은 딜레마 속에서 등장인물 각각의 조망을 잘 이해하는 정도에 따라 사회적 조망수용능력의 발달 단계를 구분하였다. 다음은 사회적 딜레마 중 하나인 '홀리의 딜레마'이다.

홀리의 딜레마

홀리는 나무를 잘 타는 여덟 살 난 여자아이이다. 어느 날 홀리는 나무에 올라가다가 떨어져 다치지는 않았지만, 홀리의 아버지는 걱정스러운 마음에 나무 타기를 하지 말라고 당부하셨다. 홀리는 아버지와 그렇게 하겠다고 약속했다. 그 후 홀리와 친구들은 친구 샘을 만났다. 샘은 나무 위에 올라가 있는 아기 고양이를 조마조마한 마음으로 보고 있다. 곧바로 고양이를 구조하지 않으면 떨어져서 다칠 수도 있는 상황이다. 당장 고양이를 구조할 사람은 홀리밖에 없고, 홀리는 아버지와 한 약속을 떠올리면서 어떻게 해야 할지 망설이고 있다.

'샘이 홀리의 입장을 이해하고 있을까?' '홀리가 나무에 올라간다면, 홀리의 아버지는 어떤 반응을 보이실까?' '이런 상황에서 나는 어떻게 할 것인가?'와 같은 질문을 통해 사회적 조망수용능력을 파악하여 단계를 구분한다.

2) 사회적 조망수용능력의 발달 단계

셀먼(1980)은 사회적 조망수용능력이 5단계를 거쳐 발달한다고 보았다. 아동기 초기에는 타인의 관점을 자신의 것과 구분할 수 없지만, 점차 똑같은 사건에 대해서도 사람마다 다른 방식으로 느끼고 생각할 수 있다는 것을 깨닫게 되고, 타인의 관점뿐만 아니라 제3자의 관점 그리고 합의된 사회적 규범과 가치를 참조하여 자신과 상대방의 관점을 고려할 수 있게 된다(신명희 외, 2014). 추상적 사고능력뿐만 아니라 동시에 여러 정보를 고려할 수 있는 능력이 발달할 때, 비로소 높은 단계의 사회적 조망수용능력이 형성된다(장휘숙, 2002).

(1) 수준 0: 자기중심적 미분화 단계

피아제의 세 산 실험에서 보듯이, 전조작기에 해당하는 3~6세에는 공간적 조망수용능력이 부족하다. 이러한 자기중심적 사고로 자신의 입장과 타인의 입장을 구별하지 못하고 타인도 자신과 동일한 생각과 느낌을 가지고 있다고 생각한다. 따라서 다른 사람의 입장을 물어보면 자신의 입장을 말한다.

(2) 수준 1: 사회정보적 · 주관적 조망수용 단계

피아제의 구체적 조작기에 해당하는 5~9세에는 전조작기 아동에 비해 조망수용능력이 발달한다. 아동은 사람들이 서로 다른 사회적 정보를 가지고 있기 때문에 동일한 상황에 대해 저마다 다른 생각을 할 수 있다고 깨닫기 시작하지만, 여전히 자신의 입장에서 이해하려고 한다. 그래서 타인의 의도, 감정, 사고를 추측할 수 있지만 숨은 의도나 감정은 알아차리지 못한다.

(3) 수준 2: 자기반성적 조망수용 단계

7~12세의 아동은 타인의 관점을 이해하고 타인의 관점에서 자신을 바라볼 수 있다. 자신의 관점과 타인의 관점이 다르고, 그 누구나 옳을 수도 있고 틀릴 수도 있으므로 어느 누구의 관점이 전적으로 옳은 것은 아님을 깨닫게 된다. 서로 입장을 바꾸어 생각할 수 있지만, 제3자의 입장에서 자신과 타인의 입장을 객관적으로 바라보지는 못한다.

(4) 수준 3: 제3자적 조망수용 단계

형식적 조작기인 10~15세의 청소년은 자신의 관점과 타인의 관점을 동시상호적으로 각각 이해할 수 있다. 또한 자신의 관점과 타인의 관점을 제3자의 관점에서 객관적으로 또는 공평하게 고려하기 시작한다.

(5) 수준 4: 사회인습적 조망수용 단계

12세 이상의 청소년 및 성인은 제3자의 관점을 확대하여 사회 구성원들이 가지는 일반화된 관점을 가진다. 즉, 모든 사람이 공유하는 일반타자, 합의된 집단의 관점, 사회제도적 · 인습적 · 도덕적 측면의 관점을 고려하기 시작한다. 따라서 자신의 관점을 상대방에게 전달하고 자신이 상대방의 관점을 이해하려면 사회적 인습을 파악하고 더 큰 사회적 체계의 영향을 받을 수 있다는 것을 이해해야 함을 깨닫기 시작한다.

사회적 조망수용능력은 고정불변의 것이 아니라 격려와 지도에 의해 변화 가능하다. 교사는 학생들에게 타인의 입장에서 그 사람의 처지나 어려움을 생각해 보게 하거나 문제상황을 바라보는 연습을 하도록 하여 학생들의 사회적 조망수용능력을 발달시킬 수 있다. 사회적 조망수용능력은 학교 내에서 일어나는 괴롭힘이나 폭력 등의 문제를 해결하는 데 유용할 수 있다. 예를 들면, 분노에 차 있고 공격적으로 행동하는 아동들에게 사회적 조망수용능력 훈련을 꾸준히 시켰을 때, 이들의 분노표현과 공격적 행동이 감소하였다(Chalmers & Townsend, 1990). 따라서 사회적 조망수용능력을 증진하는 개입은 학교 내에서 발생하는 학생 간 갈등을 줄이고, 나아가 도덕적 행동을 동기화할 수 있다.

5. 호프먼의 감정이입 발달이론

콜버그와 같은 인지발달론자는 정의에 대한 신념이나 정의로운 판단이 도덕적 행동을 하도록 한다고 본 반면, 도덕사회화 이론가들은 감정이입이 도덕적 행동을 이끈다고 보았다(Kurtines & Gewirtz, 2004). 정서적 관점에서 이타성의 발달을 연구한 대표적 도덕사회화 이론가인 호프먼(1980, 1987)이 제안한 감정이입의 발달 단계를 살펴보자.

1) 감정이입의 이해

감정이입(공감, empathy)은 타인의 감정을 이해하고 경험할 수 있는 능력이다. 다시 말해, 감정이입은 타인의 생각과 감정 그리고 처지를 '정확하게 이해하고', 그 사람이 느끼는 것과 같거나 유사한 '감정을 느끼며', 내가 그의 처지를 이해하고 있음을 '표현하는' 것이다(장휘숙, 2002; Eisenberg, 2000). 단지 타인의 행동이나 감정표현을 흉내 내는 것이 아니라 상대방의 눈으로 세상을 보고 그의 감각으로 세상을 느껴 그 사람 자체가 되어 보는 것이 진정한 감정이입이다. 고통에 빠진 사람을 보고 감정이입을 할 수 있는 학생은 친사회적 기술을 더 많이 사용하고(Rubin, Bukowski, & Parker, 2006), 원만한 사회적 관계를 유지하고 강한 유대감을 가지며(장휘숙, 2002), 문제행동을 적게 한다(Zins, Bloodworth, Weissberg, & Walberg, 2004).

2) 감정이입 발달 단계

호프먼(1987)은 감정이입이 4단계를 거쳐 발달한다고 보았다. 3세 정도가 되면 감정이입을 할 수 있는 기본능력이 발달하기 시작한다. 아동기 이후에는 눈앞에 보이는 사람 또는 그 사람이 한 행동이나 표현한 감정에 대해 감정이입할 수 있을 뿐만 아니라 눈앞에 보이지 않는 사람에 대해서도 상상하며 감정이입할 수 있는 정도로 발달한다.

(1) 총체적 감정이입 단계

생후 12개월까지 영아는 자신과 타인의 존재를 구분하지 못한다. 따라서 고통받고 있는 사람을 보면 타인의 고통이 마치 자신에게 일어난 것처럼 행동한다. 예를 들면, 신생아가 다른 신생아의 울음소리에 따라 우는 신생아성 반응 울음이 이에 해당된다 (Martin & Clark, 1982).

(2) 자기중심적 감정이입 단계

2세까지 영아는 대상영속성 개념을 획득하면서 자신과 타인을 구분할 수 있게 되고, 자신이 아니라 타인이 고통을 받고 있음을 이해한다. 자신의 감정과 타인의 감정이 다르다는 것을 이해하지 못하므로 고통을 받고 있는 사람을 보고 적절한 반응을 하지 못한다. 예를 들면, 18개월 아이가 친구가 우는 것을 보고 우는 아이의 엄마가 아니라 자신의 엄마를 데려오는 것이 이에 해당한다. 울고 있는 친구의 엄마가 있더라도, 이 단계의 아동은 타인의 상황에 대한 인식에 어려움이 있기 때문에 적절한 반응을 하기가 어렵다.

(3) 타인지향적 감정이입 단계

3세까지 유아는 자신과 타인이 서로 다른 감정을 느낄 수 있음을 이해하기 시작한다. 타인의 감정을 유발하는 단서에 더 반응할 수 있게 되는 것이다. 또한 언어를 습득하면서 유아는 점점 더 복잡한 감정을 공감할 수 있게 되지만, 눈앞에 보이는 타인의 고통에 공감하는 데 제한적이다.

(4) 타인의 삶에 대한 감정이입 단계

아동기 후기에서 청소년기는 특정 상황에서 유발된 감정을 인식하는 데 그치지 않고, 타인의 삶에 대한 이해를 토대로 감정이입을 하게 된다. 고통을 받는 사람이 눈앞에 보이지 않더라도 상상하는 것만으로도 감정이입이 가능하게 된다. 또한 타인의 고통이 일시적인 것이 아니라 만성적인 것일 때, 더 강한 감정이입을 하게 된다.

타인의 고통에 대해 불쌍하고 가엽게 여기거나 타인에게 해를 입힌 데 대해 죄책감을 느낄 때, 도덕적 판단이 실제 도덕적 행동으로 이어질 수 있다. 그러나 상대방보다 자신이 우월한 입장을 취해 동정하는 것은 올바른 감정이입이 아니다. 감정이입 능력을 키우기 위해서는 학생들에게 다양한 정서적 경험을 할 수 있는 기회를 제공해야 한다. 이를 위해 교사는 학교 상황에서 일어날 수 있는 시나리오를 제공하고, 학생들이 시나리오 속의 주인공이 되어 그 감정을 느끼고 표현하도록 지도할 수 있다. 이 외에도 교과서의 문학작품이나 학생들의 공감대를 이끌어 낼 수 있는 예술작품을 통해 학생들의 감정이입 능력을 키울 수 있다.

이론 적용 활동

활동 1

다음 이야기를 읽고, 자신의 생각을 설명해 보시오.

진영과 도연은 청년 창업자이다. 이들은 대출을 받아 동업으로 사업체를 꾸려 나갔는데, 사업은 망하게 되었고 오히려 사채업자에게 빌려다 쓴 이천만 원에 대한 채무가 더 남은 상황이 되었다. 만약 일주일밖에 남지 않은 만기일에 채무를 갚지 못하면 무슨 문제가 일어날지 모르는 처지에 놓여 있다. 둘은 각각 천만 원을 준비하기로 하였는데, 진영은 친구의 사업체에 몰래 들어가 천만 원에 해당하는 현금과 물품을 훔쳐 돈을 준비하였다. 도연은 또 다른 친구를 찾아가 새로운 사업 아이템이 있는데 돈이 부족하다며, 만약 빌려줄 경우 한 달 안에 높은 이자를 더해 갚을 것이라고 하여 돈을 빌렸다. 도연은 사업 아이템도 없고 돈을 갚을 의향도 없었다. 친구는 돈을 빌려주었고, 진영과 도연은 사채업자에게 돈을 갚은 뒤 도망을 갔다.

1. 진영이와 도연이 중에 누가 더 나쁜가? 진영이처럼 돈을 훔치는 사람이 더 나쁜가, 도연이처럼 속여서 돈을 얻어 가는 사람이 더 나쁜가? 그 이유는 무엇인가?

2. 왜 남의 물건을 훔치면 안 되는가? 그 이유는 무엇인가?

3. 도연이가 친구를 속이는 일이 어떤 점에서 가장 나쁜가? 그 이유는 무엇인가?

4. 재산의 소유권이 왜 중요하다고 생각하는가?

5. 내가 잘 모르고 앞으로 다시는 볼 것 같지 않은 사람과 한 약속이더라도 지키는 것이 중요한가? 그 이유는 무엇인가?

6. 사람들은 법을 지키기 위해서 할 수 있는 모든 것을 해야 하는가? 그 이유는 무엇인가?

활동 2

다음 이야기를 읽고, 자신의 생각을 설명해 보시오.

영서는 대학교 2학년 학생이다. 등록금과 생활비와 용돈은 모두 집에서 주는 상황이며, 일부는 아르바이트를 통해 충당하고 있다. 그러나 생활비와 용돈이 턱없이 부족하여 더 필요하다고 어머니께 말씀을 드렸다. 어머니는 영서가 장학금을 받으면 그만큼에 해당하는 생활비와 용돈을 더 주겠다고 말씀하셨다. 영서는 아르바이트까지 그만두고 열심히 공부하여 장학금을 받았고, 이 사실을 어머니께 말씀드리려 했다. 그러나 어머니가 먼저, 뒤늦게 결혼하는 막내 이모의 결혼 비용을 어느 정도 도와주느라 생활비와 용돈을 올려 주는 것이 어렵다고 하셨다. 영서는 매우 실망했고, 고민 뒤에 장학금을 받지 못했다고 거짓말을 했다. 그러나 장학금 통지서가 집에 도착하였고, 동생이 이 고지서를 보았다. 영서는 동생에게 본인이 아르바이트를 그만둔 상황이라 생활비가 부족하다며, 장학금을 받았다는 사실을 절대로 말하면 안 된다고 부탁했다. 동생은 영서가 장학금을 받았다는 사실을 어머니께 말씀드려야 하는지 고민하고 있다.

1. 영서의 동생은 어머니께 영서가 한 거짓말을 말씀드려야 하는가, 말씀드리지 않아야 하는가? 그 이유는 무엇인가?

2. 영서의 동생이 위와 같은 결정을 내리는 데, 자신의 언니라는 부분이 영향을 미친다고 생각하는가? 그 이유는 무엇인가?

3. 영서의 동생이 위와 같은 결정을 내리는 데, 영서가 그동안 생활비와 용돈을 스스로 벌어서 썼다는 사실이 중요한가? 그 이유는 무엇인가?

4. 약속은 왜 지켜야 하는가?

5. 내가 잘 모르고 앞으로도 다시는 만나지 않을 것 같은 사람과 한 약속이더라도 지키는 것이 중요한가? 그 이유는 무엇인가?

6. 이 상황에서 영서가 할 수 있는 가장 책임 있는 일은 무엇이라고 생각하는가? 그 이유는 무엇인가?

주요 용어

감정이입
구강기
근면성 대 열등감
기본적 신뢰감 대 불신감
남근기
리비도
사회적 조망수용
생산성 대 침체감
생식기
성격의 구조(원초아, 자아, 초자아)
심리적 유예기
위기
인습적 수준
자아정체감
자아통합감 대 절망감
자율성 대 회의감과 수치심
잠복기
전인습적 수준
정신세계(의식, 전의식, 무의식)
정체감 대 역할 혼돈
주도성 대 죄책감
친밀감 대 고립감
하인츠 딜레마
항문기
후인습적 수준

탐구문제

1. 프로이트와 에릭슨의 이론을 토대로, 출생부터 청년기까지 단계별로 발달적 차이점을 비교하시오.
2. 프로이트와 에릭슨이 건강한 성격의 발달에 필수적인 요인이라고 제안한 것을 학교에서 어떤 방식으로 조성할 수 있을지에 대해 조별로 토론하시오.
3. 콜버그의 이론에 비추어 도덕적 판단능력을 증진시키기 위한 도덕적 딜레마를 하나만 만들어 보고, 그 딜레마를 사용하여 도덕성 발달 단계를 확인하기 위한 면담을 실시해 보시오.
4. 학교에서 교과수업과 연계하여 실행할 수 있는 감정이입 증진 활동을 구상해 보시오.

제4장

지능과 창의성

1. 지능
2. 창의성

교사는 교실에서 다양한 학생을 만나게 된다. 학생들은 매우 다양한 특징을 지니고 있다. 공부를 잘하는 학생도 있지만, 공부를 제대로 하지 못하는 학생도 있다. 공부에 재미를 느끼는 학생도 있고, 공부에 관심이 없는 학생도 있다. 사람 사이의 이러한 차이를 개인차라고 한다. 학생의 개인차와 관련된 인지적 특성에는 대표적으로 지능과 창의성이 있다. 이 장에서는 학생들의 개인차를 이해하는 데 도움을 주는 전통적 지능이론과 대안적 지능이론, 지능검사와 관련된 쟁점들, 창의성에 관한 여러 연구와 창의성 측정 및 증진을 위한 다양한 방법을 살펴본다.

1. 지능

사람들에게 지능이 무엇을 의미하는지 물어보면, 지능은 다른 사람과 비교하여 얼마나 똑똑한지를 나타낸다거나 공부를 잘할 수 있는지를 나타낸다는 등 다양한 대답을 할 것이다. 지능은 매우 복잡한 개념이어서 한마디로 정의하기가 쉽지 않다. 이러한 이유로 많은 학자가 지능이 무엇인가에 대한 다양한 의견을 내놓았다.

스턴버그(Sternberg)는 이 분야의 전문가들이 내린 지능의 정의를 분석하여 다음과 같이 분류하였다(Sternberg, 1994: 이용남, 신현숙, 2017에서 재인용).

- 환경의 요구에 효과적으로 대응할 수 있는 적응력
- 지각과 주의집중 같은 기초적 정신과정
- 논리적 추론, 지적 표상, 문제해결, 의사결정과 같은 고차적 정신과정
- 경험으로부터 배울 수 있는 학습능력
- 문제상황에 대처하는 효과적이고 목적지향적인 행동 능력

지능에 대한 이론과 연구는 두 가지 관점으로 크게 나뉜다. 그중 하나는 심리측정론적 관점이고, 다른 하나는 대안적 관점이다. 첫째, 심리측정론적 관점의 기본 가정은 인간의 정신능력은 몇 개의 요인을 통해 파악되고 비교될 수 있다는 것이다. 이러한 접근의 연구는 인간의 지적 능력을 대표할 만한 다수의 행동표본을 검사 문항으로 제작하고, 이 검사를 시행하여 얻은 문항 점수들에 요인분석이라는 통계분석 방법을 적용한다. 요인분석은 문항 점수들을 몇 개의 동질적인 묶음으로 묶어 주는데, 연구자는 각각의 묶음에 대해 지능을 구성하는 하위 능력으로 이름을 붙인다. 가정된 요인의 수와 요인 구조의 형태에 따라 지능의 구조에 대한 서로 다른 이론들이 등장하게 된다. 둘째, 대안적 관점의 기본 가정은 지능이 단일 개념이 아니라 여러 능력으로 구성되어 있으며, 개인이 속해 있는 사회문화적 맥락을 고려하여 이해해야 한다는 것이다. 또한 지능이 유전적이라고 보는 전통적 관점과는 달리, 지능이 환경과의 상호작용으로 변화·발전될 수 있음을 강조한다.

1) 심리측정론적 관점

전통적 지능이론은 주로 심리측정론적 관점을 취했다. 심리측정론적 관점은 지능검사의 개발과 지능검사 결과의 해석에 이론적 토대가 되었다. 심리측정론적 접근을 취하는 연구자들은 요인분석을 통해 지능의 구조를 밝히고자 하였다. 지능에 대한 대표적인 심리측정론적 이론은 다음과 같다.

(1) 스피어먼의 일반요인이론

스피어먼(Spearman, 1927)은 요인분석적 접근을 통해 지능은 일반요인(g요인, general factor)과 특수요인(s요인, special factor)으로 구성되어 있다는 일반요인이론 혹은 2요인이론을 주장하였다. 스피어먼의 이론에서 일반요인(g요인)은 정도의 차이는 있으나 모든 개인이 공통으로 가지고 있는 능력으로, 여러 가지 지적 활동 또는 지적 과제의 수행에 공통으로 작용하는 지능을 말한다. 일반적인 정신작용, 창의성, 추론능력 등이 해당된다. 특수요인(s요인)은 어떤 특정한 상황이나 과제에서만 발휘되는 능력이다. 음악적 재능이나 기계적 능력, 언어유추, 수리력, 공간능력 등이 이에 해당된다. 일반요인이론에서 특수요인은 일반적이지 않은 국지적 능력이고 일반요인에 의해 뒷받침되는 것이어서, 스피어먼은 일반요인을 지능, 즉 일반적 정신능력의 지표로 간주하였다(Sternberg, 1985).

(2) 서스톤의 기본정신능력이론

서스톤(Thurstone, 1938)은 대학생들에게 50개의 정신능력 검사를 하여 수집한 점수를 요인분석하였다. 서스톤은 스피어먼의 일반요인 개념에 이견을 보였다. 그는 모든 지적 활동에 영향을 주는 하나의 지배적인 일반요인이 있는 것이 아니라, 다양한 요인이 있을 수 있다고 주장하였다. 그는 요인분석을 통해 지능이 공간지각능력, 지각속도(시각정보의 빠른 처리), 수리적 사고, 언어이해(단어 정의하기), 단어 유창성(단어 재인 속도), 기억, 귀납적 사고(일련의 관찰로부터 규칙을 형성하기)라는 일곱 가지의 기본정신능력(primary mental abilities)으로 구성되어 있다는 다요인설을 제안하였다. 이후에 추가 분석을 통해 서스톤은 기본정신능력 요인들 사이에 중간 수준의 상관관계가 존재함을 발견하고, 이러한 2차 요인이 일반요인(g)과 관련될 수도 있다고 보았다. 서스톤이 제안한 기본정신능력은 현대 지능검사에서 하위 영역이 구성되는 기초가 되었다.

(3) 길포드의 지능구조이론

길포드(Guilford, 1967, 1988)는 서스톤의 다요인설을 확대하여 지능구조이론(structure of intellect theory)을 제안하였다. 그는 지능이 여러 종류의 상이한 정보를 다양한 방법으로 처리하는 능력들의 체계적인 집합체라고 보면서, 지능구조는 검사 문제에만 의존해서 구분할 수 없으며, 검사 문제가 불러일으키는 인지적 과정과 결과를 동시에 고려해야 한다고 주장하였다. 이에 따라 그는 지능의 구조를 내용(content), 조작(operation), 산출(product)의 3차원으로 설명하였다.

내용 차원이란 주어진 정보의 내용, 인지 활동을 일으키는 각종 자극을 가리킨다. 여기에는 시각적, 청각적, 상징적(부호), 의미론적(문장의 의미와 개념), 행동적(자신과 타인의 행동) 정보의 다섯 가지가 있다. 예를 들어, 음악을 듣고 느낀 점을 적는 활동을 할 때 주어진 정보는 청각적 정보이다.

조작 차원은 문제해결을 위한 정신적인 조작방법을 의미한다. 인지(다양한 형태의 정보 내용을 발견, 인식하는 것), 기억 부호화(기억하기 위해 자료를 기억하기 좋은 부호로 바꾸는 것), 기억 파지(기억을 장시간 지속시키는 것), 수렴적 사고, 확산적 사고, 평가(무엇에 대해 결정하고 판단을 내리는 것)의 여섯 가지로 나뉜다. 이 중 수렴적 사고란 하나의 문제해결을 위하여 기존에 알고 있던 지식으로부터 가장 적합한 답을 찾아내는 방식의 사고를 말한다. 반면, 확산적 사고는 하나의 문제해결을 위해 여러 가지 다양한 해결 방식을 도출해 내는 사고이다. 창의적 사고는 다양한 해결 방식을 생각해 내는 확산적 사고와 그중에서 가장 유용하고 적합한 답을 찾아내는 수렴적 사고를 필요로 한다.

산출 차원은 주어진 내용을 특정한 방법으로 조작하여 얻어진 결과를 의미한다. 길포드는 산출되는 결과의 종류를 단위, 유목(분류), 관계, 체계(계통), 변환(전환), 함축(은유)의 여섯 가지로 구분하였다. 예를 들어, 자신의 느낌을 그림으로 표현하는 과제를 한다면, 산출된 결과의 종류는 변환이라 할 수 있다. 왜냐하면 느낌이라는 심리적 상태를 그림이라는 시각적 정보로 바꾼 것이기 때문이다. [그림 4-1]과 같이, 길포드는 내용, 조작, 산출의 조합에 기초하여 180개(5×6×6)의 정신능력을 제안하였다.

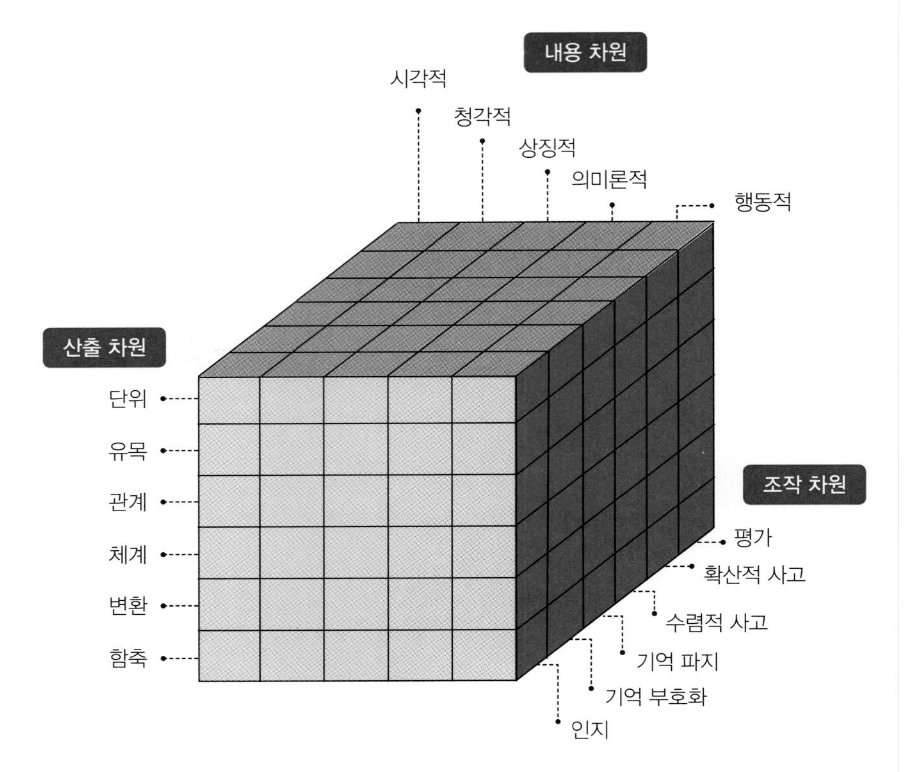

[그림 4-1] **길포드의 지능구조**

(4) 캐텔-혼의 유동성 지능-결정성 지능 이론

레이먼드 캐텔(R. B. Cattell, 1963)은 서스톤의 기본정신능력 검사 결과를 분석하여 지능의 일반요인(g)을 유동성 지능(fluid intelligence: Gf)과 결정성 지능(crystallized intelligence: Gc)이라는 두 개의 군집으로 분류하고, 유동성 지능-결정성 지능 이론(Gf-Gc theory; 이하 Gf-Gc 이론)을 제안하였다. 즉, Gf-Gc 이론은 일반지능 대신 두 개의 지능 요인이 있다고 가정한다.

유동성 지능은 학습되지 않았고, 문화적인 영향을 덜 받는, 새롭고 추상적인 문제의 해결에 적용하는 정신적 조작과 과정을 말한다. 다시 말하면, 유전적이며 선천적으로 주어지는 능력으로, 뇌와 중추신경계의 성숙에 비례하여 발달하고 쇠퇴하는 특성을 가진 지능이다. 언어유추능력, 추론속도, 의미 없어 보이는 기하학적 도형의 관계를 인지하는 능력, 기억능력, 추상적 관계이해능력 등이 이에 해당한다. 반대로 결정성 지능은 환경, 경험, 문화적 영향을 받아 후천적으로 계발되는 지능으로, 습득된 지식을 활용하

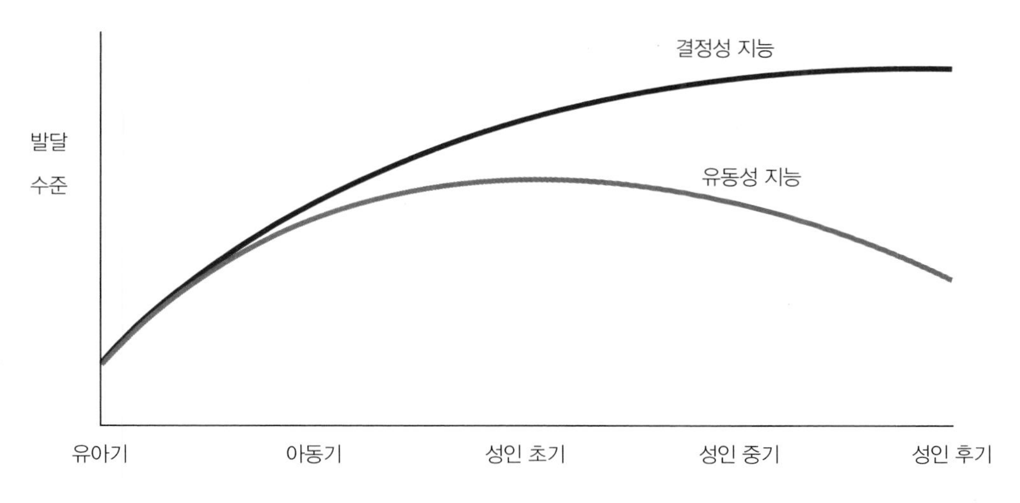

[그림 4-2] 유동성 지능과 결정성 지능의 변화

는 능력이다. 어휘이해력, 일반지식 등이 이에 해당한다. 따라서 [그림 4-2]에서 보듯이, 연령이 높아질수록 결정성 지능은 증가한다.

레이먼드 캐텔의 제자 혼(Horn)은 Gf-Gc 이론을 확장하여 열 가지 능력을 구분하였다(Sattler, 2001). 그래서 오늘날 Gf-Gc 이론은 두 개의 지능만 구분하는 이론이 아니다. Gf-Gc 이론에서 지능은 1차 요인 80여 개와 2차 요인 10개의 인지능력으로 구성되어 있다. 2차 요인에 해당하는 인지능력(넓은 인지능력)은 유동성 지능, 결정성 지능, 시각적 처리능력, 청각적 처리능력, 단기기억, 장기기억, 수량적 능력, 읽기/쓰기 능력, 처리속도(비교적 긴 시간에 걸쳐 해결해야 하는 과제를 수행하는 속도), 정확한 결정속도(단순한 자극에 대해 반응하는 속도)이다.

(5) 캐텔-혼-캐롤의 지능이론

레이먼드 캐텔과 혼이 일반지능(g)을 부정하면서 Gf-Gc 이론을 발전시켰다면, 캐롤(Carroll)은 일반지능(g)의 중요성을 인정하면서 인간의 지능을 연구하였다. 캐롤은 지능을 피라미드 모양으로 형상화하여 **지능의 3층 모형**을 제안하였다. 3층에는 일반지능(g)을, 2층에는 여덟 개의 넓은 인지능력(유동성 지능, 결정성 지능, 일반 기억과 학습, 넓은 시각능력, 넓은 청각능력, 넓은 기억인출 능력, 넓은 인지속도, 결정/반응 속도)을, 1층에는 수많은 좁은 인지능력을 배치하였다. 캐롤은 기존의 지능이론들보다 다양한 하위 요인을

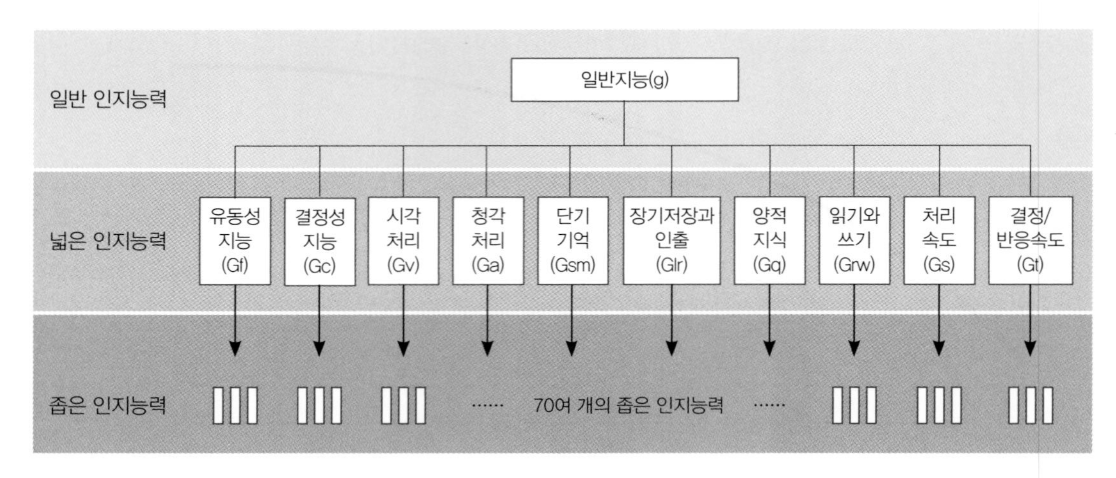

[그림 4-3] CHC(Cattell-Horn-Carroll) 이론의 모형
출처: Schneider & McGrew (2012).

포함한 3층 모형을 사용하여 각 개인이 다양한 인지능력을 가지고 있다고 설명하였다.

CHC(Cattell-Horn-Carroll) 이론은 일반지능(g)을 부인하는 Gf-Gc 모형과 일반지능(g)을 인정하는 3층 모형이 결합된 결과물로 1999년에 탄생하였다. 2001년에 한 지능검사 지침서에 처음 소개된 CHC 이론의 모형은 [그림 4-3]과 같다. 그림처럼, CHC 이론에서 지능은 일반적인 인지능력과 특정 영역에서 발휘되는 수많은 특수한 인지능력들을 포괄한다.

인간의 지능이 어떤 인지능력들로 구성되는지에 대한 연구와 논의는 현재 진행형이어서, CHC 이론 역시 발전을 거듭하고 있다. 최근에 제안된 CHC 이론의 모형에서 3층은 변함없이 일반지능(g)으로 구성되어 있지만, 2층에 일반지식, 후각능력, 촉각능력, 운동감각능력, 정신운동능력, 정신운동속도가 추가되어 넓은 인지능력이 16개로 확장되었고, 1층은 80여 개의 좁은 인지능력으로 더욱 세분화되었다(곽금주, 2021). CHC 이론은 우드칵-존슨 인지능력 평가도구 3판(2001), 스탠퍼드-비네 지능검사 5판(2003), 개정된 웩슬러 지능검사 3종 등의 개정 작업에 이론적 토대를 제공하였다.

2) 대안적 관점

전통적인 지능이론 중 일부는 지능이 다양한 측면 혹은 차원으로 구성되어 있다는 사실을 고려하지 못하고 지능을 하나의 지능지수로 표현했다는 비판을 받고 있다. 또한 대부분의 지능검사는 언어 지능, 논리-수학 지능과 같은 한정된 인지능력만 측정하고 있고 실제 생활에서 발휘되는 인지능력을 평가하지 못한다는 지적도 있다. 전통적 지능이론이 적절하지 못하다는 주장이 지속적으로 제기되면서 지능을 새로운 관점에서 설명하기 위한 접근이 활발하게 나타났다.

(1) 가드너의 다중지능이론

가드너(Gardner)는 IQ처럼 단 하나의 수치로 한 개인의 지능을 모두 나타낼 수 없다고 주장하며, 개인은 아홉 개의 독립된 능력을 가지고 있다고 본다. 다중지능이론에 의하면, 모든 사람은 언어 지능, 논리-수학 지능, 신체운동 지능, 공간 지능, 음악 지능, 대인 간 지능, 개인내적 지능(자기이해 지능), 자연 지능, 실존 지능을 가지고 있다. 추가적으로 영적 지능이 논의되고 있다(Gardner, 1999).

언어 지능(linguistic intelligence)은 구어와 문어에 대한 민감성, 언어학습능력, 특정한 목표를 달성하기 위한 언어활용능력이다. 논리-수학 지능(logical-mathematical intelligence)은 문제를 논리적으로 분석하고, 수학적 조작을 수행하고, 과학적인 방법으로 문제를 탐구하는 능력이다. 신체운동 지능(bodily-kinesthetic intelligence)은 문제를 해결하거나 산물을 형성하기 위해 자신의 몸 전체 또는 손이나 입과 같은 신체 일부를 사용하는 능력이다. 공간 지능(spatial intelligence)은 좁은 공간뿐만 아니라 항해사나 비행기 조종사들이 활동하는 넓은 공간을 인지하고 다루는 능력이다. 음악 지능(musical intelligence)은 연주를 하거나 음악적 양식을 이해하고 작곡하는 능력이다. 대인 간 지능(interpersonal intelligence)은 타인의 욕구와 동기, 의도를 이해하고 타인과 효과적으로 일을 할 수 있는 능력이다. 개인내적 지능(intrapersonal intelligence)은 자신을 이해하고 자신의 욕구, 두려움, 재능 등을 잘 다루어 효율적인 삶을 살아가게 하는 능력이다. 자연 지능(natural intelligence)은 자신이 살아가고 있는 환경의 동식물군을 비롯한 방대한 종들에 대한 인식과 분류에 탁월한 전문지식과 능력을 포함한다(문용린, 김주현, 2004). 실존 지능(existential intelligence)은 인간의 존재에 대한 근원적 물음, 즉 정체성에 대해 사고할 수 있는 능력이다.

가드너는 뇌의 특정 영역의 손상이 특정 영역의 지능에 심각한 문제를 가져온다는 사실, 각 지능이 독자적인 발달사를 가지고 있다는 사실, 서번트 증후군(석학 증후군,

savant syndrome: 자폐증이나 지적장애를 지닌 이들이 특정 분야에서 천재적 재능을 보이는 현상)에 대한 연구를 통해 인간의 지능이 하나가 아니라는 사실을 증명하였다. 다중지능이론은 지능들은 **상호독립적**이며 하나의 지능이 높다고 해서 다른 지능들도 높은 것은 아니라는 점을 전제로 모든 지능의 중요성을 강조한다. 또한 기존 지능이론은 타인과의 상대적 비교를 강조했지만, 다중지능이론은 개인 내적 비교를 통해 개인의 강점 지능을 기르고 약점 지능을 보완하는 면에 초점을 두고 있다.

다중지능이론을 기초로 교육과정이나 교수·학습 활동을 개발하여 학생들에게 적용하고 그 효과를 분석하기 위해서는, 기본적으로 학생들의 다중지능을 정확하게 측정하는 일이 선행되어야 할 것이다. 가드너가 검사 중심의 심리측정 방법을 지양하고, 맥락적이고 자연적인 평가 중심의 측정을 해야 한다고 주장하고 있지만, 다중지능을 객관적·심리측정적 시각에서 측정하려는 시도는 계속되었다. 여러 척도 중 국내에서 많이 번안하여 사용하고 있고, 또한 일부 연구자들에 의해 연구목적으로 개발된 검사에서 많이 참조한 검사는 쉐어러(Shearer)가 기존의 지필식 다중지능 검사인 힐사이드의 지각된 지능 평가(Hillside Assessment of Perceived Intelligence: HAPI)를 수정·보완해 개발한 다중지능발달평가척도(Multiple Intelligence Developmental Assessment Scale: MIDAS)이다. HAPI는 실질적인 능력을 측정한다기보다 각 지능 영역에 해당되는 흥미나 민감성 등에 대한 자기보고 자료로 다중지능을 평가하는 검사이다(김양분, 2000).

쉐어러(1996, 1998)가 개발한 MIDAS는 피험자 또는 피험자를 잘 아는 사람에 의해서 다중지능을 객관적으로 평가하는 형식을 취한다. MIDAS는 표준지능과 적성검사로부터는 일반적으로 얻을 수 없는 지적 발달, 활동과 성향에 관한 정보를 제공하며, 의미 있는 타인의 경험으로부터 직접적인 정보를 수집한다. 인지검사 및 표준화된 다양한 검사는 통제되고 비구조화된 상황하에서 지적 능력을 측정하지만, MIDAS는 일련의 의미 있고 실제적인 생활에서 피검자가 능력을 사용하는 방법을 검토한다(김명희, 김양분, 1996). MIDAS는 성인용, 청소년용(14~19세), 아동용(4~14세)이 있다.

다중지능이론은 교사들이 여러 가지 방식의 학습전략을 수업에 통합하는 것이 중요함을 시사한다. 교사 대부분이 두세 가지의 지능에 의존하여 수업하는 것에 익숙해져 있으므로, 부가적인 지능 방식을 첨가한다는 것은 위험 감수와 융통성을 다소 요구한다. 그러나 모든 학생은 지능별 과제를 번갈아 수행하면서 그들의 약점 지능에 부딪히는 도전을 받기도 하고, 강점 지능을 통해 즐겁게 공부하기도 한다. 〈표 4-1〉은 각각의 지능을 교과에 활용하는 과제의 종류이다.

표 4-1 다중지능 활용 과제의 종류

지능	과제의 종류
언어 지능	수업주제에 대하여 특정인 인터뷰하기, 편지 써 보기, 토론하기, 시 또는 뉴스 기사 쓰기, 발표하기, 구호 만들기, 라디오 프로그램 만들기
논리-수학 지능	법칙으로 바꾸어 보기, 실험을 계획하고 수행하기, 전략 게임 만들기, 도식을 활용하여 설명하기, 삼단논법 구성하기
신체운동 지능	역할극, 흉내 내기, 동작을 통해 개념 설명하기, 모형 만들기, 과학기술을 활용하여 신체놀이 해 보기
공간 지능	도표·지도·그래프 그려 보기, 벽보·게시판·벽화 디자인하기, 삽화 제작하기, 광고 만들기, OHP를 사용하여 설명하기
음악 지능	음악 반주와 함께 발표하기, 음악 가사 써 보기, 짧은 뮤지컬 만들기, 교육효과를 높이기 위해 배경음악 사용하기
대인 간 지능	짝과 소리 내어 문제를 해결하기, 입장 바꾸어 행동하기, 다른 사람을 가르치기, 지역이나 세계적 문제를 이해하기, 피드백 주고받기
개인내적 지능	목표 설정하기, 자신의 강점 지능이 진로에 있어 유리한 점 알아차리기, 공부하는 이유 설명하기, 자신이 한 일을 스스로 평가하기
자연 지능	식물과 동물 길러 보기, 관찰일기 써 보기, 기상 현상 비교하기, 야외활동에 참여하기

출처: Campbell, Campbell, & Dickson (2003/2004).

(2) 스턴버그의 삼원지능이론

가드너의 다중지능이론이 서로 독립적인 지능을 가정하고 있는 데 반해, 스턴버그(Sternberg)의 **삼원지능이론**(triarchic theory of intelligence)은 지능이 서로 관련을 맺고 있는 세 개의 하위 요인으로 구성되어 있다고 가정한다. 삼원지능이론에 따르면 인간의 지능은 분석적 능력(analytical ability), 창의적 능력(creative ability), 실제적 능력(practical ability)의 세 가지 측면으로 구성되어 있으며, 이 세 가지 능력이 [그림 4-4]와 같이 삼원지능이론의 세 가지 하위 이론인 요소하위이론, 경험하위이론, 상황하위이론을 설명하는 핵심 요소가 된다.

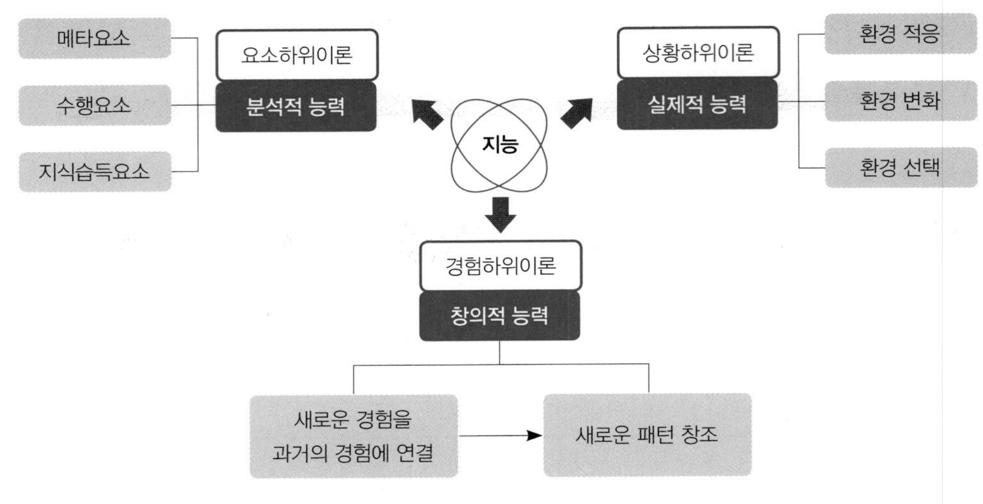

[그림 4-4] **스턴버그의 삼원지능이론**

출처: 임규혁, 임웅(2007).

분석적 능력은 요소하위이론(componential subtheory)의 핵심 능력이며, 요소하위이론은 메타요소, 수행요소, 지식습득요소로 구성된다. 메타요소는 일을 진행하는 데 있어서 계획 세우기, 수행 감독하기, 수행결과 평가하기와 같은 임무를 수행한다. 수행요소는 메타요소가 계획한 것을 실행하는 것과 관련된 과정이며, 지식습득요소는 문제해결 방법을 학습하는 것과 관련된 과정이다. 요소하위이론은 지능을 지적 과제를 수행한 결과를 중심으로 측정하고 진단하기보다는 지적 과제 수행에 관여하는 정신과정과 전략을 중심으로 측정하고 진단하는 것이 중요함을 반영한다.

창의적 능력은 경험하위이론(experiential subtheory)을 구성하는 능력으로 과제 수행에서 경험의 영향을 중시하여 지능 측정에 매우 중요한 함의를 제공한다. 인간의 정보처리과정은 과제에 대한 이전 경험의 정도에 영향을 받을 수밖에 없으며, 적절하게 새로우면서도 어느 정도 익숙한 과제로 측정할 때 지능을 가장 잘 판단할 수 있다. 하지만 과제나 검사 문항에 대한 학생들의 신기성과 자동화의 정도가 각기 다를 것이기 때문에 그들의 지능 수준을 공평하게 비교하는 일이 대단히 어려울 수 있다.

실제적 능력은 상황하위이론(contextual subtheory)을 구성하는 능력으로, 학교 과제를 수행하는 상황이 아닌 일상생활에서 인간의 정신작용이 적용되는 것과 관련된다. 상황하위이론 관점에서 지적인 행동은 문화, 시대에 따라 다르며, 생의 어느 주기에 있는지에 따라 다르다. 예를 들어, 컴퓨터와 계산기가 일반화된 오늘날에 빠르고 정확한 수계산 기술을 연마하기 위해 많은 시간을 낭비하는 사람이 있다면 그의 지능이 높다고 하기 어렵다. 상황하위이론은 학생의 지능을 측정할 때 지능검사가 인위적인 학업 지능만을 측정할 것이 아니라, 학생 개개인이 처해 있는 사회문화적 환경에서 표출되는 지적 행동과 관련된 현실 세계의 지능을 측정할 필요를 시사한다.

스턴버그는 지능은 훈련될 수 있으며, 또 마땅히 훈련해야 한다고 주장한다. 스턴버그가 강조하는 분석적 능력, 창의적 능력, 실제적 능력을 교육에 적용한 예는 〈표 4-2〉와 같다.

표 4-2 삼원지능의 적용 예

내용	분석적 능력	창의적 능력	실제적 능력
수학	44를 이진수로 표현하기	피타고라스 정리에 대한 이해를 측정하는 검사 문항을 만들어 보기	기하학이 건설에 어떻게 활용될 수 있는지 생각해 보기
언어	로미오와 줄리엣이 비극으로 간주되는 이유 설명하기	로미오와 줄리엣을 희극으로 만들기 위해 종결 부분을 고쳐 보기	로미오와 줄리엣 연극을 선전하는 TV 홍보물 제작하기
미술	고흐와 모네의 화법과 화풍을 비교하기	자유의 여신상이 피카소에 의해 제작되었다면 어떤 모습이었을지 생각해 보기	지금까지 학습한 미술가들 중 한 사람의 스타일을 활용하여 학생 미술대회를 알리는 포스터 제작해 보기

출처: Eggen & Kauchak (2010/2011).

(3) 정서지능

교육현장은 인지적 특징을 중시하고 정서적 특징을 상대적으로 경시해 왔다. 이러한 견해는 인지능력이 정서적 특징보다 우월하다는 편견에 기인한다. 심지어 정서적 특징을 부정적이고 바람직하지 않은 것으로 생각하는 경향마저 있었다. 그러나 정서적 특징은 인지적인 능력 못지않게 인간 정신의 중요한 부분을 차지하고 있고 학습에 큰 영향을 미친다. 이러한 문제의식과 함께 인간의 지적 능력만을 강조하던 기존의 IQ와 대비되는 개념으로 인간의 정서적 능력을 중시하는 연구가 활발하게 진행되었다. 정서지능(emotional intelligence)을 지수화한 EQ(Emotional Intelligence Quotient)는 정서를 파악하고 관리하며 조절할 줄 아는 능력 수준을 나타내는 지표이다.

정서지능에 공헌한 대표적인 학자는 골먼(Goleman), 메이어(Mayer)와 샐로비(Salovey)이다. 이들은 정서지능을 과학적으로 접근하여 다양한 연구를 진행하였고 대중화에 앞장섰지만, 정서지능을 성격과 중첩되는 요인으로 볼 것인가 또는 성격과 구분되는 인지능력으로 볼 것인가에 대해 다른 견해를 가졌다. 그 결과, 골먼은 정서지능을 성격의 한 측면으로 설명하는 정서지능의 혼합모형(mixed model)을 강조하였고, 메이어와 샐로비는 정서지능을 인지과정을 동반하는 정서적 정보의 보편적 처리과정으로 보는 정서지능의 능력모형(ability-based model)을 주장하였다.

카루소, 메이어, 샐로비(Caruso, Mayer, & Salovey, 2002)는 정서지능을 정서지각, 정서의 사고촉진, 정서이해, 정서조절로 구분하였다. **정서지각능력**은 정서를 정확히 인식하고 평가하고 표현하는 능력이다. 정서지능을 구성하는 하위 영역 중 정서를 처리하는 데 가장 기본적인 능력이다. **정서의 사고촉진능력**은 추리, 문제해결, 창의성, 의사소통과 같은 인지활동을 향상시키는 데 정서를 이용하는 능력이다. **정서이해능력**은 정서적 정보를 바탕으로 제공된 정서적 지식을 활용하는 능력이다. **정서조절능력**은 자신과 타인의 정서를 무의식적 · 의식적 체계 안에서 관리하고 조절하는 능력이다. 이들이 정서지능을 측정하기 위해 만든 메이어-샐로비-카루소 정서지능 검사(Mayer-Salovey-Caruso Emotional Intelligence Test: MSCEIT)의 구성은 〈표 4-3〉과 같다.

표 4-3 메이어-샐로비-카루소 정서지능 검사(MSCEIT)의 구성

영역	검사 구성 내용
정서지각	• 얼굴에서 정서 확인 • 풍경과 모양에 의해 전달되는 정서 확인
정서의 사고촉진	• 정서를 다른 감각자극과 비교 • 특정한 생각(예: 생일파티 계획)을 가장 촉진할 것 같은 정서 확인
정서이해	• 어떤 환경에서 정서적 강도가 감소하고 증가하는지, 어떻게 정서 상태를 변화시킬 수 있는지에 대한 이해 확인 • 복잡한 정서적 상태와 관련된 정서 확인
정서조절	• 가설적인 시나리오를 듣고 그 상황에서 어떻게 자신의 감정을 유지하거나 변화시킬지에 대해 확인 • 바람직한 결과를 얻기 위해 타인의 정서를 어떻게 조절하는지를 확인

출처: Mayer, Salovey, & Caruso (2004).

다음으로, 정서지능이라는 용어를 대중화한 골먼은 정서지능의 구성요소를 정서인식능력, 정서통제능력, 동기부여능력, 타인 정서인식능력, 대인관계 관리능력으로 범주화한 혼합모형을 강조하였다. 골먼(1995)이 제시한 정서지능 5요소의 구체적 내용은 〈표 4-4〉와 같다.

표 4-4 골먼의 정서지능 5요소

정서지능 구성요소	내용
정서인식능력	자신이 느끼는 정서를 재빨리 인식하고 알아차리는 능력
정서통제능력	인식된 자신의 정서를 적절하게 처리하고 변화시킬 수 있는 능력
동기부여능력	어려움을 참아 내어 자신의 성취를 위해 노력할 수 있는 능력
타인 정서인식능력	타인의 정서를 자신의 것처럼 느끼고, 타인의 정서를 읽는 능력
대인관계 관리능력	인식한 타인의 정서에 적절하게 대처할 수 있는 능력

학업성취에 영향을 주는 변인으로 기존에는 IQ가 중요한 요인으로 언급되었지만, 최근에는 정서지능이 학업에 영향을 주는 중요한 변인으로 밝혀지고 있다(Caruso et al., 2002). 특히 정서지능이 높은 아동은 어려운 인지 과제를 끝까지 인내하면서 성공하는 것으로 밝혀졌다(Schutte et al., 1998). 더불어 정서지능은 구성원에게 비전, 목표, 동기, 지적 사고를 촉구하여 개인의 잠재력을 발현시키는 리더십인 변혁적 리더십과도 관련이 있다(Downey, Papageorgiou, & Stough, 2006).

정서지능을 높이려면 정서조절과 표현을 체험해야 하며, 연습과 훈련을 해야 한다. 첫째, 학생들로 하여금 부모나 형제, 자매 등 가족 구성원들 혹은 친구, 교사의 표정과 감정 그리고 속마음을 읽는 연습을 하도록 한다. 둘째, 화, 분노, 질투, 충동, 조바심 등이 일어날 때 그런 감정을 어떻게 처리하는 것이 좋은지 사례를 들어 가면서 연습을 시킨다. 셋째, 학급에서 일어나는 상황들을 토대로 언제 강한 정서를 느끼는지, 이를 어떻게 다루는지에 대한 이야기를 나눈다. 그러나 부정적 정서에만 집중하지 않고, 자랑스럽고 행복하거나 즐거운 정서에 대해서도 토론한다. 또한 교사의 경험과 감정을 학생들과 공유한다. 넷째, 동화, 소설, 영화 속의 인물과 주인공의 정서처리 능력 및 방법에 대해 분석하고 표현하는 훈련을 통해 정서지능을 높일 수 있다(정옥분, 2008).

3) 지능검사

(1) 지능의 측정 및 검사 점수의 의미

최초의 지능검사는 1905년에 프랑스에서 만들어진 비네-시몽(Binet-Simon) 검사이다. 이 검사는 정상적인 학교교육을 받기 어려워 보수교육이 필요한 학생을 선발할 수 있는 도구 개발을 프랑스 정부로부터 의뢰받은 비네에 의해 제작되었다. 즉, 지능이론에 근거해서 만들어진 것이 아니라 학교수업을 정상적으로 받을 수 있는 아동과 특수교육이 필요한 아동을 변별하기 위한 실용적인 목적으로 만들어졌다.

지능은 지적 능력을 의미하지만, 지능지수는 지능검사에 포함된 문항 중에서 몇 개의 문항에 정답을 맞혔는지를 나타내는 점수이다. 비네-시몽 검사에서는 정신연령의 개념을 사용하여 지능의 수준을 점수화하였다. 예를 들어, 정신연령이 6세인 아동은 검사에서 실제 나이가 6세인 아동과 유사한 수행을 보인다. 실제 나이보다 낮은 정신연령을 가지고 있다고 판명되는 아동은 낮은 지능을 가진 것으로 추론되었다.

비네-시몽 검사는 미국 스탠퍼드 대학교의 터먼(Terman)에 의해 개정되어 1916년에 스탠퍼드-비네(Stanford-Binet) 검사로 개발되었다. 스탠퍼드-비네 검사는 지능에 대한 비네의 초기 개념에는 충실하였으나, 스턴(Stern, 1914)이 제안한 지능지수(intelligence quotient) 개념을 수용하여 지능검사의 결과를 점수화하였다. 이때 지능지수(IQ)는 비율지능지수(ratio intelligence quotient)로, 아동의 정신연령(MA)을 생활연령(CA)으로 나눈 값에 100을 곱한 것이다.

$$IQ = \frac{\text{정신연령}}{\text{생활연령}} \times 100$$

예를 들어, 10세 아동이 12세 아동의 대다수가 완성하는 과제를 수행했을 때, IQ는 120[(12÷10)×100]으로 산출된다. 그러나 실제로 성인기 이후 연령이 증가하더라도 인지 기능은 정체되거나 오히려 하강하는 영역도 있어서, 비율지능지수의 개념은 성인들의 지능지수를 산출하는 데 적합하지 않았다. 이러한 이유로 현대의 지능검사는 편차지능지수 개념을 사용한다.

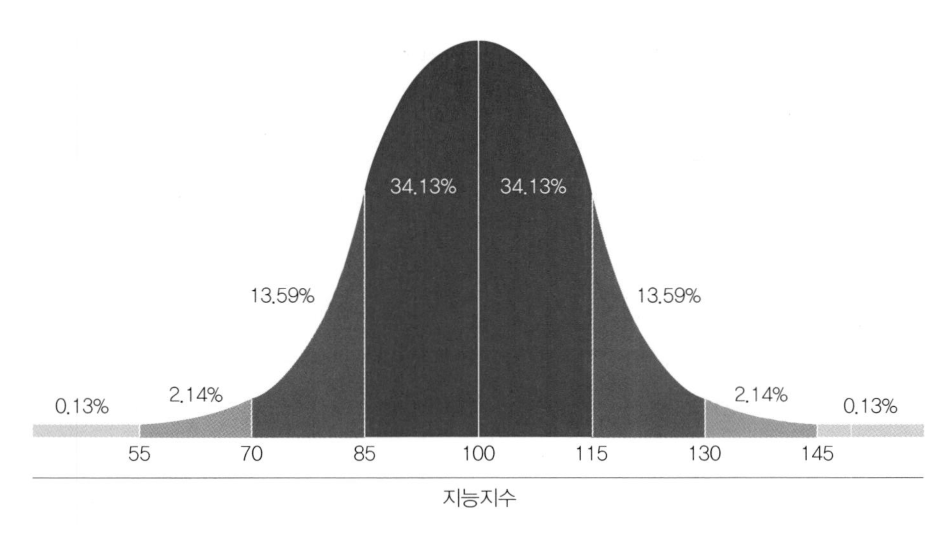

[그림 4-5] **편차지능지수의 분포**

편차지능지수(deviation intelligence quotient)는 지능검사에서 얻은 점수를 동년배의 점수와 상대적으로 비교하여 나타낸 IQ를 의미한다. 웩슬러 개인용 지능검사의 경우 IQ는 특정 연령 집단의 점수분포를 평균이 100, 표준편차가 15가 되도록 변환시킨 후 분포에서 개인의 점수가 어느 위치에 해당하는가를 나타낸다. 대부분의 지능검사는 나이에 따라 각각의 규준을 마련하고 있어서 원점수를 수검자의 나이에 해당하는 규준과 비교하여 지능검사 점수를 산출한다. 편차지능지수에 따른 IQ 점수의 분포는 [그림 4-5]와 같다.

현재 가장 일반적으로 사용되는 개인용 지능검사로는 웩슬러 지능검사와 카우프만 아동 지능검사(Kaufman Assessment Battery for Children: K-ABC-II)가 있다. 웩슬러 지능검사에는 4~7세의 취학 전 아동을 위한 WPPSI(Wechsler Preschool and Primary Scale of Intelligence)와 7~16세의 아동을 대상으로 하는 WISC(Wechsler Intelligence Scale for Children), 성인용으로 제작된 WAIS(Wechsler Adult Intelligence Scale)가 있다.

(2) 지능검사의 교육적 활용과 한계

지능검사는 다양한 목적으로 활용되고 있다. 첫째, 개인의 지적 능력 수준을 평가할 수 있다. 지적 능력은 잠재적 지적 능력으로서 내적 동기와 함께 고려될 때 학업이나 성취를 예견할 수 있다. 둘째, 개인의 인지적 강점과 약점, 지적 기능의 특징을 파악할 수 있다. 다양한 검사를 통해 개인에게 더욱 적절한 지적 활동 영역을 탐색하여 더욱 효율적인 지적 성취를 계획할 수 있다. 셋째, 교육 및 진로지도, 생활지도 및 상담 등에 활용할 수 있다. 교사가 학생을 관찰하고 지도하는 데 있어 지능검사 결과는 중요한 자료로 활용될 수 있다.

하지만 지능검사를 활용하는 데 있어 지능지수의 해석에 주의를 기울여야 한다. 지능지수는 개인의 절대적 지적 수준이 아니라 상대적 지적 수준을 나타내는 개념이다. 또한 기존의 지능검사는 학업성적과 관련성이 높은 논리-수학 지능과 언어 지능만을 강조하여 지능, 곧 지적 잠재력이 아닌 학업적성이나 학업능력을 측정하고 있다는 지적이 있다. 그리고 지능검사 결과는 학습동기, 불안, 태도, 사회경제적 지위 등과 같은 변수의 영향을 받기 때문에 검사의 해석에 유의해야 한다.

2. 창의성

창의성은 지능과 구분되어 온 지적 특성으로, 인간의 수많은 위대한 업적을 뒷받침한 능력으로 간주된다. 지식의 습득보다 지식의 창조를 강조하는 시대적 맥락에서 창의성은 무엇보다도 중요한 특성이라 할 수 있다. 더불어 인간이 창의적인 활동을 하고 있을 때 그 어느 때보다도 강한 생명력을 느낄 수 있으며, 만약 인간의 창의성이 고갈된다면 인류는 미래에 생존할 수 없을 것이기에 결국 인류의 생존은 창의성에 달려 있다는 칙센트미하이(Csikszentmihalyi, 1996)의 말처럼 창의성은 인간에게 매우 중요하다. 학교현장에서도 창의성 계발은 교육의 중요한 과제로 제기되어 왔다.

1) 창의성의 개념

창의성이라는 용어는 매우 포괄적인 개념이어서 많은 것이 포함될 수 있지만, 정작 그 안에 있는 것이 무엇인지는 파악하기 어렵다(Goldman, 1964). 창의성에 대한 정의는 다양하고 혼란스러우며, 인간의 중요한 능력임에도 불구하고 지능과 비교하면 연구와 교육적 관심의 역사는 그리 길지 않다.

19세기 이전에는 창의성을 소수의 사람만이 선천적으로 가지고 있는 측정하기 어려운 능력으로 보았으며, 20세기 초반까지도 과학적이고 객관적인 창의성 연구가 진행되지 못하였다. 길포드가 1950년 미국심리학회 기조연설에서 창의성의 중요성과 경험적 연구의 필요성에 대해 언급한 것이 창의성이 학문적 관심의 중심 영역에 들어온 계기가 되었다. 그 이후 창의성에 대한 다양한 관점의 연구가 진행되었다.

길포드(1968)는 자신의 지능구조모형을 소개하면서 그 모형의 한 부분인 확산적 사고를 창의성의 기본이 되는 사고 유형으로 보고, "창의성이란 새롭고 신기한 것을 낳는 힘"이라고 정의하였다. **확산적 사고**는 하나의 정답이 존재하지 않는 문제에 대해 다양한 해결책을 생성하는 능력이다. 로저스(Rogers, 1959)는 내적 경험을 강조하여 창의성이 하나의 새로운 결과를 나타내는 행동의 출현이며, 개인의 특성과 그 개인을 둘러싼 사건, 사람, 상황 등에서 생성되는 과정이라고 하였고, 이러한 과정을 찾는 동기가 자아실현 경향성이라고 하였다. 토랜스(Torrance, 1977)는 "창의성이란 곤란한 문제를 인식하고, 그것을 해결하기 위해 아이디어를 내고 가설을 세워 검증하며, 그 결과를 전달하는 과정"이라고 정의하였다.

이렇듯 창의성을 이해하는 데 매우 중요한 요소는 '새로움'이다. 하지만 창의적인 것이라고 인정되려면 또 하나의 중요한 요소가 필요하다. 그것은 바로 '적절성'이다. 실제로 오늘날 창의성을 연구하는 학자 대부분은 '새롭고(novel) 적절한(appropriate) 것을 생성해 낼 수 있는 능력'(Barron, 1988; Hennessey & Amabile, 1998; Perkins, 1988)으로 창의성을 정의하고 있다.

2) 창의성 연구

(1) 창의성 4P에 관한 연구

창의성의 본질을 정의하는 방식을 이용하여 창의성 연구를 분류하면 크게 네 범주로 나눌 수 있다(Rhodes, 1961). 이를 창의성 4P라고 한다. 4P는 창의적 사람(Person), 창의적 과정(Process), 창의적 산물(Product), 창의적 환경(Press)을 의미한다. 최근에는 4P에 '설득(Persuasion)'과 '잠재력(Potential)'을 추가하여 6P라는 개념 틀이 제안되기도 하였다(Runco, 2004; Simonton, 1994). 설득에 대한 연구는 창의적인 사람들이 타인의 생각하는 방식을 바꾸고, 자신의 아이디어가 창의적으로 인식되도록 타인을 설득해야 함을 강조한다. 잠재성에 대한 연구는 기존의 창의성 연구의 주제를 수행과 잠재력의 관점으로 나누어, 분명한 창의적 행동과 아직 창의적 행동으로 나타나지 않았지만 향후 발현될 가능성을 구분하여 연구한다.

4P에 대한 연구는 다음과 같다. 첫째, 창의적 사람(creative person)에 관한 연구로는 매우 창의적이라고 알려진 발명가, 과학자, 예술가들의 자서전 및 전기, 직접 인터뷰를 통해 자료를 수집하고 분석하여 이들의 공통적인 특성을 찾아내는 것(Barron, 1988)과 창의적인 사람들의 성격적 특성을 밝히기 위해 검사도구를 개발하는 것이 있다(Plucker & Renzulli, 1999). 아마빌(Amabile, 1996)의 연구에 의하면, 창의적인 사람은 모호함과 복잡한 문제에 대해 포기하지 않는 끈기, 자기절제, 위험을 기꺼이 감수하려는 자발성 등을 보이고, 창의성을 발휘해야 하는 특정 분야에 관련된 지식과 기술을 가지고 있다. 또한 보상이나 명예와 같은 외적 목표에 집착하지 않고 과제 그 자체를 즐기는 내적 동기를 갖는다.

둘째, 창의적 과정(creative process)에 초점을 둔 연구는 확산적 사고를 측정하는 연구와 창의적 문제해결과정을 밝히는 연구로 구분된다. 창의적인 일이나 생각과 관련된 과정을 강조한다(Kaufman, Plucker, & Baer, 2008). 토랜스(1988)와 함께 창의적 과정에 관한 연구를 한 월라스(Wallas, 1926)는 창의적 사고과정을 준비단계, 부화단계, 조명단계, 검증단계의 4단계로 제안하였다. 준비단계는 문제해결을 위해 문제에 대해 자유롭게 생각하고 다양한 자료를 수집하고 해결방안을 탐색하는 단계이다. 부화단계는 준비단계에서 접한 문제에 대해 그 해결책이 즉시 떠오르는 것이 아니므로 닭이 알을 품듯 충분한 시간을 가지며 문제에 대해 곰곰이 생각하는 단계이다. 조명단계는 부화단계에서 오랫동안 생각해 왔던 것이 어느 순간 바로 이것이라는 생각이 들면서 갑작스럽게 나타나는 직관이나 통찰의 형태를 띠는 단계이다. 검증단계는 해결방안의 타당성을 검증해 보는 단계이다. 따라서 창의적 사고의 과정은 확산적 사고와 수렴적 사고의 병행으로써 이루어진다.

셋째, 창의적 산물(creative product)에 관한 연구는 사회적 집단에 의해 새롭고 유용하다고 평가된 제품, 아이디어, 서비스 등 유·무형의 산물을 강조한다. 창의적 산물을 만들 것을 요구하고, 직접적으로 산물 자체가 가지는 창의성 정도를 평가함으로써 창의성을 어떤 기준에 따라 판단해야 하는지를 연구하기도 하며, 창의성 평가기법으로 포트폴리오를 사용한 연구도 이에 해당한다(Domino & Giuliani, 1997).

넷째, 창의적 환경(creative press)에 관한 연구는 한 개인이나 조직이 창의성을 발휘할 수 있는 사회적 환경, 물리적 환경, 가정환경에 초점을 두고 있다. 이러한 연구의 방향은 한 개인의 창의적 능력만으로는 사람들이 어떻게 창의적 아이디어를 얻게 되는지를 설명하지 못한다는 인식에서 나온 것이다(Csikszentmihalyi, 1996). 예를 들면, 학생들이 다양한 문화를 경험할 수 있고, 남들과 다른 생각을 주저 없이 제안할 수 있으며, 자신이 좋아하는 일을 하는 데 도움이 되는 환경 안에서 더욱 창의적일 수 있다(Amabile, 1996; Simonton, 1988, 1994).

학교와 학급의 풍토가 창의적 환경이 되기 위해서는 다음과 같은 노력이 필요하다. 첫째, 학생들의 실수를 허용하고 독창적인 발언을 인정해 주는 환경에서 학생들은 여타의 사람들이 하지 않는 과제를 시도하거나 새로운 관점을 발표하는 등 모험을 두려워하지 않고 창의적 아이디어들을 발상한다(Sternberg & Williams, 2010). 둘째, 다양한 관점을 가진 또래들로 이질 집단을 구성하고 소집단별로 상호작용할 수 있는 협동학습을 격려함으로써 새롭고 다양한 아이디어를 제안하도록 도울 수 있다. 셋째, 다양한 주제의 프로젝트를 선택하고 반성적으로 심사숙고할 기회와 시간을 허용하는 환경에서 학생들의 창의성이 계발될 수 있다. 더불어 가정에서 부모가 자녀의 요구와 생각을 민감하게 알아차리고 따뜻하게 대해 줄 때, 인지적 자극을 제공하되 자녀에게 과도한 성취압력을 부과하지 않을 때, 열심히 일하여 높은 성취를 이루는 역할모델을 제공할 때 자녀의 창의성이 향상된다(Winner, 1996).

(2) 다원론적 관점의 창의성 이론

최근의 연구에서는 창의성이 하나의 단일한 능력이 아니라 개인의 여러 가지 능력과 특성의 조합으로 구성된다고 보는 융합적 접근, 중다요인적 접근이 선호된다. 이 접근 방법에 기초한 대표적인 이론이 스턴버그와 루바트(Sternberg & Lubart, 1996)의 창의성 투자이론이다. 이 이론에 의하면, 사람은 여러 가지 과제에 그들의 에너지를 투자할 수 있다. 특히 다른 사람들이 중요시하지 않는 새롭고 신기한 과제에 에너지를 투자하는 사람들은 창의적이고 지극히 가치 있는 생산물을 고안해 낼 기회를 증가시킨다. 개인이 신기한 과제에 에너지를 투자할 수 있는가 아닌가는 개인의 다양한 지적, 성격적, 동기적, 환경적 자원의 활용 가능성에 달려 있다. 투자이론이 창의성 연구에 시사하는 바는 지적 능력, 지식, 사고양식, 성격, 동기, 환경과 같은 자원들이 합류 또는 상호작용을 할 때 창의성이 발현된다고 보고 있어 이러한 자원들을 복합적으로 고려해야 한다는 점이다.

칙센트미하이(1996)는 **체계 이론**(system theory)을 제안한다. 체계에는 사람(person), 현장(field), 분야(domain)가 있다. 창의성은 이 3요소 간의 상호작용과 시간의 흐름에 따른 변화를 통해 정의된다. 창의성에 대한 정의를 내리는 과정을 살펴보면, 창의적인 사람이 특정 분야에서 새로운 아이디어를 내면 그것을 현장에서 평가한다. 여기서 현장은 해당 분야의 전문가를 말한다. 현장의 평가는 새로운 아이디어를 수용할지 거부할지를 결정한다. 만일 아이디어를 수용하기로 하면 그 아이디어는 해당 영역의 분야에 포함된다. 분야란 미술, 과학, 음악 등 특정 영역에서의 패러다임과 같은 것을 의미한다. 분야의 내용은 해당 영역의 초보자들에게 지식, 규칙, 접근법 등으로 전수된다. 시간이 흘러 또 다른 사람이 새로운 아이디어를 내면 현장이 이를 다시 평가하고, 분야에 포함될지에 대한 논의가 이루어진다. 이러한 과정은 계속 순환된다(강충열, 김경철, 신문승, 한상우, 2017). 말하자면, 에디슨(Edison)이나 아인슈타인(Einstein)의 발견은 그 이전의 지식이 없다면, 그들의 사고를 자극한 지적·사회적 조직망이 없었다면, 발견을 인정해 주고 공표하는 제도가 없었다면 결코 세상에 나오지 못했을 것이다.

3) 창의성의 측정

창의성을 측정하기 위한 검사도구는 크게 세 가지로 나눌 수 있다.

첫째, 창의성을 발휘하는 데 필요하다고 생각되는 능력을 측정하는 '인지지각검사'이다. 미국의 토랜스(1974)가 제작한 '**토랜스 창의적 사고 검사**(Torrance Test of Creative Thinking: TTCT)'가 대표적이다. TTCT는 많은 면에서 길포드(1967)의 확산적 사고 검사에 기초를 두고 있다. 길포드는 확산적 사고 검사를 개발하면서 요인분석을 하였는데, 그 결과 유창성(fluency), 정교성(elaboration), 독창성(originality), 융통성(flexibility)

과 같은 요인을 확인하였다. 유창성은 하나의 단어로 많은 아이디어를 산출해 내는 능력, 정교성은 아이디어를 정교화하거나 부가적으로 세부사항을 첨가하는 능력, 독창성은 평범하지 않거나 기존의 것과는 다른 아이디어를 산출하는 능력, 융통성은 하나의 접근 방법에서 또 다른 접근 방법으로 바꾸거나 다양한 책략을 사용하는 능력을 말한다. TTCT는 언어 검사와 도형 검사로 구성된다. 언어 검사는 질문하기, 원인 추측하기, 결과 추측하기, 결과 향상시키기, 특이한 사용법, 특이한 질문, 가정해 보기의 형식으로 구성된다. 일곱 개의 하위 검사 중 처음 세 개의 하위 검사에서 수검자는 그림을 보면서 문제를 풀어 간다. 도형 검사는 불완전한 도형을 여러 각도에서 완성하게 함으로써 제시된 자극을 인지하여 여러 가지 조합을 만드는 능력을 요구한다. 〈표 4-5〉와 〈표 4-6〉은 토랜스 창의적 사고 검사 문항의 예이다.

둘째, 개인의 창의적 성격 및 태도를 검사하는 '성향검사'이다. 성향검사에는 창의적 인물들의 특성에서 추출한 인성 변인들을 검사하는 창의적 성격검사(Gough, 1979), 창의적 인물들의 생애사적 특성들을 바탕으로 검사하는 생애사(전기자료)검사(Biography Inventory; Ochse, 1979), 주변에 있는 사람들(부모나 교사)을 통해서 얼마나 창의적인가를 평가받는 평가검사(Runco & Johnson, 2002), 테일러와 엘리슨(Taylor & Ellison, 1968)의 전기적 척도 등이 있다. 전기적 척도는 가정환경, 지적 · 문화적 관심, 동기, 관심의 폭, 새롭고 다양한 것에 대한 추구와 같은 실제적 정보를 바탕으로 하여 개인이 얼마나 창의적인가를 판단한다.

셋째, 창의적 산물을 만들 것을 요구하고 그것을 평가하는 '산물검사'이다(Besemer & Treffinger, 1981; Hennessey & Amabile, 1999). 산물검사 중 아마빌(1982)이 개발한 합의적 평가 기법(Consensual Assessment Technique: CAT)은 사전에 창의성에 대하여 특정한 정의가 없는 가운데 복수의 평정자들이 평가하는 방법으로서 대상(산물 또는 행동적 반응)에 대하여 관찰자들이 독립적으로 그것이 창의적이라고 동의하는 한도 내에서 창의적이 될 수 있다는 논리에 기초한다. 이후 산물의 창의성 평가에 대한 3요인(참신성, 실용성, 정교성) 모형 등 창의적 산물의 평가를 어떤 차원에서 해야 할지, 그 기준이 무엇인지에 대한 연구가 계속되고 있다.

표 4-5 토랜스 창의적 사고 검사 중 언어 검사의 예

결과 향상시키기 –제한시간 10분	헝겊으로 만든 기린 인형의 형태를 여러 가지 특이한 방법으로 바꾸어 보세요.
가정해 보기 –제한시간 5분	태양에 줄이 붙어 있어서 사람의 손에 닿을 수 있다면 어떤 일이 일어날 수 있을지 생각해 보세요.

표 4-6 토랜스 창의적 사고 검사 중 도형 검사의 예

문항	완성된 그림	
	더 창의적	덜 창의적
이 도형을 사용해서 그림을 그리시오.	미키마우스	목걸이
이 도형들을 결합해서 그림을 그리시오.	왕관 쓴 왕	도깨비
이 도형을 완성하시오.	서커스 공연 중인 물고기	3층 집

4) 창의성 증진 기법

(1) 브레인스토밍

오스본(Osborn, 1963)이 제안한 브레인스토밍(brain-storming)은 특정 문제나 주제에 관한 아이디어를 창출하기 위해 사용되는 기법으로, 여러 사람의 아이디어를 결합해서

합리적인 해결책을 모색하는 방법이다. 브레인스토밍을 할 때는 일단 모든 아이디어를 기록해야 한다. 모든 아이디어를 칠판에 적어 놓는 것도 좋은 방법이다. 그렇게 함으로써 모든 참여자가 아이디어를 볼 수 있고, 다른 사람들의 의견을 토대로 새로운 아이디어를 생각해 낼 수도 있다. 4~6명의 소집단에서 브레인스토밍을 경험하도록 하는 것이 좋으며, 브레인스토밍을 하기 전에 주제를 미리 알려 주도록 한다. 학교장면에서 교실환경 구성에 대한 아이디어나 학급 문집에 담을 내용에 대한 아이디어 도출을 위해 브레인스토밍을 활용할 수 있다.

브레인스토밍을 실시할 때 기억해야 할 기본 규칙은 다음과 같다.

- 다다익선: 아이디어의 양이 중요하다. 아이디어가 많으면 많을수록 쓸 만한 아이디어가 나올 확률이 높으므로 가능하면 많은 아이디어를 이야기하도록 격려한다.
- 자유분방: 어떤 아이디어라도 거리낌 없이 내놓을 수 있도록 자유분방한 분위기를 조성한다. 이상하거나 색다른 아이디어는 또 다른 아이디어를 끌어낼 수 있다.
- 비판금지: 아이디어에 대한 비판은 아이디어의 산출을 억제할 수 있으므로 마지막 검증과 정교화 단계 이전에는 아이디어를 절대 비판하지 않는다. 참가자 모두는 아이디어를 자유롭게 발표한다.
- 결합권장: 이미 제안된 아이디어에서 다른 아이디어를 끌어낼 수 있다. 아이디어를 결합하고 수정하여 참신한 아이디어를 구성한다.

(2) 브레인라이팅

브레인라이팅(brain-writing)은 홀리제르(Holliger)가 구안한 방법으로, 집단이 침묵한 상태로 진행하는 집단 아이디어 창출기법이다. 6-3-5 기법이라고도 하는 이 방법은 브레인스토밍과 유사하지만, 발언에 소극적인 사람의 참여를 유도할 수 있으며 지배적인 개인의 영향력을 줄일 수 있는 장점이 있다.

실제 운영방식은 다음과 같다. 책상을 원형이나 사각형으로 배치한 다음, 진행자가 6인 1조의 구성원들에게 주제를 설명한다. 그리고 각 구성원에게는 18개의 의견을 쓸 수 있는 구분란이 그려진 종이를 한 장씩 나누어 준다. 우선, 5분 동안 각 구성원은 주제에 관한 자기 나름의 아이디어를 세 개씩 쓴다. 5분이 지나면 자기의 시트를 왼쪽 옆

주제	어떻게 모둠학습을 하면 무임승차를 없앨 수 있을까?		
순서	A	B	C
구성원 1	모둠학습 규칙을 정한다.	모둠원 참여도를 평가한다.	참여도가 낮은 모둠원에게 불이익을 준다.
구성원 2	규칙을 어길 시 벌점을 부여한다.	모든 구성원의 평가를 취합한다.	
구성원 3	벌점에 따라 벌금을 받는다.		
구성원 4			
구성원 5			
구성원 6			

[그림 4-6] **브레인라이팅 방법과 워크시트**

의 참가자에게 전달한다. 각 참가자는 오른쪽 옆의 참가자가 준 시트에 쓰여 있는 아이디어를 발전시킨 아이디어를 생각하여 추가로 세 개씩 써넣는다. 계속해서 모든 구분란이 채워질 때까지 같은 방법으로 한다. 이전의 아이디어에 대한 발전된 아이디어가 없을 때는 독자적인 아이디어를 쓴다. 이와 같은 과정이 끝나면 각자가 가지고 있는 종이의 내용을 각 구성원과 이야기하고, 좋은 아이디어를 각각 다섯 개 정도씩 뽑아서 그 아이디어를 전원이 평가하거나 소수의 평가자가 브레인스토밍을 통해 나중에 평가할 수 있다.

(3) 육색 사고 모자 기법

육색 사고 모자(six thinking hats) 기법은 드 보노(De Bono)가 개발한 기법인데, 여섯 가지의 각기 다른 색 모자를 쓰고 모자 색깔이 의미하는 유형의 사고를 하는 것으로, 새로운 기획이나 아이디어 발상 등에 활용되는 사고 기법이다. 굳이 모자가 아니어도 여섯 가지 색깔을 정해서 구성원들이 각각 역할에 맞는 의견을 말한다. 드 보노는 창의적 사고를 하는 데 어려움을 겪는 주된 이유가 한 번에 여러 가지 생각(감정, 정보, 논리, 희망, 창의적 사고 등)을 동시에 하기 때문이라고 보았다. 육색 사고 모자 기법의 장점은 습관적이고 일상적인 사고의 틀에서 벗어나 부담 없이 의견을 말할 수 있고 뻔한 이슈에 대해서도 다양한 관점이 나올 수 있다는 것이다. 또한 게임방식으로도 진행할 수 있어서 일반적인 의사소통의 단점을 극복할 수 있다. 단, 하나의 색깔 모자를 지나치게 오래 쓰지 않게 한다. 육색 사고 모자의 사고 형태와 역할은 〈표 4-7〉과 같다.

표 4-7 육색 사고 모자의 사고 형태와 역할

모자	사고 형태	역할
하얀 모자	정보에 대한 사고	• 정확한 정보에 기초하고 이미 검증된 중립적이고 객관적인 사실을 제시. 논쟁을 할 필요가 없음 –"○○에 대한 사실은 무엇인가?" –"○○에 대해 우리가 얻을 수 있는 정보는 무엇인가?"
빨간 모자	직관적이고 감정적인 사고	• 어떠한 설명이나 타당한 이유 없이 자신의 분노, 두려움, 직관과 같은 감정이나 사고 제시. 논리적인 근거나 정당화하는 주장을 할 필요는 없음 –"○○에 대해 어떤 느낌이 드는가?"
검은 모자	논리적이며 부정적인 사고	• 부정적이고 비판적인 측면, 실패할 만한 이유, 잠재된 위험요소, 부족한 점 제시 –"○○의 문제점은 무엇인가?"
노란 모자	논리적이며 긍정적인 사고	• 긍정적이고 낙관적인 측면, 잘된 점이나 좋은 점, 가치 제시 –"○○을 통한 이익은 무엇인가?"
초록 모자	창의적인 노력과 사고	• 새로운 가능성과 가설, 대안 제시 –"○○에 대한 새로운 생각은 무엇인가?"
파란 모자	사고 과정의 통제	• 지휘자나 사회자처럼 정리, 요약, 결론적인 내용을 제시 • 계획 및 순서를 짜고 다른 모자의 사용을 통제 –"지금까지 한 생각은 무엇인가?" –"다음 단계는 무엇인가?"

출처: 강충열, 김경철, 신문승, 한상우(2017).

(4) PMI

PMI(Plus, Minus, Interesting) 기법은 드 보노가 개발한 사고 기법이다. 이는 아이디어 혹은 어떤 상황에 관해 ① 긍정적인 측면, 좋은 점, 좋아하는 이유(Plus), ② 부정적인 측면, 나쁜 점, 싫어하는 이유(Minus), ③ 아이디어에 관해 발견한 흥미로운 점(Interesting)을 차례로 생각하도록 하여 사고를 확장시키는 방법이다. 문제나 아이디어를 정확히 이해하고 PMI 순서대로 생각들을 열거한 후, 열거된 생각들을 토대로 원래의 문제나 아이디어를 종합적으로 평가한다.

〈표 4-8〉은 '버스 안에 있는 좌석을 모두 없애면 어떨까?'라는 주제로 PMI 기법을 활용한 예이다.

표 4-8 PMI 기법을 활용한 예

아이디어	• 버스 안에 있는 좌석을 모두 없애면 어떨까?
P(Plus)	• 버스에 더 많은 사람이 탈 수 있다. • 버스를 타거나 내리기가 더 쉽다. • 버스를 제작하거나 수리하는 비용이 적게 들 것이다.
M(Minus)	• 버스가 갑자기 서면 승객들이 넘어질 것이다. • 노인이나 장애인들은 버스를 이용할 수 없을 것이다. • 무거운 가방을 들거나 아기를 데리고 타기가 어려울 것이다.
I(Interesting)	• 좌석이 있는 버스와 좌석이 없는 버스, 두 가지 유형의 버스를 생각하게 하는 흥미로운 아이디어이다. • 버스에도 편안함이 그렇게 중요하지 않을 수도 있다는 생각을 하게 하는 흥미로운 아이디어이다.

(5) SCAMPER

SCAMPER란 아이디어를 창출하기 위해 활용하는 체크리스트이다. SCAMPER 기법은 외우기 쉽고 아이디어 창출에 많은 도움을 주기 때문에 아이디어 발상 관련 교육에 널리 사용되고 있다. SCAMPER는 일곱 개 질문의 첫 번째 철자를 따서 만든 합성어이다.

- S(Substitute, 대체하기): 기존 시각과는 다른 시각의 생각을 유발하기 위해 기존의 것을 다른 것으로 대체하면 어떻게 될지를 묻는 질문이다. A를 B로 대체하면 어떨까? A의 성분을 B가 아닌 C로 하면 어떨까?(예, 육고기 대신 콩을 사용한 콩고기, 젓가락의 재질을 나무로 대체한 나무젓가락)
- C(Combine, 결합하기): 두 가지 이상의 것들을 결합해 새로운 것을 생각하도록 하는 질문이다. A와 B를 합치면 어떨까? 비슷한 또는 전혀 다른 것을 섞으면 어떨까? 이질적인 단어끼리 결합하면 어떨까?(예, 복사기와 팩스와 프린터를 결합한 복합기, 지도와 GPS를 결합한 내비게이션)

- A(Adapt, 조정하기, 응용하기): 어떤 것을 다른 조건이나 목적에 맞게 응용해 보는 생각을 유발하는 질문이다. A를 조건에 맞게 수정하면 어떨까? A를 B 외에 C에도 사용하면 어떨까?(예, 몸에 붙어도 잘 떨어지지 않는 엉겅퀴를 관찰해 만든 벨크로, 계란판을 이용한 방음벽, 지문인식장치를 적용한 잠금장치)
- M(Modify, Magnify, Minimize, 변경, 확대, 축소하기): 어떤 것의 특성이나 모양 등을 변형하거나 확대 또는 축소하여 새로운 것을 생각해 볼 수 있도록 하는 질문이다. A의 특성을 변형한다면 어떨까? 색, 모양, 형태 등을 크게, 강하게 또는 작게, 가볍게 바꿀 수는 없을까?(예, 실제 선풍기를 축소한 휴대용 선풍기, 바람개비를 확대한 풍차)
- P(Put to other use, 용도 바꾸기): 어떤 것을 전혀 다른 용도로 사용할 가능성을 생각하도록 하는 질문이다. A를 B 용도 외에 C 용도로 사용하면 어떨까? 같은 재료로 다른 제품을 만들 수는 없을까?(예, 접착력이 약한 풀을 포스트잇에 활용, 열차와 유람선을 이용한 레스토랑, 베이킹파우더를 청소 세제로 사용)
- E(Eliminate, 제거하기): 어떤 것의 일부를 제거해 보거나 제거가 가능한 기능들을 생각해 보게 하는 질문이다. 이것을 제거하면 더 나아질까? 저것을 생략하면 어떨까?(예, 차의 지붕을 없앤 컨버터블카, 설탕을 제거한 무설탕 음료, 선을 없앤 무선인터넷, 손모아장갑)
- R(Reverse, 반전하기): 주어진 것의 순서나 모양 등을 거꾸로 해 보거나 다시 배열해 새로운 것을 생성해 보게 하는 질문이다. 형식, 순서, 구성을 바꾸거나 거꾸로 할 수는 없을까? AB를 BA로 바꾸면 어떨까? A의 역할을 바꾸면 어떨까?(예, 거꾸로 학습, 양면 스캐너, 누드김밥)

(6) 창의성 증진을 위한 발문 기법

교사의 훌륭한 발문은 학생들의 사고력을 촉진하는 데 중요한 수업 요소이다. 교사의 발문은 그 형태에 따라 발산적 발문(개방형 질문, open-ended question)과 수렴적 발문(폐쇄적 질문, closed-ended question)으로 구분할 수 있다. 하그리브스(Hargreaves, 1984)에 따르면 교사의 발산적 발문은 한 개의 정답에 제한되지 않고, 응답자의 다양한 의견을 인정한다. 반면에, 수렴적 발문은 오직 한 개의 정답만 수용한다. 예를 들어, 발산적 발문은

'어떻게 하늘에 연이 날 수 있을까?'처럼 정답이 정해지지 않고, 학생들의 답에 제한을 두지 않는 특성이 있다. 한편, 수렴적 발문은 '하늘에 연이 보이나요?'처럼 '예/아니요'로 대답하는 경우가 많고 정답이 분명히 정해져 있다. 발산적 발문은 주로 학생들이 정답에 도달하는 과정을 중시하고 정답의 옳고 그름은 부차적으로 여기는 반면, 수렴적 발문에서는 대답의 옳고 그름을 강조한다(Rogers, 1972).

언어적 측면을 살펴보면 수렴적 발문은 주로 간결한 단어나 어구로 답하거나, 교사가 발문에 사용한 단어를 학생들이 대답에 재사용하는 경우가 많다. 이와 대조적으로 발산적 발문은 학생들에게 보다 정교하고 길이가 긴 답을 유도한다. 인지적 측면으로 보면, 발산적 발문은 주로 사건의 원인, 조건, 목적('왜 그런 일이 발생하였나요?')을 묻거나, 사건의 과정('어떻게 일이 생겼나요?') 또는 사건의 결과('일의 결과는 어떻게 되었나요?')를 묻게 된다. 따라서 발산적 발문은 학생들에게 자신의 의견을 적극적으로 표현하게 하고 생각을 고무시켜 고등사고 기능을 활성화하는 데 큰 도움이 된다(이영주, 2011). 이렇듯 교사의 발문유형은 학생들과 교실 분위기에 큰 영향을 미친다.

이론 적용 활동

활동 1

다중지능이론에 제시된 여러 지능을 살펴보고 자신의 강점 지능과 약점 지능을 생각해 보시오. 그 후, 계획하고 있는 진로 영역에서 자신의 강점 지능을 어떻게 활용하고 약점 지능을 어떻게 보완할 수 있을지 적어 보고, 모둠원들과 이야기 나누어 보시오.

강점 지능	약점 지능
강점 지능 활용 계획	**약점 지능 보완 계획**
예, 장래 희망인 영어교사가 되면, 강점 지능인 음악 지능을 활용해 팝송을 활용한 영어 교육과정을 설계해 볼 것이다.	예, 강점 지능인 신체운동 지능과 자연 지능을 활용하여 야외 사진촬영 등을 통해 공간 지능을 보완해 볼 것이다.

활동 2

다음 주제에 대해 조별 토론을 할 때 육색 사고 모자 기법에 따라 각기 다른 색의 모자를 쓴 학생이 어떤 반응을 할 수 있을지 적으시오.

주제: 소셜 네트워크 서비스(SNS) 활용이 우리 삶에 미치는 영향

모자 색깔	반응
하얀 모자	
빨간 모자	
검은 모자	
노란 모자	
초록 모자	
파란 모자	

주요 용어

기본정신능력

다원론적 관점

다중지능이론

브레인라이팅

브레인스토밍

삼원지능이론

심리측정론적 접근

유동성 지능–결정성 지능

육색 사고 모자 기법

정서지능

창의성 4P

토랜스 창의적 사고 검사

편차지능지수

확산적 사고

CHC(Cattell–Horn–Carroll)

Gf–Gc 모형

g요인

PMI

SCAMPER

탐구문제

1. 지능에 대한 심리측정론적 접근과 가드너와 스턴버그의 이론은 어떻게 다른지 설명하시오.
2. 확산적 사고와 수렴적 사고를 비교하여 설명하시오.
3. 스턴버그의 삼원지능이론을 설명하시오.
4. 정서지능의 교육적 시사점을 설명하시오.
5. 편차지능지수의 의미를 설명하고, 지능검사 해석의 유의점을 설명하시오.
6. 창의성 4P에 대한 연구를 개괄적으로 설명하시오.
7. 교과수업에서 창의성 증진 기법을 활용할 수 있는 사례를 찾아보시오.

제5장

학습동기

1. 동기와 학습
2. 학습동기에 대한 욕구의 영향
3. 학습동기에 대한 자기지각 혹은 신념의 영향
4. 학습동기에 대한 목표의 영향
5. 학습동기에 대한 정서와 흥미의 영향

학업성취도에서의 개인차를 설명하는 요인들은 여러 가지가 있으나, 그중에서도 학습을 시작하고 지속하게 하는 원동력인 학습동기는 학생들이 학습활동에 참여하는 자세, 학습방법, 학업성취 등 학교생활의 성공과 실패에 영향을 주는 변수로 중요하게 다루어지고 있다. 이 장에서는 동기와 학습에 대해 살펴보고, 학습동기에 영향을 미치는 욕구, 자기지각 혹은 신념, 목표, 정서와 흥미를 구체적으로 다룰 것이다.

학습자의 학습동기를 이해하고 학습동기를 유발하여 학습에 적극적으로 참여하도록 하는 것은 교사의 중요한 과업 중 하나이다. 이를 위해 이 장은 학습동기에 영향을 미치는 다양한 변수를 살펴보고, 이러한 변수들이 실제 교육현장에서 학생들의 학습동기 증진을 위해 어떤 시사점을 제공하는지를 살펴보고자 한다.

1. 동기와 학습

동기는 목표지향적 활동이 유발되고 지속되는 과정이다(Schunk, Pintrich, & Meece, 2008). 동기(motive)의 어원인 라틴어 'movere(움직이다)'는 동기의 핵심적인 특성을 말해 준다. 동기는 '개인이 무엇인가를 시작하게 하고, 그것을 지속적으로 추구하게 하며, 시작한 과제를 완성하도록 이끄는 힘'이다. 예를 들어, 우리가 수학 문제를 풀기 위해 열심히 노력하거나 어떤 운동 동작을 완벽하게 하고자 한다면, 우리는 각각에 대해 동기부여가 되었다고 말할 수 있다. 문제를 푸는 것과 동작을 완벽하게 하는 것이 목표이고, 우리는 그것에 도달하기 위한 노력을 유지하고 지속해 나간다.

학습동기란 학생이 학습을 시작하여 얼마나 지속적으로 그 활동에 임하는지에 관련된 동기이다. 동기는 학습과 수행에 영향을 주고, 학습과 수행은 다시 그들의 동기에 영향을 주는 상호관계에 놓여 있다. 다시 말하면, 학생들이 학습과 관련하여 자신이 하고자 하는 바를 성취했을 때, 목표달성의 경험은 그들이 학습을 위해 필요한 능력들을 갖추고 있다는 신념을 가지게 한다. 이러한 신념들은 학생이 다시 새롭고 도전적인 목표를 설정하도록 학생에게 동기를 부여하며, 그 학생은 계속해서 학습하고자 하는 동기를 가지게 된다.

1) 내재적 동기와 외재적 동기

동기는 행동을 하는 이유가 그 행동의 내부에 존재하는가 아니면 외부에 존재하는가에 따라 크게 내재적 동기와 외재적 동기로 나뉜다. 내재적 동기는 행동을 하는 근본적인 이유가 그 행동 내부에 존재하는 것으로, 행동 자체를 수행하는 데 목적을 둔 동기를 말한다. 전형적으로 만족, 경쟁력, 흥미, 학습, 도전과 같이 학생이 강압 없이 스스로 원해서 행동에 참여하는 것을 의미한다. 외재적 동기는 행동을 하는 이유가 외부에 존재하는 것으로, 특정 목적을 달성하기 위해 행동을 하려는 동기를 의미한다. 학생들이 칭찬, 성적, 특혜, 자격증 또는 물질적인 보상과 같은 외부적인 이유로 활동에 참여할 때 생긴다. 다른 사람으로부터의 압박이나 강압 또한 외재적 동기이다.

학습에 내재적으로 동기화되는 것은 여러 가지로 이점이 있다. 내재적 동기가 높은 학생들은 어려운 과제를 완성해 나가는 데 적극적이며, 학습자료를 배우는 데 열정을 보인다. 또한 학습전략을 사용하여 습득된 정보를 효율적으로 처리하며, 결과적으로 높은 수준의 성취를 나타낸다. 반면, 외재적 동기를 가진 학생들은 외적 보상이 주어지지 않으면 학습을 하지 않는 경우가 있고, 쉬운 과제에만 흥미를 가지고 수업의 최소 요구 사항만을 만족시키려고 한다.

외재적 동기를 유발하기 위해 사용하는 외적 보상의 가장 큰 위험성은 내재적 동기를 손상시킨다는 점이다. 예컨대, 자발적으로 헌혈을 하는 사람에게 돈이나 상품권과 같은 외적 보상을 주면 헌혈 행위가 오히려 감소하였다(Cameron & Pierce, 1994). 그러나 외재적 동기가 무조건 나쁜 것만은 아니다. 학생들은 때때로 내재적·외재적 요소 모두에 의해 동기화된다. 예를 들면, 국어를 좋아하는 학생은 국어 공부 자체를 즐기지만, 높은 국어 성적을 받으면 더 열심히 공부한다.

교실에서 보상을 사용하는 것에 대한 여러 비판이 있지만, 보상을 전혀 사용하지 않는 것은 비현실적이다. 따라서 교사가 보상을 통제의 수단으로가 아니라 학생의 수행에 대한 정보와 함께 제공하는 등 심사숙고하여 사용한다면, 오히려 보상은 학생들의 학습에 대한 내재적 동기를 증가시킬 수 있을 것이다. 이러한 효과적 보상에 대한 지침은 다음과 같다(Pintrich & Schunk, 2002).

- 모든 과제에 보상을 사용하지 말고, 학생이 내재적 흥미를 느끼지 않는 과제에 대하여 초기에 보상을 사용하라.
- 단순히 과제를 했다는 사실에 보상하지 말고, 과제의 질과 수행 수준에 따라 차별적으로 보상하라.
- 학생들에게 그들의 수행이 어떠한 면에서 향상되고 있는지에 대한 정보적 피드백과 함께 보상을 사용하라.

읽을거리

외적 보상의 한계

한적한 마을에 홀로 살고 있는 노인이 있었다. 노인은 조용하게 혼자 있는 시간을 좋아했다. 그런데 언제부터인가 노인의 집 앞 공터가 조금씩 시끄러워지기 시작했다. 공터에 동네 아이들이 모여 놀기 시작한 것이다. 노인은 화를 내고 아이들을 쫓아 보기도 했지만 언제나 그때뿐, 아이들은 계속해서 그 공터로 모여들었다.

참다못한 노인은 한 가지 묘안을 생각해 냈다. 노인은 공터에 놀러 온 아이들을 불러 한 가지 제안을 했다. "너희가 노는 모습이 정말 보기 좋구나. 앞으로 이곳에서 놀 때마다 천 원씩 주마." 아이들은 호랑이 같던 할아버지가 갑자기 변한 것에 대해 어리둥절했지만, 정말로 천 원을 받게 되자 신이 나서 더 열심히 공터에서 놀기 시작했다. 그리고 며칠 후 노인은 아이들을 불러 다시 이야기를 했다. "얘들아, 내가 돈이 좀 떨어져서 매번 천 원씩 줄 수가 없구나. 앞으로는 백 원씩 주도록 하마." 그러자 아이들은 잔뜩 불만 어린 표정으로 말했다. "백 원이라니요! 그런 돈을 받고는 이 공터에서 놀지 않겠어요!" 그 뒤로 아이들은 공터에 오지 않았고, 덕분에 노인은 조용한 시간을 보낼 수 있었다. 아이들은 왜 그토록 좋아하던 공터에 더 이상 오지 않게 된 것일까?

출처: 이소라(2010).

2) 자기결정성이론

자기결정성(self-determination)은 자신의 강점과 한계점을 수용하고, 자신에게 영향을 미치는 외부의 힘을 인지하고, 선택을 결정하고, 욕구를 충족시키는 방식을 결정할 것을 요구한다. 자기결정적이기 위해서는 환경에 대해 어떤 행위를 취할 것인가를 스스로 결정해야 하기 때문에(Deci, 1980), 자기결정성은 자율성과 유사한 개념으로 받아들여진다.

라이언과 데시(Ryan & Deci, 2000)는 외재적 동기와 내재적 동기를 대립된 개념으로 보았던 전통적 견해와는 달리, 인간의 행동을 자율성의 정도에 따라 완전히 타율적인 행동(외재적으로 동기화된 행동)에서 완전히 자기결정된 행동(내재적으로 동기화된 행동)에 이르는 연속선상에서 개념화하였다. 이처럼 자기결정성의 정도에 따라 동기를 설명하려는 접근이 자기결정성이론(self-determination theory)이다.

자기결정성이론의 하위 이론인 유기적 통합이론(organismic integration theory)에서는 처음에 외적인 이유로 시작한 행동이 개인에게 점차 내면화(internalization)되어 자율적인 행동, 즉 자기결정된 행동으로 바뀌게 되는 과정을 설명한다. 여기에서 내면화는 인간의 사회화 과정과 같이, 처음에는 부모나 교사와 같은 타인으로부터 획득된 신념, 태도, 행동 등이 개인의 가치나 행동 유형으로 점차 변형되는 과정을 의미한다. [그림 5-1]에 자기결정성 정도에 따른 여섯 가지 자기조절 유형이 제시되어 있다(Ryan & Deci, 2000).

첫째, 무동기(amotivation)는 행동하려는 의지가 결핍된 상태이다. 무동기 상태인 학생들은 행동을 하지 않거나 의도 없이 행동을 한다. 무동기 상태에 있는 학습자들은 과제 수행에 가치를 두지 않으며(Ryan, 1995), 자신이 그 과제를 성공적으로 수행할 수 있을 것이라고 기대하지도 않는다(Seligman, 1975). 이러한 측면에서 볼 때, 무동기 학생

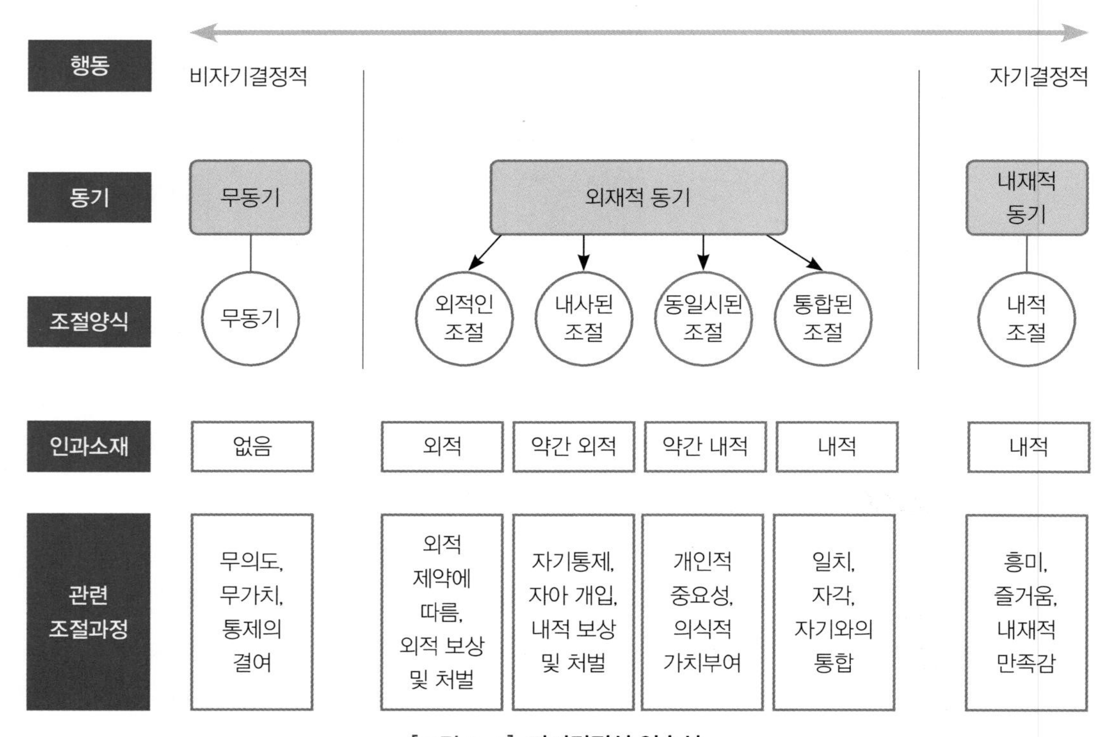

[그림 5-1] 자기결정성 연속선

출처: Ryan & Deci (2000).

들은 외적 원인에 의해 동기화되는 학생들보다 자기조절적이지 않다.

둘째, 외적인 조절(external regulation)은 규칙에 따라야 하기 때문에 혹은 처벌을 피하기 위해 어떤 행동을 하는 것으로 자기결정성이 없는 상태에서 수행되는 행동이며, 이것은 외재적 동기화의 가장 극단적 형태이다. 예를 들어, 학생들이 교사에 의해서 특정 행동을 할 것을 강요받았기 때문에 그 행동에 참여하게 되는 경우 혹은 부모가 약속한 보상을 받기 위해 학교에서 열심히 공부하는 경우이다.

셋째, 내사된 조절(주입된 조절, introjected regulation)은 자기 자신과 다른 사람들의 인정을 받거나 비판을 회피하기 위하여 행동하는 것으로, 어떤 행동에 대한 내적 자아존중감에 기초한 압력, 즉 죄책감의 회피와 수치심을 통해 형성된다(Deci & Ryan, 1991; Ryan, 1982). 다시 말해, 조절의 힘은 개인의 내부에 있다. 이 유형에서 보상이나 압력은 타인에 의해서가 아니라 자기 자신에 의해서 부과된다. 행동을 함으로써 얻어지는 기쁨 때문에 행동하는 것은 아니므로 외재적 동기로 구분되지만, 어느 정도 자기결정성이 반영되어 있으므로 내재적 동기의 측면도 가지고 있다. 예를 들면, 어떤 학생이 공부하지 않을 때 죄책감을 느끼기 때문에 시험 전에 열심히 공부하는 경우이다.

넷째, 동일시된 조절(확인된 조절, identified regulation)은 스스로 그 행동이 가치가 있다고 판단하여 부여한 목표나 개인적 중요성 때문에 스스로 선택하여 행동하는 경우이다. 그런데 이 조절 유형은 행동 자체에 대한 기쁨이나 자기만족보다는 어떤 목적을 달성하기 위해 행동하기 때문에 외재적 동기 중 하나로 분류된다(김아영, 오순애, 2001). 동일시된 조절에 의해 동기화된 학습자는 그 과목에 대해 알기를 원해서, 대학 진학에 중요하다고 생각해서, 새로운 것을 배우기를 원해서 등 행동의 개인적 중요성이나 자신이 설정한 목표의 추구를 위해 과제를 수행한다.

다섯째, 통합된 조절(integrated regulation)은 동일시된 조절이 자신의 가치, 목표, 욕구, 정체성 등과 조화를 이루며 통합될 때 발생하는 외재적 동기 중 가장 자기결정적인 형태이다. 통합된 조절은 환경에 의해 강요된 것이 아니라 내면화의 자연스러운 결과이다. 그래서 통합된 조절은 자기반성적 사고가 가능한 청소년기 이후에 획득할 가능성이 있다(Ryan & Deci, 2000). 통합된 조절은 내재적 동기와 공통점이 많지만, 특정한 과제 수행 자체에 내재해 있는 즐거움보다는 자신의 정체감이나 특성, 가치관에 잘 맞아서 과제를 수행하는 것이므로 여전히 외재적 동기로 간주한다. 예를 들어, 공부하는 것이 사회에 필요한 사람이 되고자 하는 자신의 가치관과 잘 맞기 때문에 공부하는 경우이다.

여섯째, **내적 조절**(intrinsic regulation)은 자기결정성 원리에 의해 내적 즐거움 혹은 재미를 위해 행동하는 것을 의미한다(Ryan & Connell, 1989). 내재적 동기가 유발된 것이다. 내재적으로 동기화된 학습자는 학습활동에 참여하는 과정에서 가지게 되는 만족이나 즐거움, 재미 등을 얻기 위해 과제를 수행한다. 따라서 이들은 도전감을 주는 과제를 선호하고, 호기심 때문에 과제를 수행하기도 하고, 과제 수행의 결과를 자신의 내적 기준에 의해 판단하는 경향이 있다.

앞서 살펴본 동기유형 중 인접한 동기유형 간에는 높은 상관관계가 있었고, 떨어져 있는 유형 간에는 낮은 상관관계가 있었다(Guttman, 1954). 이에 따라 최근의 연구에서는 유사한 조절 유형인 동일시된 조절, 통합된 조절과 내재적 동기를 합쳐서 자율적 동기 복합체(autonomous motivation composite) 또는 자율적 동기로, 외적인 조절과 내사된 조절을 합쳐서 통제적 동기로 연구하기도 한다(김아영 외, 2008; Vansteenkiste, Duriez, Soenens, & De Witte, 2005).

자기결정성이론은 보상이나 벌과 같은 외재적 동기가 부정적인 반면, 흥미나 만족감 등의 내재적 동기만이 긍정적이며, 내재적 동기가 있을 때 외재적 동기가 제공되면 내재적 동기가 저하될 것이라는 초기 이론에 대한 재고의 필요성을 시사한다. 라이언과 데시(2000)에 의하면, 내재적 동기와 외재적 동기가 상호대립적 개념이 아니므로, 학습자들의 내재적 동기를 감소시키지 않으면서도 외적 보상이나 압력을 적절히 사용하여 특정한 가치나 행동을 학습자가 내면화하도록 유도하는 노력 또한 학습동기 유발에 도움이 될 것이다.

2. 학습동기에 대한 욕구의 영향

매슬로(Maslow)가 주도한 인본주의 심리학(humanistic psychology)은 1960년대 초반까지 심리학 영역을 양분하고 있던 양대 심리학파인 정신분석학과 행동주의에 대항하여 나타난 운동이다. 인본주의 심리학은 인간을 본질적으로 선하고 자율적이며, 적절한 환경조건만 조성되면 잠재력을 실현할 수 있는 존재로 파악한다. 그래서 인본주의 학습동기이론에서는 동기를 인간이 자신이 가진 잠재력을 모두 발휘하려는 노력으로 보았다(Reeve, 2001).

1) 매슬로의 욕구위계설

동기이론에서 욕구는 특정한 상태나 사물을 얻거나 피하기 위한 내적인 힘 또는 추동(drive)이다(Schunk et al., 2008). 매슬로는 인간을 완전한 만족의 상태에 도달하지 못하는 '부족을 느끼는 동물'로 묘사하였다(Hjelle & Ziegler, 2000). 이를 기초로 매슬로(1968, 1970)는 욕구가 인간의 행동을 활성화한다고 보고, 욕구는 선천적이며 강도와 중요성에 따라 위계를 가진다고 보았다.

매슬로는 인간의 욕구를 크게 결핍욕구(deficiency-need)와 성장욕구(growth-need)로 나누었다. **결핍욕구**는 부족한 것을 충족하려는 욕구로 생리적 욕구(음식, 물, 산소, 수면 등에 관한 것으로 생존과 직접 관련된 욕구), 안전의 욕구(확실성, 질서, 예측 가능한 환경, 불안과 공포로부터의 해방 등에 관한 욕구), 소속 및 애정의 욕구(타인, 가족, 친지, 친구 등과 원만한 관계를 형성하고 준거 집단에 속하려는 욕구), 존중의 욕구(자기존중의 욕구와 다른 사람들의 존중을 받으려는 욕구)이다. **성장욕구**는 자아실현의 욕구로서, 현재 상태보다 더 나은 상태로 성장하고 자신의 잠재력을 최고로 발현시키기 위한 욕구이다. 성장욕구에는 인지적 욕구(알고 이해하고 싶은 욕구), 심미적 욕구(아름다움, 질서, 균형, 조화 등을 추구하는 욕구), 자아실현 욕구가 있다.

욕구위계에서 욕구들은 계열적으로 발생한다. 즉, 맨 아랫단계의 생리적 욕구가 충족되어야 안전에 대한 욕구가 생기고, 생리적 욕구와 안전의 욕구가 충족되어야 소속 및 애정의 욕구가 생긴다. 따라서 하위 수준의 욕구가 제대로 충족되지 않으면 상위 수준의 욕구가 생기지 않는다. 결핍욕구는 충족되지 않았을 때 인간에게 그것을 충족하고자 노력하게 하는 욕구로, 충족되면 더는 욕구가 생기지 않는다. 반면에 성장욕구는 그것을 경험함으로써 꾸준히 확장되고 증가하므로 결핍욕구와 달리 완전히 충족되지 않는다. 예를 들어, 사람들이 미술 또는 문학에 대한 이해가 깊어질수록 그들의 미술과 문학에 대한 흥미는 감소하기보다 오히려 증가한다.

매슬로의 욕구위계설을 학교 상황에 적용한다면, 학교는 학생들의 욕구 수준에 맞

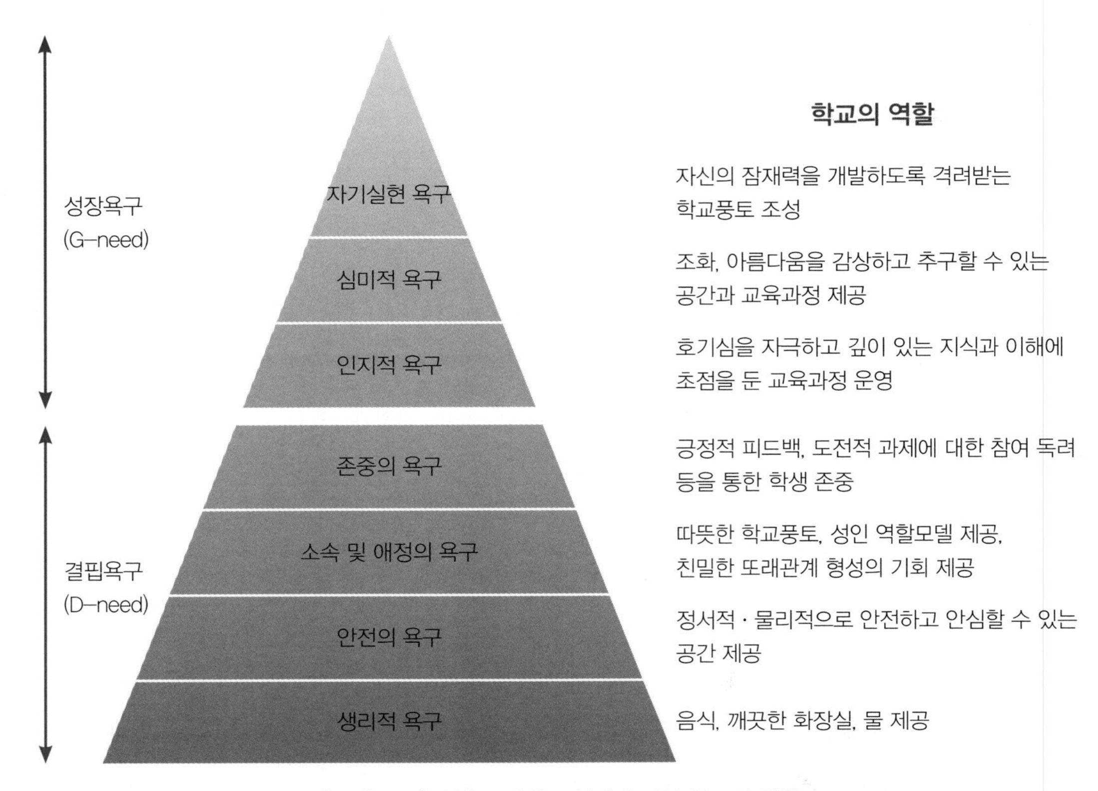

[그림 5-2] **매슬로의 욕구위계에 따른 학교의 역할**

는 보살핌과 교육을 제공해야 한다. [그림 5-2]는 매슬로의 욕구위계에 따른 학교의 역할을 보여 준다. 배고픈 학생은 생리적 욕구가 충족되지 않았기 때문에 학습동기가 생기기 쉽지 않으므로 학교에서 무상급식을 제공할 필요가 있을 것이다. 또한 학교는 학생들에게 신체적 · 정서적으로 안전하다고 느낄 수 있도록 노력해야 한다(Lambert & McCombs, 2000; McCombs, 2001). 이러한 하위 단계의 욕구가 충족될 때 학생들의 학습동기는 유발될 수 있다.

2) 자기가치 보존에 대한 욕구

자기가치이론(self-worth theory; Covington, 1992)은 사람이 자신을 가치 있는 존재로 인식하려는 욕구가 있으며, 자신의 가치를 보존하기 위해 최선을 다한다고 가정한다. 우리 사회에서 개인의 자기가치는 그의 성취와 동일시되곤 한다. 더불어 노력보다 개인의 능력에 가치를 두기 때문에 사람들은 자신의 능력이 높다는 지각을 유지하기 위해 최선을 다한다(Graham & Weiner, 1996). 특히 시험 상황에서 학생들은 성적에 따라 개인의 능력이 판단되고, 학업능력이 곧 개인의 가치로 평가되는 사회 분위기에서 높은 불안을 경험한다(Covington, 1992). 또한 자의식이 강한 고등학생들은 남들에게 보이는 자신의 모습에 큰 관심을 가져(Tice, Buder, & Baumeister, 1985), 시험을 준비하는 불안한 상황에서도 긍정적인 자기가치(self-worth)를 유지하기 위해 노력한다(Kendall, Howard, & Hays, 1989).

타인들로부터 능력이 부족하다고 평가받는 상황을 피하기 위해서 학생들은 실패 회피 전략을 사용하기도 한다. 실패 회피 전략으로는 노력을 많이 하지 않았다고 이야기하기, 자신이 실패할 수 없는 쉬운 목표를 설정하여 성공을 보장하는 전략, 자기손상 전략(self-handicapping strategy)이 있다. 능력이 있는 사람으로 인식되고자 하는 욕구로 인해 고학년 학생들은 그들이 시험공부를 열심히 했다는 사실을 숨길 수도 있다. 그래야만 높은 점수를 받았을 때 또래들의 눈에 그들의 성공의 원인이 노력이 아닌 능력으로 보이기 때문이다. 자기손상 전략은 시험에 실패할 경우 자신의 능력이나 지능의 부족으로 귀인하지 않기 위해 시험 전에 전략적으로 시험에 방해가 될 만한 행동을 하거나 방해가 될 만한 이유가 있음을 호소하는 전략이다(Berglas & Jones, 1978). 예를 들면, 시험 전에 일부러 공부하지 않는다든지, 친구들과 시간을 보낸다든지, 매우 떨려서 시험을 잘 보지 못할 것 같다고 주변 사람들에게 말하기도 한다. 이러한 학생은 실패할 경우에는 노력하지 않았기 때문이라고 생각하고, 노력하지 않았음에도 만족할 만한 결과가 나왔을 경우에는 자신의 능력 때문에 성공했다고 지각하여 자기가치를 보호한다.

이러한 실패 회피 전략은 학생들이 성적과 보상을 두고 서로 경쟁하는 상황에서 강화되곤 한다(Covington, 1992). 다음은 학생들이 실패 회피 전략을 사용하도록 만드는 교실 상황들이다. 이러한 상황들은 능력이 자기가치를 나타낸다고 믿는 학생들에게 해가 될 수 있다.

- 학생 수에 비해 적은 보상을 제공하여 서로 경쟁하게 만들거나, 미리 포기하게 만들기
- 노력을 고려하지 않고 학생의 능력에 대해 보상하기

• 학생을 다른 학생과 비교하여 성적 주기
• 학생들의 능력에 따라 집단 구분하기

3. 학습동기에 대한 자기지각 혹은 신념의 영향

1) 자기지각

자기지각과 관련된 대표적 개념으로는 자기존중감, 자기개념, 자기효능감이 있다.

(1) 자기존중감

자기존중감(self-esteem)은 '나는 정말 가치 있는 사람인가?' '주변 사람들은 나를 존중하며 인정해 주고 있는가?' 등의 자문에 대한 해답을 제시해 주는 개념이다. 자기존중감에 대한 개념이나 정의는 학자에 따라 조금씩 다르게 설명된다. 대표적으로 로젠버그(Rosenberg, 1965)는 자기 존경의 정도와 자신을 가치 있는 사람으로 생각하는 정도를, 쿠퍼스미스(Coopersmith, 1967)는 자아에 대한 전반적인 가치 판단을, 하터(Harter, 1999)는 자신의 가치에 대한 전반적인 평가를 자기존중감이라 정의 내렸다. 학자에 따라 조

표 5-1 자기존중감 척도

1. 나는 나 자신이 적어도 다른 사람들만큼 가치 있는 사람이라고 생각한다.
2. 나는 좋은 성품을 가졌다고 생각한다.
3. 나는 대체로 실패한 사람이라는 느낌이 든다.
4. 나는 대부분의 다른 사람들만큼 공부를 잘 할 수 있다.
5. 나는 자랑할 것이 별로 없다.
6. 나는 나 자신에 대하여 긍정적인 태도를 가지고 있다.
7. 나는 나 자신에 대하여 대체로 만족한다.
8. 현재 나 자신이 가치 있는 사람이라는 생각이 들지 않아서 안타깝다.
9. 나는 가끔 나 자신이 쓸모없는 사람이라는 느낌이 든다.
10. 나는 때때로 내가 좋지 않은 사람이라고 생각한다.

출처: Rosenberg (1965).

금씩 달리 정의되고 있지만, 자신의 가치에 대한 주관적 평가라는 점은 모든 자기존중감의 정의에 있어서 공통적이다. 〈표 5-1〉은 자기존중감을 측정하는 척도의 예이다.

(2) 자기개념

자기개념(self-concept)이란 자신의 신체적 · 사회적 · 학업적 능력에 대한 인지적 판단을 말한다. 자신을 둘러싸고 있는 사회 환경 속에서 형성되는 자신에 대한 지각이다. 자기개념은 자신을 좋게 평가하느냐 나쁘게 평가하느냐에 따라 각각 긍정적 자기개념과 부정적 자기개념으로 대별된다.

하터(1982, 1990, 1999)는 연령층에 따라 다양화되는 자기개념을 측정하는 척도를 개발하여 자기개념을 구성하는 하위 개념 구조에 대해 연구하였다. 하터의 아동용 자기지각검사(self-perception profile for children)는 학업적 능력, 사회적 수용, 운동능력, 신체외모, 품행, 전반적 자기가치감(global self-worth)의 여섯 가지 하위 요인으로 구성되어 있다. 청소년용 검사(self-perception profile for adolescents)는 이 여섯 가지에 친근한 교우관계, 낭만적 호소력, 직업유능성이 추가되었다. 성인용은 차원이 좀 더 분화되어 도덕성, 지성, 훈육, 직업능력, 유머, 공급자로서의 적당성, 가사, 친밀한 관계, 사회성, 신체적 매력, 운동능력, 전반적 자기가치감으로 구성되어 있다. 각 척도에서 전반적 자기가치감 하위 척도는 자기존중감을 측정한다. 연령이 증가하면서 자기개념이 더욱 분화되어 구성요소들이 점점 늘어남을 알 수 있다.

초기 인생 경험은 자기개념 발달의 기반이 되며, 자기개념은 그들의 삶에서 중요한 사람들과의 상호작용, 그 사람들로부터 받는 메시지, 자신의 성취 경험들을 통해 형성된다(Schaffer, 2000). 개인은 가족, 친구, 선생님 등 주변 사람들의 언어적 · 비언어적 반응에 따라 자신에 대한 개념을 만들어 간다. 예를 들어, 외모에 대해 주변 사람들로부터 좋은 평가를 들었던 사람은 외모에 대해 긍정적 자기개념을 가진다. 또한 자기개념은 교과목이나 학업 외 활동에서 어떤 성취 경험을 하였느냐의 영향을 받는다. 친구와의 관계를 잘 형성했던 사람은 사회관계에 대해 긍정적 자기개념을 가질 것이며, 달리기에서 우승을 한 사람은 신체활동에 대해 긍정적 자기개념을 가지게 될 것이다.

일반적으로 사람들은 자기개념과 일치하는 방식으로 행동한다. 가령 사회적 자기개념이 긍정적인 사람은 사회활동에 적극적으로 참여하나, 사회적 자기개념이 부정적인 사람은 대인관계를 기피하는 성향이 있다. 또한 학업적 자기개념이 긍정적인 학생은 학습에 적극적으로 참여하고 효과적인 인지전략을 사용하므로 성취도가 높다. 반면, 학업적 자기개념이 부정적인 학생은 학습에 무관심하고 효과적인 학습전략을 사용하지 않기 때문에 학업성적이 낮다(권대훈, 2015).

(3) 자기효능감

자기효능감(self-efficacy)이란 개인이 특정한 과제를 수행할 수 있다는 믿음을 뜻한다(Bandura, 1986a, 1997b, 2004). 즉, 어떤 과제나 목표를 성공적으로 수행하기 위한 자신의 능력에 대한 판단이라고 할 수 있다. 밴듀라(Bandura)가 제시한 자기효능감은 자기개념이나 자기존중감과는 구별되는 개념이다. 자기개념은 개인의 자신에 대한 인지적 판단이고, 자기존중감은 자기가치에 대한 평가라고 할 수 있으나, 자기효능감은 특정한 과제에서의 자신의 능력에 대한 판단으로 자기개념이나 자기존중감보다 구체적 상황이나 과제에 국한된 능력에 대한 신념이다.

학습자들은 학업 상황에서 다음과 같은 네 가지 판단 단서를 통하여 자기효능감을 형성한다(Bandura, 1986a; Schunk, 1989, 1994). 첫째, 과거의 성공 경험이다. 일반적으로 성공 경험은 자기효능감을 높이지만, 실패 경험은 자기효능감을 낮춘다. 둘째, 모델 관찰이다. 타인을 통하여 습득한 자신의 능력에 관한 정보는 자기효능감에 영향을 미친다. 또한 어린 아동일수록 또래의 성공적인 수행결과를 보고 자신도 할 수 있다는 생각을 하게 된다(Schunk & Hanson, 1985). 셋째, 타인의 칭찬이나 격려와 같은 언어적 설득은 자기효능감 판단에 영향을 준다. 학습자의 수준에 적절한 부모나 교사의 언어적 설득(예, "너는 할 수 있다.")은 자기효능감 향상에 도움이 될 것이다. 넷째, 특정한 과제를 수행하는 동안 발생하는 개인의 심리적 · 생리적 상태(예, 떨림, 피로, 땀)는 자기효능감 판단의 단서가 될 수 있다. 높은 불안으로 실패를 경험한 학습자는 유사한 과제에 직면하게 되면 불안 수준이 다시 높아져서 과제 수행에 부정적인 영향을 줄 것이다. 이러한 과정을 통하여 학습자는 수행능력에 대한 확신을 잃게 되고 효능감은 낮아질 것이다.

2) 기대가치이론

앳킨슨(Atkinson, 1957)의 성취동기이론은 기대와 가치를 동기의 결정요인으로 간주하고 있어 기대가치이론(expectancy-value theory)으로 불리기도 한다. 기대는 과제를 수행했을 때 성공할 수 있는 가능성에 대한 개인의 신념과 판단을 의미하며, 가치는 과제 수행의 가치에 대하여 가지는 신념이다. 이에 따르면 행동은 목표달성확률(기대)과 목표에 부여하는 가치에 따라 좌우된다. 그러므로 학생들은 자신이 어떤 과제를 잘할 수 있고 성공할 수 있다고 자신하는 경우에도 과제 수행에 가치를 두지 않는다면 그 과제에 참여하지 않으려 할 것이다. 마찬가지로, 과제나 활동이 그들에게 흥미롭거나 중요하다고 생각하지만 그 과제를 잘할 수 없을 것이라 기대하면 결국 그 과제에 참여하려 하지 않을 것이다. 즉, 사람들은 어떤 활동에 대하여 적당한 양의 노력을 하면 성공적으로 수행할 수 있다고 믿을 때(높은 기대) 그리고 활동 또는 활동의 결과가 가치 있다고 믿을 때(높은 가치) 과제 활동에 참여하게 된다.

에클레스 등(Eccles et al., 1983)은 앳킨슨(1964)의 모델을 보다 정교화하여 수학 성취 영역에서 아동의 수행과 선택을 이해하는 틀로서 기대가치이론을 처음 제안하였다. 기대가치이론에서는 기대와 가치가 성취 행동을 설명하기 전 다양한 선행요인에 의해 영향을 받고 있음을 가정한다(Wigfield & Eccles, 1992). 기대와 가치에 영향을 미치는 선행요인은 크게 사회적 세계, 인지적 절차, 동기적 신념으로 구분할 수 있다. 이론에 투입된 변인들은 전체적으로 순환하며 수행과 이를 지속하는 동기의 결정요인으로 작용한다(Eccles & Wigfield, 1995).

첫째, 사회적 세계(social world)는 개인의 기대와 가치에 영향을 주는 외부적 요인들이다. 외부적 요인에는 문화적 환경, 개인의 사회화에 영향을 미치는 부모, 교사 등의 행동, 과거의 수행과 성취가 포함된다. 이 사회적 세계는 학생 외적 요인이지만 학생들의 동기적 신념에 매우 큰 영향을 미친다. 학생들이 다양한 학업 및 비학업 활동에 참여함에 따라 외적 요인들이 학생들을 둘러싸고 있는 맥락을 설정하고, 이러한 맥락들은 개인의 신념과 행동 수행 기회를 촉진하거나 제한할 수 있다(Schunk et al., 2008).

둘째, 인지적 절차는 사회 환경에 대한 지각과 과거 사건들에 대한 해석과 귀인이다. 학습자가 사회 환경을 어떻게 바라보고, 과거 사건들을 어떻게 해석하고 귀인하는지는 과제 가치와 기대에 영향을 주게 된다.

셋째, **동기적 신념**은 정서적 기억과 목표, 능력에 대한 판단과 자기도식, 과제 난이도에 대한 지각이다. 정서적 기억은 과제에 관한 과거의 경험으로 인해 개인이 가지는 감정으로, 이것은 활동에 대한 긍정적이거나 부정적인 가치를 끌어낼 수 있다. 목표는 학생들이 무엇인가를 얻기 위해 애쓰는 대상이며, 이는 자기도식과 자기개념에 의해 형성될 수 있다. 자기도식은 개인의 신념과 자기개념을 반영하는 것으로, 자신의 성격과 정체성에 관한 신념, 자신이 어떤 사람이고(현실적 자아) 어떤 사람이 되어야 하는지(실현 가능한 자아, 이상적 자아)에 대한 신념을 포함한다. 또한 과제의 난이도를 어떻게 지각하는지에 따라서도 과제의 가치나 기대가 달라질 것이다.

3) 학습된 무력감

개인이 어떤 반응을 하면 그에 응하는 결과를 기대하게 되는데, 자신의 행동 반응과 무관한 일이 계속 발생하면 심리적 혼란이 발생하며, 미래에 대해 기대할 수 없게 된다. 어떤 개인이 자신이 처한 환경에서 무슨 일이 일어나든지 자기가 자발적으로 할 수 있는 일은 아무것도 없다고 느끼게 되면, 그는 더 이상 주변 상황을 통제하려고 하지 않고, 육체적 혹은 심리적 위협이나 벌을 그대로 수용하는 수동성을 발달시키고, 삶의 의지를 상실하는 부정적 심리상태에 이르게 된다(Robert, 1982). 이렇듯 어떤 일에 대해 스스로 통제하는 것이 불가능할 때 나타나는 심리상태가 학습된 무력감(learned helplessness)이다. 이는 실수나 실패가 개인에게 미치는 영향을 잘 보여 주는 이론이다.

학습된 무력감이란 삶을 전혀 통제할 수 없고, 무엇을 하더라도 실패를 피할 수 없다는 신념을 가리킨다. 자기효능감이 '나는 무엇을 할 수 있다.'는 신념이라면, 학습된 무력감은 '나는 아무것도 할 수 없다.'는 신념이다. 학습된 무력감은 아무리 노력해도 반드시 실패할 것이라는 확고한 기대로 나타난다. 학습된 무력감이 발생하는 가장 중요한 요인은 자신의 반응이 미래에 일어날 결과를 통제하지 못할 것이라는 예측, 즉 반응과 결과가 무관할 것이라는 기대이며, 이것은 통제되지 않았던 실패 경험의 반복으로 형성된다.

셀리그먼(Seligman, 1975)은 학습된 무력감을 확인하기 위해 개를 대상으로 실험하였다([그림 5-3] 참조). 이 실험에서 A 집단 개에게는 아무리 애써도 피할 수 없는 전기충격을 반복적으로 가한 다음, 옆 칸으로 뛰어넘기만 하면 전기충격을 피할 수 있는 장면으로 개를 옮겼다. 그런데 놀랍게도 개는 낑낑거리며 고통스러운 전기충격을 받으면서도 전기충격을 피하려는 시도를 전혀 하지 않았다. 이와 달리 노력을 통해 전기충격을 피한 B 집단 개나 전기충격을 경험하지 않은 C 집단 개는 전기충격을 피할 수 있는 장면에 놓이면 쉽게 전기충격을 피했다.

학습된 무력감은 통제 불가능한 상황에서의 반복적인 실패 경험이 학습, 정서, 동기에 장애를 초래하는 것을 보여 주는 현상으로, 실패 경험의 부정적 효과는 교육현장에서 주목을 받았다. 학습상황에서 "난 못하겠어. 아무리 공부해도 절대 좋은 점수를 받을 수 없을 거야."라는 말은 학습된 무력감을 보이는 사례이다. 이러한 학생들은 인지

〈실험 1단계〉 〈실험 2단계〉

A. 어떤 행동을 해도 전기충격을 멈출 수 없음

B. 나무판을 밀면 전기충격을 멈춤

C. 전기충격을 주지 않음

[그림 5-3] 셀리그먼의 학습된 무력감 실험

적으로 낮은 자존감, 성공 가능성에 대한 낮은 기대, 의사결정능력의 저하를 경험하고, 정서적으로 열등감, 불안, 우울, 절망을 느끼며, 행동적으로 반응 행동 비율의 감소나 지속성의 결핍을 보인다.

학교폭력 피해 학생들에게도 학습된 무력감 현상이 나타나곤 한다. 지속적, 반복적, 체계적으로 학교폭력 피해를 당한 학생들은 가해 학생들의 인질과 같은 행동을 하기도 한다. 초기에는 가해 학생들의 폭력을 피하려고 노력하였지만, 그 상황을 피할 수 없는 실패 상황을 반복적으로 경험한 후 이들은 점점 이겨 낼 힘을 상실하고 좌절하게 되면서 무력감을 가지게 되고, 폭력을 당하는 상황을 받아들이게 된다.

4) 귀인

귀인(歸因, attribution)은 행동과 그 결과를 유발한 원인을 추리하는 과정이다. 귀인이론은 하이더(Heider)의 상식(commonsense) 심리학과 함께 시작되었다. 하이더(1958)는 과제에 대한 성공이나 실패와 같은 특정 결과에 대해 사람들이 제시하는 이유에 관심을 가졌다. 사람들은 자신의 수행 또는 그 결과에 대한 이유를 주로 능력과 노력으로 설명했는데, 능력은 어떤 사람이 과제를 해낼 능력을 갖추고 있는가를 말하는 것이고, 노력은 개인이 얼마나 큰 노력을 쏟아부었는가를 말한다. 우리가 어떤 과제를 해내지 못했을 때, 그다음 성공에 대한 기대는 실패를 노력 부족으로 귀인하는가, 아니면 능력 부족에 귀인하는가에 따라 달라진다. 예를 들어, 한 학생이 영어 시험을 잘 보지 못했을 경우, 능력 부족에 귀인을 하면 이후 성공을 기대하지 않을 가능성이 크며, 그 학생은 영어 공부를 열심히 하지 않을 것이다. 만약 노력 부족에 귀인을 한다면 그 학생은 그다음 시험에서 더욱 열심히 공부할 가능성이 크다. 이렇듯 사람들이 결과에 대해 어떤 귀인을 하느냐는 그들의 미래에 대한 기대나 행동에 영향을 미친다.

와이너(Weiner, 1972)는 성취장면에서 성공과 실패의 원인으로 가장 빈번하게 언급된 네 가지가 능력, 노력, 과제 난이도, 운이라는 것을 확인하였다.

- 나는 머리가 안 좋은가 봐. (능력 귀인)
- 시험 공부를 충분히 못한 것 같아. (노력 귀인)

• 시험문제가 너무 어려웠어. (과제 난이도 귀인)
• 시험문제가 공부를 안 한 곳에서만 나왔어. (운 귀인)

귀인의 차원은 소재, 안정성, 통제 가능성으로 나뉜다(Weiner, 1979, 1992). 소재 차원은 원인이 개인의 내부에 있는 요인인가, 아니면 개인 외부에 있는 요인인가를 뜻한다. 안정성 차원은 지각된 원인이 지속적인 것인지, 시간에 따라 변하는 것인지를 의미한다. 통제 가능성 차원은 원인을 자신이 통제할 수 있는지 여부를 말한다. 능력, 노력, 과제 난이도, 운을 귀인 차원의 측면에서 구분하면 〈표 5-2〉와 같다.

표 5-2 귀인과 귀인 차원의 관계

귀인 차원 / 원인	소재	안정성	통제 가능성
능력	내부	안정	통제 불가
노력	내부	불안정	통제 가능
과제 난이도	외부	안정	통제 불가
운	외부	불안정	통제 불가

다양한 귀인 중에서 학업 실패 상황에서 가장 바람직한 것은 내적-불안정-통제 가능한 노력 귀인이다. 다음 시험에서는 노력하면 성공할 수 있다고 믿기 때문이다. 가장 바람직하지 않고 자칫하면 학습된 무력감에 빠지게 할 귀인은 능력, 낮은 적성이다. 능력이나 적성은 노력한다고 쉽게 변하는 것이 아니고 스스로 통제하기 어려운 내적 귀인이기 때문에, 실패했을 때 능력 귀인을 하게 되면 무력감을 느끼게 된다(Covington & Omelich, 1979; Dweck, 1975).

또한 귀인 신념은 자부심, 수치심, 절망감, 죄책감, 분노와 연민 등의 정서적 반응을 일으킨다(Weiner, 1985). 와이너에 따르면, 내적 귀인은 외적 귀인보다 더 높은 자부심과 수치심을 낳는다. 성공을 능력과 노력에 귀인할 때 더 높은 자부심을 경험한다. 그러나 실패를 능력에 귀인하게 되면 더 큰 절망감을 경험하게 된다. 반면, 외적 귀인은 성취와 관련된 정서 반응을 최소화하는 경향이 있다. 만약 학생이 운이 좋아서 시험을 잘 보았다거나 운 때문에 취업이 되었다고 생각한다면 자부심은 최소화된다. 학생들이 시험이 쉬웠기 때문에 좋은 성적을 받는다면 기분이 좋을지는 모르지만 자부심을 느끼지는 못할 것이다.

학생들의 부적응적인 귀인을 적응적 귀인으로 바꾸는 과정이 귀인 재훈련(attribution retraining)이다. 귀인 재훈련은 일반적으로 실패와 성공에 대한 학생의 귀인을 적응적 귀인으로 재구성하려는 시도이다. 특히 노력 귀인이 강조된다. 드웩(Dweck, 1975)은 무기력한 것으로 확인된 열두 명의 아동을 위한 훈련을 수행하였다. 훈련 이전에는 모든 아동의 수행이 실패 이후에 심각하게 떨어졌다. 훈련 실험은 ① 아무런 귀인 수정 없이 아동이 성공한 경우(성공 조건), ② 아동이 성공을 경험한 후 실패에 대한 책임이 자신에게 있다는 것과 실패를 노력에 귀인하는 것을 가르친 경우(성공 + 귀인 훈련 조건)와 같은 두 가지 조건으로 나뉘어 진행되었다. 이 두 조건의 아동이 이후 실패 상황을 경험하였는데, 첫 번째 조건의 아동들보다 두 번째 조건의 아동들이 실패 이후에도 끈기를 가지고 계속 수행하는 모습을 보였다. 이러한 연구결과는 교사들이 학생들의 귀인 정보를 수집하고 적응적 귀인을 발달시키도록 돕는 전략을 고안하고 실행할 필요성을 시사한다. 다음은 교사의 귀인 피드백을 위한 지침이다.

- 학생들이 자신에게 성공할 능력이 있음을 확실히 믿게끔 하라.
- 학생들이 스스로 자신에게 귀인 피드백을 하게 하라(Robertson, 2000).
- 학생들이 자신이 왜 성공 또는 실패했는지 모른다고 말할 때, 그들에게 과제를 완수하도록 도와줄 전략을 제안하고, 성공을 그 전략에 귀인하도록 하라.
- 과제 몰입도, 학습기술의 발달, 자기효능감을 높이기 위해 과거의 성취에 대해 노력 귀인 피드백을 제공하라(Schunk, 1982).
- 귀인 피드백이 제공되는 순서가 중요하다. 어려운 과제의 경우, 초기 피드백은 노력 귀인으로 하고, 학습능력이 향상되면 능력 귀인을 하라(Schunk, 1984).
- 노력 피드백은 저성취 학생들에게 더 생산적이다(Ho & McMurtrie, 1991). 능력 피드백은 자신에게 능력이 부족하다고 믿는 학생들을 더 힘들게 할 수 있다.

5) 능력(지능)에 대한 믿음

동기는 능력(지능)에 대해 개인이 가지고 있는 신념과 암묵적 이론의 영향을 받는다. 어떤 개념에 관해 명시적으로 설명하는 이론(예, 지능의 2요인론)과 달리, 암묵적 이론(implicit theory)은 개인의 여러 측면에 영향을 미치는 광범위하고 일반적인 신념을 말한다. 사람들은 다양한 사건이나 현상에 대해 나름대로 신념을 가지고 있는데, 그것이 바로 암묵적 이론이다.

드웩과 레게트(Dweck & Leggett, 1988)는 학생들이 가진 능력에 관한 신념을 실체론과 증가론으로 구분하였다. 실체론(entity theory)은 능력이 고정되어 있다는 신념이다. 이 신념을 가진 학생들은 능력은 본질적으로 고정되어 있어, 아무리 노력해도 변하지 않는다고 생각한다. 반면, 증가론(incremental theory)은 능력이 고정된 것이 아니라 경험과 노력을 통해 향상될 수 있다는 믿음이다. 만일 학습자가 능력이 노력으로 향상될 수 있다고 믿는다면, 어려움과 실패는 단지 더 큰 노력이 필요함을 시사한다. 이들은 열심히 노력하거나 더 효과적인 전략을 사용하면 성공할 것이고, 자신의 성공은 능력 향상의 증거라고 믿는다(Burhans & Dweck, 1995). 노력하면 능력이 향상된다고 믿기 때문에 이들의 동기와 학습은 모두 증진될 것이다.

실체론과 증가론은 목표지향성, 귀인과도 밀접한 관련이 있다. 뮬러와 드웩(Mueller & Dweck, 1998)은 대학생들이 능력에 대한 신념에 따라 어떤 목적을 추구하는지 살펴보았다. 실체론을 가진 학생들은 다음과 같은 진술문에 더 많이 동의하였다. '배우는 것보다 학급에서 좋은 성적을 받는 것이 더 중요하다고 생각한다.' '잘 해낼 자신이 없으면 새로운 것을 많이 배울 수 있어도 그 과제는 피하고 싶다.' 대조적으로 증가론을 가진 학생들은 '학급에서 가장 높은 성적을 받는 것보다 여러 가지를 배우는 것이 훨씬 중요하다.'라는 문장에 더 동의하였다. 실패했을 경우 실체론을 가진 학생들은 능력이 낮아 실패했다고 귀인하지만, 증가론을 가진 학생들은 노력이 부족해서 실패했다고 귀인한다.

능력이 고정되어 있다고 보는 학생을 돕기 위해 사용할 수 있는 가장 효과적인 교수 전략 중 하나는 교사가 능력에 대한 증가론 관점을 본보기로 보이는 것이다. 교사가 학생들에게 "나도 너희를 가르치려고 매일 공부한단다. 내가 열심히 노력할수록 나는 더 똑똑해지고, 너희들을 더 잘 가르칠 수 있을 거야."라고 말하는 것이 그 예이다.

4. 학습동기에 대한 목표의 영향

목표지향성(goal orientation)은 성취행동을 수행하는 의도 또는 이유를 말하는데, 숙달목표와 수행목표로 구분된다. 숙달목표(mastery goal)는 학습과제 자체를 통달함으로써 새로운 지식이나 기술을 습득하고 자신의 유능성을 높이며 도전적인 과제를 성취하는 데 주안점을 두는 목표지향성이다. 반면, 수행목표(performance goal)는 자신이 다른 사람보다 상대적으로 유능하다는 것을 입증하거나 반대로 자신이 다른 사람들보다 상대적으로 무능하다는 평가를 피하는 데 주안점을 두는 목표지향성이다. 숙달목표는 과제중심목표 또는 학습목표로, 수행목표는 능력중심목표, 자아관련목표, 평가목표로 명명되기도 한다.

숙달목표를 선택하는 학생들은 높은 효능감을 가지며, 어려움에 직면해도 끈기 있게 계속한다. 그들은 성공을 노력에 귀인하고, 학업에서 도전을 받아들이며 스스로 질문해보기와 요약하기 같은 효과적인 학습전략을 사용한다. 또한 이들은 정규 수업이 끝난 후에도 학습에 지속적인 관심과 노력을 기울인다. 이렇듯 숙달목표는 학업성취에 긍정적 영향을 미치는 적응적 성취목표로 간주된다(Ames & Archer, 1988; Elliot, McGregor, & Gable, 1999).

이후에는 목표에 대한 접근과 회피의 성향을 고려하여 수행목표를 수행접근목표(performance approach goal)와 수행회피목표(performance avoidance goal)로 구분하였다. 수행접근목표는 다른 사람들보다 상대적으로 유능하다는 것을 입증하는 데 주안점을 두는 목표지향성이다. 반면에 수행회피목표는 다른 사람들보다 상대적으로 무능하다는 부정적 평가를 피하는 데 주안점을 두는 목표지향성이다. 성취목표지향성을 숙달목표, 수행접근목표, 수행회피목표의 세 가지로 구분했을 때, 학업 관련 변인과의 관계가 달랐다. 숙달목표와 수행접근목표는 학업에 대한 지속적 노력이나 학업성적과 정적 관계를 이루나, 수행회피목표는 학습과제에 대한 표면적 처리와 비조직적 학습전략에 의존하여 저조한 학업성적을 초래하였다(Elliot et al., 1999).

중다목표 관점에서 보면, 숙달목표와 수행목표는 상호배타적이지 않으며, 학생들은 둘 이상의 목표를 동시에 가질 수 있다(Pintrich, 2000). 예를 들어, 한 학생이 음악 수행

평가를 하면서 자신이 악기를 다룰 수 있는 것에 대해 성취감을 느끼면서도 실수해서 친구들에게 창피를 당하고 싶지 않다면, 숙달목표와 수행회피목표를 둘 다 지향하는 것이다. 그래서 최근 연구(Midgley, Kaplan, & Middleton, 2001)는 수행목표를 강조하는 수준과 상관없이, 부모나 교사는 학생들의 숙달목표를 높이는 데 더 많은 에너지를 써야 함을 강조한다.

불행하게도, 학년이 높아짐에 따라 학생들의 숙달목표지향성은 감소하는 반면, 수행목표지향성은 증가하는 경향이 있다. 부모와 교사 모두 학생의 목표지향성에 영향을 미친다. 만일 부모와 교사가 학업의 목적이 성취를 촉진하고 지식을 증진하는 데 있다고 강조하고, 점수나 다른 학생의 수행과의 비교를 덜 중요시하고, 이해와 고차원적 사고를 강조하는 교수전략을 사용한다면, 학생이 숙달목표지향성을 가질 가능성이 더 커질 것이다. 하지만 부모나 교사가 학생들에게 대학에 가기 위해 좋은 성적을 얻어야 한다고 강조하고, 점수를 게시하고, 학생들의 수행 차이를 이야기하는 것은 학생들이 수행목표지향성을 가지게 한다.

최근에는 능력을 정의하는 방식(개인 내적 기준에 따른 '숙달'과 규준에 따른 '수행')과 접근-회피 성향(성공에 대한 '접근'과 실패에 대한 '회피')에 근거하여 성취목표지향성을 숙달접근, 숙달회피, 수행접근, 수행회피의 네 가지로 구분한다(예, 이주화, 김아영, 2005; Elliot & McGregor, 2001). 추가된 숙달회피목표는 학생이 자신의 능력이나 기술을 잃지 않으려고 또는 학습한 내용을 잊지 않으려고 최소한의 공부를 하는 경우에 해당한다.

5. 학습동기에 대한 정서와 흥미의 영향

1) 정서와 학습의 관계

정서(emotion, affect)는 정서적 반응의 대상이 되는 구체적 자극이 존재하며 그 반응이 일시적이고 비교적 짧은 기간 동안 분명하게 느껴지는 정서적 상태로 정의된다. 이에 비해, 기분(mood)은 비교적 오랫동안 지속되는 상태로서 정서보다 덜 강한 느낌으로 다가오며, 그러한 느낌을 일으키는 자극이 무엇인지 구체적으로 파악하기 힘든 경우를 주로 가리킨다(한국교육심리학회, 2000; Gross, 1998).

학습에 있어 정서는 매우 중요하다. 하지만 학교에서 정서는 학습되어야 할 지식의 통합적 부분이라기보다는 학습에 부차적이거나 부수적인 것으로 간주되는 경우가 많다. 그러나 오늘날 신경과학자들은 정서가 왜 중요한 학습 변인인지, 학습할 때 경험하는 정서, 행동, 사고가 어떤 방식으로 상호작용하는지, 이러한 상호작용이 학습에 어떤 결과를 초래하는지에 대한 새로운 이해를 도모하고 있다. 마음과 뇌, 인지와 정서는 분리된 것이 아니다. 실제로 뇌에서도 인지나 정서 중 어떤 한 가지만 배타적으로 담당하고 다른 과정과 전혀 상호작용하지 않는 뇌 부위를 확인할 가능성은 없다. 다시 말해서, 정서와 사고와 학습은 모두 연결되어 있다. 학습과정에서 정서의 역할은 크게 세 가지 측면으로 나눌 수 있다(김민성, 2009).

첫째, 행동에 대한 안내자 역할이다. 정서는 학습에 대한 열정을 가지게 하며, 어디에 주의를 기울여야 할 것인지 우선순위를 정하도록 돕는다(Jensen, 2000). 기대, 자부심, 두려움, 무력감 등의 정서는 학습자 개인에게 무엇이 의미 있는 것인지, 어떠한 행동을 취해야 하는지에 대한 동기적 지향과 선택과정에 에너지를 제공한다(Efklides & Petkaki, 2005). 예를 들어, 학습자가 목표의 달성 정도에 비추어 자신이 어려운 고비를 넘겼다고 판단할 때 학습자는 안도감을 느끼게 된다. 이러한 안도감은 당분간 휴식을 취해도 괜찮다는 정보를 느낌과 감정의 형태로 학습자에게 제공한다. 이와는 대조적으로 학업성취에 대해 느끼는 분노와 수치감은 자기도 모르는 사이에 학습과정의 구체적인 문제에 집착하게 하며, 외재적 동기에 더욱 의존하게 한다(Pekrun, Goetz, Titz, & Perry, 2002).

둘째, 정보처리과정의 촉진자 역할이다. 긍정적인 정서는 총체적이고 직관적인 문제해결과정을 촉진시키는 데 반해, 부정적인 정서는 보다 분석적이고 세부적이며 절차적인 유형의 정보를 더 향상시킨다. 예를 들어, 성적에 대해 행복감을 느낀 학생들은 정보를 회상할 때 전반적인 내용을 훨씬 더 잘 기억하였고, 이에 반해 분노의 감정을 느낀 학생들은 이야기의 목표와 관련된 정보를, 슬픔의 감정을 보고한 학생은 이야기의 결과와 관련된 내용을 더 잘 기억했다(Levine & Burgess, 1997). 또한 부정적인 정서는 부정적인 사건이나 경험을 우선적으로 떠오르게 하고 세밀한 정보에 주의를 기울이며 절차화되어 있는 방식으로 사고하도록 이끄는 반면에, 긍정적인 정서가 유도된 경우에 개인은 처리해야 할 정보를 전체적인 관점에서 직관적이고 창의적으로 바라보는 경향이 있었다(Bower, 1981).

셋째, 인지–동기–행동의 매개자 역할이다. 정서는 행동이나 인지적 기능에 직접 영향을 미치기도 하지만, 때로는 인지–동기–행동 간의 관계에 영향을 미치기도 한다. 학습자에게 내재적으로 흥미를 불러일으키는 과제 수행 후에 외재적 보상이 주어지는 경우, 일반적으로 내재적 동기가 감소하였다. 그러나 학습자가 긍정적 정서를 유지하는 경우에는 이러한 현상이 일어나지 않았다(Pretty & Seligman, 1984). 즉, 학습자에게 긍정적인 정서가 유발된 상태라면, 과잉정당화 효과는 일어나지 않았다.

이상에서 살펴본 학습과정에서 정서의 역할은 교수 · 학습환경을 제공하고 학습자를 지원할 때 고려해야 하는 점들이 무엇인지를 알려 준다. 먼저, 학생들이 학습 상황에서 다양한 정서를 경험한다는 사실을 교사가 인지한다면 학생들의 학습과정을 여러 각도에서 이해할 수 있을 것이다. 학생들이 이처럼 다양한 정서를 경험하는 것을 교사가 인지할 때 표면적으로 드러나지 않은 학습자의 상태에 보다 민감하게 신경을 쓰고 배려해 줄 수 있을 것이다. 또한 학생들 역시 자신들이 경험하는 정서를 다른 학생들도 경험한다는 것을 인식하는 것만으로도 자신을 괴롭히는 정서가 자신만의 문제가 아니라는 유대감과 정서적 지지를 얻을 수 있을 것이다.

또한 교실에서 인지가 효과를 발휘하기 위해서는 정서가 학습 경험의 일부가 될 필요가 있다. 더욱이 심각한 정서 행동 문제를 겪는 학생들은 학업적 성공을 이루기가 어려우므로 학교가 학생들에게 교과수업 이상의 도움을 제공해야 한다는 인식이 확산되었다. 이러한 맥락에서 등장한 하나의 개념 틀이 사회정서학습(Social and Emotional Learning: SEL)이다. 사회정서학습은 학급 단위 또는 학교 차원에서 '모든' 학생의 사회정서적 유능성(social-emotional competence)을 증진시키고 교과수업을 지원하며 정서 행동 문제를 예방하기 위한 다양한 시도를 통합하고 조율하는 개념 틀이다(Elias et al., 1997; Zins & Elias, 2006).

사회정서학습의 1차적 목표가 되는 사회정서적 유능성은 다섯 가지 요인을 포함한다(신현숙, 2011). 첫 번째 요인은 자기인식(self-awareness)으로, 자신의 정서, 흥미, 가치, 강점, 약점을 정확하게 파악하고, 자신감과 자기효능감을 유지하는 능력을 말한다. 두 번째 요인은 사회적 인식(social awareness)으로, 타인의 입장과 정서를 알아차리고,

개인 및 집단 간 차이와 유사점을 이해하며, 타인을 존중하고 공감하는 능력을 의미한다. 세 번째 요인은 자기관리(self-management)로, 자신의 감정을 조절하고 적절한 방식으로 표현하고, 스트레스와 충동을 관리하고, 개인적 및 학업적 목표를 설정하고 목표달성의 계획을 세우며 목표달성의 과정을 점검하는 능력을 뜻한다. 네 번째 요인은 대인관계 기술(relationship skills)로, 타인들과 협력하고, 타협하고, 부적절한 압력에 저항하고, 필요한 도움을 주고받으며, 대인 간 갈등을 관리하는 능력을 포함한다. 다섯 번째 요인은 책임 있는 의사결정(responsible decision-making)으로, 자신과 타인의 건강과 적응에 유익한 결정을 내리고 일상생활의 문제를 해결하는 능력을 의미한다.

2) 시험불안

시험불안(test anxiety)은 학습에 부정적 영향을 미칠 수 있는 정서를 대표하는데, 시험 혹은 이와 유사한 평가적 상황에서 나타날 수 있는 부정적인 결과 혹은 실패에 관한 걱정을 동반하는 생리적이며 행동적인 반응이다(Zeidner, 1998). 시험불안은 주된 요소인 근심이라는 인지적 요소, 부정적 감정이라는 정서적 요소, 빠른 심장 박동과 같은 생리적 요소, 회피행동이라는 행동적 요소를 포함한다. 불안은 특성불안(trait anxiety)과 상태불안(state anxiety)의 두 가지 유형으로 구분할 수 있다. 특성불안은 일반불안(general anxiety)이라고도 하며, 개인에게 내재되어 있는 불안을 의미한다. 특성불안을 지닌 사람들은 보다 넓은 범위에서 다양한 대상에 대해 더욱 강하게 불안을 느낀다. 반면, 상태불안은 특수불안(specific anxiety)이라고도 하는 특정 상황에서 느끼는 불안이다. 시험불안은 상태불안의 일종이다.

불안은 학습과 수행, 인지과정에 영향을 줄 수 있다. 여키스와 도슨(Yerkes & Dodson, 1908)은 불안과 수행의 관계를 [그림 5-4]와 같은 거꾸로 된 U형 함수로 제시하였다. 중간 수준의 각성 상태에서 수행 수준이 가장 높고, 너무 낮거나 높은 수준의 각성 상태에서 수행 수준이 낮았다. 가장 높은 수행 수준과 관련된 중간 수준의 각성 상태를 최적각성수준(optimum level of arousal)이라 부른다. 중요한 시험에서 잘해야 한다는 부담 때문에 지나치게 각성을 하고 시험불안 상태에 빠지면 효율적인 정보처리를 할 수 없게 되고, 앞이 깜깜해지고 아무 생각도 나지 않고 알고 있는 문제도 제대로 답하지

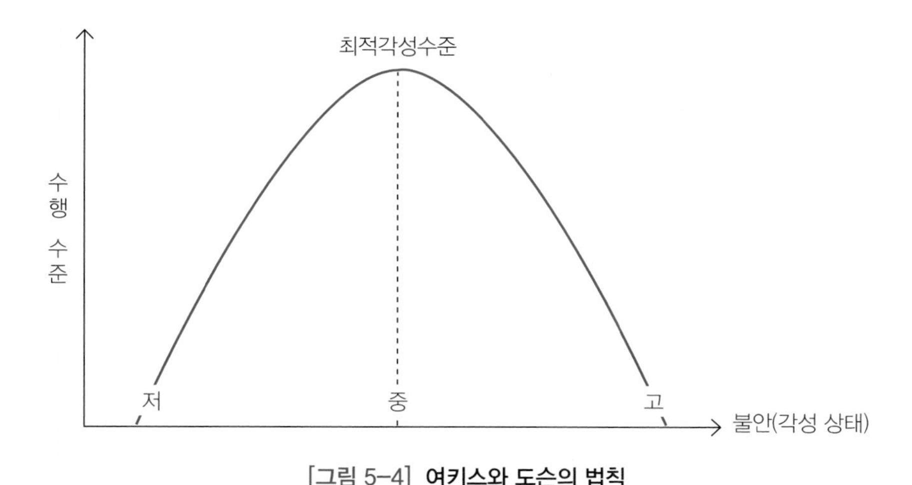

[그림 5-4] **여키스와 도슨의 법칙**

못하게 된다. 또한 지나치게 낮은 각성 수준에서는 감각박탈상태가 되어 졸음이 오고 집중이 되지 않아 시험결과는 나빠진다. 따라서 최적의 과제 수행을 위해서는 각성 상태가 중간 정도로 유지되어야 한다. 물론 이러한 불안과 수행의 관계는 과제 난이도에 따라 다르다.

3) 흥미

일반적으로 흥미는 '개인-대상-관계', 즉 개인이 특정 활동과 상호작용하여 발생하는 심리적 상태를 의미한다. 개인적 흥미는 특정 활동/행동에 대한 개인의 선호도와 관련된 심리적 성향인 반면, 상황적 흥미는 개인과 활동이 상호작용하는 순간에 반응을 유발하여 흥미를 끄는 활동의 효과를 의미한다(Krapp, Hidi, & Renninger, 1992). 학습에서 두 흥미는 모두 학생의 동기에 영향을 미친다. 특정 과목에 대한 높은 개인적 흥미는 높은 학업성취 및 높은 수준의 즐거움과 연결된다. 또한 상황적 흥미는 학생으로 하여금 학습에 참여하도록 이끄는 강력한 유인가이다. 학습에서 상황적 흥미는 학생들이 특정한 학습과제와 관련하여 흥미를 끄는 특성들을 인식하면서 일어난다. 상황적 흥미를 일으키는 맥락적 요소들은 읽기 과제를 중심으로 연구되었는데, 신기성, 놀라움, 복잡성, 모호성, 특정 유형의 주제(예, 죽음, 성)가 글의 상황적 흥미를 만들어 내는 것으로 보고되었다. 예를 들면, 소설과 같은 흥미로운 읽기 자료는 무미건조한 교재보다 흥미를 불러일으키며, 어떤 교사나 강연자는 수업이나 강연을 흥미롭게 만드는 데 능숙하여 학생이 상황적 흥미를 느끼도록 한다. 개인적 흥미는 다양한 주제와 활동에 대한 선행 경험에서 발생하는 것인데, 대상에 대한 초기의 상황적 흥미가 개인적 흥미를 향상시킬 수도 있다.

흥미를 측정하는 검사로는 스트롱(Strong, 1966)의 직업흥미검사(Strong Vocational Interest Blank)와 쿠더(Kuder, 1966)의 직업흥미검사(Kuder Occupational Interest Survey)가 가장 유명하다. 그 후 홀랜드(Holland, 1973)는 직업 세계와 관련된 여섯 가지 흥미 유형을 발표하고, 이를 측정할 수 있는 검사를 개발하였다. 여섯 가지 흥미 유형은 실재형, 탐구형, 예술형, 사회형, 기업형, 관습형으로 구분된다. 흥미 유형별 선호하는 직업 활동과 싫어하는 직업 활동은 〈표 5-3〉과 같다. 그는 이 여섯 가지 흥미 유형을 찾는 것에서 더 나아가 각각의 흥미 점수를 여러 가지 방식으로 조합하면 개인과 직업의 다양한 특징을 파악할 수 있다고 제안하였다.

표 5-3 홀랜드의 여섯 가지 흥미 유형

흥미 유형	선호하는/싫어하는 직업 활동
실재형 (realistic type)	분명하고 질서 정연하게 대상이나 연장, 기계, 도구를 조작하는 활동 내지는 신체적 기술을 좋아하는 반면, 사람과 함께하는 교육적인 활동이나 치료적인 활동은 좋아하지 않는다.
탐구형 (investigative type)	물리적 · 생물학적 · 문화적 현상을 탐구하는 활동에는 흥미를 보이지만, 사회적이고 반복적인 활동에는 관심이 부족한 면이 있다.
예술형 (artistic type)	예술적 창조와 표현, 변화와 다양성을 좋아하고, 틀에 박힌 것을 싫어한다. 모호하고 자유롭고 상징적인 활동을 좋아하지만, 명쾌하고 구조화된 활동에는 흥미가 없다.
사회형 (social type)	타인의 문제를 듣고 이해하고 봉사하는 활동에는 흥미를 보이지만, 기계 · 도구 · 물질을 다루는 활동에는 흥미가 없다.
기업형 (enterprising type)	조직의 목적과 경제적 이익을 얻기 위해 타인을 선도 · 계획 · 통제 · 관리하는 일과 그 결과로 얻어지는 인정 · 권위를 얻는 활동을 좋아하지만, 관찰을 필요로 하거나 상징적 · 체계적 활동에는 흥미가 없다.
관습형 (conventional type)	정해진 원칙과 계획에 따라 자료들을 기록 · 정리 · 조직하는 일을 좋아하고, 체계적인 작업환경에서 사무 · 계산 능력을 발휘하는 활동을 좋아하지만, 탐험적이거나 비조직적인 활동, 예술적 능력을 요구하는 활동에는 흥미가 없다.

이론 적용 활동

활동 1

학생 귀인 평정 양식

- 시험 점수: ____________
- 나의 시험 점수는: 성공이다 ____________ 실패이다 ____________
- 내가 이 점수를 받은 이유는 다음과 같다.

1) ____

2) ____

3) ____

- 이 시험을 어떻게 준비하였는지 쓰시오.

1) ____

2) ____

3) ____

- 다음 시험은 어떻게 준비할 계획인지 쓰시오.

출처: Alderman (2015).

활동 2

영희는 성적이 높은 것을 자랑스럽게 생각하는 고등학교 1학년 학생이다. 영희는 선생님의 질문에 언제나 가장 먼저 답하고, 특히 어려운 질문에 혼자 답할 수 있을 때 기뻐한다. 영희는 최근 실시된 과학 시험에서 92점을 받았는데, 성적이 더 좋은 학생이 학급에만 다섯 명이 있다. 영희는 이번에도 시험을 더 잘 본 다른 아이들만큼의 '과학적 머리'를 가지지 못했다는 것을 다시 한번 깨닫고 매우 우울해졌다. 특히 이번 시험에서는 다른 학생들보다 더 열심히 과학 공부를 했는데도 이 정도의 점수밖에 받지 못했으니 다음 시험에서도 큰 기대를 하기 어려울 것 같다는 생각이 들었다. 또 앞으로는 과학 공부에 투자하는 시간을 줄이고, 쉽게 점수를 받을 수 있는 암기과목에 더 치중해야겠다는 생각도 들었다. 영희는 영어를 잘하고 또 좋아한다. 영희의 생각에 이번 시험에서는 시간이 부족하여 영어를 충분히 공부하지 못했는데도, 운이 좋게도 공부한 부분에서 문제가 많이 출제되어 좋은 성적을 받았다. 영희는 영어가 재미도 있지만 내신 성적 관리에 과학만큼 중요한 과목이고, 영어를 잘하면 두고두고 쓸모가 있어서 앞으로도 열심히 공부할 생각이다.

• 영희는 전반적으로 어떤 학습동기를 지니고 있는지 주요 동기이론에 근거하여 설명하시오.

• 영어와 과학 과목에 대한 영희의 학습동기를 비교하시오.

• 과학 과목에 대한 영희의 학습동기를 긍정적으로 변화시키기 위한 구체적 방안을 제시하시오.

주요 용어

귀인
기대가치이론
내재적 동기
동기
목표지향성
수행목표지향성
숙달목표지향성
시험불안
실체론
외재적 동기
욕구위계
자기가치
자기개념
자기결정성
자기존중감
자기효능감
정서와 학습
증가론
학습된 무력감
흥미

탐구문제

1. 자기결정성이론은 내재적 동기와 외재적 동기를 대립된 개념으로 보았던 전통적 견해와는 달리 동기를 어떻게 개념화하고 있는지 설명하시오.
2. 매슬로 욕구위계의 관점에서 학교가 학생들을 위해 해야 하는 역할을 제안하시오.
3. 자기가치이론의 관점에서 학생들이 실패 회피 전략을 더 많이 사용하게 되는 환경을 설명하시오.
4. 자기지각과 관련된 개념인 자기존중감, 자기개념, 자기효능감을 구분하여 설명하시오.
5. 기대가치이론의 관점에서 학생들의 동기를 향상시킬 수 있는 방법을 제안하시오.
6. 학습된 무력감을 귀인이론의 관점에서 설명하시오.
7. 정서와 학습의 관계를 설명하고, 사회정서학습에서 발달시키고자 하는 사회정서적 유능성의 하위 요인을 구분하여 쓰시오.

제6장

행동주의 학습이론과 교육

1. 고전적 조건형성
2. 조작적 조건형성
3. S-O-R 이론
4. 사회학습이론
5. 행동주의 학습이론의 교육적 시사점

학습이론은 인간의 학습현상을 설명하기 위한 원리를 체계화한 것으로, 인간이 어떻게 새로운 지식과 기술, 태도를 익히는지, 그로 인하여 어떠한 행동의 변화가 일어나는지를 설명하고 예측한다. 다시 말해, 학습이론은 행동의 변화를 일으키게 하는 학습의 과정, 즉 행동 기제 또는 유기체의 내적 기제가 무엇인지를 해석하는 것이다. 그동안 다양한 학습이론이 학습이 이루어지는 현상을 설명하고 개념화하였는데, 이 중 대표적인 이론이 행동주의, 인지주의, 구성주의이다.

이 장에서는 행동주의에 대해 살펴보고자 한다. 먼저, 가장 기본적인 두 가지 형태의 학습, 즉 고전적 조건형성, 조작적 조건형성을 살펴볼 것이다. 다음으로 이를 보완하고자 등장한 S-O-R 이론과 행동과 지식의 간접적 습득을 설명하는 사회학습이론에 대해 살펴볼 것이다.

행동주의는 관찰 가능한 행동과 그 행동이 환경 속에 있는 자극으로부터 영향을 받는 과정을 이용하여 학습을 설명하는 이론이다. 학습은 경험의 결과로 발생한 것으로 관찰 가능한 비교적 지속적인 행동의 변화이다(Schunk, 2004; Skinner, 1953).

행동주의 창시자 왓슨(Watson)은 심리학이 의식에 관한 연구를 포기하고 직접 관찰하고 측정할 수 있는 외현적 행동에 주안점을 두어야 한다고 선언하였다. 그에 따르면, 심리학은 '과학'이므로 객관적으로 관찰할 수 있는 행동을 탐구해야 한다. 그런데 정신과정이나 의식은 관찰 · 측정할 수 없으므로 심리학의 탐구대상이 될 수 없다고 보았다. 극단적인 **환경결정론**자인 왓슨은 소수의 반사행동과 기본 정서를 제외한 정신능력이나 성격은 모두 학습된다고 주장하였다. 왓슨의 이러한 극단적인 주장은 "나에게 건강한 유아 열두 명을 주십시오. 그러면 잘 만들어진 나의 특별한 세계에서 그들을 키울 것이고, 그들의 재능, 기호, 버릇, 적성, 인종과 관계없이 의사나 변호사 혹은 예술가나 기업의 사장 등 원하는 어떤 전문가로도 키울 수 있습니다. 거지나 도둑이 되게끔 훈련하는 것도 물론 가능합니다."라는 말에 잘 나타나 있다.

행동주의 학습이론의 근본적인 원리는 자극과 반응의 연합이다. **자극**(stimulus)이란 학습자가 감각기관을 통해 환경에서 얻는 모든 것을 의미한다. 자극은 빛이나 소리와 같이 단순한 대상에서부터 단어나 광고와 같이 복잡한 대상에 이르기까지 매우 다양하다. **반응**(response)은 자극에 의해 야기되는 행동을 말한다. 행동주의는 자극과 반응의 관계를 탐구하고, 학습이 자극과 반응의 연합에 의해 이루어진다고 보아 자극-반응 이론(Stimulus-Response theory; S-R 이론)이라고 불리기도 한다.

또한 행동주의는 [그림 6-1]과 같이 자극과 반응의 중간에 검은 상자(black box)가 존재한다고 가정한다. 여기서 검은 상자는 행동주의 학자들이 관찰할 수 없고 측정할 수 없다고 본 정신과정 혹은 인지과정이다. 물론 행동주의가 정신과정의 존재 자체를 부정하는 것은 아니지만, 정신과정은 주관적이어서 과학적으로 탐구할 수 없으며, 정신

[그림 6-1] 자극과 반응 사이의 검은 상자

과정이 행동에 영향을 미치지 않는다는 견해를 가졌다.

행동주의의 주요한 가정 중 하나는 환원주의(還元主義, reductionism)이다. 환원주의란 복잡하고 높은 단계의 사상이나 개념을 하위 단계의 요소로 세분화하여 명확하게 정의할 수 있다고 주장하는 철학적 견해를 말한다. 다시 말하면, 복잡한 실체는 여러 부분으로 이루어져 있고, 실체를 이루는 한 부분을 설명하면 전체를 이해할 수 있다는 것이다. 행동주의는 환원주의의 영향을 받아 인간 또한 분화될 수 있는 부분들(행동들)의 집합으로 이루어져 있기 때문에 관찰 가능한 외적 행동의 변화라는 한 측면으로 인간 전체를 이해할 수 있다고 가정한다.

1. 고전적 조건형성

1) 파블로프의 실험

특정 반응을 끌어내지 못하던 자극(중립 자극)이 그 반응(무조건 반응)을 무조건 끌어내는 자극(무조건 자극)과 반복적으로 연합되면서 그 반응(조건 반응)을 유발하게 되는 과정을 고전적 조건형성(classical conditioning)이라고 한다. 고전적 조건형성의 절차는 파블로프의 개 실험(Pavlov, 1927)으로 잘 알려져 있다.

개는 무조건 자극(Unconditioned Stimulus: UCS)인 고기에 무조건 반응(Unconditioned Response: UCR)인 침을 흘린다. 무조건 자극은 무조건 반응을 유발하는 기능이 있다. 무조건 반응은 무조건 자극에 의해 유발된, 학습되지 않은 반응이다. 개는 선천적으로 고기(무조건 자극)에 침(무조건 반응)을 흘리기 때문이다. 그러나 개는 종소리에는 침을 흘리지 않는다. 종소리는 침 분비와 아무 관련이 없으므로 중립 자극(Neutral Stimulus: NS)이다. 개가 종소리에 침을 흘리도록 하려면 조건형성 과정을 거쳐야 한다. [그림 6-2]에 제시된 바와 같이 중립 자극인 종소리를 무조건 자극인 고기와 짝지어 여러 차례 반복하면, 개는 종소리에 침을 흘리게 된다. 조건형성 과정을 통해 마침내 종소리가 침을 유발하는 기능을 획득한 것이다. 이때의 종소리를 조건 자극(Conditioned Stimulus: CS)이라고 하고, 조건 자극이 유발한 반응을 조건 반응(Conditioned Response: CR)이

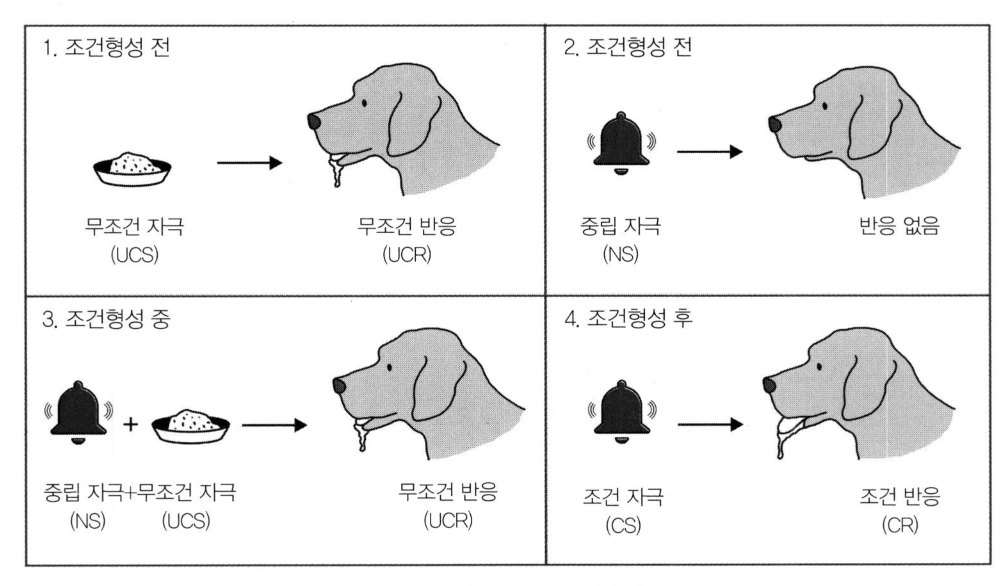

[그림 6-2] 고전적 조건형성

읽을거리

고전적 조건형성의 발견

파블로프는 심리학, 특히 학습심리학 분야에서 가장 유명한 인물 가운데 한 사람이다. 그러나 그는 심리학자가 아니라 생리학자였고, 개의 소화기계 생리에 관한 연구로 1904년에 이미 노벨생리·의학상을 수상하였다. 파블로프는 개가 음식(고기 분말) 냄새를 맡았을 때 분비되는 침의 양을 측정하기 위해서 용기에 개의 침을 모았다. 그런데 뜻밖의 사실을 발견하게 되었다. 개는 처음에는 고기 분말의 냄새를 맡기도 전에 침을 흘렸다. 심지어는 음식을 가지고 실험실에 들어오는 연구자를 보거나 연구자의 발소리만 들어도 침을 흘렸다. 처음에 파블로프는 이러한 침의 분비를 막으려고 노력하였다. 왜냐하면 그것이 그의 실험을 망친다고 생각하였기 때문이다. 그러나 파블로프는 이러한 사건에 흥미를 가지게 되었다. 그는 개가 고기 분말 냄새를 맡기 전에 침을 분비하도록 특정한 학습이 일어난 것으로 추론하였다. 이것이 고전적 조건형성의 시작이다. 파블로프가 관찰하였던 이러한 현상은 다른 연구자들이나 가축을 기르는 대부분의 사람이 관찰해 왔던 현상이다.

출처: Sternberg & Williams (2009/2010).

라고 한다. 무조건 반응과는 달리, 조건 반응은 학습된 반응이다(Baldwin & Baldwin, 2001).

2) 왓슨의 실험

왓슨과 레이너(Watson & Rayner, 1920)는 파블로프의 고전적 조건형성의 원리를 인간 행동에 적용하였다. 이들은 아동의 정서 반응이 고전적 조건형성을 통해 학습되는지를 알아보기 위해 앨버트(Albert)라는 9개월 된 아이가 공포증을 습득하게 되는 과정을 실험하였다. 왓슨이 앨버트에게 흰쥐(중립 자극)를 보여 주었을 때 앨버트는 아무런 공포감을 보이지 않았다. 그러나 흰쥐(중립 자극)를 내보임과 동시에 망치로 쇠막대기를 쳤더니(무조건 자극), 앨버트는 놀라서 울었다(무조건 반응). 이러한 과정을 반복적으로 실시하였더니, 앨버트는 망치로 쇠막대기를 치는 소리가 나지 않아도 흰쥐(조건 자극)만 보면 울었다(조건 반응). 그 후 흰쥐에 대한 앨버트의 공포는 토끼, 개, 털 코트 등 털이 있는 동물이나 물건에까지 일반화되었다.

고전적 조건형성의 예는 실생활이나 교실에서 쉽게 찾을 수 있다(Schunk, Pintrich, & Meece, 2008). 올림픽 경기에서 연주되는 애국가를 들었을 때 심장이 약간 빨리 뛰지 않는가? 이것은 대부분의 한국인에게 일어난다. 이탈리아 국가를 들었을 때도 같은 현상이 일어나는가? 대부분 그렇지 않다. 왜냐하면 한국인은 다른 노래가 아닌 애국가에 대한 반응이 조건형성되었기 때문이다. 그리고 만약 사람들 가까이에서 풍선을 불고 있다면 왜 풍선 옆에 있는 사람들은 눈을 깜박이고 초조해하는 것일까? 이는 팽창한 풍선이 두려운 것(예, 풍선 터지는 소리)과 연합하여 조건형성되었기 때문이다. 이러한 정서적 반응은 모두 고전적 조건형성을 통해 학습된 것이다.

CF에 나오는 인기 연예인의 경우 대중들에게 호감을 불러일으키는 무조건 자극에 해당한다. CF의 대상이 되는 냉장고나 과자는 본래는 중립 자극이었다. 그런데 인기 연예인이 해당 상품을 반복해서 광고하면(조건형성 과정), 결국 대중들은 해당 상품(조건 자극)에 대해 호감(조건 반응)을 느끼게 된다. 또 다른 예로 교사가 학생들에게 백지를 나누어 주면 학생들은 긴장한다. 학생들이 유치원에 다니던 시절, 백지는 학생들을 불안하게 하는 자극이 아니었다. 학교에 들어와 시험을 보기 시작하면서, 본래 시험(무조건 자극)이 유발하였던 불안(무조건 반응)이 백지(중립 자극)와 연합된 것이다. 결국 학생들은 교사가 갑자기 백지(조건 자극)를 나누어 주면 불안해지고 긴장(조건 반응)하게 된다.

3) 고전적 조건형성의 주요 개념

(1) 일반화와 변별

일반화(generalization)는 조건 자극과 유사한 자극에 조건 반응을 나타내는 현상을 말하며, 자극 일반화라고도 한다. 반면에 변별(discrimination)은 원래 조건 자극에만 조건 반응을 나타내고 다른 자극에는 조건 반응을 나타내지 않는 현상, 다시 말해 유사한 두 자극의 차이를 식별하여 각각의 자극에 대해 서로 다르게 반응하는 현상을 말한다. 여러 가지 종소리를 구분하지 못하고 종소리만 나면 침을 흘리는 경우를 일반화라 할 수 있고, 추후 종소리를 구분하여 특정 종소리에만 침을 흘리는 경우를 변별이라 할 수 있다. 교실장면에서는 영어시험에 실패한 후 영어시험을 불안해하는 학생이 국어시험도 불안해하는 경우를 일반화라 할 수 있다. 반대로 영어시험에는 긴장하지만 국어시험에는 긴장하지 않는 경우는 영어시험과 국어시험을 변별했다고 볼 수 있다.

(2) 소거와 자발적 회복

소거(extinction)는 조건화가 성립된 이후 무조건 자극을 주지 않고 조건 자극만 반복해서 제시할 때 조건 반응이 점차 감소하여 사라지는 현상을 가리킨다. 파블로프의 실험에서 소거는 조건형성 이후 개에게 먹이를 주지 않고 계속 종소리만 제시하여 개가 종소리에 침을 흘리지 않는 원래 상태로 돌아가는 현상이다. 자발적 회복(spontaneous recovery)은 조건 반응이 소거된 후 일정 시간이 경과한 뒤에 조건 자극이 다시 제시되면, 조건 반응이 다시 나타나는 현상이다. 종소리에 침을 흘리지 않는 원래 상태로 돌아간 개에게 일정 시간이 지난 후 다시 종소리를 들려주면, 비록 소거 이전보다 적은 양일지라도 다시 침을 흘리는 현상을 말한다. 이는 학습이 비교적 영속적인 현상임을 나타낸다.

교실장면에서 교사가 학생들에게 수차례 백지만 나누어 주고 시험을 보지 않는 경우, 학생들은 백지를 받아도 불안해하지 않게 된다. 이를 소거라 할 수 있다. 이때 자발적 회복은 방학이 지난 후 학생들에게 교사가 백지를 나누어 주면 학생들이 다시 불안을 경험하는 것이다.

(3) 고차적 조건형성

조건 자극이 일단 조건반응을 유발하는 힘을 획득하고 나면 그 조건 자극은 제2의 자극과 짝지어질 수 있고, 제2의 자극은 무조건 자극과 짝지어진 적은 없지만 조건 반응을 일으킬 수 있다. 이러한 현상을 **고차적 조건형성**(higher-order conditioning)이라고 한다. 예를 들어, 먼저 종소리와 고기를 짝지어 개의 타액 분비 반응을 조건형성시킨다. 종소리가 조건 자극의 역할을 하게 되면(개가 종소리에 침을 흘리게 되면), 이 종소리를 다른 자극(예, 불빛)과 반복해서 짝지어 제시한다. 이러한 조건형성 과정을 거치면 나중에는 개가 불빛만 보고서도 침을 흘리게 된다. 불빛은 고기와 짝지어진 적이 없지만 종소리와 짝지어져 침 분비 반응을 유발할 수 있게 된다.

고차적 조건형성은 조건형성이 반드시 자연적인 무조건 자극이 존재할 때만 가능한 것이 아님을 보여 준다. 이 조건형성에서는 이미 확립된 조건 반응을 기초로 새로운 조건 반응을 형성하기 때문에, 고차적 조건형성을 통해 습득되는 행동의 범위가 크게 확장될 수 있다.

4) 고전적 조건형성의 영향요인

고전적 조건형성 성립의 용이함에 영향을 미치는 요인은 다음과 같다(권대훈, 2015). 다음은 조건형성이 성립되기 이전의 단계에 관한 진술문이므로, 조건 자극은 중립 자극으로 표기될 수 있다.

- 조건 자극과 무조건 자극의 결합횟수: 조건 반응의 강도는 조건 자극과 무조건 자극의 결합횟수에 비례한다.
- 조건 자극과 무조건 자극의 제시 순서: 조건 자극이 무조건 자극보다 앞에 제시되어야 조건 반응이 쉽게 형성된다.
- 조건 자극과 무조건 자극의 시간 간격: 조건 자극을 제시한 후 무조건 자극을 제시

하는 데 걸리는 시간이 짧을수록, 즉 두 자극 사이의 간격이 짧을수록 조건 반응이 쉽게 형성된다.

- 조건 자극의 일관성: 같은 조건 자극을 일관성 있게 사용해야 한다.
- 무조건 자극의 강도: 무조건 자극의 강도가 높을수록 조건형성이 빨리 이루어진다.

2. 조작적 조건형성

1) 손다이크의 시행착오설

손다이크(Thorndike, 1911)는 반응 뒤에 제시되는 무엇 때문에 학습을 하는지에 대해 연구하였다. 그는 배고픈 고양이를 [그림 6-3]의 문제 상자(puzzle box) 안에 넣고 상자 밖에 음식을 놓아 고양이가 볼 수 있도록 한 후, 고양이가 발로 지렛대를 밟으면 문이 열리도록 장치해 두었다. 고양이는 앞발로 쳐서 문에 달린 빗장을 당겨 보려고 시도하였다. 그러다가 우연히 발로 지렛대를 밟자 문이 열렸고, 고양이는 상자 밖으로 나와 음식을 먹었다. 손다이크는 다시 배고픈 고양이를 상자 안에 넣고 같은 일을 되풀이하였는데, 고양이가 지렛대를 밟아 문을 여는 데 걸리는 시간이 점차 줄어들었고, 마침내 고양이는 손다이크가 상자에 넣자마자 지렛대를 밟아 문을 열 수 있게 되었다.

손다이크는 학습자가 다양한 반응을 해 보면서 그중에서 문제를 성공적으로 해결한

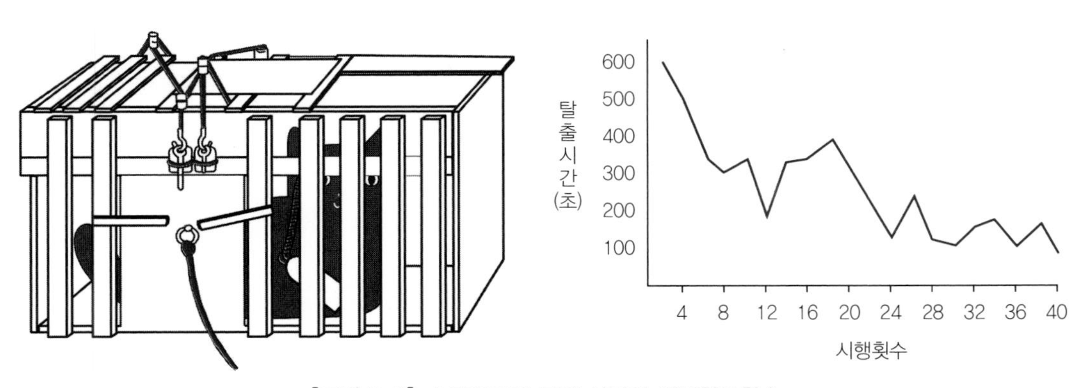

[그림 6-3] 손다이크의 문제 상자와 시행착오학습

반응을 학습한다는 것을 증명하였다. 특정 목표를 달성하려고 노력하는 중에 학습자는 다양한 반응을 하게 되는데, 이 중 만족스러운 결과를 얻은 반응은 증가되고, 불만족스러운 결과를 얻었던 반응은 소거된다. 성공하기까지 다양한 반응을 해 보았기 때문에 이러한 학습을 **시행착오학습**(trial and error learning)이라 하였다. 또한 [그림 6-3]의 시행착오학습 그래프에서 보듯이, 동물은 더 많은 기회를 가질수록 더 빨리 문제를 해결하였다. 이를 통해 손다이크는 시행횟수가 증가하면 문제를 해결하는 데 걸리는 시간이 점차 줄어드는 것에 주목했고, 학습이 통찰적이기보다 점진적이라는 결론을 내렸다. 달리 말하면, 학습은 비약적으로 이루어지는 것이 아니라 체계적 단계를 통해 이루어진다는 것이다.

반응이 성공적 결과를 가져다준 도구가 되었기 때문에, 시행착오학습을 **도구적 조건형성**(instrumental conditioning)이라 부르기도 한다. 도구적 조건형성에서는 반응 뒤에 보상이 따른다. 보상을 받느냐 못 받느냐는 전적으로 유기체에 달려 있다. 따라서 고전적 조건형성에서는 유기체가 무조건 자극을 얻는 데에 수동적이었던 것과 반대로, 도구적 조건형성에서 유기체는 보상을 얻는 데 능동적이다(이성진 외, 2010). 손다이크는 인간의 복잡한 학습도 동물 실험에서 밝혀진 기본 학습 원리로 설명할 수 있다고 보았는데, 그가 제시한 주요 학습 법칙은 다음과 같다.

(1) 준비성의 법칙

준비성의 법칙(law of readiness)은 어떤 사람이 행동을 할 준비가 되어 있을 때 수행을 하면 만족스럽지만, 준비가 되어 있지 않을 때 수행을 하도록 강요받거나 준비가 되었는데도 수행을 허용하지 않는다면 불만족스러운 결과가 초래된다는 법칙이다. 일반적으로 목표지향적인 행동이 방해를 받거나 원하지 않는 행동을 하도록 강요받을 때 좌절을 경험한다.

(2) 연습의 법칙

연습의 법칙(law of exercise)은 자극과 반응 간의 결합은 연습의 횟수가 많아지면 견고해지고(사용의 법칙, law of use), 수행이 계속되지 않으면 약화된다(불사용의 법칙, law of disuse)는 법칙이다. 이는 빈도의 법칙이라고도 불린다. 즉, 연습의 법칙은 우리가 행동하는 것을 통해 학습하고, 행동하지 않으면 망각한다는 것이다.

하지만 손다이크는 1930년 이후 연습의 법칙을 수정하였다. 손다이크는 여전히 연습이 조금의 향상을 이끌며 연습이 부족하면 약간 잊을 뿐이라고 주장하였지만, 단순한 반복이 자극과 반응의 연결을 강화하는 것이 아니며, 단순한 불사용이 연결을 크게 약화시키지는 않는다고 하였다(Miltenberger, 2015/2017).

(3) 효과의 법칙

손다이크는 초기연구에서 강화(reinforcement)라는 용어를 거의 쓰지 않았지만, 그는 향후 이 용어 사용의 기반을 제공하였다. **효과의 법칙**(law of effect)은 자극-반응 결합의 강도가 반응의 결과에 따라 결정된다는 법칙이다. 만약 반응 후에 만족스러운 결과가 따라오면 자극과 반응의 결합 강도는 증가한다. 그러나 반응 후에 불만족스러운 결과가 따라오면 자극과 반응의 결합 강도는 감소한다. 다시 말해, 자극이 반응을 유발하였을 때 그 반응이 강화물을 초래하면 자극과 반응의 연합은 보강된다. 반면, 자극이 반응을 유발하였을 때 처벌이 뒤따르면 자극과 반응의 연합은 약화된다.

1930년 이후 손다이크는 강화가 자극과 반응의 연결 강도를 늘리지만, 처벌은 자극과 반응의 연결 강도에 아무런 역할을 하지 않는다는 주장을 하면서 효과의 법칙을 다소 수정하였다. 보상은 행동의 확률을 증가시키지만, 처벌은 행동의 확률을 거의 감소시키지 않는다는 것이다.

2) 스키너의 조작적 조건형성

손다이크가 시작한 도구적 조건형성 실험을 보다 체계화한 학자가 스키너(Skinner)이다. 스키너는 고전적 조건형성 이론이 인간을 단순히 자극에 반응하는 수동적 존재로 간주하고 있어 다양한 인간의 행동을 설명하기에 한계가 있다는 것을 지적하며, 조작적 조건형성(operant conditioning) 이론을 제시하였다.

스키너(1953)는 비둘기가 버튼을 쪼면 먹이가 나오는 스키너 상자를 고안하고, 이를 사용하여 실험하였다. 상자 안에는 비둘기가 쫄 수 있는 버튼이 있는데, 비둘기가 그 버튼을 쪼았을 때 먹이가 먹이통에 떨어지게 되어 있었다. 스키너는 상자 안의 비둘기가 버튼을 쪼는 행동을 어떻게 학습하는지에 관심을 두었다. 비둘기는 우연히 버튼을 쪼아 먹이(강화물)를 얻게 된다. 이러한 우연이 반복되면 비둘기는 버튼을 쪼는 행동을 점점 빠르게 반복하게 된다. 즉, 버튼을 쪼는 행동은 먹이라는 강화물을 얻게 됨으로써 학습된 것이다.

사람이나 동물은 단지 자극에 반응하기만 하는 것이 아니라, 오히려 자발적으로 행동을 시작함으로써 환경을 조작한다. 스키너는 비둘기가 환경에 스스로 작용하여 어떤 결과를 생성해 낸다고 해서 이러한 현상을 조작적(작동적, operant)이라고 하고, 이러한 절차로 학습되는 과정을 조작적 조건형성이라 말했다. 그러므로 조작적 조건형성은 반응에 선행하는 자극보다 반응에 수반되는 결과(강화 또는 벌)를 더 중시한다. 행동은 결과에 의해 통제되므로, 행동을 이해하려면 행동에 수반되는 결과를 분석해야 한다.

(1) 강화와 벌

조작적 조건형성 이론의 핵심은 행동의 결과를 통제하여 조작 반응을 변화시키는 데 있다. 다시 말해, 특정 행동을 증가시키고 싶으면 행동 뒤에 긍정적 결과를, 감소시키고 싶으면 행동 뒤에 부정적 결과를 주면 된다는 것이다. 행동에 수반되는 결과는 크게 강화와 벌로 구분된다.

반응의 확률 혹은 강도를 증가시키는 절차나 결과를 **강화**(reinforcement)라 한다. 강화는 정적 강화와 부적 강화로 구분된다. **정적 강화**는 반응 후 반응확률을 증가시키는 강화물을 제시하는 절차를 말한다. 〈표 6-1〉과 같이 '정적(positive)'은 자극을 '제공'함을 의미한다. 학생의 착한 행동을 칭찬하고, 열심히 일한 직원에게 보너스를 주며, 열심히 공부할 때 높은 성적을 주는 것이 정적 강화에 해당된다. **부적 강화**는 반응확률을

표 6-1 강화와 벌의 유형

	강화	벌
정적 (positive)	행동 증가를 목적으로 유쾌자극 제공	행동 감소를 목적으로 불쾌자극 제공
부적 (negative)	행동 증가를 목적으로 불쾌자극 제거	행동 감소를 목적으로 유쾌자극 제거

높이기 위해 반응 후 강화물을 제거하는 절차를 말한다. 여기에서 '부적(negative)'은 자극을 '제거'함을 의미한다. 부적 강화는 행동 후에 싫어하는 혐오 자극(꾸중, 잔소리, 벌, 청소, 질책, 전기충격 등)을 제거해 줌으로써 행동을 증가시키는 과정이다(Skinner, 1953). 예를 들어, 지렛대를 누르면 소음에서 벗어날 수 있도록 설계된 스키너 상자에서 지렛대 누름 반응이 학습될 것이다. 또한 공부를 열심히 할 때 잔소리를 하지 않는 것, 자동차에 타서 안전띠를 매면 귀에 거슬리는 소리가 멈추는 것이 부적 강화를 응용한 것이다.

강화와 반대로, 반응의 확률 혹은 강도를 감소시키는 절차나 결과를 **벌**(punishment)이라 한다. 벌에도 정적 벌과 부적 벌이 있다. 〈표 6-1〉과 같이 **정적 벌**은 어떤 반응 뒤에 대상이 싫어하는 자극을 가하는 것이다. 수업시간에 떠드는 학생에게 방과 후에 청소를 시키는 것이 이에 해당한다. **부적 벌**은 어떤 반응 뒤에 대상이 좋아하는 자극을 제거하는 것이다. 부모의 말을 듣지 않는 행동 후에 용돈을 줄임으로써 말을 잘 듣지 않는 행동을 감소시키거나, 형제간에 싸웠을 때 좋아하는 TV 프로그램을 못 보게 하는 것이 그 예이다.

벌은 바람직하지 않은 행동을 일시적으로 억압하지만, 벌의 위협이 없으면 바람직하지 않은 행동이 또다시 나타나므로 지속적인 효과가 없다. 또한 벌주는 사람에 대한 적대감과 공격성을 유발한다든지, 분노, 불안, 공포와 같은 정서적 부작용을 가져오기도 한다. 이러한 이유로 벌을 자제하고 목표행동에 부합되는 바람직한 행동을 강화하는 것이 효과적이다(Alberto & Troutman, 2006). 즉, 부정적 행동을 줄이려고 노력하기보다 긍정적 행동을 늘리려고 노력하는 것이 바람직하다. 예를 들어, 학급에서 큰 소리를 내는 행동을 벌하기보다 말하기 전에 먼저 손을 드는 학생을 칭찬하고 보상하면, 말하기 전에 손을 드는 행동이 증가하면서 큰 소리를 내는 행동은 저절로 감소할 것이다.

하지만 불가피하게 교육장면에서 벌을 주어야 할 경우, 행동이 발생한 직후에 적절하게 그리고 일관성 있게 벌을 부과하고, 학생들이 다른 대안적 반응을 할 수 있을 때 벌을 주어야 효과적이다(Walters & Grusec, 1977). 그리고 벌의 목적은 행동 감소에 있으므로 부모나 교사는 벌을 줄 때 왜 처벌을 하는지에 대해 구체적으로 설명해야 한다.

교실에서의 조작적 조건형성의 모습은 예기치 않은 방식으로 나타나기도 한다. 국어교사가 국어 시간에 문학과 문법을 가르치면, 학생들은 대부분 문학 시간은 좋아하지만 문법 시간은 싫어한다. 문학 시간에는 학생들이 적극적으로 참여하고 즐거워하는 반면, 문법 시간에는 소극적으로 반응하거나 심하면 소란스럽게 잡담한다. 그러면 교사는 점점 문학 시간을 늘리고 문법 시간은 줄이게 된다. 즉, 교사가 조작적 조건형성이 된 것이다. 이렇듯 교사도 학생들의 반응에 조작적 조건형성이 되기 쉬우므로 자신의 행동을 관찰하면서 조절해야 한다(Sternberg & Williams, 2009/2010). 강화의 효과적 시행을 위한 제언은 이 책의 〈표 10-6〉에 제시되어 있다.

(2) 강화계획

강화가 이루어지는 방식을 강화계획이라 한다. 강화계획에는 계속적 강화와 간헐적 강화가 있다. 계속적 강화는 목표가 되는 반응을 할 때마다 강화물을 준다. 계속적 강화는 행동을 빨리 변화시키기 때문에 학습 초기 단계에 매우 효과적이지만, 강화물이 주어지지 않을 경우 학습된 행동이 매우 빨리 소거된다. 반대로 목표 반응을 할 때마다 강화물을 제시하지 않고 가끔 강화하는 것을 간헐적 강화라고 한다. 간헐적 강화는 계속적 강화보다 학습을 더디게 하지만, 강화물이 주어지지 않을 때 학습된 행동을 유지하는 데는 유용하다.

간헐적 강화는 강화를 주는 기준의 변동 여부(고정, 변동)와 기준의 종류(시간 간격, 반응횟수)를 조합하여 네 가지의 강화계획으로 나뉜다(Ferster & Skinner, 1957). 먼저, 시간 간격을 기준으로 강화물을 제공하는 강화계획에는 고정간격 강화(fixed-interval reinforcement)와 변동간격 강화(variable-interval reinforcement)가 있다. 고정간격 강화는 일정한 시간이 지난 뒤에 나타나는 첫 번째 목표 반응에 강화물을 주는 계획이다. 한 달이 지난 뒤에 받는 월급이 고정간격 강화의 한 예이다. [그림 6-4]에서와 같이 고정간격 강화의 경우 한 번의 강화물을 받은 직후에는 거의 반응이 나타나지 않다가 정해진 간격이 종료될 무렵에 반응률이 갑자기 증가하는 특성을 보인다. 변동간격 강화는 일정한 시간이 지난 뒤에 강화물이 주어지는 고정간격 강화와 달리, 시간 간격을 달리하여 강화물을 주는 것이다. 만약 회사의 사장이 순회하는 바로 그 순간에 일하고 있는 사람에게 보너스를 주며 사장의 방문이 불규칙적이라면, 사원들은 장기간에 걸쳐 꾸준히 일할 것이다. 변동간격 강화 조건에서는 강화물을 받을 수 있는 시점을 예측할 수 없어서 고정간격 강화보다 반응 확률을 더 일정하게 유지할 수 있다.

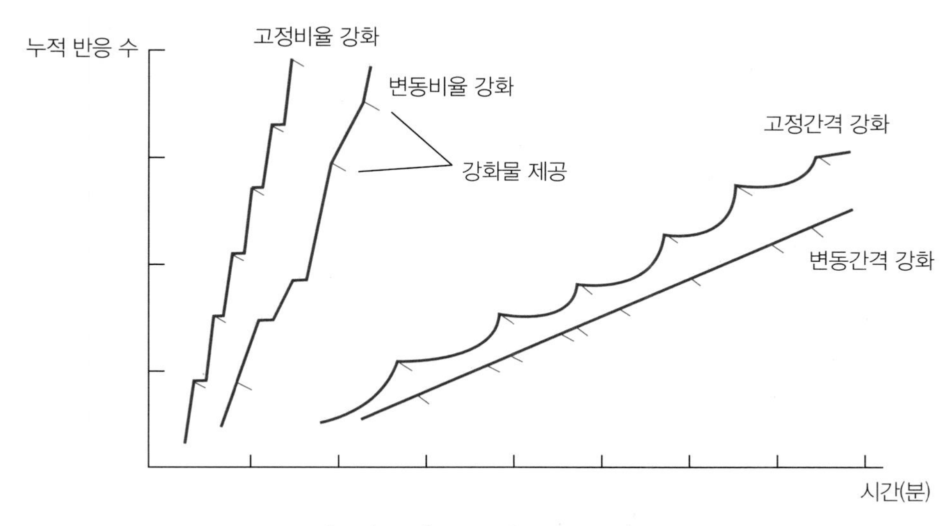

[그림 6-4] 강화계획별 반응 특성

* 그래프에서 짧은 빗금은 강화물 제공을, 수평선은 휴지기를 나타낸다. 반응률이 높을수록 경사는 가파르다.

출처: 현성용 외(2008).

다음으로 반응횟수를 기준으로 강화물을 제공하는 강화계획에는 고정비율 강화(fixed-ratio reinforcement)와 변동비율 강화(variable-ratio reinforcement)가 있다. 고정비율 강화는 일정한 수의 반응을 한 뒤에 강화물을 주는 계획이다. 학생이 5회 발표를 했거나 10회의 선행을 했을 때 강화물을 주는 경우를 들 수 있다. 변동비율 강화는 고정비율 강화와 같이 일정한 수의 반응 뒤에 강화물을 주는 것이 아니라 강화물을 주는 반응횟수가 수시로 바뀌는 것이다. 카지노의 슬롯머신에 돈을 넣고 핸들을 당기는 행동은 변동비율 강화의 예이다. 사람들은 잭팟(강화물)이 터지려면 얼마나 많은 행동(돈 넣고 당기기)이 필요한지를 알지 못하기 때문에 돈을 넣고 당기기를 반복한다. [그림 6-4]에서와 같이 고정비율 강화의 경우는 강화물을 받은 직후에 반응이 멈추는 기간이 있다. 반면에 변동비율 강화에서는 반응률이 안정적이고 반응이 지속적으로 나타난다(현성용 외, 2008).

(3) 행동조성

행동조성(behavior shaping, 행동조형)은 두 가지 이상의 행동 중에서 목표행동에 좀 더 가까운 행동을 선택적으로 강화하고, 그렇지 않은 행동은 모두 소거시켜서 궁극적으로 목표행동을 수행할 수 있게 하는 전략을 말한다. 예를 들어, 비둘기에게 피아노를 가르치기 위해 비둘기의 행동을 유심히 관찰하다가 우연히 비둘기가 피아노 근처에 왔을 때 재빨리 먹이를 제공하는 과정을 반복하면 비둘기는 피아노에 가까이 가는 행동이 먹이의 획득을 가져온다는 **수반성**(**유관성**, contingency)을 학습하게 된다. 이 과정을 통해 비둘기가 피아노에 가까이 오는 행동이 증가하면, 이제 먹이(강화물)는 비둘기가 피아노 건반 위에 올라갔을 때만 제공된다. 즉, 비둘기는 피아노 근처에 가서는 먹이를 얻지 못하고, 건반 위에 올라갔을 때 먹이를 얻을 수 있다는 사실을 학습하게 된다. 이와 같은 과정이 건반을 누르는 행동 등으로 계속해서 반복·확장되는 가운데 비둘기는 마치 피아노를 연주하는 것과 같은 행동을 할 수 있게 된다.

행동조성은 차별강화와 점진적 접근으로 구성된다. **차별강화**(differential reinforcement)란 어떤 반응에는 강화물을 주고 어떤 반응에는 강화물을 주지 않는 전략이다. **점진적 접근**(successive approximation)이란 목표행동에 근접한 행동에만 강화물을 주고, 다음번 행동이 일정한 목표 수준에 도달하면 다시 목표행동에 좀 더 근접한 다른 행동을 선택하여 강화물을 주는 것을 의미한다. 즉, 강화의 기준을 점점 상향 조정하여 목표행동을 향해 단계적으로 접근하는 것이다.

인간도 행동조성을 통해서 수많은 행동을 학습한다. 아이가 말을 배울 때 부모는 처음에는 '어' 또는 '아'와 같은 발성을 하면 강화를 한다. 그다음에는 '엄'이나 '음'과 같은 단어를 발음할 때 강화를 하며, 점차 '엄마'라는 단어를 정확하게 발음할 경우에만 강화를 한다. 이와 같은 과정을 통해 아이는 언어를 학습하게 된다(권대훈, 2015).

행동조성의 개념은 학교에서 성공을 거의 경험하지 못하는 학생에게 특히 유용하게 적용될 수 있다. 왜냐하면 행동조성이란 완벽한 수행이 아닌 발전에 대해 강화를 하는 것이기 때문이다(Woolfolk, 2004). 수학시험에서 항상 절반도 맞히지 못하는 학생의 경우 수학 시간에 강화를 받을 기회는 거의 없어 보인다. 강화를 받을 기회가 없다면 학생은 그 수업이나 교과에 흥미를 잃게 될 것이다. 하지만 조성은 완벽을 기다리는 것이 아니라 완벽에 이르는 과정에 개입하는 적극적인 방법이므로, 학생의 수행 수준을 단계별로 나누어 점진적으로 성공에 이르도록 도울 수 있을 것이다.

읽을거리

스키너의 딸이 목격한 조작적 조건형성

내가 "아버지는 어떤 분이셨는지 말씀해 주실 수 있는지요?"라고 묻자……

"아버지는 우리에게 인기가 많았어요. 아버지는 아이들을 사랑하셨죠. 우리에게 연을 만들어 주시고 매년 서커스 구경도 시켜 주셨어요. 우리 집 개 헌터에게 숨바꼭질을 가르쳐 주시기도 했죠. 아버지는 어떤 것도 가르칠 수 있으셨어요. 우리 집 개는 숨바꼭질을 했고, 고양이는 피아노를 쳤어요. 그것은 또 다른 세상이었죠." [스키너의 딸 줄리 바가스(Julie Vargas)와의 인터뷰 中]

출처: Slater (2005/2006).

3. S–O–R 이론

헐(Hull)은 기계적인 자극–반응 이론에서 벗어나 소위 신행동주의라 부르는 S–O–R (Stimulus-Organism-Response) 이론을 제시하였다. 그는 인간의 행동을 외부에서 주어지는 자극과 반응의 결합으로 설명하지만, 그 자극과 반응 사이에 직접 관찰할 수 없는 유기체라는 매개변인을 가정하였다. 그리고 이 세 변인 간의 관계 속에서 유기체의 행동에 관한 체계적 학습 법칙을 확립하려고 노력하여 체계적 행동설(systematic behavior theory)이라고 불리기도 한다.

그는 학습을 규정하는 원리로서 추동 감소(drive reduction)를 가정하였다. **추동**은 배고픔이나 목마름과 같은 생리적 결핍상태로 인한 심리적 불편함을 의미한다. 이러한 불편함을 감소시키는 것이 강화의 역할을 하여 행동을 하고자 하는 동기를 유발한다는 것이다. 헐의 이론에 동조하는 연구자 중 몇몇은 인간 학습에 있어 추동으로서 불안을 강조하였다. 학생들에게 성공에 수반하여 감소하게 될 어떤 불안을 북돋우는 것은 교실학습을 위한 필수 조건이다. 불안이 너무 낮으면 학습에 대한 동기 유발이 되지 않고 (왜냐하면 감소시킬 추동이 없기 때문), 불안이 너무 높으면 학습에 지장을 준다. 그러므로 적절히 불안한 상태가 학습을 위한 최적의 상태이며, 적절히 불안한 학생들을 가르치기가 가장 쉽다. 추동 감소 가설은 손다이크 이론과 스키너 이론을 특징짓는 강화의 정의를 깨려는 최초의 시도였다.

헐의 학습이론에서는 반응의 확률이 추동(drive), 습관강도(habit strength), 유인가(incentive motivation)의 세 요인에 의해 도출된다고 보았다. 이를 공식화하면 '반응경향성(E) = f(추동(D)×습관강도(H)×유인가(I))'이다. 여기서 추동은 결핍상태의 지속 시간으로 측정이 가능하다. 즉, 10시간 굶주린 쥐는 3시간 굶주린 쥐보다 추동이 강하다. 습관강도는 자극과 반응 간의 연합 강도를 말한다. 자극과 반응 간 짝지음에 대한 강화 횟수가 증가할수록 습관강도는 높아진다. 유인가는 욕구 감소와 밀접하게 그리고 지속적으로 연합되어 있는 자극을 의미한다(Hull, 1943). 이 등식은 아무리 습관강도가 높을지라도 만약 추동이나 유인가가 0이라면 학습된 반응은 일어나지 않음을 의미한다. 다시 말해, 헐은 동물에게 아무리 강화가 많이 주어질지라도 만약 동물이 추동 상태에 놓이지 않는다면 반응을 수행하지 않을 것이라고 생각하였다. 이와 유사하게 동물이 아무리 높은 추동 상태에 놓여 있을지라도 만약 반응을 수행할 때 강화가 주어지지 않는다면 동물은 학습된 반응을 수행하지 않을 것이다(Olson & Hergenhahn, 2009/2015).

4. 사회학습이론

1960년대 행동주의에 위기가 몰아닥치면서 인지심리학이 대두되었다. 상황이 점점 심각해지자 기존의 행동주의 옹호주의자들이 앞다투어 출로를 찾아 나섰지만, 사상을 바꾸는 일이었기에 단번에 성공을 거두지 못했고 숙성 과정이 필요했다. 모방학습을 제창한 밴듀라(Bandura)는 그중 가장 눈에 띄는 인물이자 영향력이 컸던 사회학습이론가였다.

인간이 인지과정을 가지고 있다는 사실은 부인할 수 없다. 그런데도 행동주의는 관찰할 수 있는 외현적 행동만 연구대상으로 하고 인지과정을 무시하는 오류를 범하였다. 이러한 행동주의의 한계를 인식한 밴듀라(1997b)는 관찰할 수 있는 행동을 강조하는 행동주의의 기본 관점을 충실히 견지하면서도 인지과정을 포함하는 이론을 제안하였다. 밴듀라의 **사회학습이론**(social learning theory)은 최근에는 사회인지이론(social cognitive theory)으로 불리고 있다. 사회인지이론은 조작적 조건형성의 원리를 이용해서 사회학습을 설명하면서도 인지과정의 중요성을 인정한다.

사회학습이론가들은 사람들이 다른 사람들의 경험을 통해 학습할 수 있음을 강조한다. 관찰학습(observational learning) 혹은 모델링(modeling)은 타인의 행동을 관찰함으로써 학습하는 것을 말한다. 밴듀라는 대부분의 학습은 주변 사람들(실제 모델), 책 또는 TV 속의 인물(상징적 모델)을 관찰하고 모방함으로써 일어난다고 생각하였다. 이를 증명하기 위해 '보보인형 실험'([그림 6-5] 참조)을 하였다(Bandura, Ross, & Ross, 1963). 이 실험은 공격 행동의 모방에 있어 실제 성인 모델의 영향력, 영상 속 모델, 만화 모델의 영향력을 비교하는 실험이었다. 결과는 실제 성인 모델이 영상 속 성인 모델보다 공격 행동 모방에 강한 영향을 미쳤고, 차례로 영상 속 성인 모델은 만화 모델보다 공격 행동 모방에 영향을 미쳤다. 그러나 세 형태의 공격적 모델에 노출된 아동들은 비공격적인 모델에 노출된 아동들 혹은 통제집단보다 더 많은 공격 행동을 보였다.

이후 밴듀라는 후속 연구에서 아동들은 공격적 행동에 대해 보상받는 것을 보았을 때 공격적 행동을 더 많이 모방하고, 모델이 공격적 행동에 대해 처벌을 받는 것을 관찰하면 모방행동이 훨씬 줄어든다는 사실도 발견하였다. 이렇듯 행동의 결과로 자신이 직접 경험하는 직접 강화와는 달리, 관찰학습에서는 모델 관찰을 통해 경험하는 일종의 간접 강화인 대리 강화(vicarious reinforcement)가 중시된다.

[그림 6-5] 밴듀라의 보보인형 실험

1) 관찰학습의 과정

관찰학습은 4단계로 이루어진다. **주의단계**(attention phase)는 모델의 행동에 주의를 기울이는 단계이다. 모델로부터 무엇을 학습하기 위해서는 우선 모델에 주의집중해야 한다. 모델의 다양한 특징은 주의받는 정도에 영향을 준다. 관찰자와 모델이 유사한 경우(예: 같은 성별, 나이 등), 모델이 존경을 받거나, 높은 지위에 있거나, 힘이 있거나, 매력이 있는 경우에 학습자는 더욱 주의를 기울일 것이다. 밴듀라(1986b)는 "(사람들은) 유능하다고 알려진 모델에 주목하고, 외모나 평판을 기준으로 보았을 때 유능하지 않다고 가정된 모델은 무시한다. 사람들은 반복된 처벌을 받는 모델보다 좋은 결과물을 내는 유능한 모델을 선택하고자 한다."라고 하였다.

파지단계(retention phase)는 모델의 행동을 기억하는 단계이다. 관찰을 통해 얻는 정보가 기능을 하기 위해서는 파지되어야 한다. 학습자는 관찰한 내용을 조직하고, 파지하며, 경험을 시연한다. 일단 정보가 인지적으로 저장되면, 관찰된 뒤 오랜 시간이 지나더라도 이러한 정보를 사용할 수 있다.

재생단계(reproduction phase)는 모델의 행동에 관한 상징적 표상을 행동으로 전환함으로써 능숙하게 수행할 수 있도록 연습하는 단계이다. 이 단계는 학습된 것이 얼마나 수행으로 변환되는가를 결정한다. 인지적으로 많은 것을 학습할 수는 있지만, 여러 가지 이유로 학습한 것을 수행할 수는 없다. 예를 들어, 어떤 반응이 파지되었더라도 성숙 수준, 부상, 질병, 수행환경 미조성 등의 이유로 수행이 불가능할 수 있다. 신체 능력 혹은 환경에 따라 학습자는 인지적 표상을 행동으로 변화시킬 수 있다.

동기화단계(motivation phase)는 연습한 행동을 표출하기 위한 동기를 형성하는 단계이다. 관찰을 통하여 학습한 행동은 강화를 받아야 실행하게 되고, 만일 그 행동의 실행이 벌을 받는다면 그 행동은 일어나지 않을 것이다. 행동의 실제적 · 상상적 보상이 그 행동의 발현 가능성을 결정한다. 관찰자가 모델이 특정 행동을 수행하고 강화받는 것을 보았다면 자신도 특정 행동 후에 강화받을 것이라는 기대를 하게 된다.

관찰학습의 4단계를 요약하면, 관찰학습이 일어나지 않는 경우는 관찰자가 모델의 행동을 관찰하지 못했거나, 머릿속에 파지하지 못했거나, 신체적 혹은 환경적 이유로 모델의 행동을 수행할 수 없거나, 그것을 수행할 만한 강화를 받지 못했기 때문이다.

2) 관찰학습의 효과

관찰학습이 관찰자(학습자)에게 미치는 영향을 네 가지로 구분하면 다음과 같다(이성진 외, 2010). 첫째, 타인이 하는 행동을 관찰함으로써 새로운 반응을 습득(acquisition)할 수 있다. 우리가 학습하지 못한 새로운 행동을 모델이 할 때, 우리는 그 행동을 모방한다. 학생들은 교사가 칠판에 수학 문제를 풀어 나가는 과정을 모방하여 그대로 해 보면서 학습한다. 둘째, 모델은 관찰자가 이미 학습했지만 실행하지 않고 있는 반응을 유발할 수 있다. 이를 촉진(facilitation) 혹은 유도 효과라고 부른다. 음악회에서 청중이 손뼉 칠 때 같이 손뼉을 치고, 청바지를 입고 있는 친구를 보면 청바지를 입는 것이 그 예이다. 셋째, 두려운 활동에 참여하였는데 나쁜 결과를 경험하지 않는 모델을 관찰하는 것은 제지를 줄여 주는 효과가 있다. 두려움의 감소를 탈제지(탈억제, disinhibition)라고 한다. 지각하고도 별다른 처벌을 받지 않는 친구를 관찰한 학생이 평소와 달리 지각을 하는 것은 탈제지(탈억제) 효과에서 기인한다. 넷째, 반대로 어떤 상황에서 모델이 특정 행동을 하고 이에 대한 처벌을 받는 것을 보았을 때, 이미 형성된 반응들은 제지(inhibition) 또는 억제된다. 제지 반응은 대리 처벌로부터 유발된 결과이다. 친구가 지각 후 꾸중을 받는 장면을 보고 지각을 하지 않게 되는 것이 그 예이다.

3) 상호결정주의

사회인지이론(Bandura, 1986b, 1997b)은 밴듀라의 사회학습이론에서 발전된 이론이다. 기존의 행동주의 이론은 환경이 일방적으로 행동을 야기한다고 보았다. 그러나 사회인지이론은 신념이나 기대와 같은 개인 요인과 행동, 환경, 이 세 변인이 서로 영향을 주고받음을 강조한다. 밴듀라(1986b)는 행동, 다양한 개인 요인(예, 인지, 정서, 생물학적 요인) 및 환경 요인(예, 물리적 환경, 사회적 환경)이 각각 다른 요인에 영향을 미치고 서로 양방향적 영향을 주고받는다는 상호결정주의(교호적 결정론, reciprocal determinism) 모델([그림 6-6] 참조)을 설정하고, 이것을 삼원 교호작용(삼요인 상호성, triadic reciprocality)이라 명명하였다.

밴듀라는 사람과 환경, 사람의 행동 그 자체가 모두 상호작용하면서 사람의 행동을 만들어 낸다고 한다. 삼원 교호작용에서 어떤 때는 환경 요인이 가장 강력한 영향을 미칠 수 있으며, 다른 경우에는 개인 요인의 영향이 가장 클 수도 있지만, 세 가지 요소 중 어떤 것도 독립적으로 이해될 수 없다.

이러한 삼원 교호작용의 맥락에서 밴듀라는 인간을 환경에 반응하기만 하는 존재가 아니라, 스스로 자신의 경험을 구조화하고 조절할 수 있는 존재로 인식하였다. 그리하여 사회인지이론에서는 학습자의 신념과 기대가 행동과 환경에 영향을 줄 수 있으며, 이는 학습자 자신이 학습에 대해 책임과 통제를 받아들이는 과정인 자기조절을 통해 가능하다고 본다. 학습에서 자기조절을 하는 학습자는 학습목표에 도달하기 위해 목표를 확인하고 그 목표에 도달하기 위한 전략을 선택하고 유지한다. 이를 위해 학습자는 자신의 행동과 생각을 활용할 수 있다(신명희 외, 2014).

사회인지이론은 현실을 구성하고, 자기조절하고, 정보를 부호화하며, 행동을 동기화하는 데 있어 인지, 특히 자기신념, 구체적으로 자기효능감의 역할을 강조하였다(Pajares & Schunk, 2002). 자기효능감은 자신의 행동과 주어진 환경 내에서 존재하는 다양한 조건에 의해 영향을 받으며, 인간의 동기화 과정과 자기조절의 핵심 요인으로 이해되고 있다.

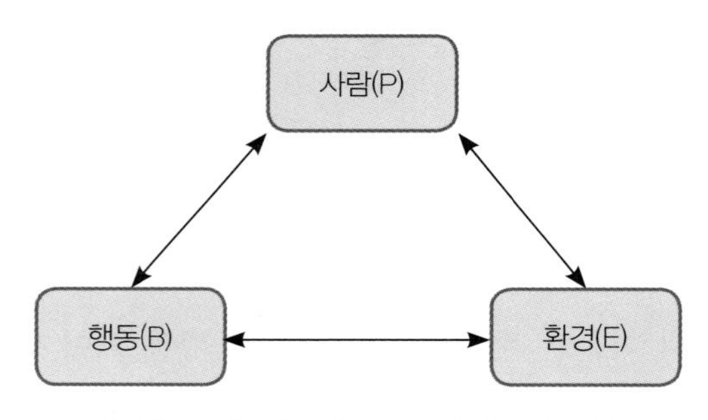

[그림 6-6] 밴듀라의 상호결정주의 모델

5. 행동주의 학습이론의 교육적 시사점

1) 고전적 조건형성

교사가 학생의 바람직하지 않은 행동을 수정하고자 할 때 고전적 조건형성을 활용할 수 있다. 고전적 조건형성은 행동장애나 나쁜 습관이 학습의 결과라고 보고, 마찬가지 방식으로 그것을 없애거나 바람직한 행동으로 대체할 수 있다고 가정한다. 다시 말하면, 무조건 자극과 조건 자극 간의 연합을 단절시키고, 바람직하지 못한 반응을 유발하는 조건 자극을 중립 자극으로 환원시키는 것이다.

(1) 학습과 긍정적 정서의 연결

우리가 일상에서 흔히 볼 수 있는 정서적 반응이나 태도는 고전적 조건형성의 결과라고 할 수 있다. 예컨대, 특정 과목을 자신이 좋아하는 교사가 가르치면 결국 그 학생은 그 과목을 좋아하게 된다. 반대로 교사가 학생을 평소 무서운 벌로 다스린다면 교사에 대한 학습자의 두려움은 학교에 대한 두려움으로 발전하여 학교, 공부, 선생님을 싫어하게 되는 일종의 자극 일반화 현상이 나타난다.

학교 혹은 교과에 대해 학생들이 긍정적 정서를 가지게 하기 위해서는 학생들의 초기 경험을 긍정적 정서 반응과 연합시키는 것이 중요하다. 예컨대, 어린 시절의 책에 대한 경험이 즐거운 것일 때, 커서 더 자주, 더 광범위하게 책을 읽는 경향이 있다(Baker, Scher, & Mackler, 1997). 또한 교실의 한쪽 구석에 편안한 의자와 따뜻한 조명 등을 비치하여 지속적으로 독서할 수 있는 공간을 만들어 두면 독서 활동이 긍정적 정서와 연합되기 쉬울 것이다. 학교에 처음 갔을 때 교사들이 학생들에게 어렵고 딱딱한 수업보다 즐거움과 이완을 경험할 수 있는 색칠하기나 율동 등을 하는 것도 이와 같은 이유이다(Gredler, 2001). 이렇듯 고전적 조건형성을 이용하여 교사들은 학생들에게 학교생활에서 일어나는 여러 가지 부정적인 정서 반응을 교정하고 긍정적인 정서 반응을 학습시킬 수 있을 것이다.

(2) 체계적 둔감법

고전적 조건형성을 활용하여 두려움과 불안 문제를 치료하는 대표적 방법이 체계적 둔감법(systematic desensitization)이다. 이 방법은 울프(Wolpe)에 의해 개발된 것으로, 두려움이 있는 사람이 이완을 연습한 후 두려움을 일으키는 자극을 상상하는 것이다. 체계적 둔감법은 ① 이완기술 학습, ② 두려움을 유발하는 자극의 위계표 작성, ③ 위계표에 따라 장면을 묘사하는 동안 이완기술을 연습하는 세 단계를 거친다. 위계표에 따라 모든 장면을 상상하는 동안 이완 반응을 유지할 수 있으면 체계적 둔감법을 마치게 된다(Wolpe, 1958, 1969; Wolpe & Plaud, 1997).

(3) 역조건형성

역조건형성(counter-conditioning)은 특정 조건 자극에 대한 바람직하지 못한 조건 반응을 바람직한 조건 반응으로 바꾸는 방법이다. 바람직하지 못한 반응과 바람직한 반응을 동시에 할 수는 없으므로, 결국 바람직한 반응이 바람직하지 못한 반응을 대신하게 된다. 예를 들면, 과도하게 경쟁하는 성취동기가 아주 높은 학생들로 구성된 교실에서 교사는 경쟁심을 줄이기 위해 학급을 소집단으로 나누고 각 집단에게 경쟁보다는 협동을 요구하는 과제를 부과할 수 있다. 이때 개인의 수행보다 집단의 수행에 기초하여 성적을 부과하면 학생들이 경쟁하기보다 협동할 가능성이 훨씬 높아질 것이다.

(4) 혐오치료

혐오치료(aversive therapy)는 문제행동과 불쾌 감정을 짝지어 문제행동을 회피하도록 하는 방법이다. 금연교육을 할 때 흡연으로 질병에 걸린 사람의 폐 사진을 보여 주어 담배에 대해 혐오감을 느끼게 하는 방법이 그 예이다.

2) 조작적 조건형성

교사는 학생의 바람직하지 않은 행동을 수정하거나 새로운 행동이나 기술을 습득시키고자 할 때 조작적 조건형성을 활용할 수 있다. 그 대표적 예는 다음과 같다.

(1) 프리맥의 원리

프리맥의 원리란 빈번하게 일어나는 특정 행동이 상대적으로 자주 일어나지 않는 행동의 빈도를 증가시키기 위한 좋은 강화물이 될 수 있다는 원리이다(Premack, 1965). 강화를 해야 할 대상자의 행동을 관찰하여 가장 자주 발생하는 행동을 비교적 적게 발생하는 행동에 대한 강화물로 이용하는 것이다. 독서를 싫어하고 게임을 좋아하는 아이에게 독서를 하면 게임 시간을 늘려 주겠다고 하는 경우, 아동이 싫어하는 행동인 독서의 빈도를 점진적으로 증가시킬 수 있다.

(2) 토큰 경제

교실장면에서 각 개인에게 효과적인 강화물을 찾기 힘든 경우에 토큰 경제(token economy)를 활용하기도 한다. 토큰 경제는 토큰을 이용해서 바람직한 반응의 확률을 증가시키려는 방법이다. 토큰은 바람직한 행동을 한 사람에게 주는 강화물로, 토큰 그 자체는 아무 가치가 없지만 다른 물품을 사거나 교환하는 데 사용될 수 있다. 스티커, 쿠폰, 별표, '참 잘했어요' 도장, 바람직한 행동을 했을 때 받는 점수 등이 흔히 토큰으로 사용된다.

토큰 경제의 목적은 바람직한 행동을 강화하는 것이므로 여타의 강화 기법을 적용할 때처럼 강화될 바람직한 행동을 분명히 정의하고 학생에게 기대되는 행동을 확실하게 알게 해 주는 것이 중요하다. 토큰은 학생이 모을 수 있고 몸에 지닐 수 있는 형태가 좋지만, 벽에 있는 도표에 표시하기, 칠판에 점수 적기와 같은 방법도 가능하다. 그리고 토큰을 모은 후 교환할 수 있는 강화물 목록을 미리 작성해 두고 개인이 목록에서 강화물을 선택할 수 있어야 한다(Maag, 1999). 각 개인마다 효과적인 강화물은 다르기 때문이다.

(3) 타임아웃

타임아웃(time-out)은 문제행동을 한 다음 짧은 기간 동안 정적 강화에 접근하지 못하게 하는 행동수정 기법이다. 이로 인해 미래에 문제행동이 일어날 가능성이 줄어든다(Cooper, Heron, & Heward, 1987). 여기서 타임아웃은 정적 강화로부터의 철수를 의미하므로, 타임아웃 환경은 강화가 없거나 강화를 덜 받는 환경이어야 한다. 문제행동을 한 후에 다른 친구들이 놀고 있는 곳에서 떨어진 구석에 있는 성찰방 안에 앉아 있게 하는 경우나 복도에 나가 있게 하는 경우가 그 예이다.

(4) 반응대가

반응대가(response cost)는 문제행동이 발생한 후 일정량의 정적 강화물을 회수하여 문제행동을 감소시키기 위한 부적 벌의 절차를 말한다(Zhou, Goff, & Iwata, 2000). 형제가 싸울 때마다 용돈이 일정량 감소하는 경우가 이에 해당한다. 일정량의 정적 강화물을 회수하려면 대상이 이미 어느 정도 분량의 정적 강화물을 가지고 있어야 한다. 예를 들면, 적절한 행동에 대해 토큰이 부여된 후, 부적절한 행동을 한 학생들의 토큰을 회수하는 것이 반응대가이다.

(5) 자기관리 프로그램

자신의 행동을 변화시키기 위해 사용하는 행동수정 기법을 자기관리(self-management) 프로그램이라고 한다. 자기관리 프로그램은 다음과 같은 단계를 포함한다.

① 목표설정: 삶에서 향상되어야 할 적절한 목표행동 수준을 정한다. 중요한 타인에게 목표를 공개하거나, 목표행동을 행동계약서와 같은 문서로 작성하는 것이 목표달성에 도움이 될 수 있다. 행동계약서에는 목표행동, 목표행동을 수행해야 하는 조건, 목표행동을 완수 혹은 완수하지 못했을 때 얻을 수 있는 결과를 명시한다(권대훈, 2015).

② 자기관찰, 자기기록: 목표행동을 정한 뒤에 자기관찰 계획을 세우고 실시한다. 기록용지나 기록장치를 이용하여 목표행동이 발생한 후 바로 기록한다.

③ 자기교수 및 자기칭찬: 자기교수(self-instruction)는 특정한 목표행동을 요구하는 상황에서 스스로에게 무엇을 어떻게 해야 하는지를 이야기하는 것이다. 또한 적절한 행동을 한 후 자신의 행동에 대해서 긍정적인 평가를 제공하는 자기칭찬(self-praise)을 할 수 있다. 더불어 특정 목표행동을 어느 정도 달성했을 때 자기보상을 활용할 수 있다.

(6) 프로그램화 교수법

프로그램화 교수법(programmed instruction)이란 행동주의 학습 원리에 근거하여 발전한 초기 학습모델이다. 프로그램화 교수법은 시작 단계에서 마지막 단계까지 학습자가 단계적으로 학습할 수 있도록 계획된 교수법이다. 행동주의 학습이론에 기초한 교수방법들은 목표로 하는 학습을 성취하기 위한 과제분석을 강조하며 개발되었다. 즉, 가르치는 순서에 대해 분석하고, 각 단계를 학습할 때마다 교정적인 피드백을 제공한다. 특히 성공 경험을 지속해서 제공할 수 있도록 최적화된 교수법 과정을 프로그램화하는 일에 초점을 맞추어 왔다.

3) 사회학습이론

사회학습이론은 교사나 부모가 바람직한 행동을 하는 모델이 되어야 함을 시사한다. 교실장면에서 관찰학습이 일어나기 위한 제일 첫 단계는 학생들이 교사의 시범에 주의를 기울이게 하는 것이다. 교사는 학생들이 목표행동에 주의를 집중하도록 유도해야 한다. 다음으로 요구되는 것이 파지와 재생과정이다. 교사가 시범을 보이고, 학습자들은 교사의 시범행동을 인지적으로 기억해야 하며 기억한 것을 행동으로 표출할 필요가 있다. 학습장면에서는 학습자들에게 반복적으로 시범을 보여 주고 연습할 기회를 제공해야 한다. 또한 표출된 모방행동이 오랫동안 유지되도록 하기 위해 학습자들에게 올바른 모방행동 후에 적절한 보상이나 강화가 주어져야 할 것이다.

모델링은 아동의 두려움에 대한 성공적인 치료법이다. 아동은 다른 사람이 두려운 자극에 접근하거나 두려운 활동에 참여하는 것을 관찰한 후에 유사한 행동을 더욱 쉽게 수행할 수 있게 된다. 실제 모델을 관찰하거나 영화 또는 비디오 모델을 볼 수 있다. 이러한 방법은 사회성 기술훈련, 자기주장 훈련 등에도 사용된다.

한편, 사회학습이론은 TV, 영화, 게임, 영상물 등의 매체들이 아동·청소년에게 미치는 영향, 특히 매체의 폭력성의 영향력을 논의할 때 자주 언급된다. 현대를 살아가는 학생들이 매체에 등장하는 모델들의 폭력행위나 음란행위를 관찰함으로써 비행 문제가 심화될 수 있다는 점에서, 이 이론이 교육현장에 시사하는 바가 매우 크다(김동일, 김신호, 이근재, 정일호, 정종진, 2003).

읽을거리

교실에서 사회학습이론 적용하기

1. 시범을 보여 줄 때 당신의 생각을 소리 내어 말하라.

- 교사는 W를 적으면서 "V를 연결해서 두 번 쓰는 것처럼 이렇게 써 보세요."라고 설명한다.
- 어느 물리교사는 마찰과 관련된 가속문제를 풀고 있었는데, F=ma라고 칠판에 쓰면서 말한다. "나는 이 문제에서 물체에 가해지는 여러 힘을 밝혀야 한다는 것을 알고 있어요. 그래서 나는 이 문제가 의미하는 것이 무엇인지에 대해 생각해 봅니다. 누가 이어서 이 문제에 대해 알고 있는 것을 하나 말해 줄래요?"

2. 효과적으로 모델링하기 위해서는 어떤 행동에 주의를 기울이고, 그 행동을 기억 속에 저장하고, 재생산해야 한다. 학생들이 이런 과정을 활용하도록 돕기 위해서는 학생들 혼자서 문제를 풀기 전에 학급 전체가 예제를 가지고 연습할 기회를 제공하라.

- 경도와 위도를 통해 위치를 찾는 방법을 보여 준 후, 지리교사는 학생들에게 말한다. "서쪽으로 74도와 북쪽으로 40도에 가장 가까운 도시를 찾으려고 합니다. 먼저 이 숫자들은 무엇을 말하는 것일까요? 서우가 말해 볼래?" 그는 학생들이 가장 가까운 도시로 뉴욕을 찾을 때까지 예를 통해서 안내한다.
- 한 학급에서 분모가 다른 분수의 덧셈을 학습하고 있다. 교사가 '2/3+1/2=?'이라는 문제를 칠판에 쓰고 질문한다. "무엇부터 먼저 해야 하지, 서진아?" 교사는 학급 전체가 문제를 다 풀 때까지 계속하고, 두 번째 문제를 같은 방법으로 풀면서 수업을 진행한다.

출처: Eggen & Kauchak (2010/2011).

이론 적용 활동

활동 1

고전적 조건형성의 예를 쓰고, 사례에서 무조건 자극, 무조건 반응, 조건형성 과정, 조건 자극, 조건 반응을 구분해서 적어 보시오.

<table>
<tr><td colspan="2">고전적 조건형성 사례:</td></tr>
<tr><td>무조건 자극:</td><td>무조건 반응:</td></tr>
<tr><td colspan="2">조건형성 과정:</td></tr>
<tr><td>조건 자극:</td><td>조건 반응:</td></tr>
</table>

활동 2

자기관리 프로그램(214쪽)을 활용해 만들어 보고 싶은 새로운 습관을 적고, 습관 형성 과정을 계획하시오.

1. 목표설정

습관으로 만들고 싶은 목표행동을 구체적으로 적으시오.

(예: 하루 30분 달리기, 매일 영어 단어 20개 외우기, 일어난 후 잠자리 정리하기)

2. 자기관찰, 자기기록

목표행동의 실행 여부를 매일 기록하시오.

날짜	/	/	/	/	/	/	/
실행 여부 (○, ×)							
날짜	/	/	/	/	/	/	/
실행 여부 (○, ×)							
날짜	/	/	/	/	/	/	/
실행 여부 (○, ×)							
날짜	/	/	/	/	/	/	/
실행 여부 (○, ×)							

3. 자기칭찬(자기보상)

목표행동을 어느 정도(예: 1주 3회 이상 했을 때, 2주간 지속했을 때) 달성했을 때, 자신에게 어떤 보상을 줄지 구체적으로 정하시오.

주요 용어

강화
강화계획
고전적 조건형성
고차적 조건형성
관찰학습
모델링
반응대가
벌
변별
사회학습이론
소거
시행착오학습
역조건형성
일반화
자기관리 프로그램
자발적 회복
조작적 조건형성
체계적 둔감법
타임아웃
토큰 경제
프로그램화 교수법
프리맥의 원리
행동조성
행동주의
S–O–R 이론

탐구문제

1. 행동주의적 관점에서 학습을 정의하시오.
2. 일상생활에서 고전적 조건화의 예를 찾으시오.
3. 강화와 벌의 차이점을 설명하고, 벌의 원칙을 말하시오.
4. 교실상황에서 일어나는 관찰학습과 대리강화의 예를 제시하고, 교실에서 관찰학습이 가지는 장점을 설명하시오.
5. 행동주의 학습이론을 적용하여 다음 물음에 답하시오.
   - 행동조성을 통해 숙제를 미루는 아동의 습관을 바꿀 수 있는 방법을 제안하시오.
   - 행동주의를 적용해 수업시간에 산만한 아동의 행동을 수정할 수 있는 방법을 제안하시오.

제7장

인지주의 학습이론과 교육

1. 형태주의 심리학
2. 톨먼의 목적적 행동주의
3. 정보처리이론
4. 신경망 모형
5. 인지주의 학습이론의 교육적 시사점

우리는 이전 장에서 행동주의가 주어진 자극에 의한 행동변화에 관심을 두고 행동 중에서도 관찰 가능하고 측정 가능한 것만 연구대상으로 삼고 인지과정은 무시했다고 배웠다. 이 장에서는 인간학습이 일정한 자극과 강화, 반복적 연습이 없어도 일어날 수 있음을 형태주의 심리학, 톨먼의 목적적 행동주의 등을 통해 확인하고 초기 인지주의 이론인 형태주의와 톨먼, 쾰러의 이론을 검토한다. 기존의 행동주의 논리로 인간학습을 설명할 수 없었던 이들의 실험결과들은 인지주의 학습이론이라는 새로운 패러다임을 태동시켰다. 정보처리이론은 인간의 인지구조를 컴퓨터와 비교하여 설명하며, 신경망 모형은 인지구조를 노드와 링크로 연결된 수많은 뉴런의 결합체로 설명한다. 우리는 이 장에서 이러한 다양한 인지이론을 검토하고 이를 학습에 어떻게 적용하고 활용할 것인가를 살펴볼 것이다.

인지주의는 관찰 가능하고 측정 가능한 인간행동만을 강조하였던 행동주의를 넘어 인간의 내적 인지과정을 들여다보고자 한 것이다. 인지(cognition)는 인간이 감각기관을 통해 정보를 받아들이고 이를 처리하여 저장하고 필요에 따라 저장된 정보를 인출하는 일련의 정보처리과정을 의미한다. 인지주의는 경험의 결과로 일어나는 행동변화에 관심을 두는 행동주의와는 다르게, 인간의 정신구조와 정신과정에 관심을 두고 있다. 즉, 인지주의는 마음이 어떻게 구성되었는가와 같은 정신구조 탐색과 인간의 기억, 지각, 언어, 추리, 지식, 개념, 문제해결 등과 같은 정신과정에 초점을 두고 있다.

행동주의 학습과 인지주의 학습은 다음과 같은 차이가 있다. 첫째, 행동주의의 연구대상은 관찰 가능하고(observable) 측정 가능한(measurable) 외현적 행동(overt behavior)이다. 인지주의의 연구대상은 인간의 두뇌에서 일어나는 정보 입력 · 처리 · 저장 · 인출 등의 내적 정보처리과정이다. 둘째, 행동주의에서 의미하는 학습은 외현적 행동의 변화이지만, 인지주의의 학습이란 내적 인지구조의 변화이다. 셋째, 행동주의는 기본적으로 학습이 일어나기 위해서는 강화가 필수적인 요소라고 하지만, 인지주의는 강화 없이도 학습이 이루어진다고 본다. 넷째, 행동주의에서 문제해결은 과거의 경험을 바탕으로 새로운 문제를 해결하는 시행착오의 과정인 반면, 인지주의는 문제에 직면한 학습자의 '사고'를 통한 통찰로 문제가 해결된다고 한다. 다섯째, 행동주의를 따르는 교사는 학습자를 수동적인 존재로 보고, 구체적인 학습목표를 제공하고 적절한 강화를 주어 학습목표를 달성하도록 만드는 역할을 한다. 인지주의를 따르는 교사는 학습자가 주어진 지식을 정확하게 이해하고 조직하여 인지구조의 변화를 돕는 역할을 한다.

인지주의는 형태주의 심리학(gestalt psychology)과 S-R 연합과 강화로 설명되지 않은 동물실험 결과를 발표한 쾰러(Köhler)와 톨먼(Tolman)의 초기 인지주의 동물실험에서 비롯되었다. 이 장에서는 형태주의 심리학자인 쾰러의 통찰설과 톨먼의 기호형태설 그리고 목적적 행동주의를 소개한 다음, 정보처리이론을 설명하고자 한다. 또한 신경망 이론과 인지이론에 기반을 둔 학습전략에 대해 살펴보고자 한다.

1. 형태주의 심리학

형태주의 심리학은 인간의 지각에 관한 연구를 통해 학습상황을 분리된 요소로 지각하는 것이 아니라 각 부분 간의 상호관계 맥락 속에서 전체적으로 지각한다고 본다. 형태주의 심리학에 의하면 지각의 조직과 연결은 인간이 문제를 이해하고 경험하는 모든 장(field)에서 나타나며, 유기체는 환경을 있는 그대로 수용하기보다는 능동적으로 구성하고 조직한다. 따라서 형태주의 심리학자들은 인간의 지각, 사고, 학습과 문제해결과정에 관심을 가졌다. 문제를 지각하고 해결하는 방식에 대한 형태주의 심리학의 기본 관점은 다음과 같다(이신동, 최병연, 고영남, 2011; 임규혁, 임웅, 2007).

- 인간의 지각(perception)은 경험하는 실제(reality)와 종종 차이가 있다. 베르트하이머(Wertheimer)의 파이 현상(phi phenomenon)이란, 두 개의 불빛이 번갈아 가면서 켜졌다 꺼졌다를 반복하면 사람들은 불빛이 움직이고 있다고 생각하는 것을 말한다. 이처럼 우리는 실제 상황을 다르게 느끼고 받아들인다. 우리가 기차를 타고 갈 때 나무들이 뒤로 물러나는 것처럼 보이거나 달밤에 산책을 할 때 달이 우리를 따라오는 것처럼 지각하지만, 이는 실제와 다르다. 이는 인간이 어떤 정보를 받아들일 때 단순히 기록하는 것이 아니라 정보를 이해하기 위해 주어진 자료를 능동적으로 변형하고 재구조화하기 때문이다.
- 전체는 단순히 부분의 합이 아닌 그 이상이다. 이는 우리가 어떤 사물을 인식할 때 각각의 부분을 보는 것이 아니라 부분 간의 상호관계 속에서 전체를 지각한다는 것이다. 인간은 어떤 현상을 지각할 때 단편적으로 받아들이는 것이 아니라 조직화된 전체로 보려는 경향이 있다. 형태주의 심리학자인 쾰러는 술탄이라는 침팬지가 우리 안의 높은 천장에 매달린 바나나를 먹기 위한 문제해결과정이 시행착오 과정을 거쳐 점진적으로 생긴 것이 아니라 통찰(insight)을 통해 생긴 것이라고 설

[그림 7-1] **형태주의 심리학 예**
출처: Papalia & Olds (1985).

명한다. 즉, 침팬지는 우리 안의 사물과 사물 간의 어떤 관계를 지각하면서 문제해결의 열쇠를 찾았다고 할 수 있다.

쾰러는 굶주린 침팬지를 우리에 넣었는데, 우리 안에는 높은 천장에 바나나가 달려 있고, 두 개의 상자와 막대기가 있었다. 침팬지는 우리 안에 앉아 한참을 우두커니 바라보고 있다가 갑자기 상자를 쌓아 올리고 막대기를 들고 바나나를 탁 쳐서 떨어뜨렸다. 이는 침팬지가 바나나를 따기 위해 필요한 우리 안의 전체 장면에 대한 통찰이 생겼기 때문에 가능한 것이다. 이 순간 원숭이는 '아하' 하는 경험(aha! experience)을 통해 우리 안의 사물들을 어떻게 활용해야 하는가에 대한 전체 구조를 파악하였다. 이는 기존의 행동주의에서 말하는 지속적인 자극과 반응의 연합에 의한 시행착오학습과는 질적으로 다른 인지구조의 변화라고 할 수 있다.

2. 톨먼의 목적적 행동주의

1) 잠재적 학습

잠재적 학습(latent learning)은 학습이 일어났지만 명확한 반응으로 바로 관찰되지 않는 학습을 말한다. 기존의 행동주의자들은 관찰할 수 없고 측정할 수 없는 행동의 변화는 학습이라고 인정하지 않았는데, 이러한 맥락에서 보면 잠재적 학습은 학습이라고 할 수 없다. 또한 학습이 일어나려면 강화가 필수적이라고 하였는데, 잠재적 학습은 강화 없이도 일어난다고 보았다. 톨먼의 잠재적 학습이론은 기존의 행동주의 학자들이 강화를 학습의 필수적인 요소라고 본 입장에 문제가 있음을 지적하며 인간의 내부에서 일어나는 인지과정에 대하여 관심을 가져야 한다고 주장하였다.

톨먼과 혼직(Tolman & Honzik, 1930)은 배고픈 쥐들을 세 집단으로 나누어서 미로 찾기 실험을 실시하였다. 첫 번째 집단은 미로를 정확히 달려서 목표점에 도착하면 먹이를 주었고, 두 번째 집단은 목표점에 도착해도 먹이를 제공하지 않았다. 세 번째 집단은 실험을 시행한 11일째부터 목표점에 도착하면 먹이를 제공하였다. 그 결과, 11일째

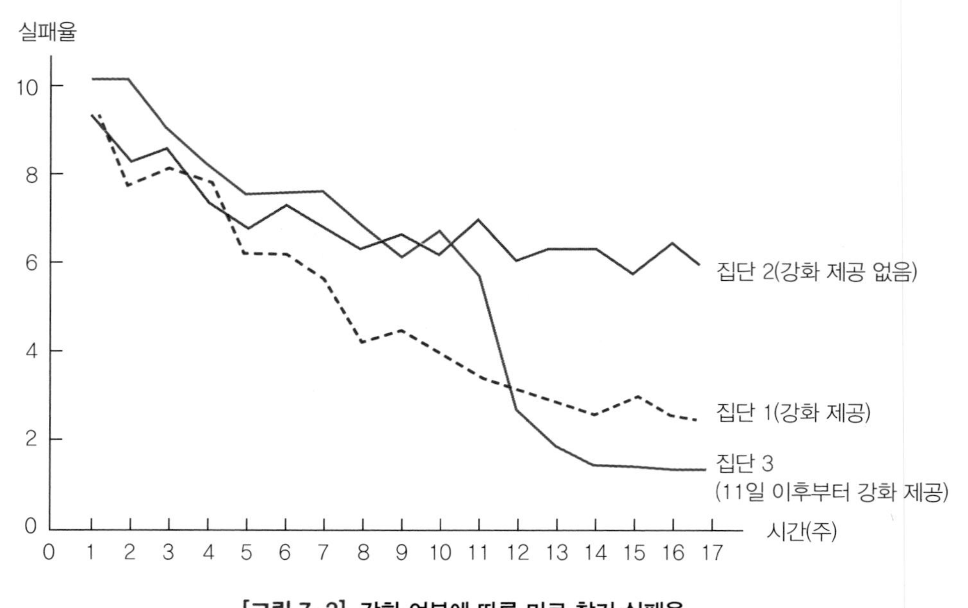

[그림 7-2] 강화 여부에 따른 미로 찾기 실패율

출처: Tolman & Honzik (1930).

부터 강화를 제공받은 집단의 수행이 크게 향상되었고, 규칙적인 강화를 받았던 첫 번째 집단보다 수행이 더 향상되었다.

이는 유기체가 특정한 결과를 유발하는 행동을 일단 학습하게 되면, 유기체는 그 목적을 달성하기 위해 행동하는 것이라고 할 수 있다. 즉, 학습이란 단순한 자극-반응의 연합을 통해서 발생하는 것이 아니라 특정한 결과를 유발시키는 기대(expectation) 행동을 일으킨다는 것이다. 톨먼은 행동의 목적지향성을 강조하였기 때문에 그의 이론을 **목적적 행동주의**라고 한다.

2) 장소학습실험

톨먼 등(Tolman, Ritchie, & Kalish, 1946)의 장소학습실험은 쥐의 미로학습이 행동주의자들의 주장대로 자극과 반응의 결합인지, 아니면 장소 학습인지를 밝히고자 한 것이다. [그림 7-3]의 왼쪽 그림과 같이 쥐가 출발점에서 직진-좌회전-직진-우회전해서 먹이를 찾도록 훈련시킨 다음, [그림 7-3]의 오른쪽 그림과 같이 미로의 직진로를 막고

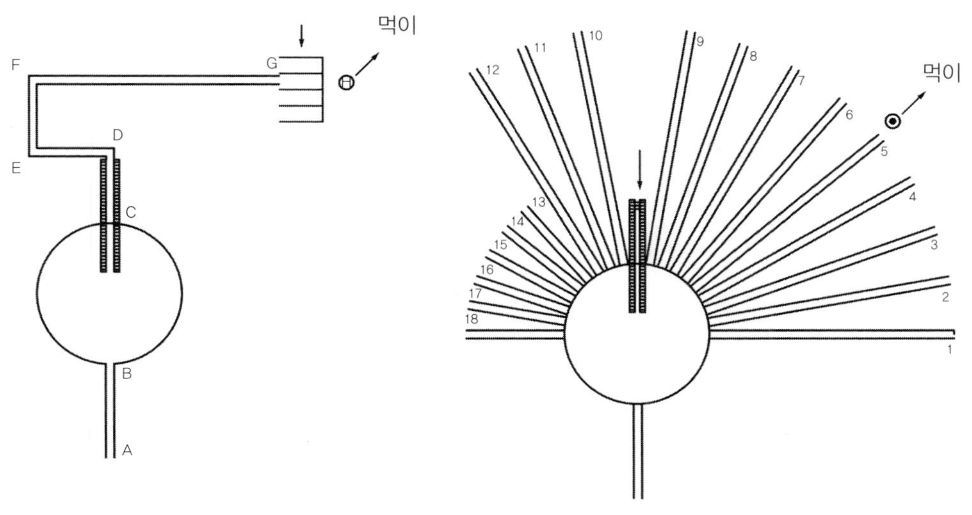

[그림 7-3] 장소학습실험

출처: Tolman, Ritchie, & Kalish (1946).

다양한 길을 제공하였다. 그 결과, 쥐들은 먹이가 있던 위치인 5번 길로 가장 많이 찾아갔다. 쥐들은 특정한 자극에 대한 반응을 지속적으로 학습한 것이 아니라 머릿속에 전체적인 **인지도**(cognitive map)를 가지고 장소를 학습한 것이라고 할 수 있다.

3. 정보처리이론

인지이론가들은 인간학습의 내적 인지과정을 컴퓨터의 정보처리에 비유해서 객관적 · 과학적 정보처리이론으로 발전시켰다. 즉, 컴퓨터의 정보를 받아들이는 입력장치인 키보드와 마우스처럼 인간은 시각, 청각, 미각, 후각, 촉각과 같은 감각기관을 통해서 정보를 입력하고, 입력된 정보는 컴퓨터의 임시저장고인 버퍼(buffer)와 같은 작동기억(working memory)에서 처리되며, 저장된 정보는 컴퓨터의 하드디스크와 같은 장기기억에 저장된다.

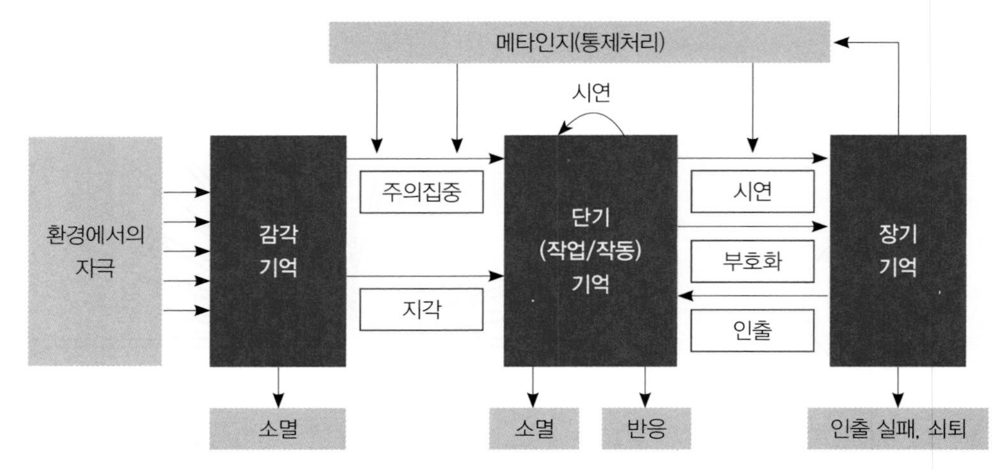

[그림 7-4] **정보처리과정**

출처: 박숙희, 염명숙(2013) 수정.

인간의 정보처리과정은 다음과 같은 구성요소를 가지고 있다.

- 정보저장고: 컴퓨터의 기억저장고에 해당하는 것으로, 감각기억, 작동기억, 장기기억이 있다.
- 인지과정: 컴퓨터의 소프트웨어에 해당하는 것으로, 정보를 변환하고 한 저장고에서 다른 저장고로 옮기는 정신과정이며, 주의집중, 지각, 시연, 부호화, 인출이 있다.
- 메타인지: 컴퓨터의 중앙처리장치로, 자신의 인지과정을 스스로 자각하고 통제하는 과정을 말한다.

1) 정보저장고와 교육

(1) 감각기억

환경의 정보자극은 감각수용기를 통해 중추 신경조직에 있는 감각등록기(sensory register)에 도달한다. 감각기억(sensory memory)은 환경으로부터 정보를 최초로 저장하는 곳으로, 매우 짧은 시간 동안 감각정보를 보존하는 기억고이다. 감각기억의 정보는 시각의 경우 약 1초, 청각의 경우 약 2~4초 동안 유지되며, 주의집중하거나 지각되지 않은 정보는 거의 대부분 소멸된다. 감각기억에 파지된 정보 중에 주의집중되고 지각된 정보는 작동기억으로 전이된다.

(2) 단기기억, 작동 · 작업기억과 교육

단기기억(short-term memory)의 정보는 감각기억에서 전이된 정보와 장기기억에서 인출된 정보로 구성된다. 단기기억은 장기기억으로 정보가 넘어가기 전의 임시적인 저장고이면서 정보에 대한 인지활동이 수행되는 곳이다. 따라서 장기기억이 정보를 저장하는 창고라면, 단기기억은 정보를 이해하고 의사결정을 하며 문제를 해결하고 지식을 창출하는 기능을 한다. 단기기억이 정보가 머무르는 짧은 시간의 파지를 강조한다면, 단기기억의 기능적인 측면을 강조하여 작동기억(working memory) 또는 작업기억이라고도 부른다.

작동기억은 감각기억과 장기기억에서 오는 정보를 적절하게 탐색하여 활용하는 작업공간(work space)으로 컴퓨터의 RAM(Random Access Memory)에 비유될 수 있다(Baddeley, 1986). 이 작업공간은 용량이 제한되어 있기 때문에 정보로 가득 차면 새로운 정보가 들어갈 수 없고 있던 정보들도 놓치게 되는데, 이것이 인지과부하(cognitive overload)이다. 배들리(Baddeley, 1986, 1998, 2000, 2003)는 작동기억에 관한 다양한 실험을 통해 작동기억이 단 하나의 작업대로만 구성된 것이 아니고, 중앙집행장치(Central Executive: CE), 음운루프(Phonological Loop: PL), 시 · 공간스케치판(Visual Spatial Sketch Pad: VSSP), 일화적 버퍼(Episodic Buffer: EB)로 구성되어 있음을 밝혔다. 음운루프는 언어와 소리 정보를, 시 · 공간스케치판은 시각과 공간 정보를 단기간 저장하거나 처리한다. 일화적 버퍼는 음운루프, 시 · 공간스케치판, 장기기억에서 발생하는 정보를 모으고 조합하는 임시저장고 역할을 한다. 중앙집행장치는 음운루프, 시 · 공간스케치판, 일화적 버퍼와 장기기억의 정보 흐름을 통제하고 조합하는 기능을 한다. 즉, 중앙집행장치는 작동기억 내에서의 정보선택, 활성화, 조절과 관련된 처리를 한다고 할 수 있다. 작동기억의 중앙집행장치의 역할은 인간의 전체적인 정보처리과정을 모니터링하고 평가하는 메타인지 중 메타인지 조절(meta-cognitive regulation)과 그 기능이 유사하다(리순아, 김회수, 2003; Shimamura, 2000). 그런데 메타인지 조절은 전체적인 인지과정을 모니터링하고 통제하는 것으로, 선택적 주의(executive control process), 갈등해결(conflict resolution), 오류탐지(error detection), 억제통제(inhibitory control), 계

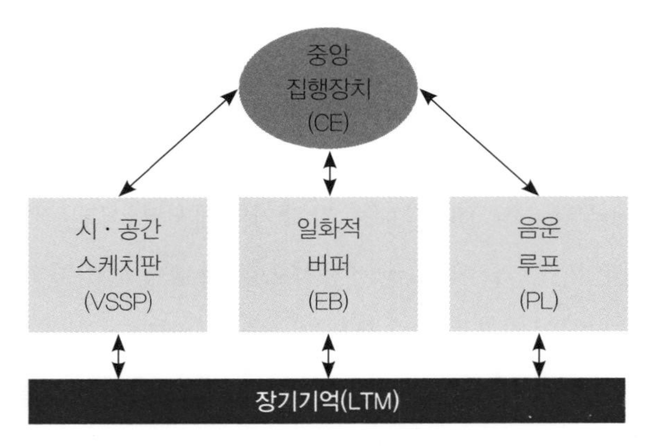

[그림 7-5] 배들리의 작동기억 모형

출처: Baddeley (2000).

획하기, 인지적 자원 할당 등의 역할을 한다(Fernandez-Duque, Baird, & Posner, 2000). Fernandez-Duque 등(2000)은 메타인지와 중앙집행장치 간의 관련성을 밝히면서, 메타인지의 생물학적 기반이 전두엽중앙부이고 이곳이 메타인지 조절을 담당한다고 하였다.

작동기억의 가장 큰 특징은 제한된 용량(limited capacity)이다. 작동기억은 정신적인 작업대에 비유되는데, 기억의 범위가 상당히 제한되어 있고 동시에 집중하고 처리할 수 있는 정보의 수가 한정적이다. 작동기억은 한번에 7±2개의 항목(chunks)을 저장할 수 있고, 반복연습하고 정신적인 노력을 하지 않으면 10~20초 이내에 대부분의 정보가 소멸된다.

이러한 작동기억의 용량제한을 극복하고 학습자가 인지과부하에 걸리지 않도록 정보의 **군집화**(chunking), 기능의 **자동화**(automatization), **이원적 처리**(이중부호처리, dual coding processing)를 활용할 수 있다. 정보의 군집화란 분리되어 있는 항목을 보다 의미 있는 단위로 조합하여 묶어 내는 것을 말한다. 예를 들어, 우리가 한꺼번에 에스프레소, 사과, 연필, 아메리카노, 망고, 아보카도, 지우개, 녹차, 자몽, 밀크티, 볼펜이라는 항목을 보여 주고서 몇 초 후에 기억나는 단어를 적으라고 하면 많은 항목을 놓칠 수 있다. 그러나 음료 종류(에스프레소, 아메리카노, 녹차, 밀크티), 과일(사과, 망고, 아보카도, 자몽), 문구류(연필, 지우개, 볼펜)로 분류하여 묶어서 외우면 쉽게 기억할 수 있다. 이처럼 군집화는 주어진 정보를 더 큰 분류항목이나 의미 있는 하나의 덩어리로 묶음으로써 작동기억의 인지자원을 덜 활용하게 되어 인지부하를 줄여 주게 될 것이다.

기능의 자동화란 작동기억에 어떤 정신적 노력에 대한 부담을 주지 않고 정보를 처리하는 상태를 말한다. 즉, 어떤 기능에 대한 자동화가 이루어지면 작동기억 인지자원을 거의 활용하지 않아도 된다는 것이다. 예를 들어, 우리는 초등학교 저학년에서 구구단을 외웠기 때문에 곱셈과 나눗셈 그리고 그 이후의 수학문제 해결에 있어 수를 곱하고 나누는 과정에 작동기억의 인지자원을 사용하지 않고 더 중요한 과제 해결에 제한된 작동기억의 인지자원을 효율적으로 활용할 수 있다. 기능의 자동화는 이와 같은 학습장면뿐만 아니라 일상생활에서도 매우 유용하다. 초보 운전자는 많은 인지자원을 총동원하여 앞으로 전진하는 운전에만 집중하지만, 운전의 기능에 익숙해진 운전자는 운전 상황의 다양한 환경을 고려하면서 도로의 문제상황에 대처할 수 있다. 신임교사는 학생들에게 수업내용을 전달하는 것만으로도 힘들지만, 기본적인 교수방법과 내용 전문성이 자동화될 정도로 숙련된 경력교사는 내용전달뿐만 아니라 학생들의 수업분위기, 몰입도 등을 함께 조망하면서 수업을 진행할 수 있다.

작동기억의 구조가 언어정보와 시각정보를 처리하는 시스템으로 나누어져 있기 때문에(Baddeley, 1986, 1998, 2000; Paivio, 1990) 학습자들에게 정보를 제공하는 데 있어서도 언어정보와 시각정보를 동시에 주면 더 효과적일 수 있다. 예를 들어, 우리가 공룡에 대해 설명할 때 공룡에 대한 언어정보만 제공하는 것보다 공룡에 대한 언어정보와 더불어 그림과 영상 등의 시각정보를 동시에 제공하면 학생들의 이해가 더 쉽고 오래 파지될 수 있다는 것이다. 또한 저장되는 것도 두 가지 정보 형태로 저장되어 있어 언어정보를 잊어버리더라도 시각정보를 이용해서 인출할 수 있기 때문에 이원적 처리는 인출확률도 높다고 할 수 있다.

작동기억의 제한된 용량을 극복하기 위한 학습내용의 군집화, 기능의 자동화, 시각정보와 언어정보를 동시에 활용하는 이원적 처리는 작동기억의 인지자원을 효율적으로 처리하여 학습자가 인지과부하에 걸리지 않도록 하는 방법이다. 이처럼 정보의 저장과 처리에 있어 작동기억이 제한된 용량을 가지고 있기 때문에, 교수자는 학생들의 작동기억의 용량을 고려한 수업설계와 다양한 매체활용을 해야 한다.

(3) 장기기억

장기기억(long-term memory)은 컴퓨터의 하드디스크와 비유되며, 장기간 정보를 저장할 수 있다. 장기기억은 경험한 사건에 대해 일생 동안 기억과 지식을 저장하는 영구적인 기억저장고라고 할 수 있다. 장기기억에 저장된 지식은 정신적으로 표상되는 형식에 따라 서술적 지식(선언적 지식, 사실적 정보에 대한 지식), 절차적 지식(어떤 행위를 실행하는 방식 또는 절차에 관한 지식), 조건적 지식(서술적 지식과 절차적 지식을 언제, 어떻게, 왜 활용할 것인지에 관한 지식)으로 분류된다. 장기기억에 저장된 서술적 지식은 일화기억(episodic memory)과 의미기억(semantic memory)으로 구성되어 있다(Tulving, 1972, 2002; Tulving & Thomson, 1973).

일화기억은 주로 개인의 경험을 보유하는 저장소로 자서전적 기억이라고도 하는데, 이미지로 부호화되며 정보가 발생한 때와 장소를 기초로 조직된다. 의미기억은 문제해결전략, 사고기술, 사실, 개념, 일반화, 규칙 등의 학습내용들이 네트워크 형태로 구성되어 저장된다(권대훈, 2015; 임규혁, 임웅, 2007). 의미기억에 저장되는 정보는 서로 관련을 맺으면서 체계적인 네트워크를 구성하는데, 학교에서 배우는 대부분의 내용은 장기기억의 의미기억에 부호화되어 저장된다. 부호화란 새로운 정보가 장기기억에 저장된 기존의 정보에 다양하게 통합되는 변환 과정을 말한다. 또한 네트워크란 장기기억에 저장된 정보가 다른 정보들과 서로 관계성을 맺고 상호 연결되어 저장되어 있는 것을 의미한다. 따라서 교사는 학생들에게 개별적인 사실뿐만 아니라 사실들의 관계성에 대해서도 설명해야 한다. 예를 들어, 어떤 사회적 사건이 발생했을 때 그 사건만의 설명과 더불어 그 사건이 왜 중요하고, 다른 역사적 사건 그리고 미래의 우리 사회의 전망과 어떤 관계성을 가지고 있는지를 이해시키는 노력이 필요하다고 할 수 있다.

장기기억에서의 의미 있는 부호화를 유지하기 위해서는 조직화(organization), 정교화(elaboration), 활성화(activation)가 이루어져야 한다(박숙희, 염명숙, 2013). 장기기억은 컴퓨터의 하드디스크 또는 옷을 정리하여 보관하는 장롱이라고 할 수 있다. 우리가 컴퓨터에서 어떤 파일을 찾지 못하거나 옷을 장롱에 제대로 정리를 못해서 필요한 때에 옷을 입지 못하는 경우처럼, 장기기억에 정보를 저장했지만 작동기억으로 인출하지 못하는 경우가 있다. 이것을 설단현상(tip of tongue phenomenon)이라고 한다. 이러한 설단현상이 일어나는 이유는 장기기억에 정보를 넣을 때 순서를 조합하고 새로운 정보를 위계적으로 범주화하여 연결하는 조직화, 기존의 인지구조에 새로운 지식을 지속적으로 업그레이드하여 인지구조를 확장하는 정교화, 실제적인 일화를 연결시켜 보는 활성

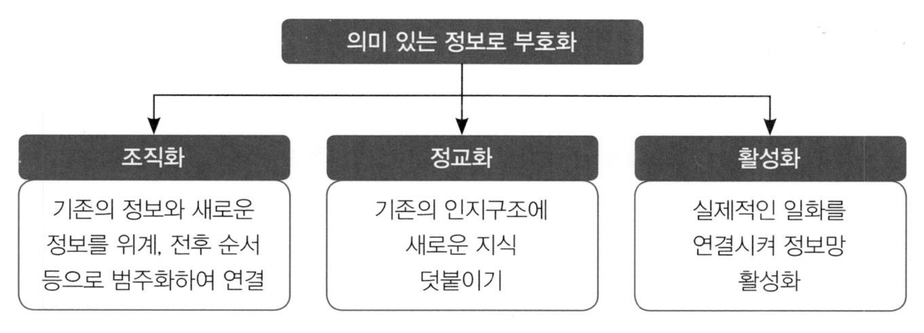

[그림 7-6] **장기기억의 부호화 유지 전략**

출처: 박숙희, 염명숙(2013).

화를 제대로 하지 않아서이다. 예를 들어, 공부를 할 때 위계적인 관계를 고려하여 학습내용의 선후관계 등을 정리하거나 개념도를 작성하는 것이 조직화의 예라면, 새로 배우는 일련의 화학기호에 이미 알고 있는 노랫말을 붙여 문장으로 만들어 보는 것처럼 기존에 학습한 내용에 새로운 내용을 추가하여 알고 있는 지식을 확장하는 것은 정교화이다. 즉, 장기기억의 네트워크가 좀 더 복잡해지고 촘촘해지는 것이 정교화이다. 초보자들의 정보 네트워크가 다소 거칠고 약한 것과 달리, 전문가들의 네트워크는 이보다 훨씬 더 복잡하고 정교할 것이다. 활성화는 학생들이 학습한 내용을 자주 복습하게 되면 자주 활용되는 신경망에 뇌혈류가 모이게 되고 네트워크가 더 견고해지는 것을 말한다. 그러므로 학습 후 오랫동안 방치하면 이러한 네트워크 고리가 끊겨 장기기억에서 작동기억으로의 인출이 실패하게 되는 설단현상이 일어난다. 그러므로 교사들은 장기기억의 부호화를 활성화하기 위해서 학생들이 적절한 조직화, 정교화, 활성화를 할 수 있는 기회를 제공해야 한다.

2) 인지과정과 교육

인지과정은 특정 기억저장고에서 저장된 정보를 다음 기억저장고로 전이시키는 기능을 하는 과정을 말한다. [그림 7-4]의 정보처리과정에서 볼 수 있듯이, 감각기억에서 작동기억으로의 과정에는 주의집중과 지각이, 작동기억에서 장기기억으로의 과정에는 부호화와 시연이, 장기기억에서 작동기억으로의 과정에는 인출이 일어난다.

(1) 주의집중

주의집중(attention)은 특정 정보에 작동기억의 정신적 자원을 투자하는 것이다. 특히 주의는 인지과정의 시작이기 때문에 효과적인 학습에 결정적인 역할을 한다. 작동기억의 제한된 용량 때문에 인간은 동시에 여러 정보에 주의집중을 할 수 없어서 특정한 정보를 선택할 수밖에 없다. 즉, 수많은 정보 중에서 특정 정보는 선택하고 다른 정보는 여과(filtering)해야 하는 과정을 **선택적 주의**(selective attention)라고 한다. 선택적 주의의 대표적인 사례가 **칵테일 파티 효과**(cocktail party effect)이다. 우리가 시끄러운 식당에서 내게 익숙한 친구의 목소리를 구별해서 들을 수 있고 옆 친구와 대화가 가능한 이유는 바로 나에게 익숙한 목소리와 옆 친구의 목소리에만 주의집중을 하고 나머지 모든 소리는 여과하기 때문이다.

작동기억의 용량이 제한되어 있기 때문에 학습자들은 학습과정에서 필요한 정보에만 주의집중해야 한다. 수업시간에 학생들의 주의를 집중시키기 위한 방법을 물리적 유형, 흥미유발적 유형, 감정적 유형, 강조적 유형으로 나눌 수 있다(임규혁, 임웅, 2007; Wilson & Korn, 2007).

- **물리적 유형**: 수업에서 활용하는 책, 노트, 칠판, 교실 환경, 교실에서 제공하는 학습자료 그리고 교사 자신도 수업에서 중요한 물리적 자극이다. 교사가 학생들에게 주의집중의 대상이 될 수 있도록 목소리 높낮이, 적절한 제스처, 적절한 동선을 유지하는 것이 중요하다. 그러나 이러한 물리적 자극만으로는 학생들의 흥미를 지속적으로 유지하는 데 한계가 있다. 그러므로 학생들의 흥미와 동기를 자극할 수 있는 학습자료와 활동지, 다양한 매체 등을 제공하여 물리적 자극을 새롭게 환기시킬 수 있어야 한다.

[그림 7-7] 라파엘로의 〈아테네 학당〉

- **흥미유발적 유형**: 학생의 호기심과 흥미를 일으킬 수 있는 시각적 자극, 이벤트, 영화, 그림 등을 제공하여 학생들을 주의집중하게 하는 것이다. 예를 들어, 라파엘로(Raffaello)의 〈아테네 학당〉을 보면서 서양철학의 흐

름과 서양고대사를 관련지어 공부한다거나([그림 7-7] 참조), 19세기 중반부터 20세기 초까지 서양 미술에 영향을 준 일본 미술의 영향과 일본적인 취향인 자포니즘(Japonism)을 보여 주는 그림을 보면서 우리 구한말의 쇄국정책을 공부할 수 있다([그림 7-8] 참조).

- **감정적 유형**: 학생들은 수업시간에 자신의 이름을 불러 주거나 관심을 가지는 교수자, 또는 본인이 감정적으로 좋아하는 교수자의 수업에 더 주의집중한다. 따라서 가끔씩 수업에 지친 학생들을 위해 따뜻한 공감과 관심의 감정적 표현을 하는 것이 수업의 주의집중을 위해서도 필요하다.

[그림 7-8] 반 고흐의 〈빗속의 다리〉

- **강조적 유형**: 중요한 내용을 강조하여 주의집중을 높이는 것이다. 예를 들어, 중요한 부분을 설명할 때 목소리 톤을 달리하거나 중요한 부분이므로 시험에 출제될 가능성이 높다는 등의 단서를 제공하거나 차후 학습 또는 진로와의 관련성을 언급하여 학생들이 관심을 가지도록 하는 것이다.

(2) 지각

지각(perception)이란 감각기억을 통해 들어온 자극에 주의집중을 하여 선택된 자극을 개인적 경험이나 기대를 토대로 해석하고 자극에 의미를 부여하는 과정을 말한다. 우리는 누군가를 처음 만나게 되면 그 사람의 전체적인 이미지, 목소리, 악수하던 손의 느낌 등에 주의집중을 하면서 자극을 지각한다. 일단 지각된 자극은 개인마다 다른 의미와 해석을 부여한다. 학생들의 지각은 각 개별 학생의 경험과 자신의 기대에 좌우된다. 똑같은 사물을 보고도 다르게 해석하는 경우를 우리는 자주 볼 수 있다. 일반적으로 자극을 잘못 지각하면 이것이 장기기억의 부호화에 영향을 주기 때문에, 학생들이 교실에서의 수업내용을 주의집중을 하고 정확하게 지각할 수 있도록 해야 한다. 따라

[그림 7-9] **개인의 경험과 기대에 따른 지각의 차이**

서 교수자는 수업내용에 대한 배경지식을 보완할 수 있도록 선수학습내용을 상기시켜 주어야 하며, 배우는 수업내용이 공부해 보면 재미도 있고 해 볼 만한 것이라는 기대감이 들도록 분위기를 조성해 줄 필요가 있다.

(3) 시연

시연(rehearsal)은 작동기억 내 정보를 여러 차례 마음속으로 또는 소리를 내어 반복·연습하여 장기적으로 전이하는 전략을 말한다. 흔히 영어 단어를 외우거나 어떤 절차를 암기할 때 사용하는 방법으로 반복하는 연습량에 따라 효과에 차이가 있다. 시연과정에서 학습자가 어떤 정보를 무작정 수동적으로 시연하는 것보다는 스스로 적극적으로 자신의 암송과정을 확인해 가면서 연습하는 것이 더 효과적이고, 집중학습 방법보다는 분산학습 시연이 더 효과적이라고 한다. 따라서 교사가 학생들을 지도할 때에도 집중적으로 한 번에 암기하도록 하지 않고 몇 번에 걸쳐 나누어 외우도록 해야 한다. 또한 암기해야 할 학습자료를 학생이 스스로 얼마나 정확히 외우고 있는가를 검토하도록 하는 것이 효과적인 시연전략이다.

(4) 부호화와 인출

부호화(encoding)는 장기기억 속에 존재하는 기존 정보와 새로운 정보를 연결하는 과정이다. 인출은 이와 반대로 장기기억에 저장된 정보를 다시 활용하기 위해 작동기억으로 정보를 불러오는 과정이다. 정확한 인출을 위해서는 정교한 부호화가 필요하다.

정보의 유의미성을 높여 부호화를 처리하는 과정으로 능동성, 조직화, 정교화, 심상형성이 있다(임규혁, 임웅, 2007). 학습자들의 능동성은 유의미한 부호화를 가져오기 때문에 학습에서 학습자의 능동적인 참여를 고려한 교수자의 노력이 필요하다. 조직화는 개별적인 정보를 더 큰 범주로 구조화하는 것으로, 교수자가 학생들에게 학습내용의 선후와 위계 등을 고려하여 도표와 그래픽으로 제시하는 것이 그 예이다. 정교화는 정보의 의미를 분석하거나 정보를 선행지식과 관련지어 보는 것으로 교수자가 학생들에게 제시된 정보에서 시사점을 찾아보거나 대안을 만들어 보게 하는 것을 의미한다. 심상형성은 기억술의 한 형태로 학생들의 부호화를 용이하게 만들어 주기 위해 언어정보와 시각정보를 결합해 보게 하거나 학습내용을 가지고 어떤 그림으로 표현해 보게 하는 것이다.

장기기억에 있는 정보를 용이하게 인출(retrieval)하기 위해서는 인출단서(retrieval cues)가 필요하다. 인출단서는 장기기억에 저장된 정보에 접근할 수 있게 하는 힌트 같은 것을 말한다. 특정한 장소에서 특정한 사람과 분위기가 떠오르는 것처럼 학생들이 학습한 내용과 관련된 기억단서를 만들도록 하는 것이 필요하다.

3) 메타인지

메타인지(meta-cognition)는 인지에 관한 인지(cognition about cognition, being aware of one's awareness)로 자신의 인지과정을 통제하고 조절하는 것을 말하며, 초인지 또는 상위인지라고 부르기도 한다. 인지(cognition)과정은 인간이 정보를 받아들이고 처리하는 과정에서의 주의, 시연, 조직화, 정교화, 인출을 의미하는데, 메타인지는 이러한 인지과정에 대한 지식과 그 인지과정에 대한 내적 점검 및 조절의 과정을 의미한다. 우리는 어떤 공부를 할 때 그 내용이 자신에게 쉬운지 어려운지를 파악하고 스스로 주의집중하고 시연하도록 자신을 규제하기도 한다. 또한 공부를 하는 과정에서 내가 어떤 부분을 알고 모르는가를 판단하고 적절한 학습전략을 세우고 실천하고 평가하기도 하는데, 이러한 과정이 바로 메타인지가 작동하는 것이라고 할 수 있다.

메타인지의 요소는 다양하나 주로 인지에 관한 지식, 즉 **메타인지 지식**(meta-cognitive knowledge)과 인지를 조절하고 통제하는 **메타인지 조절**(meta-cognitive regulation)이 있다. 메타인지 지식은 자신의 인지능력의 장점과 약점에 관한 지식과 더불어 어떤 학습과제 수행력에 대한 자신의 능력과 효과적인 학습을 위한 전략 수립의 능력에 대해 아는 것이다. 메타인지 조절은 자신의 인지를 조절하고 통제하는 능력, 즉 계획, 평가, 점검하는 능력으로 어떤 학습을 위해 목표를 설정하고 학습이 이루어진 후 성취 정도를 판단하고 학습과정의 문제점 등을 점검하는 능력을 의미한다.

메타인지와 학업성취의 관계에 관한 연구를 보면, 메타인지 수준이 높은 학생이 그렇지 않은 학생보다 더 높은 성취결과를 보인다(Azevedo, 2009; Pintrich, 2002; Pintrich & De Groot, 1990). 메타인지가 높은 학생들은 정보를 부호화하는 과정에서 주의력을 높여 적절한 단서를 사용하여 저장하기 때문에 인출도 용이하게 한다. 또한 메타인지는 작동기억을 통해서 들어오는 정보의 흐름을 스스로 조절하도록 돕는다. 그렇기 때문에 메타인지 수준이 높은 학생은 자신이 기억하고 있는 정보를 인출하여 활용해야 할 상황이 오면 훨씬 더 용이하게 적용할 수 있다. 즉, 메타인지 수준이 높은 학생은 학습하는 과정에서 학습내용이 어떤 과정에 필요하고 어떻게 학습하는 것이 용이한가를 스스로 모니터링하기 때문에 메타인지의 적용이 요구되는 학습상황에서 더 유리할 수 있다. 메타인지가 학업성취에 효과적이라면, 수업과정에서 메타인지를 증진할 수 있는 수업모델의 개발과 활용이 필요하다고 할 수 있다.

학습과정에서 메타인지를 증진하기 위해서는 학습자들에게 자신의 사고와 학습을 조절하는 데 활용되는 계획(planning), 점검(monitoring), 조절(regulating) 전략을 활용할 기회를 제공해야 할 것이다. 계획전략은 학습목표를 달성하기 위해 필요한 전략을 계획적으로 선정하는 전략이다. 계획전략의 예는 과제수행 목표설정, 대충 훑어보기, 질문 생성 등이다. 점검전략은 과제를 수행하는 과정에서 문제해결을 위한 적절한 전략을 선택하고 그 전략을 실제로 적용하면서 과정을 살펴보는 것이다. 점검전략의 예는 자기검사, 주의집중, 확인 등이다. 조절전략은 실행 중인 과제를 달성하기 위하여 현재 자신이 사용하고 있는 전략의 적절성 여부를 점검하고 자신의 전략을 조절하는 것이다. 조절전략은 독서속도 조절, 재독서, 점검, 재수정 등이다(이신동 외, 2011).

4. 신경망 모형

신경망 모형(neural network model)은 인지를 뉴런들의 상호연결망이라고 가정한다

(McClellend, 1989; Rumelhart, Widrow, & Lehr, 1994; Sternberg & Williams, 2009). 인간의 두뇌는 100억 개 이상의 뉴런이 상호 연결되어 복잡한 신경망을 형성하고 있으므로 뇌를 신경망 또는 연결주의 모형(connectionist models)이라고도 한다. 신경망 모형은 인지적 조작이 계열적(순서적)이 아닌 병렬적으로 동시에 처리된다는 점에서 **병렬분산처리**(Parallel Distributed Processing: PDP) 모형이라고 한다.

정보처리이론은 인간의 인지과정을 컴퓨터에 비유하여, 각각의 기억저장고가 분리되어 있고 각 저장고로 정보를 옮기기 위해 특정 인지과정이 필요하다고 가정한다. 즉, 인간의 기억저장고는 컴퓨터의 RAM, 하드디스크이고, 이러한 저장고로 정보를 전환하고 전달하는 소프트웨어 역할을 하는 것이 인지과정이다. 또한 전체적인 인지과정을 감독·관장하는 역할을 하는 것이 컴퓨터의 중앙처리장치이며, 이는 메타인지라고 할 수 있다. 정보처리이론에서는 각각의 정보처리가 계열적·단계적으로 처리된다고 본다.

정보처리이론과 신경망 모형의 기본적인 차이는 다음과 같다. 첫째, 정보처리이론은 정보가 계열적·단계적으로 처리된다고 보고, 신경망 모형은 동시에 **병렬적으로** 처리된다고 가정한다. 둘째, 정보처리이론은 지식이 여러 기억저장고에 저장된다고 보는데, 신경망 모형은 **노드 간의 연결**에 저장된다고 본다. 셋째, 정보처리이론은 정보의 흐름을 관장하는 중앙처리장치를 가정하지만, 신경망 모형은 이를 상정하지 않는다(권대훈, 2015).

신경망 모형에서 노드들은 어떤 자극에 의해 활성화되고, 활성화된 노드는 연결된 다른 노드의 활성화를 촉진한다. 이러한 현상을 활성화 확산(spreading activation)이라고 한다. 연결된 노드를 활성화시킨 노드를 점화(priming)라고 하고, 발생된 활성화를 점화효과(priming effect)라고 한다(Sternberg & Williams, 2009). 예를 들어, '스키너'라는 말을 들으면 '스키너'라는 노드에 대응하는 노드가 활성화된다. 일단 '스키너'에 대응하는 노드가 활성화되면 연결되어 있는 '동물실험'에 대응하는 노드와 '강화이론'에 대응하는 노드로 확산된다. 이 모형에서 활성화는 상호 관련된 모든 노드에 동시에 이루어진다. 즉, 스키너가 활성화되면 동물실험과 강화이론 노드도 동시에 활성화된다. 교육에서 점화는 교실수업에서의 새로운 정보를 도입하는 단계에서 활용할 수 있다. 예를 들어, 인간의 두뇌구조와 기능을 학습하는 수업이라면, 교사는 학생들이 이미 알고 있는 두뇌구조와 기능에 대한 배경정보를 활성화할 수 있는 이미지와 영상 등을 제공한다. 그러면 학생들의 기억 속에 있는 두뇌구조와 기능 관련 노드 간의 연결이 활성화되어 수업에서 제시되는 새로운 학습정보를 쉽게 받아들일 수 있게 한다.

신경망 모형에서 중요한 점은 지식이 노드 간의 연결에 저장된다는 것이다. 예를 들어, 우리가 알고 있는 개에 대한 지식(동물이고, 짖고, 털이 있다 등)은 노드 사이의 연결에 저장된다. 연결이 없으면 어떤 지식도 알 수 없고, 심지어는 '개'라는 개념도 인출할 수 없다(Sternberg & Williams, 2009). 그러므로 신경망 모형에서의 학습이란 노드와 노드의 연결을 형성하고 연결의 강도를 변환시켜 주는 과정이다. 노드와 노드들의 연결이 활성화되면 정보가 노드에 저장되고, 자주 활성화되는 연결은 잘 기억되고 인출 또한 쉽게 일어난다. 결국, 학습이 일어나려면 노드와 노드의 연결을 빈번하게 활성화할 수 있는 기회를 제공하는 것이 필요하다. 행동주의와 인지주의 학습이론을 배우고 있는 학생을 예로 들어 생각해 보자. 학생이 교실에서의 수업뿐만 아니라 방과 후의 복습시간 등을 통해 행동주의와 인지주의의 정의, 연구대상, 학습관 등을 통해 자주 읽어보고 정리하면, 관련 노드들의 연결이 활성화되고 정보가 필요할 때 쉽게 인출될 수 있을 것이다. 이러한 과정을 통해 행동주의와 인지주의에 적절하게 연결된 노드는 강화되고 부적절하게 연결된 노드는 약화될 것이다. 그러므로 신경망 모형에서의 학습은 다양한 학습기회와 경험을 통해 적절한 노드와 노드 간의 연결을 활성화하고 강화하는 것이라고 할 수 있다.

5. 인지주의 학습이론의 교육적 시사점

인지주의 학습이론은 학습자의 두뇌에서 일어나는 내적 인지과정, 즉 인간학습의 기본적인 과정인 정신 및 사고 과정과 외부에서 들어오는 정보처리과정을 밝히는 데 초점을 두었다. 그러므로 인지주의 학습이론이 교육에 주는 시사점은 다음과 같다(Driscoll, 2005/2007).

첫째, 인간의 인지구조를 고려한 조직화된 수업을 제공할 필요가 있다. 수업시간에 교수자가 수업내용을 잘 조직하여 제공하면 학생들은 전체적인 구조를 먼저 머릿속에 담고 주의집중할 수 있기 때문에 적절한 부호화를 할 수 있고 이해를 높일 수 있다. 오수벨(Ausubel, 1960)도 선행조직자를 제공하여 기존의 인지구조에 새로운 학습내용이 정착하도록 하였다. 수업시간에 교수자가 수업의 도입과 전개를 위한 노력을 기울이고 마무리에 적절한 전략을 제공하는 것은 매우 중요하다. 즉, 수업 도입에 있어 학습목표를 제시하고, 지난 수업시간과 오늘 하게 될 수업 간의 연결관계를 소개하며, 오늘 하게 될 수업의 구조를 제시해야 한다. 그러면 학생들은 수업구조에 대한 스키마를 먼저 머릿속에 담고 그 이후에 수업내용을 조직화하고 정교화할 수 있기 때문에 수업내용 파지와 이해가 높아질 것이다. 그리고 수업내용을 적절하게 표와 그림으로 제공하면 학생들의 수업내용 이해에 도움을 줄 수 있다.

둘째, 인간의 정보저장고, 특히 작동기억의 제한된 용량과 장기기억의 네트워크 지속성을 위한 전략과 연습기회를 제공해야 할 것이다. 학생들은 작동기억의 제한적인 용량을 효율적으로 활용하기 위해 정보의 군집화, 기능의 자동화, 이원적인 처리를 사용해야 하고, 장기기억에 저장되어 있는 정보를 오래 유지하기 위해서는 조직화, 정교화, 활성화를 해야 한다.

셋째, 인지주의 학습이론은 학습자의 내부에서 일어나는 인지과정에 관심을 두고 있기 때문에 학습자가 스스로 목표를 세우고 목표를 달성하도록 하는 내적인 자기통제력에 초점을 둔다. 메타인지는 자신의 학습과정에 대한 내적 점검과 조절의 과정으로 학업성취에 매우 중요하다. 그렇기 때문에 교수자는 학습자들이 메타인지 지식과 메타인지 조절을 익힐 수 있는 프로그램을 제공하여 학습자 스스로 자신의 학습전략을 세우고 실천하고 평가하는 경험을 가지도록 해야 한다.

넷째, 학습자들이 학습을 효율적으로 하기 위해서는 구체적인 인지전략(cognitive strategy)과 학습전략(learning strategy)이 필요하다. 인지전략은 문제해결과정을 통해 인지구조의 변화를 가져올 수 있는 넓은 의미의 지적능력이다. 즉, 인지전략은 학습자가 자료를 기억하고 이해하는 데 사용하는 시연, 정교화, 조직화 전략 등을 의미한다. 학습전략(learning strategy)이란 인지전략 영역의 구체적 개념 중 하나로 특정 학습장면에서 지식과 기술의 획득을 촉진할 수 있는 정신적 기술이라고 할 수 있다(박숙희, 염명숙, 2013).

학습전략에는 기억을 도울 수 있는 기억 지향 기법(memory-directed tactics)과 이해를 도울 수 있는 이해 지향 기법(comprehension-directed tactics)이 있다. 기억 지향 기법에는 밑줄 긋기, 요약하기, 기억조성법(mnemonic) 등이 있고, 이해 지향 기법에는 질문하기, 노트 작성, 교재분석, 개념도 작성, PQ4R 등이 있다. 기억 지향 기법의 하나인 기억조성법은 정보를 장기기억에 잘 저장하기 위해 사용하는 기억법이다. 예를 들어, 첫 번째 철자로 두문자어(acronym)를 만들어 기억하는 법으로 생물의 분류체계인 '종속과목강문계', 조선시대 왕의 계보를 '태정태세문단세……', 원소 주기열표를 '수헬리베……'와 같이 첫 글자를 활용해 기억한다. 기억조성법의 또 다른 방법으로는 어떤 정보를 익숙한 장소와 연결 지어 설명하는 장소법, 핵심단어 활용법, 정보를 익숙한 음악에 맞추어 기억하는 운율법이 있다. 이해 지향 기법의 하나인 PQ4R은 학생들이 학습한 내용을 이해하고 도움을 주기 위한 학습전략으로, 미리보기(Preview), 질문하기(Question), 읽기(Read), 숙고하기(Reflect), 암송하기(Recite), 복습하기(Review)를 의미한다. 또한 학생 스스로 문제를 만들어 답하고 알고 있는 내용을 다른 사람에게 가르쳐 보는 것도 복습의 좋은 방법이다. 이러한 과정을 통해서 인지구조에 학습내용이 체계적으로 재정리된다.

이론 적용 활동

활동 1

학습자는 작동기억의 용량 제한을 극복하고 인지부하를 줄이기 위해 정보의 군집화, 기능의 자동화, 이원적 처리를 활용할 수 있다. 그동안의 학습경험을 통해 여러분이 활용해 온 군집화, 자동화, 이원적 처리의 예를 1~2개씩 찾아서 적어 보고, 이에 대해 동료학습자와 함께 이야기를 나누어 보시오.

전략	적용 예
군집화 (chunking)	• 미술선생님이 칠판에 제시한 화가들을 유파에 따라 분류하여 기억하였다. • •
기능의 자동화 (automatization)	• 구구단을 외워 수학 수업에 활용하였다. • •
이원적 처리 (dual coding processing)	• 지역별 전염병 발생 현황을 그래프와 텍스트 자료로 제시하였다. • •

활동 2

다음의 학생이 여러분에게 학습컨설팅을 의뢰해 왔다. 이 학생의 문제를 읽고 학생에게 적절한 학습 전략을 제시하시오.

> 저는 ○○대학교 2년생 김집중입니다. 저는 공부를 하는 데 있어 10분 이상 뭔가에 집중해서 읽거나 쓰는 것이 사실 너무 힘이 듭니다. 지난번 학교에서 실시했던 학습전략 검사결과를 보니 저는 이해전략보다 기억과 주의집중 전략 점수가 더 낮게 나왔습니다. 저는 머리 좋다는 소리는 많이 듣는데, 그에 반해서 성적은 잘 나오지 않습니다. 수업시간에 교수님 이야기를 들을 때는 이해하는 것 같은데, 그 내용을 오래 기억하지 못하는 것 같습니다. 제가 어떻게 해야 수업시간의 학습내용을 더 이해하고 오래 기억할 수 있을까요?

1. 김집중 학생의 문제는 무엇인가?

2. 현재 김집중 학생의 문제를 해결하기 위해 알 수 있는 정보는 무엇인가?

3. 김집중 학생의 문제를 해결하기 위해 더 알아야 할 정보는 무엇인가?

4. 김집중 학생을 위해 여러분이 제시할 학습전략은 무엇인가?

5. 앞의 결과를 활용하여 김집중 학생에게 제공할 수 있는 학습전략을 정리해 보시오.

읽을거리

학습전략 팁

조직화 전략(조용개 외, 2017)

조직화 전략은 기존의 정보와 새로운 정보를 연결하여 고차원적인 지식구조를 형성하는 것을 말한다.

- 학습한 내용에 대해 체계화할 수 있는 요약표를 만든다.
- 주요한 전공 용어와 개념 정의에 관한 표를 만든다.
- 공부할 분량이 많아지면 내용이 어떤 구조로 이루어져 있는지 적어 본다.
- 교재나 노트필기의 주요한 곳에는 밑줄을 친다.
- 노트필기, 수업교재 혹은 참고문헌의 주요 사항을 정리하여 짧게 요약한다.

정교화 전략(조용개 외, 2017)

정교화 전략은 기존의 인지구조에 새로운 학습내용을 잘 연결시켜 심층적으로 이해하는 것을 말한다.

- 책에 있는 내용과 강의내용을 연결해 본다.
- 새로운 개념을 실제 현장에서 적용할 수 있는지 생각해 본다.
- 새로운 개념이나 이론을 내가 이미 알고 있는 것과 연결 지어 보려고 노력한다.
- 교재내용을 이해하기 위해 강의시간에 배운 내용과 혼자서 공부한 내용을 종합한다.
- 학습한 내용에 대한 구체적인 예를 생각해 본다.

메타인지 전략(조용개 외, 2017)

메타인지 전략은 공부계획 활동, 학습과정에 대한 점검활동 그리고 자신이 선택한 전략을 조절하는 활동을 말한다.

- 공부하기 전에 어디까지 어떻게 해야 할지를 미리 결정한다.
- 공부과정 중에 본인의 이해 정도를 점검하고 부족한 부분에 대해 보완한다.

- 학습이 덜 된 부분을 찾기 위해 교재를 보지 않고 요약해 본다.
- 학습내용이 완벽하게 이해되지 않을 때에는 다시 한번 교재를 천천히 정독한다.
- 어려운 글을 읽을 때는 읽는 속도를 스스로 조절한다.

주의집중 전략(유승구, 2011)

주의는 인지과정의 시작이기 때문에 효과적인 학습에 결정적인 역할을 한다. 학생들이 학습에 주의집중하도록 돕기 위해서 다음의 전략이 필요하다.

- 주의집중을 방해하는 내적(심리적) · 외적(환경적) 원인을 파악한다.
- 수업에서의 피로 원인을 제거한다.
- 학생이 흥미를 가질 수 있는 요소를 파악한다.
- 효과적인 학습전략을 활용한다.
  - 기억을 반복하도록 격려한다.
  - 수업목표를 구체적으로 설정한다.
  - 정기적인 예습과 복습을 격려한다.
  - 학습방해 요소를 최소화한다.

주요 용어

감각기억
군집화
단기기억
메타인지
목적적 행동주의
부호화
설단현상
시연
신경망 모형
이원적 처리
인지도
인출
자동화
작동기억
잠재적 학습
장기기억
정교화
조직화
주의
지각
통찰
형태주의
활성화

탐구문제

1. 행동주의와 인지주의에서 보는 학습의 개념을 비교하시오.
2. 형태주의의 기본 가정을 설명하시오.
3. 잠재적 학습과 장소학습실험이 교육에 주는 시사점을 서술하시오.
4. 작동기억의 용량제한을 극복할 수 있는 학습방법을 설명하시오.
5. 장기기억의 부호화 유지 전략을 설명하시오.
6. 장기기억에서 작동기억으로 정보를 인출하고자 할 때 설단현상이 일어나는 이유를 설명하시오.

제8장

구성주의 학습이론과 교육

1. 구성주의 인식론과 객관주의 인식론의 차이
2. 구성주의 학습이론
3. 구성주의 학습이론의 교육적 시사점

인식론은 철학의 한 분야로, 지식의 본질, 신념, 정당화 등의 개념을 연구하는 것이다. 이 장에서는 객관주의 인식론과 대조를 이루는 구성주의 인식론을 기반으로 하는 학습이론과 교수 · 학습 방법을 살펴본다. 객관주의와 구성주의 인식론은 기본적인 가정에서 어떤 차이가 있는지 그리고 그 기본적인 가정에 의해 세계관, 학습, 수업, 교수설계 방법이 얼마나 다른지를 비교할 수 있을 것이다. 또한 구성주의의 다양한 유형 중에 피아제의 인지적 구성주의와 비고츠키의 사회적 구성주의 이론 및 교육적 실천을 비교하면서 공부할 것이다. 마지막으로, 지식기반 정보화 사회에서 왜 우리가 구성주의 인식론을 이야기하는지와 왜 구성주의 인식론을 기반으로 한 교수 · 학습 방법의 원리와 실천이 필요한가도 생각해 보았으면 한다.

1. 구성주의 인식론과 객관주의 인식론의 차이

인식론(epistemology)이란 철학의 한 분야로 지식의 본질, 지식에 대한 철학적 분석과 진리, 신념, 정당화 등의 개념을 연구한다. 객관주의 인식론은 지식의 형성과 습득과정을 설명하는 데 있어 구성주의(constructivism)와는 본질적으로 다르다. 구성주의는 새로운 이론이 아니라 넬슨(Nelson)과 굿먼(Goodman)의 철학적 구성주의, 피아제(Piaget)의 인지발달이론, 네이서(Neisser)의 인지심리학, 비고츠키(Vygotsky)의 사회문화이론, 듀이(Dewey)의 반성적 사고, 생물학, 인공두뇌학, 기호학 등 여러 다른 학문이론을 서로 통합한 것이라고 할 수 있다(Jonassen, 1991; Perkins, 1991; Schmidt, 1987/1995).

객관주의(objectivism)는 인식, 진리, 실재, 선, 옳음 등의 본성을 결정하는 데 어떤 보편타당한 기반이나 구조 틀이 존재한다고 본다(Bernstein, 1983/1996). 즉, 이 세상에 존재하는 지식과 진리는 인식하는 주체와 상관없이 옳다고 할 수 있는 준거가 존재한다는 것이다. 객관주의에 의하면, 학습목표는 본질적이고 객관적인 지식을 획득하고 전이하도록 도와주는 것이다(Jonassen & Duffy, 1992).

구성주의에서는 지식이 인식하는 주체의 경험을 통해 구성되는 것이지, 외부에서 주어지는 것이 아니라고 주장한다(Bednar, Cunningham, Duffy, & Perry, 1992). 즉, 지식은 인식주체에 의해 구성되고, 세상에 객관적인 지식은 없으며, 모든 지식은 인식의 주체자인 개인에 의해 주관적으로 구성된다고 전제한다. 그러므로 동일한 지식이라 할지라도 인식주체에 따라 다르게 해석되므로 학습활동은 세계에 대한 개인적 해석이라고 본다.

구성주의자들은 객관주의 교육을 다음과 같이 비판한다.

첫째, 객관주의 인식론에 대한 비판이다. 객관주의는 진리와 지식이 인간의 마음과 독립적으로 존재하며, 인식하는 주체의 외부 세계에 존재한다고 본다. 이러한 객관주의 인식론에 대해서 구성주의는 지식이란 인식하는 주체와 무관하게 외부에서 수동적으로 주어지는 것이 아니라 인식주체가 경험을 바탕으로 한 자기 자신의 해석에 의해 구성하는 것이라고 본다(강인애, 1997; Duffy & Jonassen, 1991). 전통적인 사회는 불변하고 고정된 지식의 전달과 전수만으로도 학습자들이 충분히 살아갈 수 있었지만, 산업사회를 지나 정보화사회, 4차 산업혁명 시대에서는 객관주의 인식론에 근거한 교육으로는 한계가 있다. 즉, 학습자들에게 객관적인 지식을 무의미하게 암기식 · 주입식으로 제공하는 교육은 더 이상 유용한 효과를 기대하기 어렵다는 것이다.

둘째, 구성주의자들은 객관주의의 탈맥락적인(decontextual) 학습을 비판한다(강인애, 1997; Willis, 1995). 지식은 외부에서 주어지는 것이 아닌 사회적인 맥락에서 구성되는 것인데, 객관주의 학습은 지식이 생성되고 발전된 상황이 무시된 탈맥락적인 지식을 주입한다는 것이다. 농경사회와 산업사회에서는 집단화, 표준화, 보편화, 확실성의 개념이 중요했고, 순응적인 인간을 필요로 했다. 그러나 현대사회는 개인화, 다양화, 창의성, 불확실성의 사회가 되었고, 당면한 문제를 이해하고 해결할 수 있는 주체적이고 창의적인 인간이 필요하게 되었다. 엄청나게 많은 정보와 지식이 산출되기 때문에 옳다고 할 수 있는 진리와 지식을 전달하고 전수하는 교육보다는 인식주체가 경험을 통해 이해 · 해석 · 구성해 갈 수 있는 능력형성이 더 중요하게 되었다. 따라서 자기 자신의 지식을 이해 · 해석 · 구성하는 데 있어 개인적인 인지작용뿐만 아니라 이에 영향을 미치는 사회적 상황, 맥락, 공동체의 영향력이 중요하게 되었다.

〈표 8-1〉은 객관주의와 구성주의에서 보는 세계관, 학습, 수업, 수업목적, 학습환

표 8-1 객관주의와 구성주의의 비교

	객관주의	구성주의
세계관	세계는 외부에 객관적으로 존재	세계는 개별 주체에 의해 의미가 부여되고 해석되는 것
학습	외부의 절대적인 진리가 학습자 내부 세계로 전달되는 것	개인적 경험에 근거한 의미 부여 과정
수업	학습의 관리자 · 감독자인 교사가 수동적인 미성숙한 학습자에게 객관적인 진리 전달	학습의 안내자이자 촉진자인 교사가 능동적인 학습자에게 학습내용을 이해 · 해석 · 구성하도록 지원
수업목적	효과적 · 효율적 · 매력적인 방법으로 지식을 전달하는 것	학습자가 스스로 의미를 찾고 지식을 구성하는 과정에서 문제해결력과 창의력 등을 기르는 것
학습환경	절대적 진리를 상황과 분리하여 전달	실제 세계를 반영하는 풍부한 상황 제공
교수설계	수업 전에 교수자가 가르칠 객관적인 지식을 결정하여 효과적인 계획을 세우고 실천하는 수업설계	수업 전 사전계획이라기보다는 수업과정에서 학습이 일어날 수 있는 융통적이고 변화 가능한 수업설계

경, 교수설계에 대한 비교이다.

셋째, 객관주의의 탈맥락적인 지식의 학습은 결국 의미 있는 학습이 되지 못하고 전이력도 낮은 비활성지식(inert knowledge)이 된다고 본다(CTGV, 1990). 학교에서 탈맥락적인 지식을 수동적으로 주입했던 방식은 산업시대에는 가능한 교육이었지만, 미래사회를 준비하는 교육방법으로는 한계가 있다.

2. 구성주의 학습이론

구성주의는 하나의 통일된 철학적 입장이 아니고 지식 구성 요소의 강조점에 따라 다양한 관점으로 제시될 수 있다. 여기에서는 지식 구성에 있어서 개인 내적인 요소를 강조하는 인지적 구성주의와 사회적 요소를 강조하는 사회적 구성주의를 살펴보고자 한다. 인지적 구성주의는 지식 구성과 인지과정을 개인 내적인 차원으로 보고 있으며, 사회적 구성주의는 개인의 인지 구성과 발달이 사회적 상호작용의 결과이며 산물임을 강조한다. 인지적 구성주의와 사회적 구성주의는 각각 다른 입장을 갖지만 상호배타적인 것은 아니며, 두 이론의 차별점은 개별 지식의 지식 구성을 개별적인 인지활동으로 보는가 또는 사회적 상호작용으로 보는가라고 할 수 있다.

1) 인지적 구성주의

인지적 구성주의(cognitive constructivism)는 피아제의 인지발달이론에 기반을 두고 있으며, 개인 내부에 있는 인지과정에 초점을 두고 있다. 피아제는 인간은 기본적인 인지구조인 도식(schema)을 가지고 태어나며 이것이 환경과의 상호작용을 통해 발달한다고 보는 발생적 인식론(genetic epistemology)을 주장한다. 피아제는 인지구조의 발달을 조직(organization)과 적응(adaptation)의 과정을 통한 변화 · 발전이라고 본다. 조직이란 도식 구성이 외부 세계를 무조건 받아들이는 것이 아니라 개인 내적인 선행지식을 바탕으로 능동적으로 변형 · 조직 · 재조직화하여 더 정교한 도식을 체계화하는 것을 말한다. 적응은 유기체의 도식이 동화(assimilation), 조절(accommodation), 평형화(equilibrium)의 과정을 통해 환경 속에서 변화 · 수정해 가는 경향성이다. 평형화는 세계에 대한 개인의 이해와 해석이 자신의 인지구조와 비교하여 모순이 없을 때 이루어진다. 만약 인지적 모순이 발생하면 인간은 인지적 혼란이 일어나며 외부 세계를 자신의 기존 도식으로 이해할 수 없기 때문에 인지혼란을 해소하고 평형의 상태를 만들고자 노력한다.

피아제는 학습이란 인지갈등이나 모순을 겪었을 때 동화와 조절을 통해 도식을 변화시키는 과정이며, 효과적인 학습이란 학습자의 인지발달 단계에 맞는 자극을 제공하는 것이라고 하였다. 그러므로 인지갈등이나 인지모순은 지적 발달을 촉진하는 매개체이며, 동화와 조절의 과정은 인간이 수동적으로 지식을 전달받는 것이 아니라 자신의 정보를 능동적으로 내면화하는 과정이라고 볼 수 있다. 인지적 구성주의는 인간의 지식 구성에 있어 동화와 조절과 같은 인지적 활동이 중요한 역할을 한다고 보며, 인지혼란과 인지갈등을 평형상태로 만들기 위한 개인 내적 발달에 관심을 갖는다.

2) 사회적 구성주의

인지적 구성주의가 피아제의 인지발달이론을 기반으로 하여 발달했다면, 사회적 구성주의(social constructivism)는 비고츠키의 언어 및 사고 발달이론에 기초를 두고 학습에 영향을 미친 사회문화적인 요소에 관심을 둔다. 사회적 구성주의는 인간의 인지발달이 사회적 상호작용의 내면화 결과라고 본다. 피아제의 인지발달은 개인이 자신의 세계를 스스로 구조화한 결과라고 본 반면, 비고츠키는 인지발달을 사회적인 상호작용의 결과로 보았다. 즉, 인간은 타인과의 관계에 의해 영향을 받으며 성장하는 존재이기 때문에 인간의 인지발달은 개인 내적인 독립적 활동이 아니라 자신이 속한 사회의 맥락화된 지식을 자신의 것으로 내면화한 산물이라고 보았다. 그러므로 개인의 지식은 가족과 친구, 사회에서 만나는 사람들과의 상호작용을 통해 구성된다.

비고츠키 이론에서 제시된 주요 개념은 인지적 대화(cognitive dialogue), 근접발달영역(Zone of Proximal Development: ZPD), 사회적 상호작용(social interaction), 문화, 내적 언어(inner speech)와 같은 사회적 구성주의와 관련되어 있다(Powell & Kalina, 2009). 근접발달영역은 어떤 아동이 현재 스스로 과제를 해결할 수 있는 실제적 발달 수준과 현재 이 아동이 스스로 과제를 해결할 수는 없으나 주변의 유능한 친구나 부모님, 교사 등의

표 8-2 인지적 구성주의와 사회적 구성주의의 비교

	인지적 구성주의(피아제)	사회적 구성주의(비고츠키)
지식형성	• 개별 주체의 내적 인지과정 강조 • 개인적으로 지식 구성	• 지식은 사회적 구인(social construct) • 사회적 상호작용을 통해 지식 구성
교수	• 개인들이 이해하고 해석하도록 안내 • 개인의 인지활동 중시	• 학생과 공동으로 지식 구성 • 사회적 상호작용 강조
학습	• 선행지식을 활용한 인지적 재구성 과정	• 사회적으로 합의된 지식과 가치를 배우기 위한 상호작용 학습
교사 역할	• 촉진자, 안내자 • 학생의 기존 인지구조, 사전지식 고려	• 촉진자, 안내자, 공동참여자 • 사회적으로 합의된 개념, 가치 고려
학습자 역할	• 능동적인 지식 구성 • 능동적 사고, 설명, 해석, 질문	• 타인과의 협업을 통한 지식 구성 • 능동적 사고, 설명, 해석, 질문, 상호작용
동료학습자	• 필요하지는 않지만 개인 지식 구성에 도움을 줄 수 있음	• 지식 구성 과정의 중요한 존재임

도움을 받아 과제를 해결할 수 있을 것으로 기대되는 잠재적 발달 수준 간의 격차를 의미한다. 근접발달영역은 바로 가르침이 필요한 영역이고 진정한 학습이 가능한 영역이다. 이때 아동의 지적 발달을 위해 제공하는 도움이 비계설정(발판화, 스캐폴딩)이다. 비계설정은 아동이 성인이나 더 능력 있는 친구로부터 구조를 형성할 수 있는 단서를 제공받거나 세부사항과 단계를 기억할 수 있도록 하는 도움을 받아, 자신의 힘으로 문제를 해결할 수 있는 단계까지 도달할 수 있게 하는 기본적인 지원을 말한다.

인지적 구성주의와 사회적 구성주의에 대한 견해를 정리하면 〈표 8-2〉와 같다.

3. 구성주의 학습이론의 교육적 시사점

1) 구성주의 교육 원리

구성주의자들은 객관주의 교육이 객관주의 인식론에 기인해서 고정불변한 지식을 외우게 하여 암기식 · 주입식 교육이 효과적이지 않다고 주장한다. 학습자의 실제 삶

과 유리된 탈맥락적인 지식은 생성력과 전이력이 떨어지며, 변화하는 현시대의 문제점을 해결할 수 없다고 주장한다. 또한 개인의 지식 구성을 위해서는 다양한 협업활동을 교육활동에 제공해야 하며, 이러한 협업활동을 통해 창의적인 문제해결력이 증진될 수 있다. 구성주의자들이 주장하는 교수 · 학습 원리는 다음과 같다(강인애, 1997; 박현주, 1998; CTGV, 1990; Duffy & Jonassen, 1991).

첫째, 인식의 주체로서의 학습자 중심 학습이다. 객관주의 교육은 교수자 주도로 보편타당한 불변의 지식을 학습자에게 전달 · 전수하는 것이다. 반면에 구성주의 교육은 학습자가 이해하고 해석하고 구성하지 못한 지식은 의미가 없으며, 유의미한 학습이 되려면 학습자들이 학습주체로서 적극적으로 학습과정에 참여해야 한다.

둘째, 실행 가능한 참과제(authentic task)와 학습상황 · 맥락을 강조한다. 객관주의 교육상황에서 많은 지식을 배우지만 그 지식을 배우는 맥락과 활용하는 맥락이 다르기 때문에 대부분의 지식이 쉽게 이해되지 않고 문제해결력 또한 낮다. 학습자들이 자신의 지식을 이해하고 구성하여 문제를 해결하려면 현재 배우는 학습내용과 관련된 상황이 제시되어야 하고, 해결해야 할 과제는 학습자가 실행할 수 있는 참과제여야 한다. 따라서 교사는 학교에서 배우는 지식 맥락과 유사한 상황을 학생들에게 제공하고 당면한 문제를 해결해 볼 기회를 제공해야 한다.

셋째, 협동학습을 강조한다. 인지적 구성주의에서 강조하는 개인 내적 인지 구성도 결국은 사회적인 상호작용을 통해서 더 촉진되기 때문에 사회적 구성주의에서 강조하는 협동학습을 적극적으로 활용해야 한다. 협동학습은 학습자 개개인의 반성적 사고능력과 다양한 관점에서 사고해 볼 수 있는 유연하고 융통적인 사고능력 배양을 위해 필요한 학습방법이다.

넷째, 교수자-학습자의 역할 변화가 특징이다. 객관주의 교육에서 교수자는 보편타당한 지식을 학습자에게 전달 · 전수하는 주체였고, 학습자는 수동적으로 받아들이는 역할이었다. 구성주의 교육에서는 학습자가 자신의 학습주체로서 스스로 자신의 지식을 이해하고 해석하고 구성하는 주체가 되어야 한다. 따라서 교수자는 단순한 지식의 전달자가 아니라 학습의 안내자, 촉진자, 지원자로서 그리고 학습자가 스스로 자신들이 당면한 문제를 해결해 갈 수 있도록 도움을 주는 조력자로서의 역할을 해야 한다.

2) 구성주의 교육의 실제

구성주의 교육에서 교사는 학습자가 주체가 되어 자신의 지식을 스스로 이해하고 구성할 수 있는 다양한 학습환경을 조성하고 안내해야 한다. 학습자가 능동적으로 지식을 구성하기 위해서는 학교에서 배우는 지식이 일상생활에서 경험하는 것과 같은 실행 가능한 참과제를 경험할 수 있는 맥락을 제공해야 한다. 그리고 제공된 과제를 동료들과의 협동학습을 통해 해결하면서 다양한 관점에서 문제를 이해하고 해결할 수 있도록 해야 한다. 이러한 구성주의 교수 · 학습 원리가 적용된 대표적인 교수이론과 방법이 상황학습이론(situated learning theory; Brown & Palincsar, 1989)과 정착교수(anchored instruction; CTGV, 1990), 인지적 도제(cognitive apprenticeship; Collins, Brown, & Holum, 1991), 문제중심학습(problem-based learning; Barrows, 1985), 인지적 유연성 이론(cognitive flexibility theory; Spiro, Feltovich, Jacobson, & Coulson, 1991) 등이다.

(1) 상황학습이론

흔히 학교에서 배우는 지식이 실생활에 사용되지 못하고 적용 또한 어렵다고 주장한다. 우리는 많은 시간을 들여 국어, 영어, 수학, 물리 등 다양한 과목을 배웠지만, 왜 이것을 배워야 하는지도 모른 채 시험을 위해 무조건 암기하는 식으로 배우는 경우가 많았다. 학교에서 배우는 지식은 현실생활과 탈맥락적이고 추상적이기 때문에 실제 현실문제의 해결에서는 전이력이 없는 비활성지식이 되었다. 비활성지식이란 배우기는 했지만 활용될 수 없는 쓸모없는 죽은 지식이라고 할 수 있다. 상황학습이론가들은 전통적인 학교학습이 실생활에 활용되지 않는 이유를 학교에서 배운 지식이 실제 사용되는 맥락과 분리되었기 때문이고, 이러한 학교교육의 문제를 해결하기 위한 대안으로 상황학습을 제안한다(Bransford, Franks, Vye, & Sherwood, 1989; Brown, Collins, & Duguid, 1989; Brown & Palincsar, 1989).

상황학습이 이루어지려면 가르치는 지식과 기술이 현실에서의 실행 가능한 참과제와 함께 익혀져야 한다. 실행 가능한 참과제란 현실 세계에서 사용되는 과제를 의미한다. 학교에서 배우는 대부분의 지식이 지식 그 자체를 기억하고 암기하는 데 중점을 둔다면, 실행 가능한 참과제는 문제해결을 위한 지식의 활용에 초점을 둔다. 예를 들어,

덧셈과 뺄셈을 배우는 교실이라면, 교사는 학생들에게 물건을 사고파는 환경을 조성하여 물건을 사고파는 실제적인 경험을 통해서 기본적인 덧셈과 뺄셈도 배우고 자신이 가지고 있는 돈에 맞게 물건을 구입하는 문제해결력도 익히게 할 수 있다. 이처럼 상황학습은 지식과 기능이 사용되는 맥락과 함께 제시되고 사용되는 수업이다. 그리고 상황학습은 일반적인 맥락에서 적용될 수 있는 추상적인 기능과 방법보다는 특정한 맥락에서의 구체적인 사례를 학습한다. 구성주의 학습이론을 적용한 정착교수, 인지적 도제, 인지적 유연성 이론, 문제중심학습은 기본적으로 상황학습에서 강조하는 맥락과 실제적 참과제, 문제해결을 기반으로 하고 있다.

(2) 정착교수

정착교수는 흥미롭고 실제적인 문제해결 장면을 학습을 위한 정착점(anchor)으로 활용하여 문제해결능력을 길러 주기 위한 교수방법이다. 정착교수의 핵심은 복잡한 문제해결에 앞서 문제를 해결할 수 있는 정착점을 미리 제공하고, 제공된 정착점이 문제를 해결할 수 있는 단서 역할을 하게 만드는 데 있다. 이때 정착점의 역할은 학생의 흥미를 유발하고 문제에 대한 전체적인 파악을 가능하게 하는 정보를 제공하는 것이다.

밴더빌트 대학교의 인지공학 그룹(Cognition and Technology Group at Vanderbilt: CTGV)에서 개발한 정착교수 방법은 상황학습의 원리와 협동학습의 개념을 활용하였다. CTGV에서 개발한 재스퍼 시리즈(Jasper Series)는 수학과 과학 문제를 해결하는 이야기를 담은 15~20분 정도의 비디오를 수업에 앞서 정착점으로 제공한다. 학생들은 주인공이 모험을 하는 비디오를 보면서 수업에서 해결해야 할 수학과 과학 문제의 단서를 여러 가지 관점에서 제공받는다. 즉, 실제 생활에서 일어날 법한 문제를 비디오로 보면서 주어진 학습문제를 다양한 관점에서 분석하고 해결과정을 동료학생들과 공유한다. 예를 들어, 초원에서 부상당한 독수리를 응급처치하기 위해 친구들에게 도움을 청하고 초원으로 오게 되었을 때의 거리, 속도, 연료 등의 단서를 비디오로 보면서 학생들은 자연스럽게 해결해야 할 문제를 발견하고 해결하는 과정을 통해 수학적 지식과 문제해결을 습득하게 된다.

정착교수를 위한 정착점 설계 원리와 정착교수 운영 원리는 다음과 같다(CTGV, 1990). 첫째, 학습내용과 관련된 문제해결을 할 수 있는 풍부한 배경정보를 제공해야

[그림 8-1] **재스퍼 시리즈**

출처: Jasper (http://jasper.vueinnovations.com/adventures-of-jasper-woodbury).

한다. 둘째, 실제 생활에 적용된 수학과 과학 문제를 이야기식 전개로 제시하여 의미 있는 참 학습활동(authentic activities)이 가능해야 한다. 셋째, 학습자 주도적으로 학습활동이 가능하도록 학생들을 참여시켜야 하고, 학생들이 문제해결을 하도록 다양한 학습자료를 동시에 제공해야 한다. 넷째, 학생들이 주어진 문제를 다양한 관점에서 살펴보고 해결할 수 있도록 정착점으로 제공한 자료를 충분히 보고 탐색할 기회를 제공해야 한다.

(3) 인지적 도제

인지적 도제(cognitive apprenticeship)는 전문가의 지식과 기능을 습득하기 위해 전문가와 특정 맥락과 실제적 활동을 공유하는 것을 의미한다. 전통적인 도제(traditional apprenticeship)는 도제(초보자)들이 전문가(장인)와 함께 생활하면서 장인의 인품과 태도 그리고 기능을 자연스럽게 전수받는다. 예컨대, 유명한 서양의 미술 거장들도 많은 도제와 함께 그림 작업을 하였다. 르네상스의 대가인 레오나르도 다빈치(Leonardo da Vinci)도 스승인 베로키오(Verrocchio)의 도제로 있던 18세에 스승과 함께 〈그리스도의 세례(Battesimo di Cristo)〉를 그렸다(김광우, 2016). 전통적인 도제교육은 작업장면에서 직접 이루어지기 때문에 매우 구체적이고 실생활에 바로 적용 가능한 기술을 습득할 수 있게 하지만, 현재 학교에서 가르치는 지식과 기술은 너무 추상적이어서 제대로 활용할 수 없다. 학교교육의 이러한 한계를 극복하기 위해 인지적 도제의 개념이 시작되었다.

[그림 8-2] **안드레아 델 베로키오의 〈그리스도의 세례〉**

전통적인 도제와 인지적 도제의 차이는 다음과 같다. 첫째, 전통적으로 도제교육은 다양한 직종에서 장인이 도제에게 지식과 기능을 전수하는 보편적인 교육이었다. 그러나 현재는 이러한 장인의 역할을 교사가 대체하게 되었다. 둘째, 전통적인 도제교육에서는 작업 장면에서 주어지는 지식과 기능 습득이 목적이었고, 배움의 과정을 눈으로 볼 수 있는 것이 대부분이었다. 이와 달리 인지적 도제는 인지 및 메타인지 기능을 가르치는 것이 목적이기 때문에 전문가는 도제가 무엇을 어떻게 배우고 있는가를 관찰할 수 없다. 그러므로 인지적 도제에서는 학습자의 인지과정을 확인하기 위해 소리 내어 생각하기(think aloud) 방법을 활용한다(Collins, Brown, & Holum, 1991). 셋째, 전통적인 도제는 특정 맥락에서의 기능교육이 목적이라면, 인지적 도제는 다양한 맥락에서 활용될 수 있는 지식을 강조한다. 그러므로 인지적 도제에서는 해당 분야 전문가의 인지모델을 제공하여 초보자의 문제해결력과 사고력 같은 고차원적인 인지기능을 향상하도록 해야 하며, 실제적 문제를 해결하는 상황학습에 참여하도록 해야 한다(박성익, 2011).

전통적인 도제교육은 실제적 과제의 문제해결을 위해 전문가가 시범을 보이는 모델링(modeling) 단계, 문제해결을 위한 인지적 틀을 제공하는 교수적 도움(scaffolding) 단계를 지나 학습자가 스스로 문제를 해결할 수 있는 교수적 도움중지(fading) 단계와 도제의 학습과정을 전체적으로 조망하고 진단하고 평가하여 총체적인 도움을 주는 코칭(coaching) 단계로 이루어진다(Collins, Brown, & Holum, 1991). 교수적 도움 단계와 도움중지 단계는 비고츠키가 말한 잠재적 발달 수준에서 실제적 발달 수준으로 이행함에 따라 도움을 줄여 나가 스스로 문제를 해결하고 학습하도록 하는 방법이다. 전통적 도제교육의 예를 들면 다음과 같다. 전문적인 기능을 가진 도공이 도제에게 도자기를 만들기 위한 흙을 고르고 반죽하는 법을 가르치기 위해서는 먼저 도제에게 시범(modeling)을 보여 준다. 도공은 흙을 고르고 반죽하는 과정에서 고려해야 할 점, 도제의 실행과정에 대한 평가와 조언(coaching)을 제공하고, 도제가 혼자서도 도자기를 만들기 위한 흙을 고르고 반죽하는 과정을 익힐 수 있도록 쉬운 과정부터 여러 차례 도움을 준다(scaffolding). 도제가 도공이 제공하는 시범과 조언에 따라 지속적인 연습을 해서 혼자서도 흙을 다룰 수 있을 정도가 되면, 도공은 점차적으로 도제에게 일을 맡기고 도움을 중지(fading)한다(Collins et al., 1991; Collins, Brown, & Newman, 1989).

인지적 도제는 전통적인 도제교육 방법인 시범, 안내, 지원, 도움중지를 통해 도제가 전문가의 사고를 배우도록 하는 교수방법이다. 오늘날 인지적 도제는 학생들이 학교에서 배우는 학습과제를 통해 전문가의 사고과정, 문제해결과 같은 눈에 보이지 않는 내적 인지활동을 배우는 것을 의미한다. 그러므로 인지적 도제를 실시할 때에는 전통적인 도제에서보다 전문가가 초보자들의 이해를 돕기 위해 문제과제에 대한 제안, 피드백을 제시하는 코칭(coaching)을 더욱더 구체적으로 제공해야 한다. 그리고 초보자들이 배우고 있는 과제의 지식, 추론, 문제해결과정에 대해 협력적인 대화를 통해 조율(articulation)할 수 있어야 하며, 문제해결과정을 전문가 및 동료학생들과 성찰(reflection)할 수 있어야 한다. 또한 지식이나 기능의 활용방법을 다양하게 찾는 탐색(exploration)활동을 하도록 안내해야 한다(Collins et al., 1989).

예를 들어, 중학교 3학년 학생에게 인지적 도제를 활용하여 글쓰기 수업을 한다면, 전문가인 교사는 글쓰기에 대한 전문가 시범을 먼저 제시하면서 학생들에게 글쓰기 과제를 해결해야 할 문제로 제안한다. 학생들은 전문가인 교사의 시범을 관찰하고 기억하면서 글쓰기를 하는 과정 중에 교사로부터 다양한 글쓰기에 대한 전략을 코칭받아 글을 고쳐 쓰고 조율해 가는 경험을 할 것이다. 또한 교사뿐만 아니라 동료학생과의 협력적 대화를 통해 자신의 글쓰기에 대한 성찰이 가능하고, 새로운 글쓰기 방법을 다양하게 탐색하면서 글쓰기 과제를 완성해 갈 수 있을 것이다(오명희, 2006).

(4) 인지적 유연성 이론

스피로와 그의 동료들(Spiro et al., 1991)은 하이퍼텍스트의 다차원적인 정보 구성과 학습자의 자유로운 정보접근성을 통해 학습자 스스로 자신의 지식을 구성할 수 있다는 인지적 유연성 이론을 주장하였다. 스피로는 학교에서 배우는 지식이 지나치게 탈맥락적이고 단순화 · 세분화 · 일반화되어서 비구조화된(ill-structured) 실제 생활에 전혀 도움이 되지 않는다고 보았다. 특히 비구조화된 고차원적인 지식이나 인문학적인 지식은 다양한 표상과 맥락의존성, 이해, 분석이 필요한데, 현재 학교교육에서는 이러한 측면이 매우 부족하다. 그는 이러한 학교교육의 대안으로 컴퓨터를 활용한 하이퍼텍스트 활용을 제안하였다. 하이퍼텍스트는 다차원적이고 비계열적인 네트워크 구조를 가지고 있어 학습상황의 다양한 맥락을 제공할 수 있고, 다양한 차원의 지식접근과 고급지식이나 비구조화된 지식습득을 가능하게 할 수 있다.

인지적 유연성 이론에서 고려할 수 있는 중요한 은유는 바로 교차풍경(criss-cross landscape)이다. 이는 서로 교차되는 풍경, 복잡한 주제를 제시하는 비선형적인 방법, 다른 풍경에서 원래의 풍경으로 되돌아오는 것을 말한다(Spiro et al., 1991). 예를 들어, 우리가 융통적 하이퍼텍스트로 만들어진 '동학혁명'을 배운다고 하면, 학생들은 웹문서로 구성된 동학혁명에 대한 다양한 사례와 내용을 공부하게 된다. 동학혁명의 정의, 발생원인, 참여한 각계각층 인물, 동학혁명의 역사적 · 정치적 · 문화적 · 경제적 · 미학적 · 민주적 의미 등의 주제가 작은 미니 사례로 구성된다. 학생들은 하이퍼텍스트 자료에서 다양한 주제에 자유롭게 접근하여 탐색하고 이전에 보았던 자료를 다시 살펴보기도 하면서 동학혁명을 폭넓은 관점에서 조망할 수 있어 보다 통합적이고 고차원적인 지식을 획득할 수 있다. 이처럼 인지적 유연성 이론은 하이퍼텍스트를 활용해서 학습자들이 다양하고 복잡한 학습 맥락과 상황에 접근하여 여러 지식의 범주를 넘나들면서 지식을 조직화할 수 있어서 비구조화된 현실적 문제를 탄력적으로 해결할 수 있는 능력을 기를 수 있다.

(5) 문제중심학습

문제중심학습(Problem-Based Learning: PBL)은 배로우즈(Barrows, 1985)가 1960년대의 캐나다 맥매스터 대학교(McMaster University) 의과대학 교육과정의 개선을 위해 시작하였다. 전통적인 의과대학 수업은 대집단의 과다한 사실적 지식의 암기식 수업과 임상실습이 분리되는 교육시스템으로 이루어진다. 이러한 의과대학의 교육시스템은 학생들의 학업성취와 의료환경에의 적응력 및 문제해결력 배양에 효과적이지 않았다. 이를 개선하기 위한 방법으로 문제중심학습이 시작되었다.

문제중심학습의 특징은, 첫째, 자기주도적인 학습이다. 주어진 문제에 대해 학습자가 스스로 문제를 명확하게 정의해서 가설을 설정해야 한다. 그리고 설정된 가설을 해설하기 위해 다양한 정보를 수집하고 이용할 수 있어야 하며, 증거와 추론에 근거한 해결책을 도출해야 한다(Gallagher, Sher, Stepien, & Workman, 1995). 둘째, 문제중심학습은 협동학습을 통해 이루어진다. 학습자는 소집단 협동학습을 통해 주어진 문제를 해결하면서 자신의 인지구조와 다른 상황에서는 갈등을 겪기도 하고, 이러한 갈등을 동료와의 협의를 통해 해결하면서 새로운 지식을 구성한다. 셋째, 비구조화된 실제적인 문제를 기반으로 수업이 이루어진다. 문제중심학습은 미리 계획된 목표 속에 정해진 정답을 찾아가는 것이 아니라 학습자가 주어진 문제를 해결해 가면서 자신의 지식을 이해하고 구성하는 비구조화된 학습이다(Spiro et al., 1991). 실제적인 문제와 상황을 중심으로 이루어지는 문제중심학습은 현재 의학뿐만 아니라 교육학, 법학, 사회학, 공학, 건축학 등 다양한 분야에서 실행되고 있다.

문제중심학습 절차는 실제적인 문제가 주어지고 문제의 원인과 해결안을 제시하는 과정으로 구성된다. 각 단계에서 학생들은 교사, 튜터 그리고 다양한 자원의 도움을 받으며 개인학습 및 모둠학습을 병행한다. 학문영역과 학습주제에 따라 문제중심학습의 세부적인 절차에 차이가 있으나, 일반적으로 문제중심학습 과정은 문제 만나기 단계, 문제해결 계획 세우기 단계, 탐색하기 단계, 해결책 고안하기 단계, 발표 및 평가하기 단계로 이루어져 있다([그림 8-3] 참조).

문제 만나기 단계는 학생들에게 해결해야 할 문제를 제시하고 학생들은 해결해야 할 문제가 정확하게 무엇인지 정의하는 단계이다. PBL의 성공 여부는 제공되는 문제에 따라 달라진다. PBL 문제는 다음과 같은 요소를 포함해야 한다. 첫째, 학생들이 학습해야

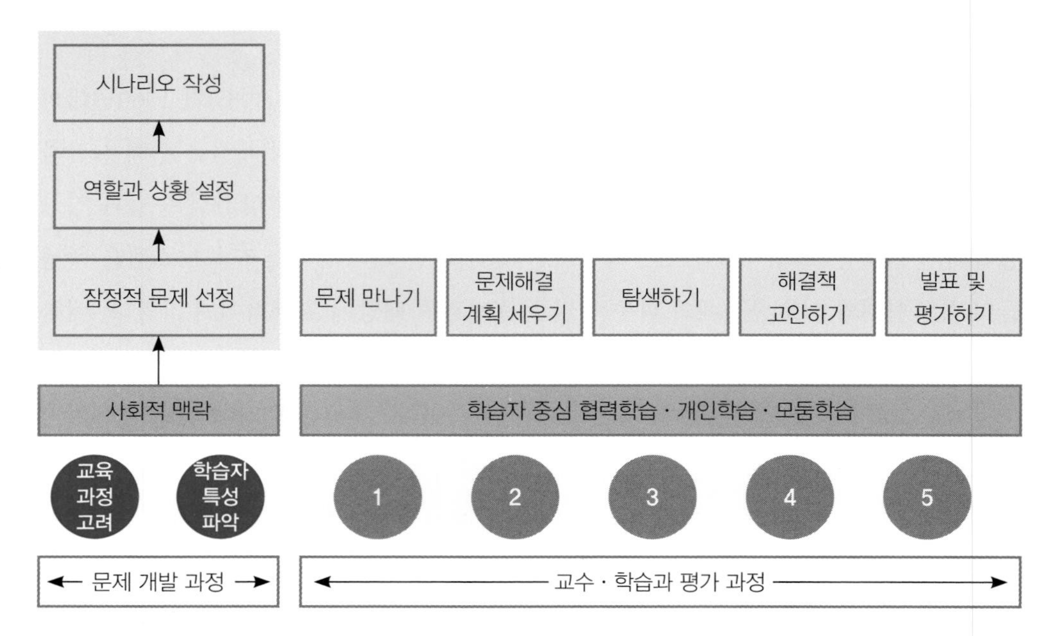

[그림 8-3] **문제중심학습 과정**

출처: 조연순(2006).

할 학습목표와 학습내용을 포함해야 한다. 둘째, PBL 문제는 학습자가 문제로부터 흥미와 동기를 유발할 수 있는 실제 생활에서 경험할 수 있는 참과제여야 한다. 즉, 사범계열 학생의 PBL 문제는 교육현장에서 만날 수 있는 문제로, 의학계열 학생의 PBL 문제는 의료현장에서 직면하는 문제로 구성하여 학생들이 PBL 문제해결과정을 통해 교실에서의 이론적인 개념과 현실세계의 문제해결을 동시에 경험할 수 있어야 한다. 셋째, PBL 문제는 하나의 정답이 요구되는 구조화된 문제가 아니라 다양한 대안과 해결방법이 요구되는 비구조화된 문제여야 한다.

문제확인 및 문제해결 계획 세우기는 소그룹 학습자들이 제시된 문제에서 해결해야 할 문제가 무엇인가를 확인하고 해결방법을 모색하는 단계이다. 문제확인을 위한 분석내용은 〈표 8-3〉과 같다.

표 8-3 문제확인을 위한 분석내용

사실(문제) (facts/problems)	가정 (hypotheses)	학습과제 (learning issues)
• 제시된 상황에서 이미 알 수 있는 문제와 사실 찾기	• 찾아낸 사실과 문제를 바탕으로 이것을 해결하기 위한 가설 만들기	• 문제를 해결하기 위해 학습자가 더 알아야 할 것 기록하기 • 현재 해결하지 못한 문제에 대해 더 공부해야 할 것 기록하기

문제확인 및 문제해결 계획 세우기 사례

안녕하세요? 저는 ○○대학교 2학년인 김가을입니다!
중간고사도 끝나고 제 스스로도 학과 공부와 더불어서 앞으로의 진로 때문에 많은 생각을 하고 있습니다. 대학 공부는 매 시간마다 다른 수업주제를 들어야 하고 혼자서 해결할 수 없는 어려운 학습문제들도 많이 있습니다. 주어진 짧은 시간에 다양한 정보와 학습문제를 해결해야 하기 때문에 혼자서 공부하는 것보다는 같은 관심사를 가진 친구들과 함께 공부하는 것도 필요하다고 생각합니다. 그런데 스터디 그룹 구성과 운영방법을 제가 잘 모르고 있습니다. 스터디 그룹을 만들어 이번 학기부터 공부하고 싶은데 어떻게 모임을 구성하고 운영해야 할까요? 스터디 그룹이 성공하려면 무엇을 어떻게 해야 할까요?

사실(문제) (facts/problems)	가정 (hypotheses)	학습과제 (learning issues)
• 대학교 2학년, 여학생 • 대학 공부에 어려움이 있음 • 스터디 그룹을 운영하고 성공적인 공부를 하고 싶어 함	• 스터디 그룹을 운영하면 학습에 효과적인가? • 스터디 그룹 운영 시 겪게 되는 문제점은 무엇인가? • 스터디 그룹 운영에 필요한 규칙을 만들면 어떨까? • 운영 규칙을 어떻게 만들어야 하는가?	• 스터디 그룹에서의 성공사례 찾아보기 • 개인학습과 팀학습의 장단점 찾아보기 • 스터디 그룹 운영에 필요한 규칙 만들어 보기 • 만들어 본 운영 규칙이 왜 필요하고 효과적인지 자신의 경험에 비추어 이야기해 보기

문제해결을 위한 자료 탐색하기는 문제확인을 위한 팀활동이 끝나면 문제해결을 위한 자료와 정보를 수집하는 단계이다. 구성원 각자가 학습과제를 해결하기 위해 전공서적, 학술지 논문, 인터넷 자료를 탐색하고 해당 문제를 경험한 선배와 전문가를 통해 원하는 정보를 얻는 단계이다.

해결책 고안하기 단계는 수집된 정보를 바탕으로 해결안을 내는 단계이다. PBL에 참여한 학생들은 개인적으로 또는 팀별로 수집한 정보를 서로 공유하고 주어진 문제를 재평가하면서 최적의 진단과 해결안을 도출해야 한다.

문제해결안 발표 및 정리 평가이다. 이 과정은 각 팀에서 해결한 결과를 전체적으로 공유하고 해결안에 대한 정리와 평가를 하는 단계이다. 학습결과에 대한 정리가 끝나면 PBL에서 학습자가 배운 내용을 정리하고, 배운 내용을 실제 학습에 적용할 점 그리고 PBL 과정을 통해 느낀 점 등을 성찰일지로 작성하게 하는 것도 PBL 학습정리의 좋은 방법이다(최정임, 장경원, 2015).

이론 적용 활동

활동 1

4~5명이 팀을 이루어 다음의 사례를 문제중심학습(PBL) 방법으로 해결해 보시오.

1. 문제제시

안녕하세요!

저는 ○○대학교 사범대에 다니는 김광주입니다. 저는 요즘 수업시간에 무엇을 하면 재미있고 공부도 잘될까 하는 생각을 가끔 해요. 수업 중에 저는 교수님 이야기를 듣기는 하는데, 딴생각을 많이 하는 것 같아요. 그리고 노트 필기를 그냥 막 하는 것 같아요. 또한 특별히 연락 올 것도 확인할 것도 없는데 계속 휴대폰을 만지작거리구요.

여러분은 주로 수업 중에 어떤 일들을 하시나요? 그리고 여러분이 그런 일을 하면 어떤 결과가 오나요? 정말로 수업 중에 어떤 일을 해야 공부가 잘되는 걸까요? 그리고 노트 정리는요? 수업하면서 생기는 수업자료, 과제물, 활동결과물은 어떻게 하시나요? 버리시나요? 아니면 어떻게 정리해 둬야 하나요? 대학에서의 수업시간을 효과적이고 효율적이면서도 즐겁게 보낼 수 있는 방법이 있기는 하나요?

2. 문제 정의하기

3. 문제해결과정 정리하기

사실(문제) (facts/problems)	가정 (hypotheses)	학습과제 (learning issues)

4. 문제해결안 공유: 팀별 결과 발표 및 공유

5. 문제해결과정 성찰: 문제해결과정에 대한 개인별 또는 팀별 성찰

활동 2

현재 여러분이 학교와 일상생활에서 배우고 있는 교육내용 중 전통적 도제와 인지적 도제교육에 활용할 수 있는 적절한 주제를 선택하고, 여러분이 전문가로서 도제에게 가르쳐야 할 교육활동을 적어 보시오.

1. 전통적 도제 주제(예, 자전거 배우기)

전통적 도제	적용 예
1. **모델링**(modeling): 교수자 시범 2. **교수적 도움주기**(scaffolding): 학습자가 배울 수 있도록 코칭하면서 도움 제공 3. **교수적 도움중지**(fading): 학습자가 원하는 목표 수준에 오르면 도움 중지	

2. 인지적 도제 주제(예, 지도를 활용하여 도시환경 이해하기)

인지적 도제	적용 예
1. **실제적인 문제해결과제 제시**: 학생들이 자신의 삶에 활용할 수 있는 지식을 구성해 가는 데 도움이 되는 실제적인 문제를 제시 2. **시범 제공**: 학생들이 스스로 문제를 해결하도록 교사는 문제를 풀어 나가는 자신의 사고과정에 대한 시범 제시 3. **코칭과 지원 제공**: 수업 후반부로 갈수록 도움을 점차 감소시켜 학생들 스스로 수행하는 능력을 길러 나가도록 함 4. **동료학생들과의 협력지도**: 협력학습의 과정에서 학생들이 해당 분야의 용어와 사고방식에 익숙해지는 문화적 적응, 조율의 기회를 갖도록 함 5. **일반적 원리로 초점을 전이하도록 지도**: 학생들이 특정 상황을 넘어 관련된 다른 상황에 적용할 수 있는 지식을 습득하게 한다.	

주요 용어

객관적 인식론
구성주의 인식론
근접발달영역(ZPD)
맥락
문제중심학습
비계
사회적 구성주의
상황학습이론
실제적 과제
인식론
인지적 구성주의
인지적 도제
인지적 유연성 이론
정착교수

탐구문제

1. 객관주의 인식론과 구성주의 인식론의 차이를 설명하시오.
2. 인지적 구성주의와 사회적 구성주의의 차이를 비교하여 설명하시오.
3. 상황(맥락)을 강조하는 정착교수, 인지적 도제, 인지적 유연성 이론을 설명하시오.
4. 오늘날 학교교육에 적용된 인지적 도제의 예를 제시하시오.
5. 인지적 유연성 이론에서 중요한 은유인 교차풍경에 근거하여 여러분이 살고 있는 지역을 소개한다고 하면 어떻게 교수자료를 설계해야 하는지 동료학습자와 함께 토의해 보시오.

제9장

교수이론

1. 오수벨의 유의미학습이론
2. 브루너의 발견학습이론
3. 캐롤의 학교학습모형
4. 가네의 교수이론
5. 켈러의 동기설계이론

앞에서 우리는 행동주의, 인지주의, 구성주의 학습이론에 대해서 공부하였다. 이 장에서 말하는 교수이론은 학습자들에게 학습목표를 달성하기 위해 어떻게 학습환경을 조성하고 학습전략을 제공하며 평가해야 하는가에 대한 이론과 실천을 가리킨다. 이 장에서는 강의식 · 설명식 수업에 중요한 시사점을 제공하는 유의미학습이론, 학습자 주도의 발견과 탐구수업을 강조하는 발견학습, 학습과제의 성취에 있어서 필요시간보다 실제로 투자한 시간을 강조한 캐롤의 학교학습모형을 살펴본다. 그리고 학교에서 특정 학습성과를 내기 위해서는 학습의 내적 조건과 더불어 외적인 교수절차가 주어져야 한다는 가네의 교수이론을 학습한다. 마지막으로 대부분의 교수이론이 주로 인지적 측면에서의 수업설계에 관한 것인데, 정의적 측면의 수업설계를 강조한 켈러의 동기설계이론도 살펴보고자 한다.

교수와 수업의 의미에 대해 명확한 합의가 이루어진 것은 아니나, 이 장에서는 영어의 instruction을 교수로, teaching을 수업으로 구별한다. 교수는 수업에 비해 포괄적인 개념으로 인간학습을 위한 설계, 개발, 적용, 관리, 평가를 포괄하는 개념이고, 수업은 교수의 영역 중 교사의 적용과 실행을 의미한다. 즉, 교사가 교실에서 수업시간에 학생들을 가르치는 것이 수업이며, 교수는 수업의 전 과정인 준비, 계획, 실행, 평가를 포괄한다(변영계, 2005; Reigeluth, 2013).

교수이론과 학습이론을 브루너(Bruner, 1966)는 다음과 같이 구별한다. 첫째, 학습이론은 기술적(discriptive)이지만, 교수이론은 처방적(prescriptive)이다. 의사가 환자의 질환에 맞게 적절한 치료를 해야 하는 것처럼, 교수는 학습자가 가장 잘 배울 수 있는 방법을 제시해야 한다. 따라서 교수이론은 의도적 목적성을 가진 교수자에 의해 학습자의 행동변화를 가져오도록 하는 것인 반면, 학습이론은 학습자가 배워 가는 과정을 있는 그대로 기술하는 것에 가깝다. 둘째, 교수이론은 규범적(normative)이고 직접적(directive)인 반면, 학습이론은 비규범적이고 간접적이다. 교수이론은 학습자가 어떤 조건에서 어느 정도까지 학습해야 학습목표가 달성되었다고 할 수 있는가를 명확하게 제시해야 하지만, 학습이론은 학습자의 행동변화를 있는 그대로 관찰하는 데 중점을 둔다. 또한 교수이론은 학습자가 학습목표를 달성할 수 있도록 내적 · 외적 학습환경을 의도적이고 체계적으로 조작하는 구체적인 방법과 전략을 제공해야 한다(이용남, 신현숙, 2017).

시대적 변화와 학습을 보는 관점에 따라 많은 교수이론과 교수모형이 있다. 이 장에서는 오수벨(Ausubel)의 유의미학습이론, 브루너(Bruner)의 발견학습이론, 캐롤(Carroll)의 학교학습모형, 가네(Gagné)의 교수이론, 켈러(Keller)의 동기설계이론을 살펴보고자 한다.

1. 오수벨의 유의미학습이론

오수벨의 수업이론은 수용학습, 설명식 수업, 유의미 언어학습(meaningful verbal learning)이라고 할 수 있다. 이 이론은 교사의 수업내용을 학생이 의미 있게 수용할 수 있도록 교사의 설명방식을 체계화하여 제시하는 데 중점을 둔다. 오수벨은 수업이란 교사와 학생 간에 언어를 통해 가르치고 배우는 과정이므로 교사의 언어적 설명이 기계적 학습(rote learning)이 아닌 유의미학습(meaningful learning)이 되어야 한다고 본다.

1) 주요 개념

(1) 유의미학습의 조건

유의미학습이 되려면 새로 배우는 학습과제가 학습자의 인지구조 속에 있는 지식과 결합되어야 한다. 유의미학습을 위해서는 관련성 있는 지식구조(relevant knowledge structure), 개념적으로 명확한 교과지식, 유의미 학습태세의 세 요소가 필요하다.

첫째, 관련성 있는 지식구조란 학습할 새로운 과제가 학습자의 인지구조와 연관이 있어야 하고, 그것이 학습자에게 새로운 심리적 의미를 부여해야 한다는 것이다. 그러므로 학습자가 가지고 있는 기존 인지구조 속에 새로운 학습과제와 연결고리를 만들 수 있는 지식구조가 있어야 한다.

둘째, 유의미학습이 일어나려면 개념적으로 명확한 교과지식이 있어야 한다. 새로운 지식을 기존의 인지구조 속으로 통합하는 과정이 가능하려면 새로운 학습과제가 기존의 학습과제와 개념적으로 명확한 논리적인 관련성을 가져야 한다. 이러한 논리적인 관련성을 가진 학습과제는 실사성(substantiveness)과 구속성(nonarbitrariness)이 있을 때 가능하다(임규혁, 임웅, 2007; 최동근, 양용칠, 박인우, 2000). 실사성이란 교과지식이 어떤 상황에서도 그 의미가 변화하지 않는 본질적인 속성, 실체를 가져야 한다는 것이다. 예를 들면, 우리가 배웠던 행동주의 학습 개념, 연구 영역, 조작적 조건화 개념이 다양한 맥락에서 그 의미를 유지할 수 있을 때 그 학습과제는 비로소 실사성을 갖추게 된다. 구속성은 교과지식이 임의적으로 변경될 수 없다는 속성을 말한다. 학습과제가 구속성을 갖는다는 것은 교과지식이 그 학문 공동체 내에서 임의적으로 그 의미와 정의가 변경되지 않기 때문에 학습자는 교과지식을 이해하고 자신의 인지구조에 연결할 수 있는 명확한 근거를 제공받는다는 것이다(임규혁, 임웅, 2007). 교육심리학을 공부하는 사람들은 행동주의 학습에 대한 정의와 연구영역 그리고 조작적 조건화에 대한 지식을 인지주의 또는 구성주의 학습이론과 구별하여 기억하고 이해하여, 그 개념과 내용을 자신의 인지구조에 연결 지어 저장할 수 있다. 또한 행동주의 학습의 정의, 연구영역, 조작적 조건화 등은 임의적으로 누군가 변경할 수 없기 때문에 구속성을 갖는다고 할 수 있다. 그러므로 유의미학습이 일어나기 위해서는 학습과제가 논리적인 관련성을 가져야 하는데, 이는 실사성과 구속성의 확보로 충족된다.

셋째, 유의미 학습태세는 기존의 지식구조에 새로운 지식을 통합하고자 하는 감정적인 헌신을 말한다. 이러한 점에서 유의미 학습태세는 유의미학습을 만들기 위한 학습동기라고 할 수 있다.

(2) 선행조직자

유의미학습이 이루어지려면 새로운 학습내용을 기존의 인지구조에 연결 지을 수 있는 관련정착적 지식의 제공이 중요한데, 이러한 역할을 하는 것이 바로 선행조직자(advance organizer)이다(이신동, 최병연, 고영남, 2011; 최동근 외, 2000). 선행조직자란 새로운 과제 제시에 앞서 일반적이고 포괄성이 높은 자료를 먼저 제시하여 인지구조에 관련정착적 지식을 만들어 주는 것이다. 학생들이 새로운 학습을 할 때 기존의 인지구조와 관련지을 수 있는 지식, 즉 포섭자가 없으면 학습은 이해가 동반되지 않은 무의미 학습인 기계적 학습이 된다. 포섭(subsumption)이란 새로운 아이디어를 학습자의 인지구조 속에 병합시키는 과정이고, 선행조직자는 관련정착적 지식의 포섭자라고 할 수 있다. 오수벨은 학습자의 인지구조 속에 새로운 지식을 배우고 익힐 수 있는 관련정착적 지식이 존재하지 않을 때 유의미한 포섭이 가능할 수 있는 단서, 선행조직자를 제공해야 한다고 주장하였다. 일반적으로 수업의 도입단계에서 주어지는 학습목표 제시도 선행조직자의 중요한 예라고 할 수 있다.

2) 학교교육에의 시사점

오수벨의 유의미학습이론은 강의식 수업에서 교사가 수업내용에 대한 체계적인 설명을 제공하는 데 도움을 줄 수 있다. 선행조직자는 학습자가 새로운 내용을 쉽게 이해하고 파지하도록 돕는다. 학습자에게 익숙하지 않은 학습내용을 학습자가 보다 익숙하게 접근할 수 있도록 제시되는 학습내용과 관련된 요약문, 그림 한 장, 학습목표, 짧은

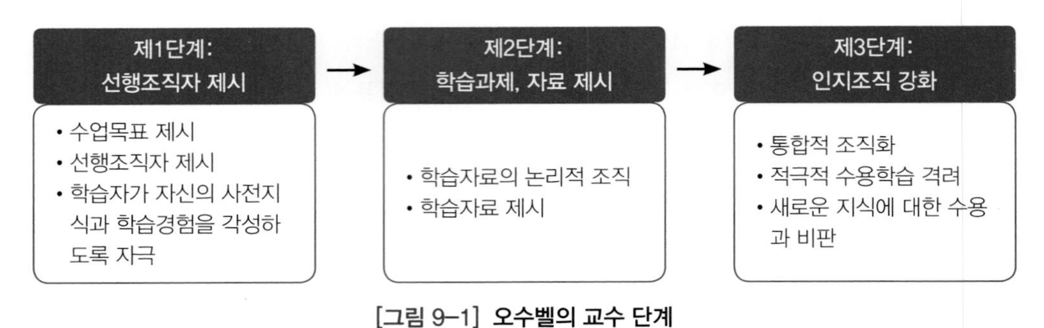

[그림 9-1] 오수벨의 교수 단계

출처: Joyce, Weil, & Calhoun (2015).

영상은 선행조직자의 예라고 할 수 있다. 이때 교사는 새로운 과제와 관련정착적 지식이 서로 관련을 맺을 수 있도록 학생들이 기존에 가지고 있던 지식과 새로운 학습자료와의 유사점과 차이점을 찾아 정확하게 이해할 수 있게 안내해야 한다. 오수벨의 교수단계를 요약하면 [그림 9-1]과 같다.

2. 브루너의 발견학습이론

1957년 소련의 인류 최초 인공위성인 스푸트니크(Sputnik) 발사는 미국 사회에 엄청난 충격을 주었다. 브루너는 스푸트니크 충격의 결과로 미국 사회에서 일어난 아동중심 교육에 대한 비판과 반성을 『교육의 과정(The Process of Education)』(1960)으로 출간하였다. 그 결과로 미국교육이 아동중심 교육에서 학문중심 교육으로 변화하게 되었다. **학문중심 교육과정**의 이론을 제공한 브루너의 학습은 개념과 원리를 습득하는 지적인 과정을 통하여 학습자 스스로 지적인 내면과정을 형성하고 지식과 기술을 배워가는 **발견학습**(discovery learning)이다.

브루너는 **발견학습** 과정을 문제인식, 가설설정, 가설검증, 결론도출의 단계로 제안하였다. 첫째, 문제인식 단계에서 교수자는 학생들이 발견할 과제의 문제가 무엇인지를 명확하게 파악하도록 안내해야 한다. 둘째, 가설설정 단계에서는 여러 가지 자료를 수집하여 문제해결을 위한 가설을 세운다. 셋째, 가설검증 단계에서는 실험, 자료분석, 증명의 방법을 활용해서 가설을 검증한다. 교수자들은 학생들의 논리적인 사고활동이 가능하도록 체계적인 지도를 할 필요가 있다. 넷째, 결론도출의 단계에서는 검증된 내용을 일반화하여 추상적인 개념을 현실 상황에 적용할 수 있게 전환한다. 이처럼 발견학습은 학습의 결과보다는 과정과 방법을 중요시하며, 특히 학습자의 능동적인 학습과정을 중시한다.

브루너의 교수이론은 선행경향성, 지식의 구조, 수업계열과 강화에 대해서도 설명한다. 즉, 브루너는 학생들의 내재적 동기를 잘 파악해야 하고, 학생들에게 지식의 구조를 발견학습으로 배우게 하며, 계열성을 파악하여 교육과정을 설계해야 한다고 주장하였다.

1) 기본 개념

(1) 선행경향성

선행경향성(predisposition)이란 학생이 어떤 학습에 대해 가지고 있는 경향성으로, 학습동기와 같은 것이다. 교사는 성공적인 학습을 위해서 수업 전에 효과적인 선행경향성을 가지도록 해야 한다. 브루너는 학습의욕을 높이기 위한 요소로 학습자에게 탐구심과 호기심을 자극하는 수업방법, 학습자의 학습방법과 학습자료의 관계를 강조하였다. 교사는 학습자가 탐구해야 할 과제 목표의 의미성과 목표성취 준거를 명확하게 제시해야 한다. 학습목표를 제시할 때에는 학습자의 탐구경향성을 활성화해야 하는데, 수업내용이 학습자 수준에 비해 너무 쉽거나 어렵지 않아서 도전감을 주는 **적절한 불확실성**(optimal uncertainty)을 유지해야 한다(이용남, 신현숙, 2017).

또한 탐구방법과 학습결과에 대한 정보 그리고 각 과정에 대한 피드백을 제공하여 학습자들이 학습과제에 몰두할 수 있도록 지원해야 한다. 학생들의 선행경향성을 높이는 데에는 교수자와 학습자 간의 대인관계도 중요하므로, 학습자들이 교수자를 자신의 학습을 안내하고 촉진하고 격려하는 멘토로서 신뢰할 수 있는 관계 형성이 필수적이다.

(2) 지식의 구조

브루너는 학생들이 학교에서 교실수업을 통해 낱낱의 사실적 지식을 배우기보다는 각 교과가 구성하는 지식의 구조(structure of knowledge)를 배워야 한다고 하였다. 지식의 구조는 어떤 학문이나 교과의 기본적이고 핵심적인 아이디어로 기본적 사실, 개념, 명제, 원칙을 통합적으로 체계화한 것이다.

지식의 구조는 경제성, 생성력, 표현방식의 특징을 가진다. 첫째, 경제성은 인지적 효율성을 말한다. 학습자들이 어떤 교과의 지식의 구조를 먼저 습득하면 이후의 학습내용을 이해하고 기억하는 데 불필요한 인지과정을 경험하지 않고도 보다 쉽게 학습이 가능해지는데, 이것이 바로 경제성이다. 둘째, 생성력은 학습자들이 배운 학습내용을 활용하고 전이할 수 있는 정도를 의미한다. 지식의 구조는 해당 영역의 기본적이고 핵심적인 아이디어이기 때문에 다양한 문제상황에서 생성력을 가질 수 있다. 셋째, 표현방식이란 학습자의 발달 단계나 능력 수준에 따라 동작적 표현(enactive representation), 영상적 표현(iconic representation), 상징적 표현(symbolic representation)으로 구분된다. 동작적 표현은 학습자의 인지발달 수준이 낮을 때 활용할 수 있는 방법으로 지식을 일련의 신체행동으로 표현한다. 영상적 표현은 어떤 개념을 완벽하게 정의하지 않고 이미지나 영상으로 제시한다. 상징적 표현은 언어적 · 상징적 명제나 논리적 규칙에 따라 표현하는 것으로, 학습자의 수준이 높을 때 활용한다. 브루너는 적절한 표현방식을 활용하면, 어떤 연령대의 학습자에게도 가르치고자 하는 교과내용을 충분히 가르칠 수 있다는 대담한 가설을 제시하였다.

(3) 수업의 계열

수업의 계열(sequence)은 학습자들이 학습내용을 이해, 변형, 전이하는 데 도움이 될 수 있도록 학습과제를 조직화하고 제시하는 원칙이다. 수업의 계열은 학습자의 발달단계, 학습과제, 학습자의 개인적 특성에 따라 달라지므로 최적의 단일한 수업의 계열은 없다. 따라서 수업의 계열은 학습자의 학습속도, 망각에 대한 저항력, 전이력, 지식의 표상, 학습내용의 경제성, 새로운 가설의 일반화 및 조합 등을 고려하여 결정해야 한다(임규혁, 임웅, 2007).

(4) 강화

브루너의 발견학습에서는 학습자가 스스로 학습과제를 탐구해 가는 과정이 중요하므로, 교사가 학습과정에 대한 정보를 제공하는 것이 중요하다. 탐구학습 과정에서 학습자가 느끼는 성공의 기쁨이 크고 실패의 불안이 적어야 탐구경향성이 지속될 수 있기 때문에, 교사는 각 학습 단계마다 성취결과에 대한 칭찬과 같은 외재적 강화를 제공해야 한다. 그러나 발견학습에서는 외재적 강화도 중요하지만, 학습자가 자신의 학습 탐구 과정에 대한 내적 성취감을 맛볼 수 있도록 지도하는 것도 중요하다.

2) 학교교육에의 시사점

브루너의 수업이론은 학습자들이 특정 교과와 학문의 지식을 쉽게 학습하도록 가장 기본적이고 핵심적인 아이디어인 지식의 구조를 강조한다. 그리고 지식의 구조를 지속적이고 계열적으로 배우도록 교육과정을 나선형(spiral)으로 편성할 것을 강조한다. 교육과정을 나선형으로 제공한다는 것은 학생들이 반드시 배워야 할 내용을 반복적 · 계열적으로 편성하는 것이다. 초등학생의 도형학습을 나선형 교육과정의 예로 들면, 1~2학년에서는 여러 가지 사물의 모양과 개념을, 3~4학년에서는 다양한 도형의 길이, 각도, 여러 가지 삼각형과 사각형에 대한 정의 등을, 5~6학년에서는 직육면체와 평면도형의 둘레와 넓이, 각기둥과 각뿔의 겉넓이와 부피를 배우게 한다. 이처럼 도형에 대한 학습내용이 학년에 따라 반복적으로 제시되지만, 그 폭과 넓이는 넓어지고 깊어진다.

교사는 학습자가 지식의 구조를 스스로 발견하여 공부할 수 있는 발견학습 환경을 제공해야 하며, 수업내용 제시도 학습자의 인지적 · 정의적 수준을 고려하여 적정한 불확실성을 유지해야 한다. 학습성과의 보상에 있어서도 학습자가 학습과제에 대한 가치와 성취를 맛볼 수 있는 외재적 동기와 더불어 내재적 동기를 제공해야 할 것이다.

3. 캐롤의 학교학습모형

캐롤(Carroll, 1963)의 학교학습모형(model of school learning)은 학교에서 주어진 학습과제의 성취를 수업시간 수 확대 및 축소 등 필요시간만이 아니라 학습에 실제로 투자한 시간의 개념까지 고려하여 분석하는 모형이다. 따라서 학습의 정도는 학습에 필요한 시간에 대한 학습에 사용한 시간의 함수로 정의된다.

$$\text{학습의 정도} = f\left(\frac{\text{학습에 사용한 시간}}{\text{학습에 필요한 시간}}\right)$$

학습에 필요한 시간이란 어떤 학습목표를 달성하는 데 요구되는 시간을 말하며, 학습에 사용한 시간은 학습자가 학습에 실제로 몰입한 시간을 말한다. 이 모형에서 학습자 변인은 **적성**, **수업이해력**, **학습지속력**이며, 수업변인은 **수업의 질**과 **학습기회**이다. 이를 학습에 필요한 시간에 대한 학습에 사용한 시간의 함수 공식에 대입하면 다음과 같다.

$$\text{학습의 정도} = f\left(\frac{\text{학습기회, 학습지속력}}{\text{적성, 수업이해력, 수업의 질}}\right)$$

1) 기본 개념

(1) 적성

일반적으로 교육심리학에서 **적성**(aptitude)은 특정 과제를 해결하는 데 필요한 개인적 능력을 의미한다. 캐롤의 학교학습모형에서 적성의 의미는 다른데, 최적의 학습조건에서 주어진 학습과제를 성취하는 데 필요한 시간을 의미한다. 동일한 교사가 동일한 시간에 동일한 방법으로 동일한 수업을 진행할지라도 학생들마다 일정한 성취 수준에 도달하는 시간이 다른데, 이것이 적성이다. 즉, 적성이 높으면 주어진 학습과제를 빨리 배우고, 적성이 맞지 않으면 학습과제를 익히는 시간이 길어진다. 적성은 학습과제의 종류와 특징, 개인차에 의해서도 차이를 보인다.

(2) 수업이해력

수업이해력은 수업내용을 이해하는 학습자의 능력으로, 일반지능과 언어능력이 관련된다. 일반지능은 학습할 교재의 개념을 이해하고 추리할 수 있는 능력을 의미하며, 언어능력은 수업에서 사용되는 언어를 학습자가 이해하는 능력을 말한다.

(3) 학습지속력

학습지속력은 학습자 내부에서 나타나는 변인으로, 학습자가 일정한 수준의 성취를 할 때까지 학습에 사용한 시간을 의미한다. 이는 학습에 실제로 주어진 시간과 다르다. 지속력은 학습동기 및 흥미와 밀접한 관계가 있으며, 비록 수업이해력이 높고 수업의 질이 우수하며 학습기회가 충분히 제공될지라도 학습자의 지속력이 충분하지 않다면 학습의 정도는 낮아질 것이다.

(4) 수업의 질

수업의 질은 학습자가 학습목표를 달성하도록 학습과제가 설명되고 구조화된 정도를 말한다. 학습목표의 구체성, 학습과제와 학습동기 증진, 학습활동의 계열화, 교사의 언어 전달력 등이 수업의 질에 영향을 미친다.

(5) 학습기회

학습기회는 교수자와 학교정책에 의해 학습자가 특정 학습을 하는 데 주어지는 시간이다. 학습기회는 학습자들이 주어진 일정한 과제를 학습하도록 허용되는 시간이므로 개인 적성의 차이에 따라 학습자에게 제공되는 학습기회도 달라져야 한다. 즉, 개인차에 따라 학습기회를 제공해야 하며, 개별학습자의 학습 정도에 따라 예습과 복습 시간의 양을 결정하는 것이 타당하다.

2) 학교교육에의 시사점

캐롤의 학교학습모형은 학교학습의 문제를 시간의 함수로 본 최초의 교수이론으로, 추후 학교에서의 시간 이용에 대한 연구에 많은 영향을 미쳤다. 학습의 정도를 최대화하기 위해서는 학습시간에 필요한 시간을 감소시키고 학습에 실제로 투자하는 시간을 증진시키는 방안에 관심을 가져야 한다.

4. 가네의 교수이론

가네는 처음에는 행동주의자의 입장이었으나, 정보처리이론의 입장을 수용하여 자신의 이론을 전개하였다. 가네의 교수이론은 [그림 9-2]처럼 학습성과(outcomes)와 학습의 조건(condition of learning), 교수사태[교수절차, 수업과정(events of instruction)]으로 이루어져 있다(Driscoll, 2005/2007).

가네는 학교에서 배우는 **학습성과**를 **언어정보**(verbal information), **지적 기능**(intellectual skills), **운동기능**(motor skills), **인지전략**(cognitive strategies), **태도**(attitudes)로 구분한다. 학교에서의 학습성과는 학습자의 내적 인지과정을 통하여 획득되며 교수사태와의 상호작용 속에서 만들어진다. 그리고 성공적인 수업을 위해서는 수업실행에 앞서 특정 수업내용에 대한 **학습과제 분석**(task analysis)을 하고 학습위계를 설정해야 한다. 학습과제를 분석해서 **학습위계**(learning hierarchy)를 설정해 보면, 어떤 학습을 위해 필요한 사전지식과 사전지식이 필요한 학습자를 위한 보충학습 실시 여부를 파악할 수 있다.

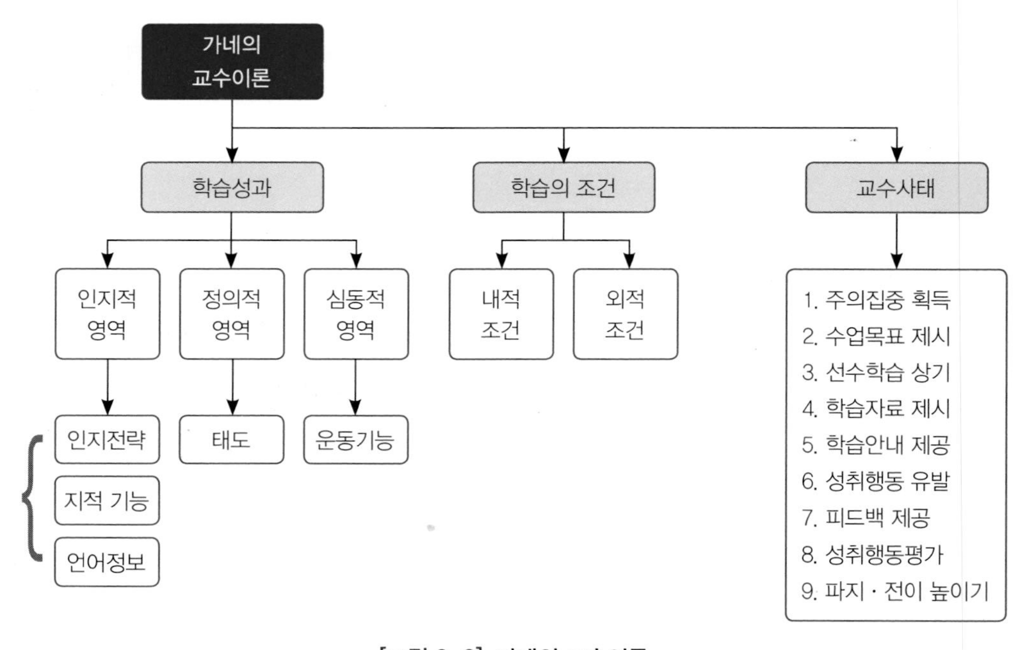

[그림 9-2] 가네의 교수이론

출처: Driscoll (2005/2007).

학습의 조건은 수업에서 달성해야 할 각각의 학습성과를 위해 교사나 수업설계자가 제공할 수 있는 전략과 방법을 의미한다. 가네는 정보처리이론을 받아들여 자신의 교수이론을 확립했기 때문에, 학습의 조건에는 **내적 조건**(internal events)과 **외적 조건**(external events)의 두 측면이 모두 포함된다(Driscoll, 2005/2007). 예를 들면, 내적 조건은 학습자의 머릿속에 들어 있는, 학습자가 이미 소유하고 있는 학습능력을 의미하며, 외적 조건은 특정한 학습을 위해 수업에서 주어지는 조건을 말한다(임규혁, 임웅, 2007; Driscoll, 2005/2007). 교수사태는 학습성과를 달성하기 위해 수업과정에서 제공하는 구체적인 방법이나 절차를 말한다. 즉, 교수사태 과정은 교사가 제공하는 수업절차로 학습자의 학습내용 이해, 부호화, 파지, 인출을 촉진하는 절차이다.

1) 주요 개념

(1) 학습성과

① 언어정보

언어정보는 언어로 표현될 수 있는 것으로, **선언적 지식**(declarative knowledge)에 해당한다. 예를 들어, 행동주의와 인지주의가 보는 교육의 의미, 연구대상, 학습자를 보는 관점 또는 역사에 나타난 사건에 대한 지식정보가 언어정보이다. 언어정보는 학교 교육내용의 많은 부분을 차지하며, 교과목의 계속적인 학습을 위해서 필요하다.

② 지적 기능

지적 기능은 절차적 지식(procedural knowledge)으로, '무엇무엇을 안다'는 것이 아닌 '무엇무엇을 할 수 있다'는 것이다. 삼각형의 정의를 단순히 기억해서 재진술할 수 있는 것은 언어정보이지만, 삼각형의 정의를 사용할 수 있는 것은 지적 기능이라고 할 수 있다(변영계, 2005). 절차적 지식은 학습위계를 가정하는데, 학습위계는 학습과제를 구성하는 복잡한 내용과 기능을 분석하고 이를 상하, 전후의 위계적인 관계로 보여 주는 구성이다. 가네는 학습과제의 위계적인 관계를 분석하면 상위 요소를 학습하기 위해 반드시 먼저 학습해야 할 요소를 파악할 수 있어 수업과정의 계열화에 도움이 된다고 하였다.

③ 운동기능

운동기능은 줄넘기, 자전거 타기와 같은 비교적 단순한 것에서부터 악보를 보고 피아노와 바이올린을 연주하는 것과 같은 복잡한 수준에 이르는 기능을 의미한다. 복잡한 운동기능은 부분적 운동기능의 단위로 분석되며, 이러한 부분적 하위 기능의 학습이 선행될 때 전체 운동기능의 학습이 가능하다.

④ 인지전략

인지전략은 학습자가 개인의 학습, 사고, 행위, 감정을 지배하며 안내하고 조정하는 내적 정보처리과정이다. 언어정보와 지적 기능의 학습은 그 대상에 직접적으로 관련된 내용인 데 반해, 인지전략의 학습은 학습자 자신의 사고과정에 관련된다. 즉, 인지전략이란 학습자들이 이전에 경험하지 않았던 문제상황에 자신이 가지고 있는 지식과 기능을 사용하는 방법을 말한다.

⑤ 태도

태도는 개인이 여러 종류의 활동에서 무언가를 선택하는 데 영향을 주는 선호도이다. 태도는 짧은 기간의 연습과 언어정보에 의해서 학습되는 것이 아니라 일관성 있는 자세, 철학이나 세계관에 의해 체계화된 가치라고 할 수 있다.

〈표 9-1〉은 가네의 학습성과를 학습된 능력, 성취행동으로 구분하고 예를 제시한 것이다.

표 9-1 가네의 학습성과

학습성과	학습된 능력	성취행동	예
언어정보	저장된 정보의 재생	정보를 언어로 진술하거나 전달하기	우리나라 추석의 의미를 설명하기
지적기능	개인의 정신적 조작	상징을 사용하여 환경과 상호작용하기	삼각형의 면적 계산하기, 고려시대와 조선시대의 교육제도 비교하기

인지 전략	학습자의 사고와 학습을 지배하는 통제과정	기억, 사고, 학습을 효율적으로 관리하기	기말고사 대비 학습계획 설계하기
운동 기능	일련의 신체적 움직임을 수행하기 위한 능력	신체적 계열이나 행위 시범 보이기	사계 〈겨울〉을 바이올린으로 연주하기, 접영을 시범 보이기
태도	사람, 대상, 사건에 대한 긍정적·부정적 선호도	어떤 사람, 대상, 사건에 대한 개인적 행위 선택하기	클래식 음악회보다는 록콘서트에 가기

출처: 변영계(2005) 수정.

(2) 학습의 조건

수업에서 달성하고자 하는 학습성과가 정해지면 교사는 학생들이 수업을 통해 획득해야 할 지식, 기능, 태도를 습득할 수 있는 조건을 결정해야 한다. 내적 조건은 학습자가 이미 소유하고 있는 학습능력을 말한다. 〈표 9-2〉는 가네가 학습성과를 달성하기 위해 교사가 제공해야 할 외적 조건을 정리한 것이다.

표 9-2 학습성과의 달성을 위해 제공해야 할 중요한 외적 조건

학습성과	중요한 외적 조건
언어정보	• 인쇄자료 제공 혹은 교사의 특징적인 설명을 통해 주의집중 요구 • 군집화(chunking)할 수 있도록 정보 제공 • 정보를 효과적으로 부호화할 수 있도록 유의미한 맥락 제공 • 효과적인 정보 재생과 일반화가 가능하도록 단서 제공
지적 기능	• 변별적인 특징에 주의집중하도록 요구 • 작동기억의 용량을 고려한 정보 제공 • 이전에 학습한 내용을 회상하여 현재 수업내용과 관련짓기 • 하위 내용과 기능들의 순서화와 결합을 촉진하는 언어적 단서 제공 • 연습과 복습을 위한 기회 제공 • 전이를 촉진할 수 있는 다양한 맥락 활용
운동기능	• 중요한 하위 절차의 단서를 제공하는 언어적 안내자료 제공 • 반복연습 기회 제공 • 정확한 수행에 대해 즉시적 피드백 제공 • 정신적 연습 기회 제공
인지전략	• 전략을 기술하거나 시범 제공 • 전략을 활용하는 다양한 연습기회 제공 • 전략·성과의 창의성과 독창성에 대한 정보적 피드백 제공

태도	• 바람직한 태도와 연합된 성공의 기대감 확립 • 존경하는 인물을 모델로 하여 학생들의 정체감 확인 • 개별적인 행위의 의사소통과 시범 조정 • 성공적인 수행에 대한 피드백 제공

출처: Driscoll (2005/2007) 정리.

(3) 교수절차

교수절차(수업과정)의 첫 단계에서 교수자는 학생들을 주의집중하게 한 다음, 학습목표를 제공해야 한다. 이어서 학습목표와 관련된 지난 시간 학습내용을 언급해 주면서 오늘 학습할 내용을 제시한다. 다음으로 교수자는 학생들이 의미를 이해하고 오래 저장할 수 있도록 학습을 안내하고 학습한 내용을 수행해 보게 하고, 학습결과를 평가한다. 수업의 마무리 단계에서는 학습자가 학습한 내용을 오래 기억하고 응용할 수 있도록 연습문제 등을 제시한다. 이러한 수업절차의 세부 단계는 다음과 같다.

① 주의집중 획득

학습이 일어나려면 수업의 첫 단계에서 학습자들의 주의가 학습내용에 집중되도록 자극을 제시하여 학습 자세를 갖추도록 한다. 주의집중 획득을 위해 교사는 학습자의 흥미와 호기심을 자극할 수 있는 다양한 기술을 갖추어야 한다. 수업 초기의 주의집중 전략으로는 학습내용과 관련한 그림, 사진, 표, 영상과 더불어 학생들이 흥미를 가질 만한 질문 제시가 있다.

② 학습목표 제시

학습자에게 학습목표를 명확하게 제시하는 단계이다. 학습목표란 수업이 끝난 후 학습자가 반드시 획득해야 할 지식, 태도, 기술을 말한다. 목표는 수업에 대한 전체적인 안내 지도와 같으므로, 교사는 학생들에게 명확하게 목표를 제시해야 한다. 교사의 목표 제시는 학습자들에게 수업의 목적지를 알려 주고 그 목적지를 향해 제대로 가고 있는가에 대해 판단하고 평가할 근거를 제시한다. 학습목표를 제시하면 학습자들의 머릿속에서는 학습에 대한 기대가 생긴다.

③ 선수학습 상기

이전 시간에 학습한 내용을 재생하는 단계이다. 새로운 학습은 사전지식과의 결합으로 일어난다. 새로운 내용을 학습하기 전에 이전 시간에 배운 내용을 언급하면, 이전 지식과 현재 배우는 지식 간의 결합이 촉진된다. 교수자가 선수학습 내용을 설명하면, 학습자들의 장기기억에 저장된 정보가 작동기억으로 재생되어 현재 수업을 받아들일 수 있는 상태가 된다.

④ 학습자료 제시

학습내용과 관련된 자료와 교재를 제시하는 단계이다. 이때 제시되는 학습자료에는 언어적 강의, 시범, 매체자료가 있다. 이러한 학습자료는 학습자의 인지 수준과 이해도를 고려해야 한다. 학생들의 개념과 학습상황 이해를 돕기 위해 교수자는 다양한 예(examples)와 예가 아닌 것(non-examples)을 제공할 필요가 있다.

⑤ 학습안내 제공

수업에서 사고와 탐구를 자극하기 위해 질문과 단서, 적절한 피드백을 통해 학습을 안내하는 단계이다. 교수자는 학생의 질문에 대해 스스로 사고하고 탐구할 수 있도록 학습자의 개인차에 따른 단서를 제공할 수 있어야 한다. 교수자는 학습자들이 과제를 수행할 수 있도록 조직화한 학습내용을 제공하고 학습내용의 이해를 돕는 예나 시연, 도표 등을 사용할 필요가 있다.

⑥ 성취행동 유발

수업내용에 대해 학습자가 얼마나 학습했는가를 수행을 통해 확인하는 과정이다. 즉, 학생들이 배운 것과 아는 것을 통합된 지식으로 확인하고 증명하는 단계이다. 교사는 연습문제를 풀어 보게 하거나 수업내용에 대한 질문, 실습 등을 제공하여 학습자의 성취행동을 확인한다.

⑦ 피드백 주기

학습자의 성취행동에 대한 피드백을 제공하는 단계이다. 교사는 학습자의 성취행동에 대한 정확성 여부와 정도에 따라 피드백을 제공한다. 교사가 제공하는 피드백에는 학생의 성취행동에 대해 언어적인 피드백과 더불어 머리 끄덕임, 미소 등의 비언어적 피드백이 있다. 이러한 피드백을 통해서 학생들은 자신의 수행 정도와 필요한 연습 분량이나 시간을 파악할 수 있다.

⑧ 성취행동 평가

학습성과를 평가하는 단계이다. 교사는 학습성취에 대한 평가계획을 체계적으로 세우고 시험과 퀴즈, 발표, 숙제, 조사보고서, 수행평가, 포트폴리오 평가를 실행한다.

⑨ 파지와 전이 높이기

성취된 학습을 새로운 학습이나 다른 상황으로 일반화하거나 적용해 보는 경험을 제공하여 파지와 전이를 높이는 단계이다. 학습내용의 파지와 전이는 복습과 연습을 통해서 높일 수 있다. 교사는 한 차시 수업이나 한 단원의 수업이 끝나면 내용 요약이나 다른 유형의 과제를 제공하여 파지를 높일 수 있도록 해야 한다. 전이는 교사가 학습자에게 새로운 학습과제를 새로운 상황에서 적용하고 인출할 수 있는 연습기회를 제공할 때 일어난다. 학습한 내용을 상이한 여러 상황에 적용할 수 있는 기회를 제공하면 전이력을 높일 수 있다.

(4) 학습과정과 수업과정의 관계

학습과정은 학습할 때 학습자의 머릿속에서 일어나는 일반적인 과정이다. 수업내용을 받아들이기 위한 첫 번째 과정에서는 학습자가 어떤 대상에 주의집중을 하고 그에 따른 기대를 가지게 된다. 그리고 교사가 지난 차시의 학습내용을 다시 설명해 주면 학습자들은 관련 정보를 장기기억에서 작동기억으로 인출시키고 새롭게 제공되는 본시 수업과 연계하여 받아들인다. 학습자는 교수자가 제공하는 모든 정보를 다 받아들이는 것이 아니라 선택적으로 지각하며 지각된 정보를 부호화하여 장기기억에 저장한다. 학습자는 수업과정 중의 교수자의 질문에 대해 반응을 해야 하며, 그 반응에 대한 교수자의 피드백에 의해 강화되고 저장된다. 그리고 저장된 정보는 필요에 따라 인출되고 또 강화되면서 다른 상황에도 적용되어 일반화된다. 학습과정의 구체적인 단계는 [그림 9-3]과 같다.

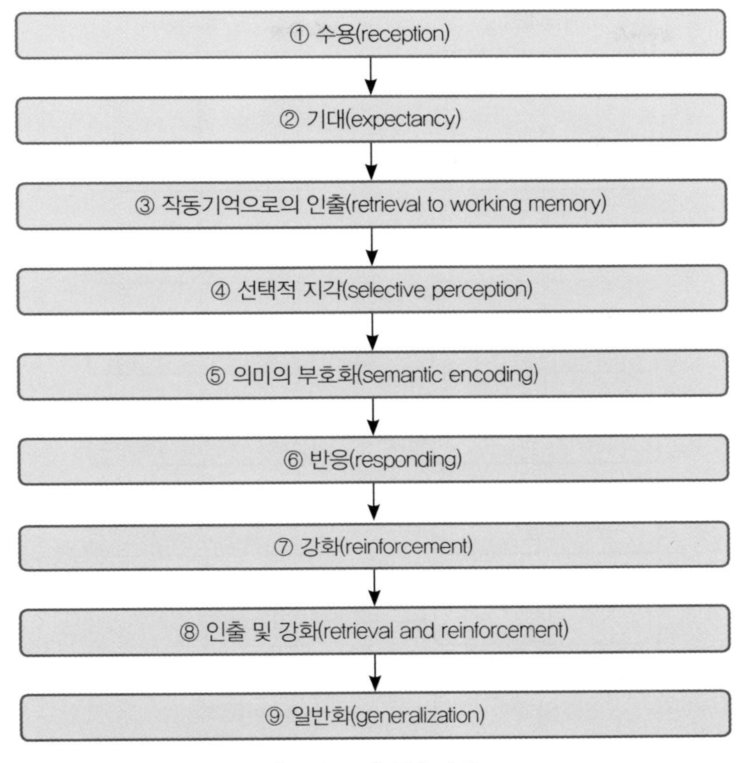

[그림 9-3] 학습과정

[그림 9-4]는 교사가 제공하는 수업과정과 학습과정의 관련성을 보여 준다. 교사가 학생들을 수업에 주의집중시키기 위해서 출석 확인, 출석퀴즈 제시, 날씨 이야기 제시 등을 하면, 학생들은 진행될 수업을 받아들일 준비를 한다. 교사가 학생들을 주의집중하게 한 다음, 오늘 수업시간에 달성해야 할 학습목표를 안내하면, 학생들은 수업에 대한 기대감을 가지게 된다. 교사가 이어서 지난 시간 학습내용을 언급하면, 학생들은 지난 시간에 학습한 내용을 장기기억에서 작동기억으로 인출하여 본시 수업과의 관련성을 찾는다. 교사가 수업을 위해 다양한 학습자료를 제공하고 학생들이 학습내용을 이해하고 기억하도록 학습을 안내하면, 학생들은 교사가 제공한 학습자료 중 자신의 인지구조와 관련성이 있는 것, 받아들일 수 있는 것을 선택적으로 지각하며 지각된 정보의 의미를 파지하려고 노력한다. 교사는 학습한 내용을 학생들에게 수행해 보게 하고, 학생들은 이해한 내용에 대해 적절하게 반응한다. 학생의 반응에 대해 교수자는 피드백을 제공하고, 제공된 피드백을 통해 강화가 일어난다. 수업 마무리에 교수자가 학생

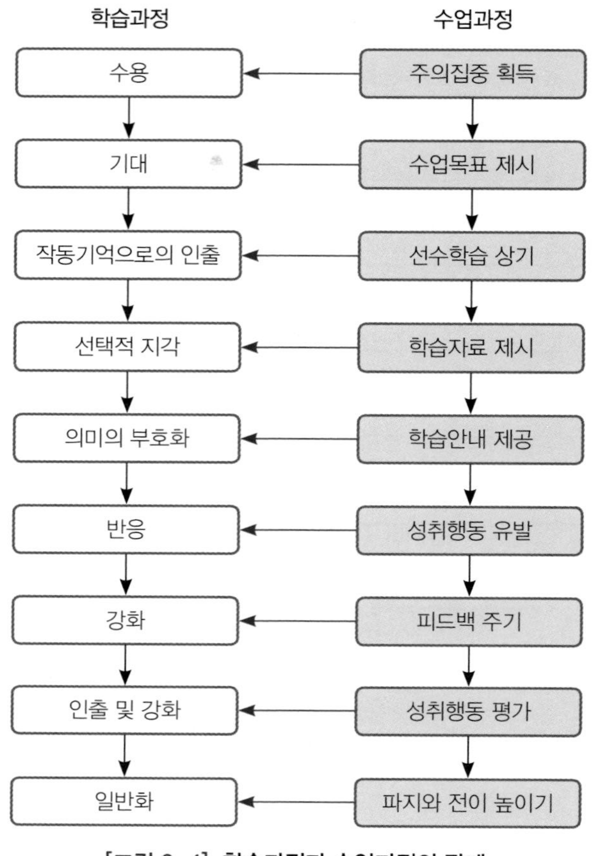

[그림 9-4] 학습과정과 수업과정의 관계

들에게 연습문제 등을 제공하여 학습한 내용이 기억에 남도록 파지를 돕고 전이를 높여 주면, 학생들은 현재까지 배운 내용을 다시 인출하여 정리하고 배운 내용을 다양한 상황에 적용하여 일반화한다.

2) 학교교육에의 시사점

가네는 학교에서 배우는 학습의 성과를 다섯 가지 영역으로 구별하였고, 수업을 할 때 배워야 할 학습과제 분석을 제시하였다. 교수자는 수업에 앞서 학생들이 배우게 될 수업내용을 분석하고 학습위계를 정한 다음, 학습자의 수준에 맞는 보충수업과 심화학습의 정도를 분석할 수 있고 적절한 보충과 처치를 제공할 수 있다. 그리고 수업을 제공하는 데 있어 학습성과를 가져오는 교수절차와 학습자의 내적 인지과정을 고려해서 실행하는 것은 효과적인 수업시행을 위해 매우 의미 있다고 할 수 있다.

5. 켈러의 동기설계이론

기존의 교수이론들이 주로 학습자의 인지적 특성을 고려하여 학업성취를 높이고자 한 것이라면, 켈러의 동기설계이론은 교육에서의 동기를 유발하고 유지하기 위한 전략과 동기설계의 체계적 과정을 제시한 이론이다. 대부분의 교수이론의 관심사는 효과적이고 효율적인 교수상황을 설계하고 개발하는 데 집중되어 있다. 그러므로 교수설계가 효과적·효율적으로 설계되어 운영된다면 학습자의 동기는 자연스럽게 해결된다고 가정하였다. 그러나 켈러(1979, 1999)는 잘 설계된 교수상황이라 할지라도 학습자의 동기를 유발하고 유지하는 것은 쉽지 않다고 지적하였다. 켈러는 행동주의 및 인지주의 기반의 교수이론은 주로 '어떻게 배우는가'에 초점을 맞추어 왔고, '왜 배우는가'에 대해서는 거의 관심이 없었다고 주장하였다(변영계, 2005). 따라서 켈러는 기존의 각종 동기이론 및 연구들을 체계화하여 교수·학습에서 학습동기를 유발하고 유지하기 위한 동기설계 전략을 ARCS 이론으로 제시하였다. ARCS는 주의집중(Attention), 관련성(Relevance), 자신감(Confidence), 만족감(Satisfaction)의 네 가지 구성요소의 두음글자로 표기된 것이다.

1) ARCS 이론의 주요 특징

ARCS 이론은 다음과 같은 특징을 가지고 있다. [그림 9-5]는 개인적 특성과 환경이 노력, 수행, 결과에 미치는 영향을 설명하는 수행요인 모형(Keller, 1999)이다.

첫째, 인간의 동기를 결정지을 수 있는 다양한 변인과 그것과 관련된 구체적 개념을 네 개의 범주인 주의집중, 관련성, 자신감, 만족감으로 구성하였다.

둘째, ARCS 이론은 교수·학습 상황에서 동기를 유발하고 유지하기 위한 구체적이고 처방적인 전략을 제시한다.

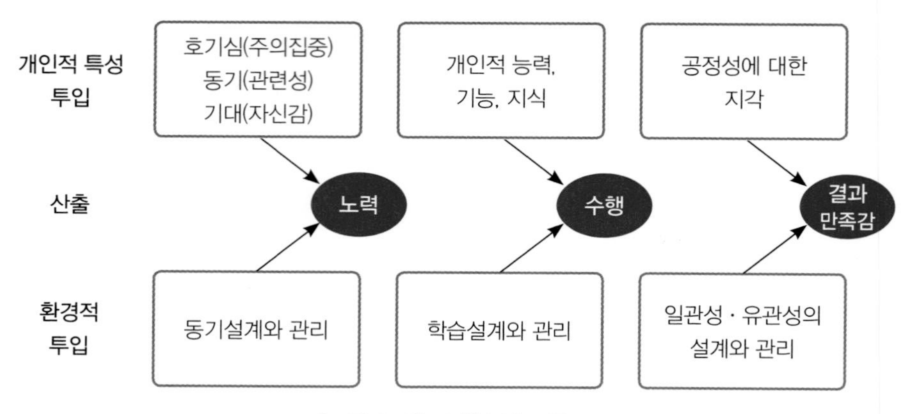

[그림 9-5] **수행요인 모형**

출처: 박숙희, 염명숙(2013).

셋째, ARCS 이론은 다양한 교수설계 모형과 함께 활용할 수 있는 동기설계의 체계적 과정을 제시한다.

넷째, ARCS 이론은 학업수행과 학습을 위한 노력을 구분한다(박숙희, 염명숙, 2013; Keller, 1979). 수행(performance)은 실제적인 학업성취이며, 노력(effort)은 한 개인이 주어진 과제를 달성하기 위해 활동에 참여하는지의 여부이다. 따라서 수행보다는 노력이 동기의 직접적인 지표가 되며, 수행은 동기뿐만 아니라 학습자의 능력 및 학습의 기회나 환경에도 영향을 받기 때문에 동기를 측정하는 데 간접적으로 관련된다. 또한 수행은 결과(consequences)와 구분된다. 수행은 외적으로 나타나는 실제적인 성취인 반면, 결과는 개인에게 귀속되는 내적인 산물과 외적인 산물 둘 다를 포함한다. 즉, 결과는 학습자의 정의적 반응, 사회적 보상 및 물질적 보상까지 포함한다.

2) ARCS 이론의 요소

ARCS 이론은 주의집중, 관련성, 자신감, 만족감의 네 가지 요소로 이루어져 있다. 각 동기요소를 유발하고 유지하기 위해 다음과 같은 구체적인 전략을 실행할 수 있다.

(1) 주의집중

주의집중(attention)은 호기심과 관심을 유발 · 유지하는 것이다. 주의집중은 학습이 이루어지기 위한 필수조건이므로 학습자가 학습자극에 흥미를 가지고 주의를 기울이도록 도와야 한다. '주의집중'은 호기심, 주의환기, 감각추구 등의 개념과 연관되어 있다. 켈러는 주의집중을 지각적 주의환기 전략, 탐구적 주의환기 전략, 다양성의 하위요소로 구분하였다.

첫째, 구체적인 지각적 주의환기 전략은 다음과 같다(변영계, 2005).

- 각종 애니메이션, 삽화, 도표와 그래프, 다양한 서체, 소리 등의 시청각 효과를 제시한다.
- 일상적이지 않은 내용이나 사건들을 활용하는 것으로, 학습자의 경험과 전혀 다른 사실이나 사건을 활용한다. 특이한 사례나 믿기 어려운 통계를 제시하여 학습자의 주의집중을 끈다.
- 시청각자료와 일상적이지 않은 내용을 '지나치게' 활용하면 학습자의 지각적 각성에 도움이 되기보다는 오히려 주의를 분산시킬 수 있다는 점을 유념해야 한다.

둘째, 탐구적 주의환기 전략은 학습자가 지각적 각성을 넘어 스스로 문제나 질문 등을 만들어 보고, 호기심을 가지고 정보탐색을 하게 하는 전략이다. 교수자는 먼저 지각적 주의환기 전략을 사용하여 학습자의 주의를 끈 다음, 학습자에게 탐구적 주의환기 전략을 제공하여 더욱 심화된 수준의 호기심을 유발·유지하고 탐구과정에 몰입하도록 해야 한다. 탐구적 주의환기를 위한 구체적인 전략은 다음과 같다(변영계, 2005).

- 학습자에게 학습내용 관련 이야기를 만들어 보게 하거나 질문–응답–피드백의 상호작용을 통해 적극적인 사고를 유발한다.
- 학습자에게 스스로 문제를 만들어 보고 풀어 보게 하고 피드백을 제공하여 학습자의 지적 호기심을 유지시킨다. 또한 학습자의 호기심을 충족시킬 만한 과제나 프로젝트를 선택하여 수행하게 하는 것도 한 방법이다.
- 학습자에게 문제상황과 부분적인 지식만 제공하여 스스로 해결방안을 찾아보게 하면 탐구적 호기심이 높아지는 신비감 효과(novelty effect)가 나타난다.

셋째, 변화성의 전략은 교수활동 요소를 변화시켜 학습자의 흥미를 유지하는 것이다. 변화성은 교수상황의 전개 순서상의 변화나 정보가 조직되고 제시되는 방식의 다양화를 의미한다. 켈러는 변화성의 전략을 다음과 같이 제시한다.

- 학습자의 주의집중 정도에 따라 정보제시, 연습, 시험 등의 여러 교수형태를 다양하게 활용하여 학습자의 흥미를 유지한다. 단, 다양한 활동의 변형이 흥미유발에 도움이 될 수 있으나 기본적인 교수활동을 해치고 주의를 산만하게 할 수도 있다는 점을 유의할 필요가 있다.
- 강의와 적절한 상호작용 교수 · 학습 활동을 결합할 수 있다.
- 교수자료의 기본적인 레이아웃에는 일관성이 있어야 하지만 여백, 그림, 표, 서체 등으로 변화를 주어야 한다.
- 어떤 변화성의 원칙을 활용하든지 교수목표와 일관성 있게 통합되어야 한다.

(2) 관련성

수업에서 일단 주의집중이 이루어지고 나면, 학습자들은 '왜 이 과제를 공부해야 하는가'에 의문을 가지게 된다. 학습자는 자신의 경험, 실생활, 미래의 직업 등과 수업내용 간에 연관성이 없다고 생각하면 흥미가 낮아진다. 그러므로 관련성(relevance)은 수업내용이 학습자의 관심사, 경험, 진로 등과 연결될 때 발생하는 동기이다. 관련성이 학습자들에게 지각되면 학습동기가 지속적으로 유지될 수 있다. 켈러는 관련성의 하위요소로 목표지향성 전략, 동기 일치 전략, 친밀성 전략을 제안하였다.

첫째, 목표지향성 전략은 결과 측면의 관련성을 높일 수 있는 구체적인 방법을 제시하기 위해 학습목표에 실용성을 나타내는 진술이나 예문을 포함시키는 방법이다. 학생들에게 성취목표를 제시하거나 스스로 성취목표와 기준을 설정하도록 할 수 있다. 켈러는 목표지향성 전략을 구체적으로 다음과 같이 제안하였다(변영계, 2005).

- 학습과제의 중요성이나 실용성에 중점을 둔 목표를 명확하게 제시한다. 학생들은 현재 배우는 학습목표가 미래의 실용성 및 중요성과 관련되어 있다고 인식하면 높은 학습동기를 유지한다.

- 다양하게 제시된 목표 중에서 스스로 적절한 학습목표를 선택하게 한다. 학습자가 학습목표, 방법, 순서 등을 선택할 때 자신의 경험, 지식이나 필요에 맞는 것을 효과적으로 선택하고 사용할 수 있기 때문이다.

둘째, 동기 일치 전략은 학습자의 필요나 동기와 부합되는 수업전략을 사용하는 방법이다. 켈러는 구체적인 방법을 다음과 같이 제시한다.

- 학습자의 요구와 필요에 적절한 학습목표를 제시하고 학습자가 직접 자신의 수준에 맞는 학습목표를 선택하여 공부하도록 한다.
- 학습자가 자신에게 적절한 수준의 학습과제를 해결하는 과정 중에 필요한 피드백을 제공한다. 학습자의 학업성취 여부를 계속적으로 기록하고 적절한 피드백을 제공함으로써 학습자의 성취욕구를 만족시키고 새로운 과제에 대한 성취욕구를 자극할 수 있다.

셋째, 친밀성 전략은 학습자의 경험 및 가치와 연관된 예문이나 구체적인 용어를 사용함으로써 얻는 관련성 동기이다. 사람들은 자신과 전혀 관계없는 사건이나 내용보다는 자신이 알고 있는 사건과 내용을 좋아하고 더 잘 이해할 수 있다. 친밀성의 구체적인 전략은 다음과 같다.

- 수업에서 학습자의 이름을 불러 주거나 학습자에게 친밀한 사람이 포함된 그림을 제시한다.
- 학습자에게 친숙한 그림을 제시하여 추상적이고 새로운 개념을 가르칠 수 있다.
- 학습자에게 친밀한 예문이나 배경지식을 사용한다.

(3) 자신감

동기 유발 및 유지를 위해서는 학습자가 학습에 재미와 흥미를 느끼는 것과 더불어 학습에서 성공의 기회를 가지는 것이 중요하다. 즉, 학습에 대한 자신감(confidence)을 가져야 한다. 켈러는 자신감을 자신의 능력에 대한 지각, 통제 가능성에 대한 지각, 성공에 대한 기대로 보았다. 켈러는 자신감을 높이기 위한 전략으로 학습의 필요조건 제시 전략, 성공기회 제시 전략, 개인적 조절감 증대 전략을 제시하였다(변영계, 2005).

첫째, 학습의 필요조건 제시 전략은 학습자에게 수행의 필요조건과 평가기준을 제시해 줌으로써 학습자가 성공의 가능성 여부를 파악하도록 도와주는 것이다.

- 학습목표는 수업 초기에 명확하게 제시해야 한다.
- 평가기준을 제시하여 학습목표 달성 여부를 명확하게 파악할 수 있게 한다.
- 학습자의 성공을 돕기 위해 출발점 행동에 대한 진술이 필요하다.
- 학습자에게 평가의 조건을 미리 공지함으로써 학습자가 학업수행의 필수요건이 무엇인가를 인식하도록 한다.

둘째, 성공기회 제시 전략은 학생들에게 긍정적 기대감을 높여 줌으로써 수업에서 수행력을 더 높이도록 하는 것이다. 성공의 기회는 학습과정과 수행조건에서 적절한 수준의 도전감을 줄 수 있다. 켈러는 성공의 기회를 높일 수 있는 방법을 다음과 같이 제안하였다.

- 쉬운 내용에서 어려운 내용으로 수업을 조직화하여 성공의 기회를 부여한다.
- 학습과정에서 너무 지나친 도전과 권태를 방지하기 위해 적절한 수준의 난이도 유지를 위한 수업관리 전략이 필요하다.
- 학습자 수준을 파악하기 위한 진단시험과 학습자의 능력에 맞는 다양한 수업 제공이 필요하다.

셋째, 개인적 조절감 증대 전략은 성공이 반드시 자신감을 높여 주는 것은 아니기 때문에 적절한 피드백과 조절의 기회를 제공함으로써 학습자가 교수상황에 대하여 개인적 조절감을 가지도록 하는 방법이다. 이는 성공의 요인인 능력이나 노력을 부각시키는 방법이며, 학습자의 자신감을 높이는 데 도움을 준다. 개인적 조절감을 제공하는 구체적인 전략은 다음과 같다.

- 학습자가 스스로 이후의 학습내용을 선택하고 진행할 수 있는 조절의 기회를 제공한다.
- 학습자가 다양한 학습과제와 난이도에 따라 자신에게 맞는 것을 선택하도록 한다.

(4) 만족감

만족감(satisfaction)은 학습자가 자신의 학습경험과 성취에 대해 가지는 긍정적인 느낌이다. 즉, 학습자가 자신의 성공에 대해 공정하였다고 믿는 것을 의미한다. 배운 것을 스스로 적용해 볼 수 있는 기회는 내재적인 만족감과 더불어 외재적인 만족감을 유발한다. 켈러가 제시한 만족감 증진의 구체적인 전략으로는 내재적 강화 전략, 외재적 강화 전략, 공정성 강조의 전략이 있다(변영계, 2005).

첫째, 내재적 강화 전략은 학습자가 새로 습득한 지식이나 기술을 실제 상황 또는 모의상황에 적용해 보는 것이다. 학습자가 새로 습득한 지식 및 기술을 적용해 볼 수 있도록 연습문제, 수업상황에서 모의상황이나 게임, 과제 등을 제공한다.

둘째, 외재적 강화 전략을 사용할 때에는 적절한 외적 보상을 사려 깊게 제공하여 외적 강화물이 실제 수업상황을 압도하지 않아야 한다. 또한 학습자가 선택할 수 있는 보상을 제공하는 것도 한 방법이다.

셋째, 공정성 강조의 전략은 학습자가 자신의 성취에 대한 기준과 결과에 대해 공정성이 있다고 지각하도록 학업성취에 대한 기준과 평가결과를 일관성 있게 유지하는 것이다. 그러므로 학업수행에 대한 판단도 공정하게 유지되어야 하며, 성공에 대한 보상도 기대한 대로 주어져야 한다. 학습자가 공정성이 없다고 판단하면 학습상황에 대한 만족도가 떨어진다. 공정성을 유지하기 위해서는 수업의 내용과 구조가 수업목표와 일관성 있게 맞추어져야 하고, 학습내용과 시험내용도 일치해야 한다.

이상으로 ARCS 이론의 동기요소와 각 요소들의 구체적인 처방전략을 설명하였다. 〈표 9-3〉은 ARCS 이론의 구성요소와 전략을 정리한 것이다.

표 9-3 ARCS 이론의 구성요소와 전략

구성요소	하위 요소	동기 유발을 위한 주요 질문	구체적 전략
주의 집중 (A)	지각적 주의환기	흥미를 끌기 위해 무엇을 할 수 있을까?	• 시청각 매체 사용 • 비일상적인 내용이나 사건 이야기 • 주의분산의 자극 지양
	탐구적 주의환기	탐구하는 태도를 어떻게 유발할 수 있을까?	• 능동적 반응 유도 • 문제해결 활동 설계 장려 • 신비감 제공
	변화성	주의집중 유지를 위한 변화를 어떻게 제공할까?	• 간결하고 다양한 교수자료 사용 • 강의법과 학습자 중심 방법 병행
관련성 (R)	친밀성	수업과 학습자의 경험을 어떻게 연결시킬까?	• 친밀한 인물, 사건 활용 • 구체적이고 친숙한 그림 사용 • 친숙한 예문 및 배경지식 활용
	목표지향성	학습자의 요구를 최적으로 충족시킬 수 있을까?	• 실용성에 중점을 둔 목표 제시 • 목표지향적인 학습 활용 • 목표의 선택 가능성 활용
	동기 일치	최적의 선택, 책임감, 영향을 언제 어떻게 제공할 것인가?	• 학습수준에 맞는 다양한 목표로 제시 • 학업성취 여부의 기록 활용 • 협동학습 상황 제시
자신감 (C)	학습의 필요조건 제시	성공에 대한 기대감을 어떻게 키워줄 수 있을까?	• 수업목표와 구조 제시 • 평가기준 및 피드백 제시 • 선수학습능력 판단 • 시험조건 확인
	성공기회 제공	자신감을 향상시킬 수 있는 학습경험을 어떻게 제공할까?	• 쉬운 것에서 어려운 것으로 과제 제시 • 적정 수준의 난이도 유지 • 다양한 수준의 출발점
	개인적 조절감 증대	자신의 성공이 스스로의 노력과 능력에 의한 것이라고 느끼게 할 것인가?	• 학습목표 기회 제공 • 학습속도의 조절 가능 • 선택 가능한 다양한 과제 난이도 제공 • 노력이나 능력에 성공 귀인
만족감 (S)	내재적 강화	학습한 지식/기능의 사용기회를 어떻게 제공할까?	• 연습문제를 통한 적용기회 제공 • 후속 학습상황을 적용한 기회 제공
	외재적 강화	성공에 대한 외적 강화를 어떻게 제공할까?	• 적절한 강화계획 활용 • 의미 있는 강화 강조 • 외적 보상의 사려 깊은 활용
	공정성 강조	자신의 성취에 대해 어떻게 긍정적인 느낌을 가지도록 할 것인가?	• 수업목표와 내용의 일관성 유지 • 연습과 시험내용의 일치

출처: 박숙희, 염명숙(2013); 변영계(2005) 수정.

3) 학교교육에의 시사점

ARCS 이론은 학습동기를 유발하고 지속시키기 위한 학습환경 설계에 대한 동기 설계를 체계적으로 제공한다(박숙희, 염명숙, 2013; 변영계, 2005). 이를 위해 이 이론은 먼저 동기의 구성요소를 분류하고, 학습상황에서 학습자에게 적절한 동기 향상 방법을 체계적으로 제공하였다. 따라서 ARCS 이론은 학습동기의 다양한 요인을 확인하는 데 유용하고, 주어진 학습환경에서 학습자에게 적절한 동기전략을 처방할 수 있다. 인간의 학습동기에 영향을 미치는 복잡한 학습환경과 조건 때문에 구체적이고 처방적인 전략 제시가 쉽지 않지만, ARCS 이론은 초·중등학교, 고등교육기관, 기업 및 평생학습기관 그리고 교육용 소프트웨어 개발, 이러닝 수업설계에 다양하게 적용되고 있다(켈러, 송상호, 1999).

이론 적용 활동

다음의 예는 가네의 수업과정과 켈러의 ARCS 전략을 활용한 1차시(50분) 수업계획서 예시이다. 이 예시를 잘 살펴보고 수업계획서를 작성해 보시오.

- 학습대상자: 사범대학 또는 교직을 수강하고 있는 대학생
- 학습내용: 구성주의와 객관주의 학습이론 비교
- 학습목표: 구성주의 교육방법 중에서 자신에게 적절한 학습방법을 선택하고 그 이유를 설명할 수 있다.
- 학습성과: 언어정보, 지적기능, 인지전략

수업단계	수업과정	교수 · 학습 활동	ARCS 전략
도입 (7분)	주의집중 획득	• 인사와 출석 확인	• 지각적 주의환기
	수업목표 제시	• 학습목표와 수업개요 제시 • 학습목표를 PPT에 주요한 단어를 강조하여 제시	• 지각적 주의환기 • 변화성 • 학습의 필요조건 제시
	사전지식 재생	• 전 시간에 학습한 구성주의와 객관주의 인식론 개념을 PPT에 이미지와 표로 제시하여 설명 • 구성주의와 객관주의에 대해 난이도 낮은 질문부터 제시 • 제시한 질문에 대한 적절한 응답에 복습 관련 칭찬 제공	• 지각적 · 탐구적 주의환기 • 변화성 • 성공의 기회 제시 • 개인적 조절감 증대
전개 (36분)	학습자료 제시	• 구성주의 교육의 장단점을 PPT로 제시, 제시된 교육방법에 대한 이미지, 교육현장에서의 적용 관련 동영상 제공	• 탐구적 주의환기 • 변화성 • 친밀성 • 목적지향성
	학습안내	• 상황학습이론, 정착교수, 인지적 도제, 인지적 유연성 이론, PBL의 특징, 방법 등을 PPT, 교재, 영상으로 설명 • 학습목표 관련 질문과 응답, 학생의 응답에 대한 정보제공적 · 긍정적 피드백 제공	• 탐구적 주의환기 • 변화성 • 학습의 필요조건 제시 • 성공의 기회 제시 • 내재적 강화
	수행유도	• 개별활동, 짝학습(paired learning) 실시 • 구성주의 교육 중 자신에게 적절한 학습방법과 이유를 활동지에 작성 • 개별활동 후, 짝학습을 통해 동료 활동결과 평가	• 탐구적 주의환기 • 변화성 • 개인적 조절감 증대 • 내재적 · 외재적 강화

	피드백 제공	• 짝학습 활동 결과를 전체 학생에게 발표 및 공유 • 교사는 각 팀의 발표에 대해 학생들에게 평가해 보게 한 다음 피드백 제공	• 개인적 조절감 증대 • 내재적 · 외재적 강화
마무리 (7분)	수행 평가	• 학습목표인 구성주의 각 교육방법에 대한 정리 질문 • 수업내용 정리와 학생의 수업참여 태도에 대한 피드백 제공	• 공정성 강조 • 내재적 · 외재적 강화
	파지 및 전이	• 구성주의 교육이 현재 학교 현장에서 어떻게 적용되고 있는가에 대해 심화적인 EBS 다큐자료와 유튜브 자료 등을 찾아보도록 안내 • 앞으로의 교육현장에 구성주의 교육방법의 활용이 더 증대될 것이라고 정리	• 탐구적 주의환기 • 내재적 · 외재적 강화

위의 예시를 참고하여 가네의 수업과정과 ARCS 전략을 활용한 1차시(50분) 수업계획서를 작성해 보시오.

- 학습대상자:
- 학습내용:
- 학습목표:
- 학습성과:

수업단계	수업과정	교수 · 학습 활동	ARCS 전략
도입	주의집중 획득		
	수업목표 제시		
	사전지식 재생		

전개	학습자료 제시		
	학습안내		
	수행유도		
	피드백 제공		
마무리	수행평가		
	파지 및 전이		

주요 용어

교수사태

교수이론

기계적 학습

동기설계이론

발견학습이론

선행경향성

선행조직자

유의미학습이론

지식의 구조

포섭

학교학습모형

학습에 사용한 시간

학습에 필요한 시간

학습의 내적 조건

학습의 외적 조건

학습이론

탐구문제

1. 교수이론과 학습이론의 차이를 비교하여 설명하시오.
2. 선행조직자의 정의를 말해 보시오.
3. 수업에서 선행조직자 활용의 예를 찾아보시오.
4. 브루너의 발견학습이론에 제시된 기본 개념 네 가지를 기술하시오.
5. 가네가 말한 학습의 내적 조건과 외적 조건이 무엇인지 쓰시오.
6. 가네의 9단계 교수절차에 맞게 수업을 계획해 보시오.
7. 켈러의 동기설계이론에 제시된 네 가지 요소별 실행 가능한 수업전략을 제안하시오.

제10장

학급운영

1. 학급운영의 기초
2. 학급운영의 실제
3. 학생의 성장을 돕는 교사의 태도
4. 문제 예방을 위한 학급운영 기법
5. 문제에 대한 대응 방안: 훈육과 대화

교사가 학급 안에서 학생들의 문제행동을 관리하는 데 많은 시간과 노력을 기울여야 한다면, 학생들에게 교과 내용과 올바른 행동을 가르칠 수 있는 시간은 점점 줄어들 것이다. 학급은 교육과정이 구현되는 동시에 학급 구성원들이 상호작용하는 작은 공동체이다. 각기 다른 능력과 특징을 가진 다수의 학생이 배우는 학급을 관리하는 일은 쉬운 일이 아니지만, 학년 초에 학급운영의 계획을 세우고 이를 효과적으로 실행하면 수업일수로 할당된 시간 중 더 많은 시간을 생산적인 교육활동에 사용할 수 있고, 문제가 발생하기 이전에 예방할 수 있으며, 이미 발생한 문제는 신속하게 해결할 수 있다. 이 장에서는 효과적인 학급운영의 의미와 실제, 학생의 성장을 돕기 위해 교사가 갖추어야 할 태도, 학급운영의 기법, 훈육과 대화의 기법을 살펴보고자 한다.

1. 학급운영의 기초

학급운영(classroom management)은 학급담임교사가 학생의 학업성취, 정서 발달, 사회성 발달, 진로 발달 등의 교육목표를 달성하기 위하여 질서 있는 학급환경을 조성하고 유지하는 전략을 의미한다(신명희 외, 2014; Brophy, 2006; Eggen & Kauchak, 2010/2011; Ormrod, 2011). 유능한 교사와 유능하지 못한 교사는 학급운영에서 매우 큰 차이를 나타낸다(Kounin, 1970).

1) 학급운영의 중요성

학급운영의 핵심은 교과학습의 지원에 있다. 교과학습의 정도는 효과적 교수(교사가 얼마나 효과적으로 잘 가르치는가?)와 학업참여시간(academic engaged time; 학생이 성공을 경험하면서 학업에 참여하는 시간이 얼마나 많은가?)에 좌우된다(Eggen & Kauchak, 2010/2011). 교육부 정책에 의해 연간 수업일수가 정해져 교과수업에 할당되는데, 이러한 수업할당시간(allocated time)은 교수시간(교사가 수업에 사용하는 시간, instructional time)과 비교수시간(학급운영, 훈육 등에 사용되는 시간, non-instructional time)으로 나뉜다. 교수시간은 과제집중시간(학생이 능동적으로 학습활동과 과제에 집중하는 시간, time on task)과 과제이탈시간(학생이 학습과제에 집중하지 않는 시간, time off task)으로 구분된다. 학생들은 과제집중시간 중 일부 시간에만 성공을 경험하면서 학습활동과 과제에 참여하는데, 이를 학업참여시간이라고 한다(Gettinger & Walter, 2012). 수업할당시간이 어떻

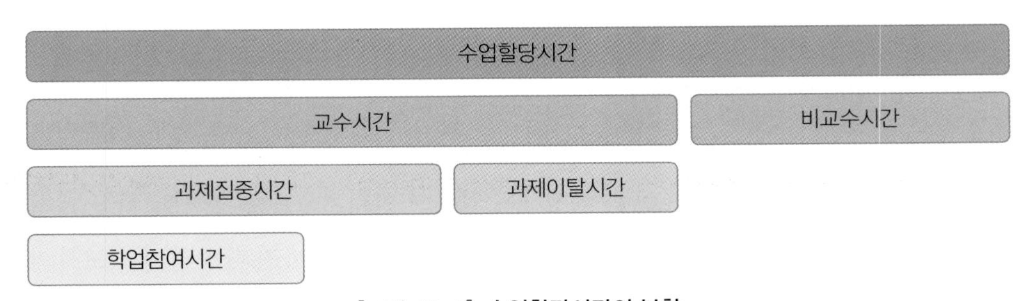

[그림 10-1] **수업할당시간의 분할**

게 분할되는지를 보면, 교사가 효과적으로 학급운영을 하여 학업참여시간이 증가하면 학생들의 성공적 학습경험도 많아질 것으로 기대해 볼 수 있다(Eggen & Kauchak, 2010/2011).

효과적인 학급운영의 계획과 실행은 교과수업과 더불어 교사가 맡는 전문적 실무의 핵심을 이룬다. 그러므로 다음과 같은 이유에서 학급운영이 중요하다(Eggen & Kauchak, 2010/2011).

첫 번째 이유는 학급의 **복잡성 및 동시성**과 관련된다. 학급 안에는 다수의 학생이 배우고 있으므로 교사는 여러 학생의 행동을 관찰하고 감독하는 동시에 교과수업을 진행하는 등 동시다발적으로 대처해야 한다.

두 번째 이유는 학급운영과 교과수업 및 학습의 **상호의존성**과 관련된다. 학급운영의 계획을 세우고 학년 초부터 일관성 있게 계획을 실행하는 교사는 수업할당시간의 대부분을 교과수업에 투입할 수 있다. 질서 있게 구조화되어 있는 학급 안에서는 수업을 방해하는 문제행동이 적게 나타나고 학생들이 성공 경험을 하면서 학업에 참여하므로 학업성취가 향상된다(Emmer & Evertson, 2012; Evertson, 1987; Evertson & Emmer, 1982, 2012).

세 번째 이유는 학생에 대한 교사 개입의 **공개성**과 관련된다. 문제행동을 하는 학생에 개입하는 교사의 대응 방식은 교사가 학급에서 일어나는 일들에 대해 제대로 파악하고 있고 올바르게 대처하고 있다는 것을 전체 학생들에게 공지하는 효과를 가진다. 효과적인 학급운영을 통해 교사는 학급을 제대로 관리하고 있음을 학생들에게 보여 줄 수 있고, 학생들은 학급 안에서 일어나고 있는 바람직한 행동에 좋은 결과가 따른다는 것과 문제행동에는 부정적 결과가 따른다는 것을 관찰학습할 수 있다.

2) 학급운영의 영역

[그림 10-2]에서 볼 수 있듯이, 교사는 학습지도, 생활지도, 학급환경, 가정 및 지역사회 연계의 4영역에서 학급을 운영한다(김은하, 고홍월, 조애리, 조원국, 2017). 효과적 학급운영을 위해서는 수업지도안을 작성하는 일부터 인성교육과 진로지도, 학급 게시물과 비품의 관리, 가정통신문 관리, 봉사활동 지도에 이르기까지 다방면에서 교사의 역량과 창의적 아이디어가 필요하다.

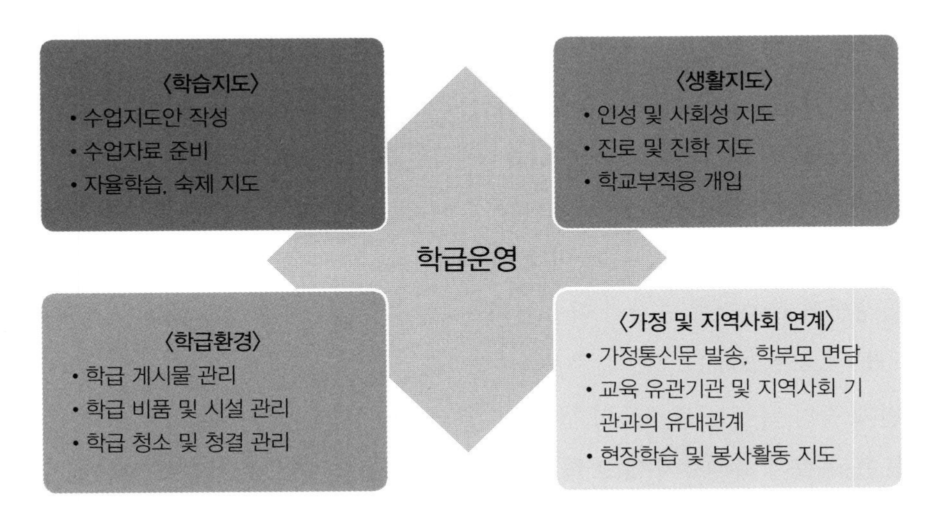

[그림 10-2] **학급운영의 영역**

출처: 김은하 외(2017).

3) 학급운영의 목표

효과적 학급운영은 학업참여시간의 증가, 책임감의 발달, 배려와 믿음의 학습공동체 조성을 가능하게 한다. 이러한 목표의 달성은 궁극적으로 교과학습(예, 수업내용의 이해), 학업적 발달(예, 문제해결력, 자기주도학습 능력), 개인적 발달(예, 긍정적 자기개념, 자기존중감), 사회적 발달(예, 원만한 또래관계, 교사-학생 관계)을 돕는다. [그림 10-3]에서 볼 수 있듯이, 학업참여시간의 증가, 책임감의 발달, 배려와 믿음의 학습공동체 조성은

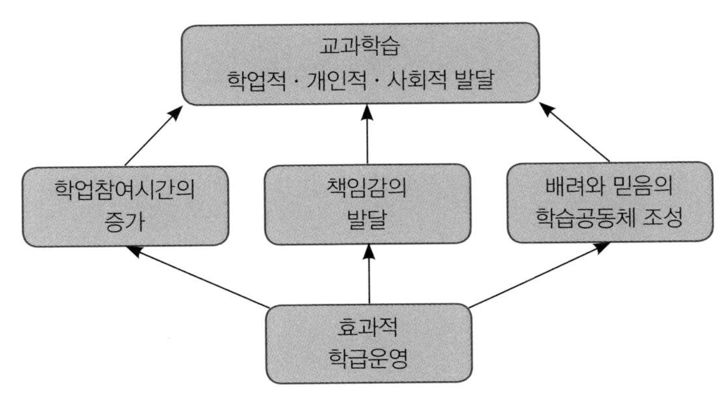

[그림 10-3] **학급운영의 목표**

출처: Eggen & Kauchak (2010/2011).

학급운영의 중간 목표이고, 중간 목표의 달성은 교과학습, 학업적 발달, 개인적 발달, 사회적 발달이라는 최종 목표의 달성으로 이어진다.

첫 번째 중간 목표는 학업참여시간을 늘리는 데 있다. 유능한 교사는 효과적인 학급운영을 통해 수업할당시간을 훈육에 할애하기보다는 교과수업에 더 많이 사용할 수 있으므로 학생들의 학업참여시간이 늘어날 가능성이 높다. 학생들의 학업참여시간이 증가하면 학생들의 학업적 효능감과 학습에 대한 흥미가 높아지고 학업성취도가 향상된다 (Wigfield & Eccles, 2000).

두 번째 중간 목표는 학생들의 책임감을 발달시키는 데 있다. 유능한 교사는 강요나 압력 또는 처벌에 의존하지 않고 학생이 규칙을 스스로 지킬 수 있도록 규칙의 수립과 실행 과정에 학생을 참여시킨다(Bear, 2010/2012). 학생들은 자신이 지켜야 할 것을 자율적으로 결정하고 결정한 것을 실천하는 기회를 통해 자율성 욕구의 충족을 경험한다 (Deci & Ryan, 2000; Ryan & Deci, 2000). 이러한 경험은 책임감의 발달에 기여한다.

세 번째 중간 목표는 배려와 믿음의 학습공동체 조성에 있다. 배려와 믿음의 학습공동체는 사회적 관계를 통해 의미를 구성하고 이해함으로써 학습이 일어난다는 사회적 구성주의(social constructivism)에 토대를 둔다. 교사는 효과적인 학급운영을 위해 사회적 구성주의 학습이론에서 강조하는 협동과 교류를 수업전략으로 활용하고, 스스로 배려를 실천하는 모범이 될 필요가 있다. 학급 구성원들로부터 진심 어린 관심과 존중을 받는 학생은 학급 구성원들과 정서적으로 서로 연결되어 있음을 느끼고 관계성 욕구가 충족되는 경험을 한다(Deci & Ryan, 2000; Ryan & Deci, 2000). 또한 효과적으로 운영되는 학급 안에서 학생들은 서로를 믿고 이해하면서 심리적 안정과 물리적 안전을 경험하므로 (Battistich, Solomon, Watson, & Schaps, 1997; Watson & Battistich, 2006) 자신의 약점을 감추려 하기보다는 새로운 배움에 용기 있게 도전한다. 이로써 학습의 기회가 증가하고 잘할 수 있다는 자신감이 높아지면서 유능성 욕구가 충족되는 효과도 발생한다.

2. 학급운영의 실제

1) 학급운영의 계획

유능한 교사는 학급운영 계획서를 작성하고 자신의 학급운영에 대해 주기적으로 반성하고 평가하면서 개선안을 마련하고 시행한다. 학급운영의 계획은 다음과 같이 진행된다.

(1) 학급실태의 조사와 분석

학급운영을 계획하려면, 먼저 학급실태에 관한 자료를 수집하고 분석해야 한다. 보통, 학생에 관한 자료(건강상태, 교우관계, 학업성취도, 생활습관, 인성, 흥미, 적성, 진로포부, 발달 수준 등)와 가정에 관한 정보(가족관계, 학부모의 교육적 기대, 자녀에 대한 진로희망, 학교에 대한 의견 등)를 수집한다.

학생에 관한 자료는 대체로 학교생활기록부의 검토를 통해 확인된다. 그 밖의 자료는 학부모 및 학생 면담과 각종 검사를 통해 수집된다. 예를 들면, 교육부가 전국 초등학교 1학년, 4학년, 중학교 1학년, 고등학교 1학년 학생들을 대상으로 '학생정서 · 행동특성검사'를 실시하고 있다. 이 검사를 실시하면, 학생의 정서 · 행동 발달 수준과 성격특성을 평가할 수 있고, 인지, 정서, 행동, 사회성의 영역에서 발생하는 문제를 조기에 발견하여 예방할 수 있으며, 관심군에 속하는 학생들의 정신건강을 지원하는 전문기관의 도움을 신속하게 제공하여 정신건강 문제를 감소시킬 수 있다.

교사가 이와 같은 심리검사를 직접 실시하지 않더라도 심리검사를 통해 수집된 모든 정보 및 자료의 비밀보장과 개인의 사생활권(privacy; 자신에 대한 사적인 정보나 자료 등 사생활의 침해를 받지 않을 권리) 보호를 위한 최선의 노력을 기울여야 한다. 교사는 학생을 이해하는 데 필요한 정보를 수집하고, 수집한 정보는 학생을 도울 목적으로 사용하는 데 주력해야 한다. 선의로 수집한 정보가 불필요하게 공개되거나 비윤리적으로 사용되지 않도록 주의해야 하고, 인권침해의 문제가 발생하지 않도록 최선의 노력을 기울여야 한다.

읽을거리

학교생활기록부에 무엇을 어떻게 기재하는가?

다음은 교육부(2020a)가 발행한 「2020학년도 중 · 고등학교 학교생활기록부 기재요령」에서 발췌한 내용이다. 교사가 학교생활기록부를 기재할 때 또는 이전 학년도에 기재된 학교생활기록부를 검토할 때 이를 참고한다.

※ 비고: 초등학교 학교생활기록부 기재요령에 대해서는 교육부(2020b)를 참고한다.

구분	내용
법적 근거	• 「초 · 중등교육법」 제25조 • 「초 · 중등교육법 시행규칙」 • 학교생활기록 작성 및 관리지침
전자 처리	• 학교생활기록과 「학교보건법」 제7조의3에 따른 건강검사기록을 교육정보시스템[통칭 'NEIS(나이스)']에 입력하고 이 시스템을 활용하여 처리한다.
비밀 보장과 예외 조항	• 학교생활기록과 건강검사기록은 해당 학생(학생이 미성년자인 경우에는 학생과 학생의 보호자)의 동의 없이 제3자에게 제공하지 않는다. • 다음 어느 하나에 해당하는 경우는 예외로 한다. ① 학교에 대한 감독 및 감사의 권한을 가진 행정기관의 업무처리에 필요한 경우, ② 상급학교의 학생 선발에 필요한 경우, ③ 통계작성이나 학술연구의 목적을 위해 개인 식별이 불가능한 형태로 제공되는 경우, ④ 범죄의 수사, 공소의 제기와 유지에 필요한 경우, ⑤ 법원이 재판 진행을 위해 요청하는 경우, ⑥ 기타 법률에 따라 학생 관련 자료를 제공하는 경우
학교 생활 기록	• 학교생활기록이란 학생의 학업성취도와 인성 등을 종합적으로 관찰하고 평가하여 학생지도와 상급학교 진학을 위한 학생 선발에 활용할 수 있는 정보를 말한다. • 학교생활기록을 학교생활기록부(학교생활기록부 I)와 학교생활세부사항기록부(학교생활기록부 II)로 구분하여 전산으로 작성 및 관리한다. • 학교생활기록부에는 학생의 학습과 성장 과정을 수시로 관찰하고 평가한 누가기록을 종합적으로 기록해야 한다. 학교교육계획이나 학교교육과정에 따라 학교에서 실시한 각종 교육활동의 이수상황을 기재하는 것이 원칙이다. • ① 학교생활기록으로 기재할 내용은 학생의 인적사항, 학적사항, 출결상황, 자격증 및 인증 취득 상황, 행동특성 및 종합의견이다. ② '교육부령으로 정하는 사항'으로 기재되는 내용은 학교정보, 학생의 수상경력, 창의적 체험활동 상황(4영역: 자율활동, 봉사활동, 동아리활동, 진로활동), 독서활동 상황, 자유학기활동 상황이다. • 학생의 상급학교 진학을 위해 지도하거나 선발을 할 때 도움이 되도록 위 ①항과 ②항을 학교생활세부사항기록부에 전부 작성한다.

	• 사교육 유발 요인(어학시험 성적, 수상 실적, 부모의 사회경제적 지위 등), 항목과 관련이 없거나 기록해서는 안 되는 내용을 기재해서는 안 되고, 사실을 부풀리거나 사실과 다른 내용을 허위로 기재해서도 안 된다. 고등학교 학교생활기록부에는 학생의 재학 또는 졸업 예정 고등학교를 알 수 있는 내용을 '학적사항', 수상경력의 '수여기관', 봉사활동 실적의 '장소 또는 주관기관명'을 제외한 어떤 항목에도 기재할 수 없다.
표준화	• 공정성과 신뢰성의 확보를 위하여 표준화된 방법으로 학교생활기록부를 작성하고 관리한다. 단위학교나 교육지원청 또는 시 · 도교육청에서 임의로 기재요령을 변경하지 않는다.
보존 · 관리 · 삭제	• 준영구 보존하는 학교생활기록부와 학교생활세부사항기록부를 학생 졸업 후 5년 동안 학교에서 보관하고, 그 이후에는 「공공기록물 관리에 관한 법률 시행령」에 따라 보존 · 관리한다. • 학교생활세부사항기록부에서 학적사항과 출결상황 각각의 특기사항 란에는 「학교폭력예방 및 대책에 관한 법률」 제17조에 규정된 가해학생에 대한 조치사항을 입력한다. 이 조치사항은 학생이 졸업한 날로부터 2년 경과 후에 삭제해야 한다. • 교육부장관이 정한 바에 따라, 해당 학생의 졸업 직전에 '학교폭력대책자치위원회'의 심의를 거쳐 가해학생에 대한 조치사항을 해당 학생의 졸업과 동시에 삭제할 수 있다. • '행동특성 및 종합의견'란에 입력된 「학교폭력예방 및 대책에 관한 법률」 제17조 제1항 제1호(서면사과), 제2호(접촉, 협박, 보복행위 금지), 제3호(학교 내 봉사), 제7호(학급교체)에 규정된 가해학생에 대한 조치사항은 학생의 졸업과 동시에 절차에 따라 삭제한다.

학교생활기록부의 기재 내용

항목	내용
학교정보	학생의 학년, 반, 번호, 담임교사의 이름 등
인적사항	학생의 이름, 주민번호, 주소 등
학적사항*	졸업한 학교명, 졸업 연월일, 재학 중 학적변동 발생 시 전출교와 전입교에서 학적변동이 발생한 날짜, 학교, 학년, 학적변동 내용 등
출결사항*	학년별 수업일수, 결석일수, 지각, 조퇴, 결과(질병, 미인정, 기타로 구분)
수상경력	중학교 또는 고등학교 교육과정 이수 중 수상한 상의 명칭, 등급, 수상시기, 수여기관 등
자격증 및 인증 취득상황	학생이 취득한 자격증 명칭, 번호, 취득 연월일, 발급 및 인증기관

창의적 체험활동 상황	재학 중 학생이 참여한 자율활동, 봉사활동, 동아리활동, 진로활동의 활동내용, 이수시간, 특기사항**, 실적 등
교과학습발달상황	재학 중 이수 교과, 과목명, 평가 결과, 학습활동의 발전 여부 등
자유학기활동상황	학생이 자유학기 중에 참여한 활동과 결과 및 특기사항(참여도, 흥미)
독서활동상황	중·고등학교 교육과정 이수 중 읽은 책의 제목, 저자 등
행동특성 및 종합의견*	학교교육 이수 중 학생의 행동특성과 학생의 학교교육 이수 상황을 수시로 관찰하여 누가 기록한 행동특성을 근거로 학생을 종합적으로 이해하는 데 유용한 의견을 문장으로 입력

* 학교폭력과 관련된 사항인 경우, 「학교폭력예방 및 대책에 관한 법률」 제17조에 규정된 가해학생에 대한 조치사항의 내용을 입력한다.

** 진로활동의 특기사항에는 진로희망분야, 진로희망과 관련된 학생의 활동내용, 진로검사 및 진로상담 결과 등 진로와 관련된 학생의 개별적 특성이 드러나는 사항을 입력한다.

출처: 교육부(2020a).

읽을거리

학생정서 · 행동특성검사

학생정서 · 행동특성검사는 학교에서 학생들의 긍정적 성격특성과 정서 · 행동문제를 평가하여 심층평가나 추후관리가 필요한 학생들을 선별하기 위한 검사이다. 학생들의 정서 · 행동문제, 학습부진, 학교생활 부적응을 조기에 발견하고 효율적으로 대응하며, 학생의 정서 · 행동을 관리하고, 학생의 성격특성에 맞는 교육을 제안하는 데 검사 실시의 목적이 있다. 이 검사로는 심리장애를 진단하지 않는다.

1. 교육청 단위로 구축된 학생정신건강서비스지원 협의체 안에서 시행된다.
   - 학생정서 · 행동특성검사는 학교, 학부모, Wee센터, 정신건강복지센터, 의료기관 등이 협력하는 연계체계 안에서 활용된다.

2. 학생정서 · 행동특성검사는 초등학생용과 중 · 고등학생용으로 구분되어 있다.
   - 초등학생용 학생정서 · 행동특성검사는 65문항짜리 CPSQ-II(Child Personality and Mental Health Problems Screening Questionnaire, Second Edition)로 구성되고, 부모가 자녀의 성격특성과 정서 · 행동문제, 부모자녀관계에 대해 평가한다.
   - 중 · 고등학생용 학생정서 · 행동특성검사는 63문항짜리 AMPQ-III(Adolescent Personality and Mental Health Problems Screening Questionnaire, Third Edition)로 구성되고, 학생이 스스로 자

신의 기분, 행동, 생활, 적응상태, 성격에 대해 평가한다. 또한 학생의 자기보고에 의해 관심군으로 분류된 경우, 교사용 정서 · 행동특성검사(AMPQ-Ⅲ-T)를 추가로 실시할 수 있다. 교사용 검사는 해당 학생의 자살 및 자해, 외현화문제, 우울/소외를 묻는 9문항으로 구성되어 있고, 담임교사나 학생을 잘 이해하고 있는 교사가 작성한다.

- 각 문항에 대해 최근 3개월 동안의 상태를 생각하며 0(전혀 아니다), 1(조금 그렇다), 2(그렇다), 3(매우 그렇다) 중에서 선택한다. 괴롭힘과 따돌림 문항에 대해서는 최근 1개월 동안의 상황을 생각하며 응답한다.

3. 검사대상은 초등학교 1, 4학년, 중학교 1학년, 고등학교 1학년 학생이다.

4. 검사는 2단계를 거쳐 실시된다.

- 1단계에서는 학교에서 이 검사를 실시하여 관심군을 선별한다.
- 2단계에서는 관심군을 전문기관에 의뢰하거나 학교 내 지속관리체계를 가동하여 개별상담, 집중개입, 심층검사를 실시한다.
- 관심군은 일반관리군과 우선관리군으로 구분된다. 학교 내 상담 또는 위험수준별로 전문기관에 순차적으로 의뢰를 해야 할 필요가 있는 학생들은 일반관리군으로 분류된다. 자살위험 같은 중대한 문제 때문에 긴급한 조치를 필요로 하는 학생들이나 심각한 문제를 겪는 것으로 판단되는 학생들은 우선관리군으로 분류된다. 우선관리군에 분류된 학생들은 전문기관에 우선적으로 의뢰되어 조치현황에 대한 지속적 모니터링과 지속적 학교상담을 제공받으며, 자살위험이 높은 학생들은 전문기관 또는 의료기관에서 즉각 조치를 받게 된다. 관심군으로 선별된 학생들에게는 학교, 가정, 전문기관의 협력체계 하에 도움이 제공된다.

5. 온라인검사 또는 서면검사로 4월 중에 실시된다.

- 시간제한은 없지만, 약 45~50분 이내에 마치도록 안내한다.
- 온라인 검사의 경우, 기간 내 교육청에서 정한 학교 검사기간 중에 실시할 수 있다.

6. 검사의 구성은 다음과 같다.

항목	초등학생용(CPSQ-Ⅱ)	중 · 고등학생용(AMPQ-Ⅲ)
성격특성	• 내적 특성: 성실성, 자존감, 개방성 • 외적 특성: 타인이해, 공동체의식, 사회적 주도성	

위험문항	학교폭력피해	학교폭력피해, 자살 관련: 자살사고, 자살계획
외부요인	부모자녀관계	–
정서 · 행동 문제	집중력부진: 주의력결핍 및 과잉행동, 품행장애	심리적 부담: 자해, 자살, 학교폭력피해, 피해의식, 관계사고, 반항성향, 폭식
	불안 · 우울: 불안, 우울증, 심리적 외상 반응, 신체화성향, 강박성향	기분문제: 우울증, 기분조절장애, 조울증 등 기분장애, 신체화성향, 강박성향
	학습 · 사회성부진: 언어장애 및 사회적 의사소통장애, 학습장애, 지적장애, 자폐스펙트럼장애, 강박성향	불안문제: 시험 및 사회적 상황 등에 대한 공포증, 강박성향, 심리적 외상 반응, 환청, 관계사고
	과민 · 반항성: 우울증, 기분조절장애, 반항장애, 품행장애	자기통제 부진: 학습부진, 주의력결핍 및 과잉행동장애, 품행장애, 인터넷 또는 스마트폰 중독
기타	전반적 삶의 질, 상담 경험, 지원 선호도	

출처: 교육부 학생건강정보센터 웹사이트(http://www.schoolhealth.kr).

7. 정서 · 행동문제 문항들과 성격특성 문항들의 실시 목적이 다르다.
- 정서 · 행동문제 문항들: 정서 · 행동문제의 수준이 높은 관심군을 선별하여 학생의 정서 · 행동발달 지원을 위한 전문기관에 연계하고 지속적 관리를 제공할 목적으로 사용된다.
- 성격특성 문항들: 인성강점과 긍정적 성격특성을 평가하여 학생들에게 자신에 대한 긍정적 인식을 갖게 하고 자기발전에 도움을 줄 목적으로 사용된다. 관심군 여부 판정에는 사용하지 않는다.

8. 중 · 고등학생용 자살위기 관련 문항과 자살시도 관련 문항에 대한 응답을 검토한다.
- 자살위기 관련 문항('죽고 싶다는 생각이 든다.' '구체적으로 자살계획을 세운 적이 있다.')에 대한 응답의 합이 2점 이상이거나 자살시도 관련 문항('한 번이라도 심각하게 자살을 시도한 적이 있다.')에 '예'로 응답했고, 신뢰도 문항('이 검사에서 한 번도 거짓말을 한 적이 없다.' '이 검사에 있는 그대로 성실히 응답하고 있다.')에 대한 응답의 합이 5점 이상인 학생은 개인면담(자살 관련 면담지 활용)을 받도록 조치한다.
- 면담 결과, 중간 이상의 자살위험이 있는 경우에는 즉시 학부모에게 통보하고 자살예방센터 및 전문의료기관에 의뢰하여 필요한 조치를 취한 후 해당 사항에 대해 기록하고 관리한다.

9. 중 · 고등학생용 학교폭력피해 관련 문항에 대한 응답을 검토한다.

- 학교폭력피해 관련 문항['다른 아이로부터 따돌림이나 무시를 당한 적이 있어 힘들다.' '다른 아이로부터 놀림이나 괴롭힘(언어폭력, 사이버폭력, 신체적 폭력)을 당하여 힘들다.']에 대한 응답 점수의 합이 2점 이상인 학생은 학교폭력업무 담당 교사 또는 학생 생활지도 담당 교사에게 인계하여 폭력 정도를 확인하고 진위를 규명하며, 필요한 경우 '학교폭력전담기구'에 의뢰하여 추가조치를 받도록 한다.

10. 검사 결과는 학교생활기록부와 학생건강기록부에 남지 않는다.

출처: 교육부 학생건강정보센터 웹사이트(http://www.schoolhealth.kr).

(2) 학급의 특색에 맞는 학급운영 목표의 설정

[그림 10-3]에서 볼 수 있듯이, 학급운영은 학업참여시간의 증가, 학생의 책임감 발달, 배려와 믿음의 학습공동체 조성이라는 중간 목표의 달성을 통해 학생의 교과학습을 돕고 학업적 · 개인적 · 사회적 발달을 지원하는 데 최종 목표가 있다(Eggen & Kauchak, 2010/2011). 그 밖에 학급운영의 세부목표를 결정할 때는 교사가 학생들과 협의하여 학급의 특색에 맞게 설정하는 것이 바람직하다. 학급운영의 목표에 따라 학급문화와 분위기 그리고 학생들의 행동과 학업성취가 좌우되기 때문이다.

학급운영의 목표를 결정할 때 교사는 다음 사항을 유의할 필요가 있다(김은하 외, 2017). 첫째, 교사는 학생들과 협의하여 한 학년 동안 인성, 학습, 창의성, 예체능, 자연 등의 영역 중에서 어떤 주제의 활동을 집중적으로 추진할지를 브레인스토밍한다. 학생들이 발언권을 행사하면 이후 학급활동에 자발적으로 참여할 가능성이 높아지기 때문이다. 둘째, 교사 자신이 지속적인 관심과 노력을 기울일 수 있고 잘 알고 있는 영역과 주제를 선정하는 것이 중요하다. 그래야 학급특색활동을 1년 동안 일관성 있게 추진할 수 있기 때문이다. 셋째, 학급운영의 목표와 학급특색활동의 영역과 주제가 학교의 교육방침이나 교육환경 여건과 잘 맞는지에 대해서도 고려해야 한다. 학급특색활동을 실행하기 위해 학교관리자와 학부모의 적극적 참여와 지지를 필요로 하는 경우도 있기 때문이다.

2) 학부모와의 소통 및 협력

학교와 가정은 학생의 적응과 발달에 직접적이고도 중요한 영향을 미치는 미시체계이다(Bronfenbrenner, 1979; Bronfenbrenner & Morris, 2006). 효과적인 학급운영을 위해서 교사와 학부모의 협력과 소통은 예외 없이 중요하다. 학급담임교사가 학부모와 협력적 관계를 유지하면 학부모로부터 학급운영에 도움이 되는 정보를 얻을 수 있고, 학부모에게 가정에서의 자녀양육에 필요한 조언을 제공할 수도 있다. 이러한 학교-가정 간 연계와 소통을 브론펜브레너(Bronfenbrenner)의 생물생태학적 체계 모형에서는 중간체계라고 한다.

교사가 학부모와 소통하고 협력하는 방법은 다양한데, 가정통신문과 학교 홈페이지를 통한 공지는 편리하면서도 신속한 방법이다. 가정통신문, 공지문, 알림장 등을 작성할 때는 이해하기 쉬운 글로 친절하고 친근하게 표현해야 한다.

학년 초에 발송하는 가정통신문에는 보통 인사말, 학급담임교사 자신의 소개, 1년 동안 학생을 잘 지도하고 학급을 잘 운영하겠다는 다짐, 학급운영에 관한 소개, 담임교사 연락처, 끝맺는 인사말이 포함된다. 이 가운데 학급운영에 관한 소개는 학급운영의 철학 및 기본계획, 급훈, (교사가 중점을 두고자 하는) 학습지도 방법, 생활지도 방법, 기타 학급특색활동, (학부모에게) 당부하는 글, 면담 신청 방법으로 구성된다(김은하 외, 2017). 정해진 양식이나 작성방법은 없지만, [그림 10-4]처럼 학급운영에 관한 소개 내용을 항목별로 소제목을 달아 일목요연하게 작성하여 가독성을 높이도록 한다.

그 밖에 학부모에게 전달해야 할 사안이 생기거나 학부모의 협조가 필요한 문제가 생겼을 때 가정통신문을 발송하거나 학교 홈페이지에 알림장을 올리는데, 가정통신문과 학교 홈페이지 알림장은 일방향 소통으로 끝난다는 단점이 있다. 따라서 교사는 학부모가 알기를 원하는 내용이 무엇인지를 묻고 구체적인 내용을 정리하여 학부모에게 전달하는 등 양방향 소통의 다양한 방법을 마련하는 것이 바람직하다.

중학교 진학 이후에는 학부모가 학교를 방문하는 빈도가 현저하게 줄어든다. 그러므로 학부모회나 학교운영위원회에 참여하여 활동하는 일부 학부모들뿐만 아니라 모든 학부모에게 학급운영의 실태와 과정 그리고 학생들의 학교생활상을 주기적으로 공지하는 것이 좋다. 이를 통해 교사와 학부모가 관계를 유지한다면, 중대한 문제가 발생할

인사말
담임교사의 자기소개와 다짐

학급운영 철학	• •
급훈	• •
학습지도	• •
생활지도	• •
학급특색활동	• •
부모님께 전하는 말씀	• •
면담 신청 방법	• •
학교 연락처	• •

끝맺는 인사말

20○○년 ○○월 ○○일 교사 ○○○ 올림

[그림 10-4] **학년 초 가정통신문 양식 예시**

출처: 김은하 외(2017), p. 370, '가정통신문 예시'를 참고하였음.

경우에 그 사안에 대해 학부모에게 신속하게 알릴 수 있고 학부모의 적극적인 관심과 협조를 얻을 수 있다.

3) 학급조직 구성 및 운영

학급운영에 대한 전반적 계획과 감독은 교사의 업무 중 하나이다. 그러나 학급자치회나 모둠활동을 통해 학생들도 학급운영 활동에 참여할 수 있고, 이는 효과적 학급운영에 도움이 되기도 한다. 그러므로 학급담임교사는 학생들이 학급운영에 대한 관심을 가지고 학급운영 활동에 참여할 수 있는 기회를 마련해 주어야 한다.

(1) 학급자치회

학급자치회는 학생들이 자율적으로 학급운영 활동에 참여하기 위하여 선출한 임원들로 구성된다. 교사는 학급자치회의 조직과 활동을 돕기 위해 학생들에게 자율성을 부여하면서도, 학생들이 책임감을 가지고 학급운영 활동에 참여할 수 있도록 다음과 같이 도와야 한다. 첫째, 학생들이 민주적인 절차를 거쳐 임원을 선출하여 학급자치회를 꾸려나갈 학생들을 선발하면, 교사는 학생들이 임원의 역할과 (학급자치회가 여러 부서로 구성된다면) 부서별 역할 분담을 세부적으로 명시하도록 도와주어 학급자치회 내부적으로나 학급자치회와 나머지 학생들 간에 불필요한 오해와 갈등이 발생하지 않도록 해야 한다. 둘째, 교사는 선출된 학생 임원들에게 임원은 학급을 위한 봉사자이고 학급 구성원들과 원만한 관계를 이루면서 학급운영에 적극적으로 참여하는 것이 중요하다는 것을 강조한다. 셋째, 임원의 임기는 한 학기로 정하고 부서별 역할 분담을 주기적으로 교대하여 학생들이 다양한 경험을 할 수 있게 하는 것이 바람직하다(김은하 외, 2017).

(2) 모둠활동

모둠활동은 교과수업시간에 구성될 수도 있고, 학급운영을 위해서 구성될 수도 있다. 효과적인 학급운영을 위해 학급공동체만을 강조하다 보면, 학생들의 개별성이 무시되거나 학습이나 학급운영에 대한 자발적 참여가 꺾일 수 있다. 이때 모둠활동은 학급 전체의 집단의식, 질서, 규칙이 개인의 개성, 자유, 창의적 태도와 조화를 이루게 하는 수단이 된다. 예를 들면, 학급소식지 모둠, 학급환경 미화 모둠, 공부일촌 모둠 등은 학급자치회 활동과는 별도로 학급운영을 위한 활동을 수행한다. 특히 학생들이 자원하여 구성된 모둠활동은 상호 믿음의 인간관계와 팀워크를 유지하는 데도 도움이 된다(김은하 외, 2017).

4) 학급풍토의 조성

긍정적인 학급풍토를 조성하는 일은 효과적 학급운영을 위해 매우 중요하다. 교사는 여러 측면에서 긍정적인 학급풍토를 조성하는 일을 할 수 있다.

(1) 학급규칙의 설정과 실행

규칙(rules)은 해야 할 행동과 해서는 안 되는 행동을 구체적으로 기술한 것이다(신명희 외, 2014). 학년 초에 설정하는 학급규칙은 공정하고 긍정적인 학급풍토를 조성하여 효과적으로 학급을 운영할 수 있는 기초가 된다.

학급규칙의 설정에 앞서, 교사는 학생들이 학급에서 어떻게 행동하기를 기대하는지에 대해 스스로 생각해야 한다. 학년 초에 교사는 '나는 학생들이 어떤 행동을 할 것을 기대하고 있는가?' '나는 학생이 어떤 행동을 배우기를 원하는가?'에 대해 스스로 묻고 대답해 본다(Canter, 2010/2013).

행동에 대한 후속결과만 규칙으로 설정하지 말고, 학생들이 반드시 지켜야 하는 행동기대를 규칙으로 설정하여 학생들이 바람직한 행동을 습득하도록 한다. 학급규칙을 설정할 때 〈표 10-1〉과 같은 지침을 참고한다(신명희 외, 2014; Canter, 2010/2013; Ormrod, 2011).

표 10-1 학급규칙 설정의 지침

- **상위조직의 규칙(학교의 교칙)과 모순되지 않도록 정한다.**
  학교, 학급, 작은 공동체는 모두 학교 시스템을 구성한다. 하나의 시스템을 이루는 구성요인들이 서로 그리고 전체 시스템과 모순되지 않을 때 학교 시스템이 유기적으로 잘 운영될 수 있다.
- **교사와 학생들이 함께 토의하는 과정을 거쳐 학급규칙을 정한다.**
  토의 과정은 학생들이 규칙의 필요성을 이해하게 하고, 규칙의 설정과 준수에 대한 책임감을 가지게 하며, 자율적으로 규칙을 지키게 한다. 학생들을 규칙 설정의 과정에 참여시켰다고 해서 모든 학생이 학급규칙을 더 잘 준수한다고 볼 수는 없지만, 규칙이 강요나 압력으로 전달되면 학생을 구속하는 장치로 여겨져 규칙을 지키려는 의욕이 꺾이고 오히려 갈등이 조장된다.
- **반드시 지켜야 할 중요한 규칙을 최소한으로 정한다.**
  학년이 낮을수록 규칙은 적은 것이 바람직하다. 규칙의 수는 3~5개로 정하고, 고등학교 학급일지라도 10개를 초과하지 않도록 해야, 학생들의 자율성을 제한하지 않을 수 있다. 규칙이 지나치게 많으면 학생은 기억하고 지키기 어렵고, 교사는 학생의 규칙준수 또는 규칙위반을 관리하기 어렵다.
- **긍정적으로 진술한다.**
  부정적으로 진술된 규칙(예, '지각하지 않기')은 하지 말아야 할 행동을 알려 주지만 기대되는 바람직한 행동을 알려 주지는 못하므로, 행동기대를 긍정적으로 진술한다(예, '제시간에 맞추어 착석하기').
- **분명하고 구체적이며 관찰 가능한 용어로 진술한다.**
  모호한 규칙은 오해와 갈등을 불러일으킨다. 규칙이 관찰 가능한 행동 용어로 진술되면, 학생들은 규칙을 더 잘 이해하고 준수할 가능성이 높아진다. 수용 가능한 행동이 무엇인지에 대한 명확한 기준을 세워서 학생들에게 알려 주고, 필요하다면 규칙을 예시하는 사례도 알려 준다.

- **규칙을 지켜야 하는 합당한 이유를 알려 준다.**
  규칙과 규칙을 지켜야 하는 이유를 관련지어 규칙을 안내하면, 학생들은 규칙을 무조건 또는 강압에 의해서 지키는 것이 아니라 왜 규칙을 지켜야 하는지를 이해할 수 있다.
- **학생 모두 규칙을 이해했는지 점검한다.**
  규칙에 대한 학생들의 이해를 돕기 위해 구두설명, 모델링, 연습을 통해 규칙을 가르친다.
- **규칙은 모든 학급 구성원이 잘 볼 수 있는 장소에 게시한다.**
  필요할 때마다 (특히 문제행동의 발생이 예측되는 상황에서) 규칙을 자주 상기시킨다.
- **규칙을 공정하고 일관성 있게 적용한다.**
  교사의 기분이나 남아 있는 보상과 벌 등에 의해 규칙의 적용 여부가 좌지우지되지 않도록 한다. 또한 교사는 규칙의 적용과 무관한 것(예, 학업성적, 학급임원, 가정의 경제사정)에 따라 규칙을 적용하지 않도록 한다.
- **주기적으로 규칙을 검토한다.**
  모호한 규칙, 지나치게 엄격한 규칙, 불가피한 사정을 감안하지 못한 규칙은 변경한다. 또한 전학생이 들어오면 규칙을 다시 검토하여 모든 학생에게 규칙 준수의 중요성을 상기시킨다.

출처: 김은하 외(2017); 신명희 외(2014); Canter (2010/2013); Ormrod (2011).

(2) 긍정적 교사-학생 관계의 형성과 유지

교사와 학생 간의 긍정적 관계는 모든 학년에서 모든 학생의 문제행동을 감소시키는 데 효과적이다. 실제로, 교사가 학생들과 긍정적 관계를 이루는 학급에서는 학생의 문제행동이 50% 정도 감소한다는 보고가 있다(Marzano, Marzano, & Pickering, 2003). 교사가 학생의 의견과 관점에 관심을 보이고 자율성을 지지하는 학급에서 학생들은 수업방해 행동을 적게 하고 수업참여 행동을 많이 한다(김남희, 김종백, 2011; Eccles & Roeser, 2011). 또한 긍정적 교사-학생 관계는 학생의 긍정적 자기개념, 주관적 안녕감, 학교생활 만족감, 적극적 수업참여, 학습동기, 학업성취에 기여한다(Connell, 1990; Ormrod, 2011; Pianta, 2006; Skinner, Furrer, Marchand, & Kindermann, 2008).

교사가 학생들과 긍정적 관계를 형성하고 유지하려면, 어떤 학생과 긍정적이지 못한 관계를 맺고 있는지를 알아차려야 하고, 긍정적 관계로 전환해야 한다. 〈표 10-2〉와 같은 부정적 교사-학생 관계의 징후가 나타나는지를 잘 파악하고, 〈표 10-3〉과 같은 긍정적인 관계 형성을 위한 노력을 기울여야 한다.

표 10-2 부정적 교사-학생 관계의 징후

• 이 학생과 대화나 소통을 자주 하지 않는다. • 이 학생과 대화나 소통을 하는 경우, 주로 학생의 잘못을 지적하거나 비난한다. • 이 학생에게 자주 화가 나고, 이에 대해 교사로서 죄책감이 들어 괴롭다. • 학생을 가르치거나 지도하는 능력이 내게 없는 것 같아 무력함을 느낀다.

출처: Ormrod (2011).

표 10-3 긍정적 교사-학생 관계 회복 전략

• 문제와 해결방안에 대한 대안적 관점을 얻기 위해 자문을 구한다. 학생의 문제나 해결방안에 대해 가지고 있는 나만의 편협한 관점에서 벗어나 대안적 설명을 찾기 위해 동료교사나 선배교사의 의견을 듣고 브레인스토밍한다. • 학생과 일대일로 만나 마음을 열고 대화를 시도하거나 학생과 개별적으로 소통할 수 있는 통로(예, 쪽지, 전자메일, 과제물에 피드백 쓰기)를 모색하고 적극 활용한다. • 학생과의 갈등이 주로 교과수업시간에 또는 학습과 관련하여 발생한다면, 학생과 교사가 긍정적 감정을 느낄 만한 편안하고 즐거운 상황(예, 운동, 취미활동)을 선택하여 이러한 상황에서 학생과의 상호작용을 시작한다.

출처: Ormrod (2011).

(3) 행동 화법을 사용한 지시

행동 화법(행동 내레이션, behavioral narration)은 학생의 행동을 긍정적으로 인식해 주면서 언어로 피드백하는 방법이다(Canter, 2010/2013). 그 기법은 매우 간단하다. 교사가 학생들에게 지시를 전달한 후에 즉시 학생들의 행동을 관찰한다. 지시를 전달한 후 즉시, 교사의 지시대로 행동하는 학생을 찾아 행동을 관찰한 그대로 말로 반복해서 묘사한다. 예를 들면, 수업 종이 울리면 제자리에 앉아서 교과서를 펴고 교사를 주목해야 하는데 이를 지키지 않는 학생이 보이면, "○○야, 수업 종이 울리면 제자리에 앉아서 책을 펴라."라고 지시를 따르지 않는 학생의 행동에 반응하기보다는 "○○와 ○○는 교과서를 펴고 제자리에 앉아 있구나."라고 말한다. 이때 교사의 목소리는 침착하고 단호해야 하며, 눈으로는 문제행동을 하는 학생의 행동을 지속적으로 관찰하고 있어야 한다. 행동 화법은 다음과 같은 긍정적 효과가 있다(Canter, 2010/2013).

- 교사의 지시를 반복할 수 있다.

- 학생들이 교사의 지시를 확실하게 이해할 수 있다.
- 학생들이 바람직한 행동, 즉 기대 행동을 더 많이 하려는 동기가 생긴다.
- 교사의 판단에 따른 칭찬과 달리, 지켜야 할 행동을 정확하게 상기시킨다.
- 교사가 학생의 행동을 긍정적인 방식으로 인식하고 있음을 알려 준다.
- 교사가 학생들과 '함께 있음', 학급 내 모든 일을 파악하고 있음을 알려 준다.

다음으로 문제행동을 교정하는 전략을 적용해야 한다. 지시를 따르지 않는 학생의 행동이 매우 심각한 문제행동(예, 또래를 때리거나 반항하는 행동)이라면 즉각 교정되어야 한다.

(4) 학급 내 물리적 환경과 사회적 맥락의 조성

학교 체계 중에서 **학급풍토**(classroom climate)는 학급 구성원들(학생, 교사)의 언어적 및 행동적 상호작용에 스며들어 있는 심리적 분위기를 말하는데, 학생이 교과수업에 참여하는 양상과 정도, 교과학습의 수준, 사회정서적 발달에 의미 있는 영향을 미친다(Dotterer & Lowe, 2011; Eccles & Roeser, 2011). 안전하고 안정된 학급풍토 안에서 학생들은 실패를 두려워하지 않고 도전적인 과제를 기꺼이 시도해 보고 지속적으로 노력을 기울이므로 학업성취를 이룰 가능성이 높아진다(Hamre & Pianta, 2005).

학급풍토를 구성하는 두 가지 요소는 학급의 물리적 환경과 사회적 맥락이다. 두 요소는 각기 독립적인 효과를 내기보다는 상호보완적으로 작용하고, 학생의 개인적 특징이나 여타의 환경 변인들의 영향도 받는다. 그러므로 교사는 긍정적인 학급풍토를 만들기 위해서 각각의 학급에 적절하도록 학급풍토의 두 요인을 조정할 필요가 있다.

첫째, **학급의 물리적 환경**은 책상, 의자, 교탁, 칠판, 교육용 기자재, 학습에 필요한 도구와 물품, 학급 미화용 물품으로 구성된다. 교사는 어떤 방법으로 수업을 진행하든(개별과제, 모둠활동, 학급 전체 수업 등) 문제의 징후가 보일 때 즉시 대처할 수 있도록 학급에 있는 모든 학생을 관찰하고 감독할 수 있는 위치에 있어야 한다(Emmer & Evertson, 2012; Gettinger & Köhler, 2006; Kounin, 1970). 책상과 의자는 상호작용과 모둠활동에 적절한 방식으로 배치한다. 주의가 산만하거나 수업 중 잡담을 하는 등 문제행동을 보이는 학생이 있을 경우, 문제행동을 유발할 만한 기자재나 도구 및 물품을 정리하여 학생의 시야에 들어오지 않도록 배치한다. 수업에 무관심하거나 잘 참여하지 않는 학생 그리고 문제행동을 보이는 학생의 자리를 교사 가까이에 배치하여 이러한 학생과 자주 상호작용함으로써 문제행동을 저지하고 수업에 대한 집중도를 높이도록 한다 (Woolfolk, 2013). 단, 이러한 자리 배치로 인해 해당 학생이 나머지 학생들로부터 놀림이나 배척을 당하지 않도록 자연스럽게 자리를 배치하는 것이 바람직하다.

둘째, **학급 내 사회적 맥락**은 학생의 학습동기와 학습활동 참여에 의미 있는 영향을 미치는데(Patrick, Ryan, & Kaplan, 2007), 이는 교사의 노력과 의지에 따라 얼마든지 변화 가능하다(Jang, Reeve, & Deci, 2010; Ormrod, 2011; Skinner et al., 2008). 〈표 10-4〉에서 볼 수 있듯이, 학생에 대한 관심, 학생이 해야 할 행동에 대한 기대와 학습활동의 구조화, 학생의 자율성 지지, 숙달목표구조의 조성, 학업과 교과수업의 중요성과 의미 강조, 소속감과 공동체 의식 조성은 교사의 노력과 의지에 의해 학급 안에서 만들어지는 사회적 맥락을 구성한다.

표 10-4 교사가 조성하는 학급 내 사회적 맥락

- **학생에 대한 관심**
  학생을 진심으로 이해하고 학생을 위해 기꺼이 시간과 노력을 기울이며 학생에게 믿음을 준다.
- **구조화**
  행동기대와 학습활동을 분명히 안내하고, 앞으로 해야 할 활동과 행사에 대해 사전에 공지하며, 문제해결에 필요한 피드백을 제공하고, 일관성 있고 공정하게 규칙을 적용하여 혼란을 줄인다.
- **자율성 지지**
  의사결정과 선택에 학생들을 참여시키고, 학생의 의견을 귀 기울여 들으며, 규칙적으로 하는 일이나 행동의 통상적인 순서와 방법을 알려 주어서 학생 스스로 학습할 기회를 보장한다.
- **숙달목표구조의 조성**
  상대적 비교와 수행결과를 강조하는 수행목표구조보다 개인적 발전과 내용의 이해를 강조하는 숙달목표구조가 학생의 수업참여와 내재적 동기를 증가시킨다.
- **학업과 교과수업의 중요성과 의미 강조**
  학교공부가 실생활을 이해하고 준비하는 데 중요한 이유를 설명하여 의미 있는 학습을 강조한다.
- **소속감과 공동체 의식 조성**
  학생과 학생 간의 상호작용과 교사와 학생 간의 상호작용이 원만하게 이루어지도록 해야 한다. 교사는 모든 학생이 학급 공동체의 중요한 구성원이고 서로 존중하고 존중받아야 함을 학생들에게 분명하게 알려 준다. 모둠활동이나 협동학습을 하는 경우, 소외되는 학생이 있는지 살펴보고, 모든 학생이 학습에 참여하도록 돕는다.

출처: Belmont, Skinner, Wellborn, Connell, & Pierson (1992); Ormrod (2011); Patrick, Kaplan, & Ryan (2011); Skinner & Belmont (1993).

(5) 학급목표구조의 조성

학급목표구조(classroom goal structure)란 학급이 추구하는 성취목표를 말한다. 학급 안에서 교사가 학생들에게 어떤 과제를 제시하고 어떻게 평가하며 어떤 학생을 인정하는지에 따라 그 학급의 목표구조가 달리 조성된다. 학급 목표구조는 학생들의 목표지향성(goal orientation)에 영향을 미치고(Kaplan, Middleton, Urdan, & Midgley, 2002), 학업동기, 성취지향행동, 과제지속성, 학업성취도에도 영향을 준다(Anderman & Levitt, 2014).

학급목표구조는 숙달목표구조(mastery goal structure)와 수행목표구조(performance goal structure)로 구분된다(Meece, Anderman, & Anderman, 2006; Midgley, 2002; Urdan, 2004). 숙달목표구조는 학생의 학업동기, 학업행동, 학업성취를 향상시키는 데 도움이 되는

표 10-5 학급 내 숙달목표구조 조성을 위한 TARGETS 시스템

- Task(과제)
  적절히 도전적인 과제를 제시하고, 과제를 해야 하는 이유를 말해 주며, 다양한 과제를 제시하여 학생이 선택할 수 있게 한다.
- Authority(권위)
  학급규칙이나 수업활동을 결정할 때 의사결정 과정에 학생을 참여시키고, 자기조절의 기회와 선택권을 제공하되 교사의 관리하에 선택이 이루어지게 하며, 학생들의 대안적 견해와 문제해결 방식을 수용한다.
- Recognition(인정)
  발전하는 학생, 노력을 기울이고 지적 위험을 감수하며 성장하려는 학생을 인정해 주고 잘한 점과 더 노력이 필요한 부분에 대한 피드백을 제공한다.
- Grouping(집단구성)
  이질적 집단구성을 융통성 있게 운영하여 학생이 장시간 하나의 능력집단에 배치되지 않도록 하고, 때로는 학생의 선택과 관심에 따라 집단을 구성하고, 집단 간 경쟁보다는 협동을 격려한다.
- Evaluation(평가)
  점수를 매기기 위한 평가가 아니라 수업을 설계하기 위한 진단평가를 실시하고, 학생의 자기평가를 활용하며, 학생의 발전과 노력도 평가한다.
- Time(시간)
  수업내용을 깊이 탐구하고 배운 내용에 대해 자기성찰을 할 수 있는 시간적 여유를 허용한다. 또한 각자의 속도에 맞추어 완성할 수 있는 과제를 제공한다.
- Social support(사회적 지지)
  교사는 학생들에게 개인적 관심과 애정을 골고루 보여 주고, 학생의 학업과 성장에 온 마음을 쏟고 있다는 점을 보여 주며, 학생들이 서로 협력하고 긍정적으로 상호작용하며 서로를 지지하도록 격려한다.

출처: Anderman & Levitt (2014).

데, 학급 안에 숙달목표구조를 수립하기 위해 TARGETS 시스템을 적용해 볼 수 있다. 〈표 10-5〉를 보면, TARGETS 시스템은 과제(Task), 권위(Authority), 인정(Recognition), 집단구성(Grouping), 평가(Evaluation), 시간(Time), 사회적 지지(Social support)로 구성된다. 각각의 측면이 어떤 식으로 제시되고 실행되는지에 따라 학급운영 방식과 학급 목표구조가 결정된다(Anderman & Levitt, 2014).

3. 학생의 성장을 돕는 교사의 태도

효과적 학급운영은 학생의 개인적, 사회적, 학업적 발달을 돕는 데 궁극적인 목표를 둔다. 이를 위해 교사는 학생의 문제행동을 사전에 예방하고 이미 발생한 문제에 신속하게 대응하는 노력을 기울일 필요가 있다. 여기에서는 학생의 성장을 돕는 교사가 취해야 할 바람직한 태도에 대해 살펴보고자 한다.

로저스(Rogers)의 인간중심 상담이론(또는 인본주의 상담이론)은 내담자의 성장에 기여하는 상담자의 기본 태도를 잘 설명한 이론이다. 이 이론은 학생의 성장을 돕기 위해 교사가 취해야 할 태도와도 관련된다. 상담자가 내담자와 만나 그의 잠재력을 인정하고 자기실현을 돕듯이, 교사가 학생의 성장에 기여하려면 학생이 자신의 잠재력을 실현하여 성장하고자 하는 욕구[1]를 가진 존재임을 인정하고 잠재력을 실현할 수 있도록 촉진적인 심리적 분위기를 조성하는 것이 중요하다. 상담자가 어떤 상담이론 또는 상담기법을 사용하는가보다는 내담자와 어떤 관계를 맺고 어떤 태도를 취하느냐가 상담 효과에 더 큰 영향을 미친다. 이때 상담자는 내담자와 신뢰의 관계(라포, rapport)를 맺는 것이 중요하다. 교사 역시 학생을 만나 상담을 하거나 대화를 할 때 인간중심 상담이론에서 강조하는 상담자의 기본 태도를 갖추고 신뢰의 관계를 유지한다면, 학생의 성장을 돕는 데 기여할 수 있을 것이다.

1) 살아 있는 모든 유기체는 하나의 기본적 경향성을 추구하는데, 그것은 바로 자신을 실현하고 발전시키려는 경향성이다. 실현화 경향성은 선천적인 것으로, 유기체를 유지하고 성장과 향상을 촉진하는 인간의 주요 동기이고, 여러 다른 동기의 원천이다(강진령, 2015). 로저스는 모든 유기체가 매우 열악한 조건에서도 생존하여 생명을 유지할 뿐만 아니라 적응하고 성장하려는 힘을 가진 존재라고 보았다(노안영, 2018).

로저스의 인간중심 상담이론에서 강조하는 **상담자의 기본 태도** 세 가지는 일치성(또는 진솔성), 무조건적 긍정적 존중, 공감(공감적 이해)이다(노안영, 2018). 이러한 세 가지 기본 태도는 개별적으로 작용할 때보다 함께 작용할 때 상담의 효과가 극대화된다.

1) 일치성(또는 진솔성)

일치성(congruence)은 **진솔성**(genuineness)이라고도 하는데, 상담자가 내담자와의 관계에서, 즉 '**지금 여기에서**(here and now)' 경험하는 상담자 자신의 모든 감정, 태도, 생각을 있는 그대로 솔직하게 인정하고 개방적으로 직면하는 태도를 말한다(노안영, 2018). 상담자는 상담과정 중에 내담자에게 집중하느라 상담자 자신의 감정과 생각을 자각하지 못하는 경우가 있다. 그러나 일치성 태도를 가진 상담자, 즉 진솔한 상담자는 내담자에게 집중하되, 지금 여기에서 자신이 어떤 감정과 생각을 경험하고 있는지를 자각하고 이를 솔직하게 인정하고 표현한다. 이러한 상담자는 높은 수준의 자각, 자기수용, 자기신뢰를 할 수 있기 때문에 내담자를 가식이나 왜곡 또는 겉치레 없이 솔직하게 대하고 내담자와 인간 대 인간으로 만날 수 있다(노안영, 2018).

2) 무조건적 긍정적 존중

무조건적 긍정적 존중(unconditional positive regard)은 **가치의 조건화**[2]를 버리고, 조건 없이 내담자를 있는 그대로 존중하는 태도를 말한다. 이는 내담자의 모든 말과 행동에 동의해야 한다는 것을 의미하지는 않는다. 무조건적 긍정적 존중은 내담자의 실현화 경향성에 대한 깊은 신뢰와 관련된다. 내담자가 건설적 변화를 이루어 낼 수 있는 잠재력을 가지고 있고 이를 실현할 수 있는 존재라고 믿는 상담자는 아무 조건 없이 내담자를 존중할 수 있게 된다. 이러한 상담자의 기본 태도는 내담자로 하여금 자기성장을 이

---

2) 가치의 조건화란 상대방에 대해 어떤 가치 기준에 따라 옳고 그름을 평가하는 태도를 의미한다. 보통 '네가 ~을 하면, 내가 너에게 ~해 줄게(if~, then~).'로 표현된다. 가치의 조건화는 상대방이 그 조건에 맞추어 행동하게 만든다. 이러한 경우에 상대방은 자신의 참모습을 발견하지 못하고 왜곡하며 부정하게 된다. 이와 반대로, 무조건적 긍정적 존중은 상대방이 자신의 경험을 개방적으로 탐색할 수 있게 한다(노안영, 2018).

루게 하는 촉진적 조건으로 작용한다(노안영, 2018).

3) 공감(공감적 이해)

모든 상담자는 내담자의 자기이해와 성장을 돕기 위해 내담자를 **공감**(empathy)하려고 노력한다. 그만큼 공감은 어떤 상담이론이나 기법을 활용하든 모든 상담자의 기본 태도로 간주되고 있다. 공감은 상담자가 내담자의 입장에서 내담자가 주관적으로 경험하는 내적인 감정을 정확하고 민감하게 '**이해**'하고, 내담자와 정서적으로 '**연결**'되어 그의 감정을 느껴 보며, 상담자가 이해하고 있음을 내담자에게 '**표현**'해 주는 것을 의미한다. 상담자는 내담자가 될 수는 없지만 내담자인 것처럼 내담자의 **내적 참조 틀**(내담자가 주관적으로 경험하는 내적 세계)에 근거하여 내담자가 경험하는 감정을 파악한다.

다음의 사례에서 상담자 A는 외적 참조 틀에 비추어 겉으로 드러난 행동만을 가지고 내담자를 평가하고, 즉 껍데기만 가지고 내담자를 이해하고 동정하고 있다. '동정'은 상대방이 경험하는 고통을 한 발자국 떨어진 곳에서 바라보면서 안됐다고 느끼는 것이다. 이와 달리, '공감'은 자신이 마치 상대방의 처지에 있는 것처럼, 즉 내가 상대방인 것처럼 그 사람의 내적 참조 틀에 근거해서 그가 경험하는 감정을 파악하고 이해하며 상대방이 느끼는 고통을 느끼는 것이다(노안영, 2018). 상담자 B가 내담자를 공감하고 있다면, 내담자에게 언어적으로 또는 비언어적으로 어떻게 반응할까? 옆에 있는 친구와 짝을 이루어 각각 상담자와 내담자의 역할을 맡아 보라. 우선, 상담자 B는 내담자의 말, 표정, 자세를 통해 내담자가 낙담하고 있음을 알아차릴 것이다. 그러고 나서 상담자 B가 내담자에게 어떻게 반응할지를 밑줄에 적어 보라.

내담자: (풀이 죽어 머리를 숙인 채) 시험에 떨어졌어요.
상담자 A: ○○야, 낙방하다니…… 참 안됐구나.

내담자: (풀이 죽어 머리를 숙인 채) 시험에 떨어졌어요.
상담자 B: ____________________

____

____

____

4. 문제 예방을 위한 학급운영 기법

효과적인 학급운영은 문제행동의 발생을 사전에 예방할 수 있게 하고 산만한 수업 분위기를 피할 수 있게 한다. 여기에서는 쿠닌(Kounin, 1970)이 제시한 문제 예방을 위한 학급운영의 기법 다섯 가지를 살펴본다.

1) 함께 있음

교사가 학급의 모든 곳에서 일어나는 모든 일에 주의를 기울이고 있고, 모든 일에 대해 알고 있으며, 교사가 알고 있다는 것을 학생들이 알게 하는 것을 함께 있음(withitness), 상황파악 또는 장악력이라고도 한다(신명희 외, 2014; Eggen & Kauchak, 2010/2011; Kounin, 1970). 학생들이 학급에서 일어나는 모든 일에 교사가 주의를 기울이고 있고 모든 일을 교사가 잘 알고 있다고 인식하면 그리고 자신이 교사의 관심을 받고 있다고 느끼면 문제행동을 할 가능성이 낮아진다.

학급 전체 상황을 파악하지 못하는 교사는 문제행동에 너무 늦게 개입하거나 과잉 반응하거나 제대로 대응하지 못한다. 이와 달리, 학급 전체 상황을 잘 파악하는 교사는 마치 머리 뒤에도 눈이 있는 것처럼 모든 학생과 눈을 맞추면서 학급 전체를 둘러보고 파악하고 있음을 학생들에게 언어적 또는 비언어적으로 전달한다.

- 언어적 전달 방법: 호명하기, 질문하기, 도움이 필요한지 묻기, 학급규칙을 상기시키기 등
- 비언어적 전달 방법: 학생과 눈 맞추기, 학생의 책상에 다가서기 등

함께 있음의 효과는 크다. 학급 안에서 일어나는 모든 일을 꿰뚫고 있는 교사는 학생의 잘못된 행동, 주의산만함, 수업내용의 이해 부족에 따른 혼란을 재빨리 확인하여 개입할 수 있고, 그렇기 때문에 수업의 흐름을 유지할 수 있다. 특히 문제가 발생할 가능성이 감지될 때 언어적 또는 비언어적 전달 방법을 사용하여 즉시 개입할 수 있다. 또한 학생들이 수업에 다시 주의를 기울이게 만들어 학생들의 학습참여도를 높이고 학업수행을 향상시킬 수 있다.

2) 중복작업(동시처리)

교사가 학급 안에서 여러 작업을 동시에 잘 처리하는 것을 중복작업 또는 동시처리(overlapping)라고 한다(신명희 외, 2014; Eggen & Kauchak, 2010/2011). 예를 들면, 수업시간에 두 명의 학생이 수업을 방해할 때 교사는 수업을 멈추지 않은 채 두 학생에게 다가가거나 눈 맞춤을 함으로써 두 학생에게 개입하는 동시에 나머지 학생들의 주의를 계속해서 수업에 집중시킬 수 있다. 중복작업(동시처리)의 핵심은 이미 진행 중에 있는 수업의 흐름을 끊지 않고 수업에 대한 학생들의 집중을 방해하지 않으면서 문제상황을 처리하는 데 있다.

3) 파문효과

진행하던 수업을 중단한 상태에서 문제행동의 발생 가능성을 차단해야 할 경우도 있다. 예를 들면, 학급에서 학생들이 잡담을 하고 있을 때 소란한 수업분위기가 학급 전

체에 퍼지는 것을 막기 위해 교사가 할 수 있는 것은 무엇일까? 어떤 교사는 문제행동에 대해 학급 전체에 언급하거나 학급 전체를 대상으로 벌을 준다. 어떤 교사는 오히려 목소리를 더 낮춰서 다른 학생들이 떠드는 학생들을 저지하게 만들기도 하고 학생들로 하여금 더 집중하게 만들기도 한다. 다른 교사는 진행하던 수업을 잠시 멈추고 **파문효과**(ripple effect)를 이용하여 문제행동을 신속하게 처리하고 수업분위기를 정상화하기도 한다. 파문효과란 학급에서 영향력이 크거나 인기가 있는 학생 한 명의 행동을 즉각적으로 제지하여 다른 학생들에게까지 영향을 미침으로써 문제행동을 효과적으로 처리하는 방법이다(신명희 외, 2014). 예를 들어, "○○가 조용히 수업에 집중하고 있는 모습이 보기 좋구나!"라고 말해서 주변에 있는 다른 학생들도 조용히 수업에 집중하게 만들 수 있다.

4) 원활한 진행

교사가 수업을 시작하면서부터 수업을 마치고 교실을 나올 때까지 일련의 활동들을 효과적으로 연결 지어 계획하고 실행하면, 수업이 산만해지거나 문제행동이 발생하는 것을 방지할 수 있다. **수업의 원활한 진행**(smoothness)을 위해서 교사는 수업에 들어오기 전에 교수학습지도안을 살펴보고 수업활동이 논리적 순서로 짜여 있는지를 검토하며 수업에 필요한 자료를 미리 준비한다.

5) 집단경계

집단경계 또는 **집단주의**(group alert)란 학급 내 모든 학생의 주의를 집중시키는 것을 말한다. 수업 중 누가 호명될 것인지가 예측 가능하면 학생들은 다른 것에 주의를 돌릴 수 있다. 그러므로 학생들이 예측할 수 없는 순서로 호명하여 집단주의를 유지하는 것이 바람직하다(신명희 외, 2014). 또는 호명된 학생의 대답에 대한 보충 대답을 해야 할 것이라고 예고하여 나머지 학생들이 호명된 학생의 대답에 주의를 기울이게 하거나 호명된 학생이 대답하는 동안에 나머지 학생들은 공책에 자신의 대답을 적어 보게 하는 것도 도움이 된다. 물론 갑자기 질문을 던지기보다는 학생들의 주의를 집중시킨 후에 질문하는 것이 바람직하다. 특히 주의집중에 어려움을 겪는 학생에게 질문할 경우에는 학생의 이름을 호명한 다음에 질문을 던져서 질문에 주의를 집중시킨다.

5. 문제에 대한 대응 방안: 훈육과 대화

유능한 교사의 효과적 학급운영 전략은 많은 문제행동을 **예방**할 수 있게 한다. 그러나 아무리 유능한 교사일지라도 모든 문제를 사전에 예방하기는 쉽지 않고, 유능한 교사가 운영하는 학급에서도 문제는 발생할 수 있다. 문제행동이 자주 발생하고 교과수업과 학생지도가 어려워진다면 문제행동에 대한 대응 방안을 강구해야 한다. 여기에서는 문제에 대한 대응 방안으로서 훈육과 대화의 기법을 알아보고자 한다.

1) 훈육

훈육(discipline)은 교사가 학급 안에서 발생한 문제행동에 대처하고 학급의 질서를 바로잡기 위해 사용하는 전략을 의미한다(신명희 외, 2014). 학급 안에서 발생한 문제행동을 적절히 해결하지 못하면 수업을 진행하기 어려워지고 문제가 학급 전체로 파급될 위험이 있기 때문에 발생한 문제행동은 신속하게 해결되어야 한다. 그런데 교사가 수업시간에 문제행동이 발생할 때마다 문제행동에 개입하기 위해 훈육을 하면 수업 진행에 방해를 받는다는 점을 유념해야 한다. 또한 [그림 10-1]에서 보았듯이, 수업할당시간 중 상당 부분을 교수에 사용하지 못하게 된다. 실제로 학급 안에서 교사가 훈육에 시간을 많이 할애할수록 학생의 학업성취도는 낮아진다(Crocker & Brooker, 1986; Evertson, Emmer, & Brophy, 1980).

따라서 교육심리학자들은 교사가 **최소개입의 원칙**(the principle of least intervention)을 따라 문제행동에 대한 훈육 기법을 선정할 것을 제안한다(신명희 외, 2014; Eggen & Kauchak, 2010/2011; Slavin, 2009). 최소개입의 원칙이란 수업의 진행과 다른 학생들의 학습을 방해하지 않도록 최소한도로 그리고 가장 신속하게 문제행동에 개입하는 방법을 선택하는 원칙을 말한다. 물론 만성적이고 심각한 문제행동에 대해서는 강도 높고 장시간 지속되는 개입을 실행해야 할 필요는 있다. 그러므로 최소개입의 원칙을 준수하되, [그림 10−5]에서처럼 문제행동의 심각도를 고려하여 훈육 방법을 선택하는 것이 바람직하다.

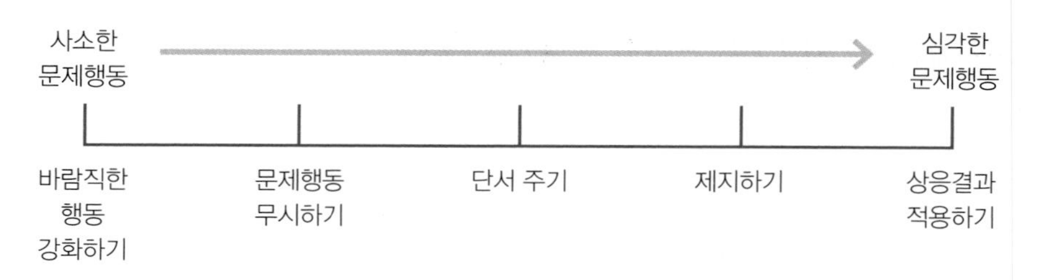

[그림 10−5] 문제행동의 심각도에 따른 훈육 기법의 구분

출처: 신명희 외(2014), p. 357; Eggen & Kauchak (2010/2011), p. 585.

(1) 바람직한 행동 강화하기

이 책의 제6장에서 행동주의 학습이론을 토대로 행동의 발생빈도를 증가시키기 위하여 행동 발생을 강화하는 방법과 행동의 발생빈도를 감소시키기 위하여 행동 발생을 벌하는 방법에 대해서 살펴보았다. 발생한 문제행동이 행동을 한 사람과 주변 사람들에게 해를 끼치거나 손상을 줄 정도로 치명적인 행동이라면 행동을 신속하게 중지시키기 위하여 벌할 필요가 있기는 하다. 그러나 문제행동이 경미하면 문제행동을 벌하는 방법보다는 바람직한 행동을 강화하는 방법이 행동변화와 문제행동의 예방에 더 효과적이다(Scheuermann & Hall, 2008/2009). 아무리 문제행동을 하는 학생일지라도 적절한 행동을 하는 때가 있으므로, 적절한 행동이 나타났을 때 즉시 관심을 보이거나 칭찬을 하거나 보상을 제공하는 차별강화(차등강화)의 방법을 통해 적절한 행동을 강화하고 문제행동을 감소시키는 두 가지 효과를 얻을 수 있다.

처벌적 기법보다 바람직한 행동을 강화하는 기법이 긍정적 학급분위기를 조성하는 데도 도움이 된다. 학생이 바람직한 행동을 보일 때 강화물만 제시하기보다는 바람직한 행동과 긍정적 결과 간의 '관계'를 학생에게 분명하게 언급해 주는 것이 좋다. 이를 통해 학생은 자신이 얻은 결과가 자신의 행동과 관련된다는 점, 즉 행동과 결과의 수반성(유관성, contingency)을 학습하게 되고, 자신의 행동에 대한 책임감과 자부심을 가지게 된다.

표 10-6 강화의 효과적 시행

- **강화물은 교사가 쉽게 관리할 수 있는 것이어야 한다.**
  효과적이라고 알려진 강화물일지라도 강화물을 사용하는 교사가 구입하기 어렵거나 사용하기 복잡하다고 느끼면, 이러한 강화물은 실제로 그리고 일관성 있게 사용하기가 어려워서 효과를 볼 수 없다.
- **강화물은 강화 받는 학생이 선호하는 것이어야 한다.**
  강화의 효과가 모든 학생에게 똑같은 것은 아니다. 강화물이 해당 학생에게 효과적인지를 미리 검토한다.
- **강화물은 행동 발생 이후에 지체 없이 즉시 제시되어야 한다.**
  학생들이 행동과 결과를 관련지을 수 있는 방식으로 강화물이 제공되어야 한다. 필요하다면, 행동과 결과 간 관계를 명시한다. 어떤 행동이 어떤 결과를 초래하는지를 학생이 정확하게 알고 있을 때 강화의 효과가 확실히 나타난다.
- **강화물은 일관성 있고 공정하게 사용되어야 한다.**
  일단 결정된 강화 계획은 목표했던 빈도나 기간만큼 목표행동이 발생할 때까지 일관성 있게 적용되어야 하고 학생들에게 공정하게 시행되어야 한다.
- **일단 강화받은 행동이 빈번하게 발생한 뒤에는 외부에서 제공하던 강화물의 사용을 점차 줄여 행동을 내면화하도록 도와야 한다.**
  강화물을 제공하는 시간 간격이나 행동 빈도를 점차 늘려서 최종적으로는 외부의 강화물이 없어도 자신의 바람직한 행동에 대해 자기강화를 하도록 지도하는 것이 바람직하다. 이러한 노력을 통해 학생들은 바람직한 행동에 대한 내재적 동기와 책임감을 가지게 되고, 바람직한 행동을 장기간 유지할 수 있게 되어 자기조절학습이 가능해진다.
- **학생이 강화를 받은 이후에 나타내는 반응을 관찰하여 강화의 효과를 점검한다.**
  강화물이 제공된 뒤에 나타나는 학생의 반응을 꾸준히 점검하여 행동변화에 효과적이지 않은 강화계획을 변경하고 해당 학생에게 더욱 효과적인 강화물과 강화계획을 새로 찾아야 한다.

(2) 문제행동 무시하기

무시하기는 일종의 소거 기법이다(제6장의 행동주의 학습이론 참조). 행동이 발생했을 때 이전에 제공되었던 보상을 더 이상 제공하지 않으면, 행동의 발생 빈도가 점차 감소하여 마침내 그 행동이 소거된다. 잘못된 습관이나 문제행동 중에는 우연히 강화를 받아 습득된 것이 많은데, 만일 그다지 위험하거나 심각한 문제가 아니라면 무시하기 전략은 행동을 소거시키기에 적절하다. 예를 들면, 부모가 전화를 걸 때마다 부모를 성가시게 만드는 자녀의 행동에 대한 훈계와 잔소리는 일종의 관심으로서 오히려 강화물로 작용했을 수 있다. 자녀가 부모를 성가시게 만드는 행동을 할 때마다 일관성 있게 무시하면 부지불식중에 강화해 왔던 문제행동을 소거시킬 수 있게 된다.

문제행동이 발생했을 때 교사도 무관심의 자세를 유지하여 문제행동을 감소시킬 수 있다. 그런데 훈육의 효과를 높이려면, 바람직한 행동에 대한 강화와 사소한 문제행동에 대한 무시를 결합하는 것이 바람직하다.

(3) 단서 주기

학급에서 발생한 문제행동이 그다지 심각하거나 위험하지 않지만 교실수업을 방해한다면 이를 무시하는 것은 적절하지 않다. 이와 반대로 문제행동을 일으킨 학생을 지명하고 직접 벌하면 학급 전체의 수업이 중단되므로 이 또한 바람직하지 못하다. 이때 교사가 수업을 계속 진행하면서 해당 학생의 주의를 수업으로 되돌리고 문제행동을 중단시킬 수 있는 **간접적인 신호**를 사용하는 방법으로 **단서 주기**(cueing) 기법이 있다(Emmer & Evertson, 2012).

예를 들면, 한두 명의 학생이 수업시간에 잡담을 하거나 쪽지를 돌릴 때 또는 모둠별 협동학습 도중 일부 모둠이 과제와 관련 없는 행동을 할 때, 교사는 문제행동을 보이는 학생 근처로 다가가거나 학생의 어깨에 가볍게 손을 얹거나 학생과 눈을 맞추거나 지켜야 할 규칙 또는 완성해야 할 과제를 손으로 가리킨다. 교사는 단서 주기 이후에 해당 학생이 문제행동을 멈추었는지 확인하고 나서 하던 일로 되돌아간다. 이와 같은 단서 주기는 수업을 중단하지 않으면서 문제행동을 한 학생에게 짧고 간접적인 신호를 보내 문제행동을 중단시킬 수 있다.

(4) 제지하기

제지하기(desisting)란 문제행동을 중단시키기 위해 문제행동을 직접 언급하거나 막는 언어적 · 비언어적 의사소통을 말한다(Kounin, 1970). 예를 들면, 교사는 문제행동을 한 학생의 이름을 단호하고 엄격한 목소리로 부르거나 그 학생에게 단호한 얼굴표정을 지어 보일 수도 있고, 자신의 입에 손가락을 대는 몸짓을 보여 조용히 해야 한다는 것을 알릴 수도 있으며, 해당 학생을 호명하는 동시에 문제행동이 학급규칙의 위반사항임을 지적하거나 문제행동과 행동의 결과를 관련짓는 말을 할 수 있다. 학생들은 "○○야, 수업시간에 떠들지 말라고 했지!"라고 문제행동을 규제하는 명령보다는 "○○야, 우리 학급에는 수업시간에 떠드는 것에 대해 어떤 규칙이 있지?"처럼 규칙을 상기시키거나

"○○야, 수업시간에 잡담을 하면 다른 친구들은 어떤 불편을 겪을까?"처럼 규칙위반 행동과 결과의 관계를 언급하는 말에 호의적으로 반응한다(신명희 외, 2014).

(5) 상응결과 적용하기

앞의 네 가지 훈육 기법으로 문제행동을 해결할 수 없을 때는 문제행동에 상응하는 **결과**(귀결, consequences)를 적용하여 문제행동을 다룰 수 있다. 결과에는 자연적 결과(natural consequences)와 논리적 결과(logical consequences)가 있다.

자연적 결과는 훈육하는 사람(부모, 교사)의 개입 없이도 훈육 받는 사람의 행동으로 인해 자연스럽게 발생하는 결과를 말한다. 예를 들면, 반찬 투정을 하느라 밥을 먹지 않은 아동이 배고픔을 경험하는 것, 협동학습에 참여하지 않거나 숙제를 하지 않음으로써 배우지 못하거나 점수를 받지 못하는 것은 자연적 결과에 해당된다. 자연적 결과가 불편하거나 고통스럽거나 비교육적인 경우에 교사나 부모는 논리적 결과를 적용한다.

논리적 결과란 행동의 결과에 대하여 교사나 부모가 또는 (이상적으로는) 교사와 학생 또는 부모와 자녀가 협의하여 정한 결과를 말한다. 예를 들면, 반찬 투정을 하는 자녀에게 다음 식사 준비를 도와야 하는 것, 수업시간에 잡담을 하거나 협동학습에 참여하지 않은 학생에게 연습문제를 추가로 내주고 풀게 하는 것은 논리적 결과라고 볼 수 있다. 이 방법은 학생이 자신의 문제행동과 결과 간의 관계를 연결 짓고 자신의 행동에 대한 책임감을 가지게 한다. 자연적 결과와 달리, 논리적 결과는 일견 행동과 상응하지 않는다. 그렇기 때문에 논리적 결과를 적용하는 경우에는 부모나 교사가 학생에게 왜 이러한 결과가 주어지게 되었는지 그 이유를 설명해 줄 필요가 있다.

한편, 문제행동을 감소시키고자 훈육을 하는 중에 벌을 사용하는 경우도 있다. 벌은 문제행동을 즉시 중단 또는 감소시키는 효과를 가지지만, 문제행동의 대안이 되는 바람직한 행동을 학습시키지 못한다는 단점을 안고 있다. 벌 받는 학생은 오히려 처벌 행동을 모델링함으로써 향후 갈등 상황에서 강압적이고 폭력적인 해결방안을 행사할 수도 있다. 그러므로 문제행동에 상응하는 결과를 적용할 때는 문제행동을 대체할 만한 바람직한 행동을 찾아내고 이를 증가시키는 노력을 병행하는 것이 교육적이다. 예를 들면, 바람직한 행동에 관한 지식이나 기술이 부족한 학생에게 바람직한 행동이 어떤 것이고 어떻게 하는 것인지를 보여 주는 모델링, 바람직한 행동의 예, 힌트, 단서,

촉구를 제공하여 바람직한 행동을 할 수 있도록 돕는 비계설정(스캐폴딩), 문제행동과 상반된 바람직한 행동에 대해 보상을 주는 상반행동 차별강화(Differential Reinforcement of Incompatible behavior: DRI), 문제행동 이외의 다른 행동을 하거나 문제행동을 하지 않을 때 보상을 주는 다른 행동 차별강화(Differential Reinforcement of Other behavior: DRO), 평상시보다 문제행동을 덜 했을 때 보상을 주는 저율행동 차별강화(differential reinforcement of low-rate behavior)의 방법을 사용할 수 있다(Reeve, 2015).

2) 대화

고든과 버치(Gordon & Burch, 2003)의 『교사 효과성 훈련(Teacher Effectiveness Training: T.E.T.)』에 의하면, 학급 안에서 문제가 발생했을 때 교사와 학생이 대화를 나누는 의사소통은 교사-학생 관계의 형성과 개선에 도움이 되고, 문제행동을 해결하는 데도 유용하다(신명희 외, 2014). 대화의 기법에는 경청과 나 메시지가 있다. 교사가 학생의 자기탐색과 긍정적 반응을 촉진하고자 할 때, 문제행동을 감소시키려 할 때, 일상적으로 학생과 대화할 때 다음의 기법을 사용할 수 있다.

(1) 경청

경청은 상대방을 판단하거나 비판하지 않으면서 상대방이 말과 행동을 통해 전달하려는 메시지에 귀 기울여 듣고 이해하려는 자세를 말한다. 우리가 사용하는 언어에는 음성언어와 신체언어가 있다. 귀로는 말과 목소리 같은 음성언어를 잘 듣고, 눈으로는 얼굴 표정, 자세, 몸의 움직임 같은 신체언어를 잘 관찰하여 상대방이 전달하려는 메시지와 그 이면의 의미를 이해하는 것이 경청이다. 경청하는 사람은 상대방이 처한 상황 안에서 상대방을 이해할 수 있어야 하고, 상대방이 깨닫고 변화하기를 원하는 문제를 이해할 수 있어야 한다. 즉, 경청은 상대방에 대한 이해에 귀착된다(노안영, 2018). 듣는 사람의 경청 자세는 말하는 사람에게 자신의 생각과 감정을 깊이 있게 탐색하고 자유롭게 표현할 시간과 기회를 주므로 경청은 상담자의 기본 자세로 간주된다(김환, 이장호, 2006).

상대방에게 관심을 기울이고 주의를 집중하는 경청의 올바른 자세는 다음과 같다.

첫째, SOLER 기법은 상대방에게 관심을 기울이고 주의를 집중하는 자세를 의미한다. 이러한 자세는 대화 중에 상대방과 긍정적 관계를 유지하고 상대방이 더 많은 표현을 하게 만드는 효과가 있다.

- S(Sit squarely): 상대방과 마주 보고 앉는다(내가 너와 함께 있다는 의미를 전달).
- O(Open): 개방된 마음과 자세를 취한다.
- L(Lean toward): 상대방 쪽으로 몸을 약간 기울인다.
- E(Eye contact): 상대방과 눈을 맞춘다.
- R(Relaxed): 긴장하지 않고 편안하며 자연스러운 자세를 취한다.

둘째, 경청에는 적극적 경청과 소극적 경청이 있다. 적극적 경청은 상대방의 음성언어와 신체언어 모두를 잘 듣고 관찰하며 내가 경청하고 있다는 것을 상대방이 알 수 있도록 표현하면서 듣는 자세를 말한다(노안영, 2018). 대화 중에 상대방의 말을 방해하거나 (긍정적 평가든 부정적 평가든) 평가하지 않으면서 상대방의 말과 행동 중 중요한 대목이나 관심이 가는 내용에 대해 가볍게 격려하거나 질문한다. 예를 들면, 고개를 끄덕이거나, "음, 음" 소리를 내거나, 목소리를 조금 더 크게 하거나, "그렇죠!" "정말이요?" "아, 그게 문제라고 생각하시는군요." 등의 표현을 하거나, "그것에 대해 좀 더 말해 보세요." 등 상대방의 의견표현을 좀 더 직접적으로 요청할 수도 있다.

이와 달리, 소극적 경청은 상대방의 말에 대해 반박하거나 질문하지 않고 상대방을 부드러운 눈빛으로 응시하면서 조용히 들어 주는 자세를 말한다. 소극적 경청을 통해서도 상대방이 많은 이야기를 털어놓도록 도울 수 있다. 그러나 소극적 경청만 하면 말하는 사람이 주제에서 벗어날 수도 있으므로, 이러한 경우에는 적극적 경청을 병행하여 대화를 발전시키는 것이 바람직하다.

셋째, 선택적 경청이란 상대방의 말과 행동 중에서 상대적으로 비중을 두어야 할 말과 행동에 주목하고, 중요하지 않은 것(주변적인 에피소드, 사소한 내용, 농담)에는 관심을 두지 않는 것을 의미한다. 선택적 경청을 해 주면, 상대방은 특정 주제에 대해 좀 더 깊이 있게 탐색할 수 있다.

다음과 같은 상황에서 교사가 어떻게 반응하는 것이 학생의 자기탐색과 반응을 촉진할 수 있을지 생각해 보자.

> 내담자: 이번 학년부터 공부가 지긋지긋해졌어요.
> 상담자: ______________________________
>
> 내담자: 내가 이런 생각을 하고 있다는 걸 알면 모두가 기절초풍을 할 테지요?
> 상담자: ______________________________

(2) 나 메시지

완전한 나 메시지(나 전달법, I message)는 행동, 행동의 결과(또는 영향), 느낌의 세 가지 요소를 포함한다.

[나 메시지]

행동	상대방의 성격이 아닌 행동을 관찰한 그대로 묘사한다.
	"나는 네가 __무엇 하는 것__ 을 봤을 때"
행동의 결과 또는 영향	상대방의 행동이 당사자, 주변 인물 또는 장면에 미치는 영향을 표현한다.
	"그런 행동은 __누구 (또는 무엇)__ 에 __어떤__ 영향을 미쳐."
느낌	영향 때문에 내가 느낀 감정을 표현한다.
	"그래서 나는 __어떤 감정을__ 느껴."

다음 세 명의 교사가 학생과 대화하는 방식을 비교해 보자.

> 학생: 선생님, 오늘 숙제 내는 걸 깜빡했어요.
> 교사: …… (듣는 둥 마는 둥 학생을 한 번 흘끗 쳐다보고, 다른 학생들의 숙제를 점검함)

> 학생: 선생님, 오늘 숙제 내는 걸 깜빡했어요.
> 교사: 너 참 무책임한 아이구나. 다른 아이들은 안 그러는데 왜 너만 꼭 숙제를 안 가져오는 거니? 집에 당장 전화해서 엄마한테 가져다 달라고 해!

학생: 선생님, 오늘 숙제 내는 걸 깜빡했어요.
교사: 오늘 숙제를 제출하지 않으면 수업시간에 모둠활동하기가 어려울 텐데. 나는 ○○가 숙제를 해 오지 않아서 수업시간에 모둠활동을 제대로 못할까 봐 걱정이 돼.

첫 번째 교사는 학생의 말과 행동에 관심을 보이지 않았다. 이러한 교사는 경청을 하고 있다고 볼 수 없으며, 학생은 자신의 마음이 이해받고 있다고 느끼기 어렵다. 학생 입장에서는 자신이 거부당한다고 느끼고 마음의 문을 닫아 버릴지도 모른다. 두 번째 교사는 학생의 행동이 아닌 성격을 비난하였고, 다른 학생들과 비교함으로써 열등감을 부추기는 말을 했고, 명령으로 대화를 끝냈다. 세 번째 교사는 학생의 행동에 대한 평가나 판단 없이 그리고 학생에 대한 비난이나 꼬리표 붙이기 없이 학생의 행동으로 인한 결과와 그것에 대한 교사 자신의 감정을 솔직하게 학생에게 전달하였다.

두 번째 교사와 세 번째 교사가 사용한 대화기법을 비교해 보자. 두 번째 교사가 사용한 너 메시지(You message)는 상대방에 대한 비난, 충고, 명령을 표현함으로써 문제의 책임을 상대방에게 떠맡기고 죄책감, 수치심, 분노 등 부정적 감정을 느끼게 한다. 이와 달리, 세 번째 교사가 사용한 나 메시지는 방어심리의 감소, 솔직성, 완전성의 특징을 가진다. 문제에 대해 상대방을 직접 비난하거나 평가하는 것이 아니므로 상대방에게 부정적인 감정이나 방어심리를 덜 일으키고, 갈등을 해결하고 긍정적 인간관계를 유지하는 데 도움이 되며, 문제에 대한 나의 느낌을 전달하므로 솔직한 대화를 이끌어 낼 수 있다.

이론 적용 활동

활동 1

당신이 베테랑 교사라고 가정하고, 신규교사들에게 교과수업을 잘하는 것뿐만 아니라 학급운영을 효과적으로 하는 것이 왜 중요한지를 조언하시오. 효과적 학급운영을 잘하여 얻을 만한 경험과 잘못하여 겪을 만한 실패를 서로 공유한다면, 더욱 현실적이고 공감할 수 있는 조언을 해 줄 수 있다.

학급운영을 잘하는 것은 왜 중요한가?

활동 2

중학생들은 소속감과 사회적 수용을 원하는 동시에 자율성 보장과 독립에 대한 욕구를 표현한다. 이는 종종 교실 안에서 부정적인 또래동조, 괴롭힘과 따돌림, 교사–학생 간 갈등으로 관찰된다. 당신이 중학교 담임교사라고 가정하고, 이와 같은 중학생들의 특징을 고려하며 '학급운영의 지침과 목표'를 설정하시오.

학급운영의 지침:

① ____________________

② ____________________

③ ____________________

④ ____________________

⑤ ____________________

⑥ ____________________

⑦ ____________________

⑧ ____________________

⑨ ____________________

⑩ ____________________

학급운영의 목표:

① ____________________

② ____________________

③ ____________________

④ ____________________

⑤ ____________________

주요 용어

경청
공감(공감적 이해)
나 메시지
너 메시지
논리적 결과
무조건적 긍정적 존중
선택적 경청
소극적 경청
수행목표구조
숙달목표구조
일치성
자연적 결과
적극적 경청
중복작업(동시처리)
진솔성
집단경계(집단주의)
최소개입의 원칙
파문효과
학급규칙
학급목표구조
학급운영
학업참여시간
함께 있음
행동 화법
훈육
SOLER

탐구문제

1. 수업에 할당된 시간 중 학생이 성공을 경험하면서 학습하는 시간의 비중을 높이기 위해 교사가 해야 할 노력을 제안하시오.
2. 학급운영의 네 가지 영역을 구분하고, 각 영역에서 교사가 하는 일을 탐색하시오.
3. 학급운영의 중간 목표와 최종 목표를 제시하고, 중간 목표의 달성이 어떻게 최종 목표의 달성과 관련되는지를 설명하시오.
4. 학급의 특색을 구현하는 방향으로 학급활동의 주제와 전략을 제안하시오.
5. 담임교사가 학년 초에 학부모에게 보낼 가정통신문을 작성하시오.
6. 학급규칙 설정의 지침을 쓰시오.
7. 학급 안에 설정되는 숙달목표구조와 수행목표구조의 의미와 학생에게 미치는 영향을 비교하시오.

8. 교사가 학생의 실현화 경향성을 믿으면서 이를 촉진하는 방식으로 지도하기 위하여 참조하는 인간중심 상담의 기본 태도 세 가지를 쓰시오.
9. 쿠닌이 제안한 문제 예방을 위한 학급운영의 다섯 가지 기법이 무엇인지 쓰시오.
10. 최소개입의 원칙에 따라 훈육의 기법을 선정해야 할 필요성과 그 방법에 대해 논하시오.
11. 친구와 짝을 이루어 진로설계의 어려움을 주제로 대화를 나누면서 적극적 경청을 실천해 보시오. 적극적 경청을 하거나 받으면서 자신에게 어떠한 변화가 나타났는지 또는 적극적 경청을 실행하기가 어떤 점에서 어려웠는지를 기술하시오.
12. 나 메시지의 구성요소는 무엇인지, 너 메시지에 비해 어떤 장점이 있는지를 쓰시오.

참고문헌

강인애(1997). 객관주의와 구성주의: 대립에서 대화로. **교육공학연구**, 13(1), 3-19.

강진령(2015). **학교상담과 생활지도: 이론과 실제**. 서울: 학지사.

강충열, 김경철, 신문승, 한상우(2017). **창의 · 인성 교육의 이론과 실제**. 서울: 학지사.

곽금주(2016). **발달심리학**. 서울: 학지사.

곽금주(2021). **K-WISC-V 이해와 해석**. 서울: 학지사.

교육과학기술부(2012). 학교진로교육 지표조사.

교육부(2020a). 2020학년도 중 · 고등학교 학교생활기록부 기재요령.

교육부(2020b). 2020학년도 초등학교 학교생활기록부 기재요령.

권대훈(2015). **교육심리학의 이론과 실제(3판)**. 서울: 학지사.

김광우(2016). **레오나르드 다 빈치와 미켈란젤로 -르네상스의 천재들-**. 서울: 미술문화.

김근영(2012). 청소년기 자아정체성 연구의 대안적 접근: 서술적 정체성 발달. **청소년학연구**, 19(3), 85-108.

김남희, 김종백(2011). 기본심리욕구와 수업참여를 매개로 한 학생-교사애착관계와 학업성취도의 관계: 교사지지와 학생-교사애착관계의 의미와 역할의 차이를 중심으로. **교육심리연구**, 25(4), 763-789.

김동일, 김신호, 이근재, 정일호, 정종진(2003). **아동발달과 학습(개정판)**. 서울: 교육출판사.

김동일, 라영안, 이혜은, 금창민, 박소영(2016). 자유학기제 정착을 위해 교원들이 인식한 촉진요인과 저해요인 탐색. **교육심리연구**, 30(2), 345-371.

김명희, 김양분(1996). 중등학생의 다중지능 분석. **교육논총**, 12, 151-185.

김민성(2009). 학습상황에서 정서의 존재: 학습정서의 원천과 역할. **아시아교육연구**, 10(1), 73-98.

김병욱(2018). 질적 연구의 실제. 서울: 학지사.

김선미(2016). 고등학생의 학업스트레스에 대한 정서표현 글쓰기 프로그램의 개발 및 효과. 전남대학교 대학원 박사학위논문.

김아영, 오순애(2001). 자기결정성 정도에 따른 동기유형의 분류. 교육심리연구, 15(4), 97-119.

김아영, 차정은, 이다솜, 임인혜, 탁하얀, 송윤아(2008). 부모의 자율성 지지가 초등학생의 자기조절학습효능감에 미치는 영향: 자기결정 동기의 매개효과. 한국교육, 35(4), 3-24.

김양분(2000). 다중지능발달평가척도. 교육개발, 봄호, 130-133. 서울: 한국교육개발원.

김영천(2016). 질적연구방법론 I (제3판). 경기: 아카데미프레스.

김은하, 고홍월, 조애리, 조원국(2017). 학교 생활지도와 상담. 서울: 학지사.

김재열(2010). 사회심리적 요인이 청소년의 자아정체감에 미치는 영향. 중앙대학교 사회개발대학원 석사학위논문.

김창대, 김형수, 신을진, 이상희, 최한나(2011). 상담 및 심리교육 프로그램 개발과 평가. 서울: 학지사.

김항인(2010). 콜버그식 도덕딜레마 면접에 대한 예비교사들의 이해. 윤리연구, 79, 299-322.

김환, 이장호(2006). 상담면접의 기초: 마음을 변화시키는 대화. 서울: 학지사.

김회수(1995). 하이퍼텍스트 학습환경에서 메타인지, 인지오류, 인지오류 감지 및 하이퍼텍스트 구조가 저작체제 학습에 미치는 효과. 교육공학연구, 11(1), 123-160.

노안영(2018). 상담심리학의 이론과 실제(2판). 서울: 학지사.

리순아, 김회수(2003). 읽기학습에 영향을 미치는 메타인지와 작동기억의 관계. 교육공학연구, 19(2), 41-64.

문용린(2004). 도덕성의 발달과 심리. 서울: 학지사.

문용린, 김주현(2004). 다중지능이론에 기초한 진로교육 가능성 탐색. 진로교육연구, 17(1), 1-19.

박동헌(1990). 콜버그의 도덕발달이론에 관한 연구. 동국대학교 대학원 석사학위논문.

박성익(2011). 교육방법의 교육공학적 이해(제4판). 경기: 교육과학사.

박숙희, 염명숙(2013). 교수-학습과 교육공학(제3판). 서울: 학지사.

박아청(2010). 에릭슨의 인간이해. 경기: 교육과학사.

박현주(1998). 구성주의 관점에서 교수—학습의 재개념화. 교육과정연구, 16(2), 277-295.

변영계(2005). 교수 · 학습 이론의 이해. 서울: 학지사.

배한동, 은종태(2010). 콜버그의 정의 공동체 학교 모형의 학교 도덕 교육에의 적용 과제. 중등교육연구, 58(3), 451-475.

성태제(2019). 교육평가의 기초(3판). 서울: 학지사.

송선희(2001). 스턴버그와 가드너의 지능이론. 고려대학교 교육문제연구소논문집, 17, 71-85.

신명희, 강소연, 김은경, 김정민, 노원경, 서은희, 송수지, 원영실, 임호용(2014). 교육심리학(3판). 서울: 학지사.

신종호(2008). 연구로 본 교육심리학: 잠재능력의 계발. 서울: 학지사.

신현숙(2011). 학업수월성 지향 학교에서 사회정서학습의 필요성과 지속가능성에 관한 고찰. 한국심리학회지: 학교, 8(2), 175-197.

오명희(2006). 인지적 도제 활성화 프로그램 적용을 통한 중학생의 글쓰기 능력 신장 방법 연구. 경북대학교 교육대학원 석사학위논문.

유승구(2011). 교사를 위한 교육심리학. 경기: 공동체.

이성진, 윤경희(2009). 한국인의 발달과업. 대한민국학술원논문집, 48, 39-92.

이성진, 임진영, 여태철, 김동일, 신종호, 김동민, 김민성, 이윤주(2010). 교육심리학 서설. 서울: 교육과학사.

이소라(2010). 그림으로 읽는 생생 심리학. 서울: 그리고책.

이소현, 박은혜, 김영태(2000). 교육 및 임상현장 적용을 위한 단일대상연구. 서울: 학지사.

이신동, 최병연, 고영남(2011). 최신교육심리학. 서울: 학지사.

이영주(2011). 발산적 발문 촉진을 위한 교사 연수. 한국교사교육, 28(3), 223-240.

이용남, 신현숙(2017). 교육심리학(2판). 서울: 학지사.

이인숙, 한승연, 임병노(2010). 교육공학 · 교육방법. 서울: 도서출판 문음사.

이주화, 김아영(2005). 학업성취목표지향성 척도 개발. 교육심리연구, 19(1), 311-325.

임규혁, 임웅(2007). 학교학습 효과를 위한 교육심리학(2판). 서울: 학지사.

장휘숙(2002). 아동발달: 아동의 심리적 세계. 서울: 박영사.

정옥분(2006). 사회정서발달. 서울: 학지사.

정옥분(2008). 발달심리학. 서울: 학지사.

조연순(2006). 문제중심학습의 이론과 실제. 서울: 학지사.

조용개, 손연아, 이석열, 이은화, 이희원, 장상필(2017). 대학생활을 위한 학습전략 포트폴리오. 서울: 학지사.

최동근, 양용칠, 박인우(2000). 교육방법의 공학적 접근. 서울: 교육과학사.

최정임, 장경원(2015). PBL로 수업하기(2판). 서울: 학지사.

켈러, 송상호(1999). 매력적인 수업설계. 서울: 교육과학사.

하지현(2016). 정신의학의 탄생. 서울: 해냄출판사.

한국교육심리학회(2000). 교육심리학 용어사전. 서울: 학지사.

한국교육평가학회(2004). 교육평가 용어사전. 서울: 한국교육평가학회.

한세영(2005). 청소년 자아정체감 발달의 최근 국내연구동향과 전망. **생활과학연구논총**, 9(1), 31-43.

한순미(1999). **비고츠키와 교육: 문화-역사적 접근**. 서울: 교육과학사.

현성용, 김교헌, 김미리혜, 김아영, 김현택, 박동건, 성한기, 유태용, 윤병수, 이봉건, 이순묵, 이영호, 이주일, 이재호, 진영선, 채규만, 한광희, 황상민(2008). **현대 심리학 이해**(2판). 서울: 학지사.

Aalsma, C. M., Lapsley, D. K., & Flannery, D. J. (2006). Personal fables, narcissism, and adolescent adjustment, *Psychology in the Schools, 43*(4), 481-491.

Alberto, P., & Troutman, A. (2006). *Applied behavior analysis for teachers* (7th ed.). Upper Saddle River, NJ: Merrill/Pearson.

Alderman, M. K. (2015). **성취동기: 교수-학습에서 성취력을 높이기 위한 방안** [*Motivation for achievement: Possibilities for teaching and learning*]. (김종남, 임선아 공역). 서울: 학지사. (원저는 2007년에 출판).

Amabile, T. M. (1982). The social psychology of creativity: A consensual assessment technique. *Journal of Personality and Social Psychology, 43*, 997-1013.

Amabile, T. M. (1996). *Creativity in context*. Boulder, CO: Westview Press.

Ames, C., & Archer, J. (1988). Achievement goals in the classroom: Student learning strategies and motivation processes. *Journal of Educational Psychology, 80*, 260-267.

Anderman, L. H., & Levitt, S. (2014). Promoting positive motivational goals for students. In M. J. Furlong, R. Gilman, & E. S. Huebner (Eds.), *Handbook of positive psychology in schools* (2nd ed., pp. 131-145). New York: Routledge.

Arlin, P. K. (1975). Cognitive development in adulthood: A fifth stage? *Developmental Psychology, 11*(5), 602-606.

Arlin, P. K. (1990). 11 Wisdom: The art of problem finding. In R. J. Sternberg (Ed.), *Wisdom: Its nature, origins, and development* (pp. 230-243). New York: Cambridge University Press.

Arnett, J. J. (2000). Emerging adulthood: A theory of development from the late teens through the twenties. *American Psychologist, 55*(5), 469-480

Atkinson, J. W. (1957). Motivational determinants of risk taking behavior. *Psychological Review, 64*(6), 359-372.

Atkinson, J. W. (1964). *An introduction to motivation.* Princeton, NJ: Van Nostrand.

Ausubel, D. P. (1960). The use of advance organizers in the learning and retention of meaningful verbal material. *Journal of Educational Psychology, 51*(5), 267-272.

Ausubel, D. P. (1963). Cognitive structure and the facilitation of meaningful verbal learning. *Journal of Teacher Education, 14*(2), 217-222.

Azevedo, R. (2009). Theoretical, conceptual, methodological, and instructional issues in research on metacognition and self-regulated learning: A discussion. *Metacognition and Learning, 4*(1), 87-95.

Baddeley, A. (2003). Working memory: Looking back and looking forward. *Nature Reviews Neuroscience, 4*(10), 829.

Baddeley, A. D. (1986). *Working memory.* Oxford: Clarendon Press.

Baddeley, A. D. (1998). Working memory. *Life Science, 321*, 167-173.

Baddeley, A. D. (2000). The episodic buffer: A new component of working memory. *Trends in Cognitive Science, 4*(11), 417-423.

Baker, L., Scher, D., & Mackler, K. (1997). Home and family influences on motivations for reading. *Educational Psychologist, 32*(2), 69-82.

Baldwin, J. D., & Baldwin, J. I. (2001). *Behavior principles in everyday life* (4th ed.). Upper Saddle River, NJ: Prentice Hall.

Bandura, A. (1965). Influence of models: Reinforcement contingencies on the acquisition of imitative responses. *Journal of Personality and Social Psychology, 1*, 589-595.

Bandura, A. (1977). Self-efficacy: Toward a unifying theory of behavioral change. *Psychological Review, 84*(2), 191-215.

Bandura, A. (1986a). Fearful expectations and avoidant actions as coeffects of perceived self-inefficacy. *American Psychologist, 41*, 1389-1391.

Bandura, A. (1986b). *Social foundations of thought and action: A social cognitive theory.* Englewood Cliffs, NJ: Prentice-Hall.

Bandura, A. (1997a). Reflections on moral disengagement. In G. V. Caprara (Ed.), *Bandura: A leader in psychology* (pp. 23-41). Milano, Italy: Franco Angeli.

Bandura, A. (1997b). Self-efficacy and health behaviour. In A. Baum, S. Newman, J. Wienman, R. West, & C. McManus (Eds.), *Cambridge handbook of psychology, health and medicine* (pp. 160-162). Cambridge: Cambridge University Press.

Bandura, A. (1997c). *Self-efficacy: The exercise of control*. New York: W. H. Freeman.

Bandura, A. (2004). Modeling. In E. W. Craighead & C. B. Nemeroff (Eds.), *The concise Corsini encyclopedia of psychology and behavioral sciences* (pp. 575-577). New York: Wiley.

Bandura, A., Ross, D., & Ross, S. (1963). Imitation of film mediated aggressive models. *Journal of Abnormal and Social Psychology, 66*, 3-11.

Barron, F. (1988). Putting creativity to work. In R. J. Sternberg (Ed.), *The nature of creativity* (pp. 76-98). New York: Cambridge University Press.

Barrows, H. S. (1985). *How to design a problem-based curriculum for the pre-clinical years* (Vol. 8). New York: Springer.

Battistich, V., Solomon, D., Watson, M., & Schaps, E. (1997). Caring school communities. *Educational Psychologist, 32*, 137-151.

Bear, G. G. (2012). **친사회적 행동의 증진을 위한 실용적 안내서: 바르게 훈육하는 학교 스스로 규율을 지키는 학생** [*School discipline and self-discipline: A practical guide to promoting prosocial student behavior*]. (신현숙, 류정희, 배민영, 이은정 공역). 서울: 교육과학사. (원저는 2010년에 출판).

Bednar, A. K., Cunningham, D., Duffy, T. M., & Perry, J. D. (1992). Theory into practice: How do we link. In T. M. Duffy & D. H. Jonassen (Eds.), *Constructivism and the technology of instruction: A conversation* (pp. 17-34). Hillsdale, NJ: Lawrence Erlbaum Associates.

Belmont, M., Skinner, E., Wellborn, J., Connell, J., & Pierson, L. (1992). Teacher as social context (TASC): Student report measure of teacher provision of involvement, structure, and autonomy support. Unpublished manuscript. Rochester, NY: Graduate School of Education and Human Development, Department of Psychology, University of Rochester.

Berglas, S., & Jones, E. E. (1978). Drug choice as a self-handicapping strategy in response to noncontingent success. *Journal of Personality and Social Psychology, 36*(4), 405-417.

Berk, L. E. (1992). Children's private speech: An overview of theory and the status of research. In R. M. Diaz & L. E. Berk (Eds.), *Private speech: From social interaction to self-regulation* (pp. 17-53). New York: Psychology Press.

Berman, M. (1975, March 30). Life history and the historical moment. *New York Times*, pp. 1-2.

Bernstein, R. J. (1996). 객관주의와 상대주의를 넘어서 [*Beyond objectivism and relativism: Science, hermeneutics, and praxis*]. (정창호, 황설중, 이병철 공역). 서울: 보광재. (원저는 1983년에 출판).

Besemer, S. P., & Treffinger, D. J. (1981). Analysis of creative products: Review and synthesis. *The Journal of Creative Behavior, 15*(3), 158–178.

Bloom, B. S. (1968). Learning for mastery. *Evaluation Comment, 1*, 1–5.

Bower, G. H. (1981). Mood and memory. *American Psychologist, 36*, 123–148.

Bransford, J. D., Franks, J. J., Vye, N. J., & Sherwood, R. D. (1989). New approaches to instruction: Because wisdom can't be told. In S. Vosniadou & A. Ortony (Eds.), *Similarity and analogical reasoning* (pp. 470–497). New York: Cambridge University Press.

Bronfenbrenner, U. (1979). *The ecology of human development: Experiments by nature and design*. Cambridge, MA: Harvard University Press.

Bronfenbrenner, U., & Morris, P. (2006). The bioecological model of human development. In R. Lerner (Ed.), *Handbook of child psychology: Vol. 1. Theoretical models of human development* (6th ed., pp. 793–828). Hoboken, NJ: Wiley.

Brophy, J. (2006). History of research on classroom management. In C. M. Evertson & C. S. Weinstein (Eds.), *Handbook of classroom management: Research, practice, and contemporary issues* (pp. 17–43). Mahwah, NJ: Erlbaum.

Brown, A. L., & Palincsar, A. S. (1989). Guided, cooperative learning and individual knowledge acquisition. In L. B. Resnick (Ed.), *Knowing, learning, and instruction: Essays in honor of Robert Glaser* (pp. 393–451). Hillsdale, NJ: Lawrence Erlbaum Associates.

Brown, J. S., Collins, A., & Duguid, P. (1989). Situated cognition and the culture of learning. *Educational Researcher, 18*(1), 32–42.

Bruner, J. S. (1960). *The process of education: A searching discussion of school education opening new paths to learning and teaching*. New York: Vintage Books.

Bruner, J. S. (1966). *Toward a theory of instruction* (Vol. 59). Cambridge, MA: Harvard University Press.

Bryant, P. E., & Trabasso, T. (1971). Transitive inferences and memory in young children. *Nature, 232*(5311), 456–458.

Burhans, K., & Dweck, C. (1995). Helplessness in early childhood: The role of contingent worth. *Child Development, 66*(6), 1719-1738.

Cameron, J., & Pierce, W. D. (1994). Reinforcement, reward and intrinsic motivation: A meta-analysis. *Review of Educational Research, 64*, 363-423.

Campbell, L., Campbell, B., & Dickson D. (2004). **다중지능과 교수학습** [*Teaching and learning through multiple intelligences*]. (이신동, 정종진, 이화진, 이정규, 김태은 공역). 서울: 시그마프레스. (원저는 2003년에 출판).

Canter, L. (2013). **성공적인 학급경영을 위한 단호한 훈육** [*Assertive discipline: Positive behavior management for today's classroom*]. (김달효 역). 서울: 학지사. (원저는 2010년에 출판).

Carroll, J. B. (1963). A model of school learning. *Teachers College Record, 64*, 723-733.

Caruso, D. R., Mayer, J. D., & Salovey, P. (2002). Emotional intelligence and emotional leadership. In R. Riggio, S. Murphy, & F. J. Pirozzolo (Eds.), *Multiple intelligences and leadership* (pp. 55-74). Mahwah, NJ: Lawrence Erlbaum Associates.

Case, R. (1984). The process of stage transition: A neo-Piagetian view. In R. J. Sternberg (Ed.), *Mechanisms of cognitive development* (pp. 20-40). New York: Academic Press.

Case, R. (1985). *Intellectual development: Birth to adulthood*. New York: Academic Press.

Cattell, R. B. (1963). Theory of fluid and crystallized intelligence: A critical experiment. *Journal of Educational Psychology, 54*, 1-22.

Chalmers, J. B., & Townsend, M. A. P. (1990). The effects of training in social perspective taking on socially maladjusted girls. *Child Development, 61*(1), 178-190.

Clifford, M. (1986). The effects of ability, strategy, and effort attributions for educational, business and athletic failure. *British Journal of Educational Psychology, 56*, 169-179.

Cognition and Technology Group at Vanderbilt University (CTGV). (1990). Anchored instruction and its relationship to situated cognition. *Educational Researcher, 19*(6), 2-10.

Colby, A., & Kohlberg, L. (1987). *The measurement of moral judgement: Theoretical foundations and research validations*. New York: Cambridge University Press.

Colby, A., Kohlberg, L., & Gibbs, J. C. (1979). *The measurement of stages of moral development. Final report to the National Institute of Mental Health*. Cambridge, MA: Center for Moral Development and Education.

Colby, A., Kohlberg, L., Gibbs, J., & Lieberman, M. (1983). A longitudinal study of moral judgment. *Monographs of the Society for Research in Child Development, 48*(1-2), 124.

Collin, C., Benson, N., Ginsburg, J., Grand, V., Lazyan, M., & Weeks, M. (2012). *The psychology book*. London: Dorling Kindersley.

Collins, A., Brown, J. S., & Holum, A. (1991). Cognitive apprenticeship: Making thinking visible. *American Educator, 15*(3), 6–11.

Collins, A., Brown, J. S., & Newman, S. E. (1989). Cognitive apprenticeship: Teaching the crafts of reading, writing, and mathematics. *Knowing, Learning, and Instruction: Essays in Honor of Robert Glaser, 18*, 32–42.

Connell, J. P. (1990). Context, self, and action: A motivational analysis of self-system processes across the life span. In D. Cicchetti & M. Beeghly (Eds.), *The self in transition: Infancy to childhood* (pp. 61–97). Chicago: University of Chicago Press.

Cooper, J. O., Heron, T. E., & Heward, W. L. (1987). *Applied behavior analysis*. New York: Macmillan.

Coopersmith, S. (1967). *The antecedents of self-esteem*. San Francisco: W. H. Freeman and Company.

Covington, M. V. (1992). *Making the grade: A self-worth perspective on motivation and school reform*. Cambridge: Cambridge University Press.

Covington, M. V., & Omelich, C. L. (1979). It's best to be able and virtuous too: Student and teacher evaluative responses to successful effort. *Journal of Educational Psychology, 71*, 686–700.

Crain, W. (2005). *Theories of development: Concepts and applications* (5th ed.). Upper Saddle River, NJ: Pearson Education.

Creswell, J. W. (2008). *Educational research: Planning, conducting, and evaluating quantitative and qualitative research* (3rd ed.). Upper Saddle River, NJ: Merrill.

Creswell, J. W. (2013). **연구방법: 질적, 양적 및 혼합적 연구의 설계** [*Research design: Qualitative, quantitative, and mixed methods approaches* (3rd ed.)]. (김영숙, 류성림, 박판우, 서용구, 성장환, 유승희, 임남숙, 임청환, 정종진, 허재복 공역). 서울: 시그마프레스. (원저는 2009년에 출판).

Creswell, J. W. (2015). **질적 연구방법론 –다섯 가지 접근–** [*Qualitative inquiry and research design: Choosing among five approaches* (3rd ed.)]. (조흥식, 정선욱, 김진숙, 권지성 공역). 서울: 학지사. (원저는 2013년에 출판).

Crocker, R. K., & Brooker, G. M. (1986). Classroom control and student outcomes in grades 2 and 5. *American Educational Research Journal, 23*, 1–11.

Csikszentmihalyi, M. (1996). *Creativity: Flow and the psychology of discovery and invention.* New York: Harper Collins.

Damon, W., Lerner, R. M., & Eisenberg, N. (2006). *Handbook of child psychology: Social, emotional, and personality development.* Hoboken, NJ: John Wiley & Sons.

Daniels, H. (1996). *An Introduction to Vygotsky*. London: Routledge.

Deci, E. L. (1980). *The psychology of self-determination*. Lexington, MA: Heath.

Deci, E. L., & Ryan, R. M. (1991). A motivational approach to self: Integration in personality. In R. Dienstbier (Ed.), *Nebraska symposium on motivation: Vol. 38. Perspectives on motivation* (pp. 237-288). Lincoln: University of Nebraska Press.

Deci, E. L., & Ryan, R. M. (2000). The "what" and "why" of goal pursuits: Human needs and the self-determination of behavior. *Psychological Inquiry, 11*(4), 227-268.

Denzin, N. K., & Lincoln, Y. S. (1994). *The handbook of qualitative research.* Thousand Oaks, CA: Sage.

Domino, G., & Giuliani, I. (1997). Creativity in three samples of photographers: A validation of the adjective check list creativity scale. *Creativity Research Journal, 10*(2), 193-200.

Dotterer, A. M., & Lowe, K. (2011). Classroom context, school engagement, and academic achievement in early adolescence. *Journal of Youth and Adolescence, 40*, 1649-1660.

Downey, L. A., Papageorgiou, V., & Stough, C. (2006). Examining the relationship between leadership, emotional intelligence and intuition in senior female managers. *Leadership and Organization Development Journal, 27*(4), 250-264.

Driscoll, M. P. (2007). 수업 설계를 위한 학습 심리학 [*Psychology of learning for instruction*]. (양용칠 역). 서울: 교육과학사. (원저는 2005년에 출판).

Duffy, T. M., & Jonassen, D. H. (1991). Constructivism: New implications for instructional technology? *Educational Technology, 31*(5), 7-12.

Dweck, C. S. (1975). The role of expectations and attributions in the alleviation of learned helplessness. *Journal of Personality and Social Psychology, 31*(4), 674-685.

Dweck, C. S., & Leggett, E. L. (1988). A social-cognitive approach to motivation and personality. *Psychological Review, 95*(2), 256-273.

Eccles, J., Adler, T. F., Futterman, R., Goff, S. B., Kaczala, C. M., Meece, J., & Midgley, C. (1983). Expectancies, values and academic behaviors. In J. T. Spence (Ed.), *Achievement and achievement motives*. San Francisco: W. H. Freeman.

Eccles, J. S., & Roeser, R. W. (2011). Schools as developmental contexts during adolescence. *Journal of Research on Adolescence, 21*(1), 225-241.

Eccles, J. S., & Wigfield, A. (1995). In the mind of the actor: The structure of adolescents' academic achievement task values and expectancy-related beliefs. *Personality and Social Psychology Bulletin, 21*, 215-225.

Efklides, A., & Petkaki, C. (2005). Effects of mood on students' metacognitive experiences. *Learning and Instruction, 15*, 415-431.

Eggen, P., & Kauchak, D. (2011). **교육심리학: 교육실제를 보는 창** [*Educational psychology: Windows on classrooms* (8th ed.)]. (신종호, 김동민, 김정섭, 김종백, 도승이, 김지현, 서영석 공역). 서울: 학지사. (원저는 2010년에 출판).

Eisenberg, N. (2000). Emotion, regulation, and moral development. *Annual review of psychology, 51*(1), 665-697.

Eisenberg, N., & Strayer, J. (1987). *Empathy and its development*. Cambridge: Cambridge University Press.

Elias, M. J., Zins, J. E., Weissberg, R. P., Frey, K. S., Greenberg, M. T., & Haynes, N. M., et al. (1997). *Promoting social and emotional learning: Guidelines for educators*. Alexandria, VA: Association of Supervision and Curriculum Development.

Elkind, D. E. (1967). Egocentrism in adolescence. *Child development, 38*, 1025-1034.

Elkind, D. E. (1985). Reply to D. Lapsley and M. Murphy's developmental review paper. *Developmental Review, 5*, 218-226.

Elliot, A. J., & Church, M. (1997). A hierarchical model of approach and avoidance motivation. *Journal of Personality and Social Psychology, 72*, 218-232.

Elliot, A. J., & McGregor, H. A. (2001). A 2×2 achievement goal framework. *Journal of Personality and Social Psychology, 80*(3), 501-519.

Elliot, A. J., McGregor, H. A., & Gable, S. (1999). Achievement goals, study strategies, and exam performance: A mediational analysis. *Journal of Educational Psychology, 91*, 549-563.

Emmer, E. T., & Evertson, C. M. (2012). *Classroom management for middle and high school teachers* (9th ed.). Boston: Allyn & Bacon.

Enright, R. D., Shukla, D. G., & Lapsley, D. K. (1980). Adolescent egocentrism-sociocentrism and self-consciousness. *Journal of Youth and Adolescence, 9*(2), 101-116.

Erikson, E. H. (1963). *Childhood and society*. New York: Norton.

Erikson, E. H. (1968). *Identity: Youth and crisis*. New York: Norton.

Erikson, E. H. (1982). *The life cycle completed*. New York: Norton.

Evertson, C. M. (1987). Managing classrooms: A framework for teachers. In D. Berliner & B. Rosenshine (Eds.), *Talks to teachers* (pp. 54-74). New York: Random House.

Evertson, C. M., & Emmer, E. T. (1982). Effective management at the beginning of the school year in junior high classes. *Journal of Educational Research, 74*, 485-498.

Evertson, C. M., & Emmer, E. T. (2012). *Classroom management for elementary teachers* (9th ed.). Boston: Allyn & Bacon.

Evertson, C. M., Emmer, E. T., & Brophy, J. E. (1980). Predictors of effective teaching in junior high mathematics classroom. *Journal of Research in Mathematics Education, 11*, 167-178.

Fernandez-Duque, D., Baird, J. A., & Posner, M. I. (2000). Executive attention and metacognitive regulation. *Consciousness and Cognition, 9*(2), 288-307.

Ferster, C. B., & Skinner, B. F. (1957). *Schedules of reinforcement*. East Norwalk, CT: Appleton-Century-Crofts.

Flavell, J. H. (1981). Cognitive monitoring. In W. P. Dickson (Ed.), *Children's oral communication skills*. New York: Academic Press.

Gallagher, S. A., Sher, B. T., Stepien, W. J., & Workman, D. (1995). Implementing problem-based learning in science classrooms. *School Science and Mathematics, 95*(3), 136-146.

Gardner, H. (1999). *The disciplined mind: What all students should understand*. New York: Simon & Schuster.

Gettinger, M., & Köhler, K. M. (2006). Process-outcome approaches to classroom management and effective teaching. In C. M. Evertson & C. S. Weinstein (Eds.), *Handbook of classroom management: Research, practice, and contemporary issues* (pp. 73-97). Mahwah, NJ: Erlbaum.

Gettinger, M., & Walter, M. J. (2012). Classroom strategies to enhance academic engaged time. In S. L. Christenson, A. L. Reschly, & C. Wylie (Eds.), *Handbook of research on student engagement* (pp. 653-673). New York: Springer Science+Business Media.

Gilligan, C. (1982). *In a different voice: Psychological theory and women's development*. Cambridge, MA: Harvard University Press.

Goldman, R. J. (1964). The Minnesota tests of creative thinking. *Educational Research, 7*(1), 3-14.

Goleman, D. (1995). *Emotional intelligence*. New York: Bantam Books.

Gordon, T., & Burch, N. (2003). *Teacher effectiveness training: The program proven to help teachers bring out the best in students of all ages* (Reprint ed.). New York: Three Rivers Press.

Gough, H. G. (1979). A creative personality scale for the adjective checklist. *Journal of Personality and Social Psychology, 37*(6), 1398-1405.

Graham, S., & Weiner, B. (1996). Theories and principles of motivation. In D. C. Berliner & R. C. Calfee (Eds.), *Handbook of educational psychology* (pp. 63-84). New York: Macmillan Library Reference.

Gredler, M. E. (2001). *Learning and instruction: Theory into practice* (4th ed.). Upper Saddle River, NJ: Merrill.

Gross, J. J. (1998). The emerging field of emotion regulation: An integrative review. *Review of General Psychology, 2*(3), 271-299.

Guba, E. G., & Lincoln, Y. S. (2005). Paradigmatic controversies, contradictions, and emerging confluences. In N. K. Denzin & Y. S. Lincoln (Eds.), *The Sage handbook of qualitative research* (3rd ed., pp. 191-215). Thousand Oaks, CA: Sage.

Guilford, J. P. (1967). Creativity: Yesterday, today and tomorrow. *The Journal of Creative Behavior, 1*, 3-14.

Guilford, J. P. (1968). *Creativity, intelligence, and their educational implications*. San Diego, CA: Robert Knapp.

Guilford, J. P. (1988). Some changes in the structure of intellect model. *Educational and Psychological Measurement, 48*, 1-4.

Guttman, L. (1954). A new approach to factor analysis: The radex. In P. F. Lazarsfeld (Ed.), *Mathematical thinking in the social sciences* (pp. 258-348). New York: Free Press.

Hamre, B. K., & Pianta, R. C. (2005). Can instructional and emotional support in the first grade classroom make a difference for children at risk of school failure? *Child Development, 76*, 949-967.

Hargreaves, D. H. (1984). Teacher's questions: Open, closed and half-open. *Educational Research, 26*(1), 46-51.

Harter, S. (1982). The perceived competence scale for children. *Child Development, 53*(1), 87-97.

Harter, S. (1990). Self and identity development. In S. S. Feldman & G. R. Elliott (Eds.), *At the threshold: The developing adolescent* (pp. 352-387). Cambridge, MA: Harvard University Press.

Harter, S. (1999). *Distinguished contributions in psychology. The construction of the self: A developmental perspective.* New York: Guilford Press.

Havighurst, R. J. (1952). *Developmental tasks and education.* New York: David McKay.

Heider, F. (1958). *The psychology of interpersonal relations.* New York: John Wiley & Sons.

Hennessey, B. A., & Amabile, T. M. (1998). Reward, intrinsic motivation, and creativity. *American Psychologist, 53*, 674-675.

Hennessey, B. A., & Amabile, T. M. (1999). *Consensual assessment.* New York: Academic Press.

Hjelle, L. A., & Ziegler, D. J. (2000). 성격심리학 [*Personality theories: Basic assumptions, research, and applications* (rev. 3rd ed.)]. (이훈구 역). 서울: 법문사. (원저는 1992년에 출판).

Ho, R., & McMurtrie, J. (1991). Attributional feedback and underachieving children: Differential effects on causal attributions, success expectancies, and learning processes. *Australian Journal of Psychology, 43*(2), 93-100.

Hoffman, M. L. (1980). Moral development in adolescence. In J. Adelson (Ed.), *Handbook of adolescent psychology* (pp. 295-343). New York: Wiley.

Hoffman, M. L. (1987). The contribution of empathy to justice and moral judgment. In N. Eisenberg & J. Strayer (Eds.), *Empathy and its development*. Cambridge, UK: Cambridge University Press.

Hoffman, M. L. (1991). Empathy, social cognition, and moral action. In W. M. Kurtines & J. Gewirtz (Eds.), *Handbook of moral behavior and development* (pp. 275-301). New York: Psychology Press.

Hoffman, M. L. (1994). The contribution of empathy to justice and moral judgment. In N. Eisenberg & J. Strayer (Eds.), *Empathy and its development*. Cambridge, UK: Cambridge University Press.

Holland, J. L. (1973). *Making vocational choices: A theory of careers*. Englewood Cliffs, NJ: Prentice-Hall.

Hull, C. L. (1943). *Principles of behavior: An introduction to behavior theory*. New York: Appleton-Century-Crofts.

Jang, H., Reeve, J., & Deci, E. L. (2010). Engaging students in learning activities: It is not autonomy support or structure but autonomy support and structure. *Journal of Educational Psychology, 102*(3), 588-600.

Jensen, E. (2000). *Brain-based learning: The new science of teaching & training*. San Diego, CA: The Brain Store.

Johnson, D. W., Johnson, R. T., & Smith, K. A. (2014). Cooperative learning: Improving university instruction by basing practice on validated theory. *Journal on Excellence in College Teaching, 25*(3&4), 85-118.

Jonassen, D. H. (1991). Objectivism versus constructivism: Do we need a new philosophical paradigm?. *Educational Technology Research and Development, 39*(3), 5-14.

Jonassen, D. H., & Duffy, T. M. (1992). Evaluating constructivist learning. In T. M. Duffy & D. H. Jonassen (Eds.), *Constructivism and the technology of instruction: A conversation* (pp. 137-148). Hillsdale, NJ: Lawrence Erlbaum Associates.

Joyce, B., Weil, M., & Calhoun, E. (2015). *Models of teaching* (9th ed.). New York: Pearson.

Kail, R. V., & Cavanaugh, J. C. (2018). *Human development*. New York: Wadsworth.

Kaplan, A., Middleton, M. J., Urdan, T. C., & Midgley, C. (2002). Achievement goals and goal structures. In C. Midgley (Ed.), *Goals, goal structures, and patterns of adaptive learning* (pp. 55-84). Mahwah, NJ: Erlbaum.

Kaufman, J. C., Plucker, J. A., & Baer, J. (2008). *Essentials of creativity assessment*. New York: Wiley.

Keller, J. M. (1979). Motivation and instructional design: A theoretical perspective. *Journal of Instructional Development, 2*(4), 26-34.

Keller, J. M. (1999). Motivation in cyber learning environments. Paper presented at the Korean Society for Educational Technology, Seoul, Korea.

Kendall, P. C., Howard, B. L., & Hays, R. C. (1989). Self-referent speech and psychopathology: The balance of positive and negative thinking. *Cognitive Therapy and Research, 13*(6), 583-598.

Kirschenbaum, H. (2009). **도덕 · 가치교육을 위한 100가지 방법** [*100 Ways to enhance values and morality in schools and youth settings*]. (추병완, 김항인, 정창우 공역). 서울: 도서출판 울

력. (원저는 1995년에 출판).

Klahr, D., Bornstein, M. H., & Lamb, M. E. (1999). *Developmental psychology: An advanced textbook* (4th ed.). Mahwah, NJ: Erlbaum.

Kounin, J. (1970). *Discipline and group management in classrooms*. New York: Holt, Rinehart, & Winston.

Kozoulin, A. (1990). *Vygotsky's psychology: A biography of idea*. London: Harvester.

Krapp, A., Hidi, S., & Renninger, K. A. (1992). Interest, learning and development. In K. A. Renninger, S. Hidi, & A. Krapp (Eds.), *The role of interest in learning and development* (pp. 3-25). Hillsdale, NJ: Erlbaum.

Kuder, F. (1966). *Kuder Occupational Interest Survey, General Manual*. Chicago: Science Research.

Kurtines, W. M., & Gewirtz, J. L. (2004). **도덕성의 발달과 심리** [*Moral development: An introduction*]. (문용린 역). 서울: 학지사. (원저는 1995년에 출판).

Lambert, N., & McCombs, B. (2000). Introduction: Learner-centered schools and classrooms as a direction for school reform. In N. Lambert & B. McCombs (Eds.), *How students learn* (pp. 1-15). Washington, DC: American Psychological Association.

Lepper, M. R., Green, D., & Nisbett, R. E. (1973). Undermining children's intrinsic interest with extrinsic reward: A test of the "overjustification" hypothesis. *Journal of Personality and Social Psychology, 28*, 129-137.

Levine, L. J., & Burgess, S. L. (1997). Beyond general arousal: Effects of specific emotions on memory. *Social Cognition, 15*(3), 157-181.

Lidz, C. S. E. (1987). *Dynamic assessment: An interactional approach to evaluating learning potential*. New York: Guilford Press.

Maag, J. W. (1999). *Behavior management: From theoretical implication to practical applications*. San Diego, CA: Singular.

Maier, H. W. (1965). *Three theories of child development*. New York: Harper & Row.

Marcia, J. E. (1980). Identity in adolescence. In J. Adelson (Ed.), *Handbook of adolescent psychology* (pp. 159-187). New York: Wiley.

Marsh, H. W., Pekrun, R., Lichtenfeld, S., Guo, J., Arens, A. K., & Murayama, K. (2016). Breaking the double-edged sword of effort/trying hard: Developmental equilibrium and longitudinal relations among effort, achievement, and academic self-concept.

Developmental Psychology, 52(8), 1273-1290.

Martin, G. B., & Clark, R. D. (1982). Distress crying in neonates: Species and peer specificity. *Developmental psychology, 18*(1), 3-9.

Marzano, R., Marzano, J., & Pickering, D. (2003). *Classroom management that works: Research-based strategies for every teacher.* Alexandria, VA: Association for Supervision and Curriculum Development.

Maslow, A. H. (1968). *Toward a psychology of being.* New York: D. Van Nostrand Company.

Maslow, A. H. (1970). *Motivation and personality.* New York: Harper & Row.

Mayer, J. D., & Salovey, P. (1997). What is emotional intelligence? In P. Salovey & D. J. Sluyter (Eds.), *Emotional development and emotional intelligence: Educational implications* (pp. 3-31). New York: Basic Books.

Mayer, J. D., Salovey, P., & Caruso, D. R. (2004). Emotional intelligence: Theory, findings, and implication. *Psychological Inquiry, 15*(3), 197-215.

McClelland, J. L. (1989). Parallel distributed processing: Implications for cognition and development. In R. G. M. Morris (Ed.), *Parallel distributed processing: Implications for psychology and neurobiology* (pp. 8-45). Oxford: Oxford University Press.

McCombs, B. L. (2001). Self-regulated learning and academic achievement: A phenomenological view. In B. J. Zimmerman & D. H. Schunk (Eds.), *Self-regulated learning and academic achievement: Theory, research, and practice* (2nd ed., pp. 67-123). Mahwah, NJ: Erlbaum.

McMillan, J. H. (2008). *Educational research: Fundamentals for the consumer* (5th ed.). Boston: Allyn & Bacon.

Meece, J., Anderman, E. M., & Anderman, L. H. (2006). Structures and goals of educational settings: Classroom goal structure, students' motivation, and academic achievement. In S. T. Fiske, A. E. Kazdin, & D. L. Schacter (Eds.), *Annual review of psychology* (Vol. 57, pp. 487-504). Stanford, CA: Annual Reviews.

Midgley, C. (2002). *Goals, goal structures, and patterns of adaptive learning.* Mahwah, NJ: Erlbaum.

Midgley, C., Kaplan, A., & Middleton, M. (2001). Performance-approach goals: Good for what, for whom, under what circumstances, and at what cost? *Journal of Educational Psychology, 93*(1), 77-86.

Miltenberger, R. G. (2017). **최신 행동수정** [*Behavior modification* (6th ed.)]. (안병환, 윤치연, 이영순, 이효신, 천성문 공역). 서울: 학지사. (원저는 2015년에 출판).

Mueller, C. M., & Dweck, C. S. (1998). Praise for intelligence can undermine children's motivation and performance. *Journal of Personality and Social Psychology, 75*(1), 33-52.

Newby, T. J., Stepich, D., Lehman, J., Russell, J. D., & Leftwich, A. T. (2008). **교수 · 학습을 위한 교육공학** [*Educational technology for teaching and learning*]. (노석준, 오선아, 오정은, 이순덕 공역). 서울: 학지사. (원저는 2006년에 출판).

Nicholls, J. G. (1976). Effort is virtuous, but it's better to have ability: Evaluative responses to perceptions of effort and ability. *Journal of Research in Personality, 10*, 306-315.

Ochse, R. (1979). *Before the gate of excellence: The determinants of creative genius*. Cambridge: Cambridge University Press.

Olson, M. H., & Hergenhahn, B. R. (2015). **학습심리학** [*An introduction to theories of learning* (9th ed.)]. (서울대학교 학습창의센터 역). 서울: 학지사. (원저는 2009년에 출판).

Ormrod, J. E. (2011). *Educational psychology: Developing learners* (7th ed.). Boston: Allyn & Bacon.

Osborn, A. F. (1963). *Applied imagination principles and procedures of creative thinking* (3rd ed.). New York: Charles Scribner's Sons.

Paivio, A. (1990). *Mental representations: A dual coding approach*. New York: Oxford University Press.

Pajares, R., & Schunk, D. H. (2002). Self and self-belief in psychology and education: A historical perspective. In J. Aronson & D. Cordova (Eds.), *Improving academic achievement: Impact of psychological factors on education* (pp. 3-21). New York: Academic Press.

Palmer, J., Cooper, D. E., & Bresler, L. (2001). *Fifty modern thinkers on education: From Piaget to the present*. New York: Psychology Press.

Papalia, D. E., & Olds, S. W. (1985). *Psychology*. New York: McGraw-Hill.

Pascual-Leone, J. (1984). Attention, dialectic, and mental effort. In M. L. Commons, F. A. Richards, & C. Armon (Eds.), *Beyond formal operations*. New York: Plenum Press.

Patrick, H., Kaplan, A., & Ryan, A. (2011). Positive classroom motivational environments: Convergence between mastery goal structure and classroom social climate. *Journal of Educational Psychology, 103*(2), 367-382.

Patrick, H., Ryan, A., & Kaplan, A. M. (2007). Early adolescents' perceptions of the classroom social environment, motivational beliefs, and engagement. *Journal of Educational Psychology, 99*, 83-98.

Pavlov, I. P. (1927). *Conditioned reflexes: An investigation of the physiological activity of the cerebral cortex*. London: Oxford University Press.

Pekrun, R., Goetz, T., Titz, W., & Perry, R. P. (2002). Academic emotions in students' self-regulated learning and achievement: A program of qualitative and quantitative research. *Educational Psychologist, 37*(2), 91-105.

Perkins, D. N. (1988). Creativity and the quest for mechanism. In R. J. Sternberg & E. E. Smith (Eds.), *The Psychology of human thought* (pp. 309-336). Cambridge, UK: Cambridge University Press.

Perkins, D. N. (1991). Technology meets constructivism: Do they make a marriage? *Educational Technology, 31*(5), 18-23.

Phillips, J. L. Jr. (1969). *The origins of intellect: Piaget's theory*. San Francisco: W. H. Freeman.

Piaget, J. (1972). *Psychology of intelligence*. Totowa, NJ: Adams.

Piaget, J. (1977). Problems of equilibration. In M. Appel & L. Goldberg (Eds.), *Topics in cognitive development* (pp. 3-13). New York: Plenum Press.

Piaget, J., & Inhelder, B. (1956). *The child's concept of space*. London: Routledge & Paul.

Pianta, R. C. (2006). Classroom management and relationships between children and teachers: Implications for research and practice. In C. M. Evertson & C. S. Weinstein (Eds.), *Handbook of classroom management: Research, practice, and contemporary issues* (pp. 685-709). Mahwah, NJ: Erlbaum.

Pintrich, P. R. (2000). Multiple goals, multiple pathways: The role of goal orientation in learning and achievement. *Journal of Educational Psychology, 92*(3), 544-555.

Pintrich, P. R. (2002). The role of metacognitive knowledge in learning, teaching, and assessing. *Theory into practice, 41*(4), 219-225.

Pintrich, P. R., & De Groot, E. V. (1990). Motivational and self-regulated learning components of classroom academic performance. *Journal of Educational Psychology, 82*(1), 1-33.

Pintrich, P. R., & Schunk, D. H. (2002). *Motivation in education: Theory, research, and applications* (2nd ed.). Upper Saddle River, NJ: Prentice Hall.

Plucker, J. A., & Renzulli, J. S. (1999). Psychometric approaches to the study of human creativity. In R. J. Sternberg (Ed.), *Handbook of creativity* (pp. 49-100). Cambridge: Cambridge University Press.

Poter, N., & Taylor, N. (1972). *How to assess the moral reasoning of students: A teachers' guide to the use of Lawrence Kohlberg's stage-developmental method.* Toronto: OISE.

Powell, K. C., & Kalina, C. J. (2009). Cognitive and social constructivism: Developing tools for an effective classroom. *Education, 130*(2), 241-250.

Power, F. C., Higgins, A., & Kohlberg, L. (1991). *Lawrence Kohlberg's approach to moral education*. New York: Columbia University Press.

Premack, D. (1965). Reinforcement theory. In D. Levine (Ed.), *Nebraska symposium on motivation* (pp. 3-41). Lincoln: University of Nebraska Press.

Pretty, G. H., & Seligman, G. (1984). Affect and overjustification effect. *Journal of Personality and Social Psychology, 46*(6), 1241-1253.

Reeve, J. (2001). *Understanding motivation and emotion* (3rd ed.). New York: John Wiley & Sons.

Reeve, J. (2015). *Understanding motivation and emotion* (6th ed.). Hoboken, NJ: Wiley.

Reigeluth, C. M. (Ed.). (2013). *Instructional design theories and models: An overview of their current status*. New York: Routledge.

Rest, J. R. (1979). *Revised manual for the defining issues test: An objective test of moral judgment development*. Minneapolis, MN: Minnesota Moral Research Projects.

Rest, J. R. (1986). *Moral development: Advances in research and theory*. New York: Praeger.

Rhodes, M. (1961). An analysis of creativity. *The Phi Delta Kappan, 42*, 305-310.

Riegel, K. F. (1973). Dialectic operations: The final period of cognitive development. *Human Development, 16*(5), 346-370.

Roazen, P. (1976). *Erik H. Erikson: The power and limits of a vision*. New York: Free Press.

Robert, E. F. (1982). *Human motivation*. Belmont, CA: Brooks/Cole.

Robertson, J. S. (2000). Is attribution training a worthwhile classroom intervention for K-12 students with learning difficulties? *Educational Psychology Review, 12*(1), 111-134.

Rogers, C. (1959). A theory of therapy, personality and interpersonal relationships as developed in the client-centered framework. In S. Koch (Ed.), *Psychology: A study of a science. Vol. 3. Formulations of the person and the social context.* New York: McGraw Hill.

Rogers, V. M. (1972). Modifying questioning strategies of teachers. *Journal of Teacher Education, 23*(1), 58-62.

Rosenberg, M. (1965). *Society and the adolescent self-image*. Princeton, NJ: Princeton University Press.

Rubin, K., Bukowski, W., & Parker, J. (2006). Peer interactions, relationships, and groups. In N. Eisenberg (Vol. Ed.), *Handbook of child psychology: Vol. 3. Social, emotional, and personality development* (6th ed., pp. 571-645). Hoboken, NJ: Wiley.

Rumelhart, D. E., Widrow, B., & Lehr, M. A. (1994). The basic ideas in neural networks. *Communications of the ACM, 37*(3), 87-93.

Runco, M. A. (2004). Creativity. *Annual Review of Psychology, 55*, 657-687.

Runco, M. A., & Johnson, D. J. (2002). Parents' and teachers' implicit theories of children's creativity: A cross-cultural perspective. *Creativity Research Journal, 14*(3), 427-438.

Ryan, R. M. (1982). Control and information in the intrapersonal sphere: An extension of cognitive evaluation theory. *Journal of Personality and Social Psychology, 43*, 450-461.

Ryan, R. M. (1995). Psychological needs and the facilitation of integrative processes. *Journal of Personality, 63*, 397-427.

Ryan, R. M., & Connell, J. P. (1989). Perceived locus of causality and internalization: Examining reasons for acting in two domains. *Journal of Personality and Social Psychology, 57*, 749-761.

Ryan, R. M., & Deci, E. L. (2000). Self-determination theory and the facilitation of intrinsic motivation, social development, and well-being. *American Psychologist, 55*, 68-78.

Salovey, P., & Mayer, J. D. (1990). Emotional intelligence. *Imagination, Cognition, and Personality, 9*, 185-211.

Sattler, J. M. (2001). *Assessment of children: Cognitive applications* (4th ed.). La Mesa, CA: Author.

Schaffer, H. R. (2000). The early experience assumption: Past, present and future. *International Journal of Behavioral Development, 24*, 5-14.

Scheuermann, B. K., & Hall, J. A. (2009). **긍정적 행동지원: 행동중재를 위한 최신 이론과 실제** [*Positive behavioral supports for the classroom*]. (김진호, 김미선, 김은경, 박지연 공역). 서울: 시그마프레스. (원저는 2008년에 출판).

Schiefele, U. (1992). Topic interest and levels of text comprehension. In K. A. Renninger, S.

Hidi, & A. Krapp (Eds.), *The role of interest in learning and development* (pp. 151-182). Hillsdale, NJ: Erlbaum.

Schmidt, S. J. (1995). 구성주의. [*Der diskurs des radikalen konstruktivismus*]. (박여성 역). 서울: 까치글방. (원저는 1987년에 출판).

Schneider, W. J., & McGrew, K. S. (2012). The Cattell-Horn-Carroll model of intelligence. In D. P. Flanagan & P. L. Harrison (Eds.), *Contemporary intellectual assessment: Theories, tests and issues* (3rd ed., pp. 553-581). New York: The Guilford Press.

Schunk, D. H. (1982). Effects of effort attributional feedback on children's perceived self-efficacy and achievement. *Journal of Educational Psychology, 74*, 548-556.

Schunk, D. H. (1984). Enhancing self-efficacy and achievement through rewards and goals: Motivational and informational effects. *Journal of Educational Research, 78*, 29-34.

Schunk, D. H. (1989). Self-efficacy and achievement behaviors. *Educational Psychology Review, 1*, 173-208.

Schunk, D. H. (1994). Self-regulation of self-efficacy and attributions in academic settings. In D. H. Schunk & B. J. Zimmerman (Eds.), *Self-regulation of learning and performance* (pp. 75-100). Hillsdale, NJ: Lawrence Erlbaum Associates.

Schunk, D. H. (2004). *Learning theories: An educational perspective.* Upper Saddle River, NJ: Pearson Prentice Hall.

Schunk, D. H., & Hanson, A. R. (1985). Peer models: Influence on children's self-efficacy and achievement. *Journal of Educational Psychology, 77*(3), 313-322.

Schunk, D. H., Pintrich, P. R., & Meece, J. L. (2008). *Motivation in education: Theory, research, and application* (3rd ed.). Upper Saddle River, NJ: Merrill/Prentice-Hall.

Schutte, N. S., Malouff, J. M., Hall, L. E., Haggerty, D. J., Cooper, J. T., Golden, C. J., & Dornheim, L. (1998). Development and validity of a measure of emotional intelligence. *Personality and Individual Differences, 25*, 167-177.

Seligman, M. E. P. (1975). *A helplessness: On depression development and death*. New York: Freeman.

Selman, R. L. (1980). *The growth of interpersonal understanding*. New York: Academic Press.

Shearer, C. B. (1996). *The MIDAS handbook of multiple intelligence in the classroom*. Ohio: Greyden Press.

Shearer, C. B. (1998). The MIDAS for Kids. Unpublished document, Harvard University.

Shimamura, A. P. (2000). Toward a cognitive neuroscience of metacognition. *Conscious and Cognition, 9*, 313-323.

Simonton, D. K. (1988). *Scientific genius: A psychology of science*. Cambridge: Cambridge University Press.

Simonton, D. K. (1994). *Greatness: Who makes history and why?* New York: Guilford.

Skinner, B. F. (1951). *How to teach animals*. San Francisco: Freeman.

Skinner, B. F. (1953). *Science and human behavior*. New York: Macmillan.

Skinner, E. A., & Belmont, M. J. (1993). Motivation in the classroom: Reciprocal effects of teacher behavior and student engagement across the school year. *Journal of Educational Psychology, 85*(4), 571-581.

Skinner, E., Furrer, C., Marchand, G., & Kindermann, T. (2008). Engagement and disaffection in the classroom: Part of a larger motivational dynamic? *Journal of Educational Psychology, 100*(4), 765-781.

Slater, L. (2006). **스키너의 심리상자 열기** [*Opening Skinner's box*]. (조증열 역). 서울: 에코의서재. (원저는 2005년에 출판).

Slavin, R. E. (2009). *Educational psychology: Theory and practice* (9th ed.). Boston: Merrill.

Smith, L. (1999). Epistemological principles for developmental psychology in Frege and Piaget. *New Ideas in Psychology, 17*(2), 83-117.

Smith, L., Dockrell, J., & Tomlinson, P. (2003). *Piaget, Vygotsky & beyond: Central issues in developmental psychology and education*. New York: Routledge.

Spearman, C. (1927). *The abilities of man*. Oxford, England: Macmillan.

Spiro, R. J., Feltovich, P. J., Jacobson, M. J., & Coulson, R. L. (1991). Cognitive flexibility, constructivism, and hypertext: Random access instruction for advanced knowledge acquisition in ill-structured domains. *Educational Technology, 31*(1), 24-33.

Stephen, J., Fraser, E., & Marcia, J. E. (1992). Moratorium-achievement (Mama) cycles in lifespan identity development: Value orientations and reasoning system correlates. *Journal of Adolescence, 15*(3), 283-300.

Stern, W. (1914). *Psychologie der frühen Kindheit bis zum sechsten Lebensjahr (The psychology of early childhood up to the sixth year of age)*. Leipzig: Quelle & Meyer.

Sternberg, R. J. (1985). *Beyond IQ: A triarchic theory of human intelligence*. New York: Cambridge University Press.

Sternberg, R. J. (1994). Thinking styles: Theory and assessment at the interface between intelligence and personality. In R. J. Sternberg & P. Ruzgis (Eds.), *Personality and intelligence* (pp. 105-127). New York: Cambridge University Press.

Sternberg, R. J., & Grigorenko, E. L. (2006). **학습잠재력 측정을 위한 역동적 평가** [*Dynamic testing: The nature and measurement of learning potential*]. (염시창 역). 서울: 학지사. (원저는 2002년에 출판).

Sternberg, R. J., & Lubart, T. I. (1996). Investing in creativity. *American Psychologist, 51*(7), 677-688.

Sternberg, R. J., & Williams, W. M. (2006). **교육심리학** [*Educational psychology*]. (전윤식, 허승희, 정명화, 황희숙, 강영심, 유순화, 신경숙, 강승희, 김정섭 공역). 서울: 시그마프레스. (원저는 2002년에 출판).

Sternberg, R. J., & Williams, W. M. (2009). *Educational psychology* (2nd ed.). Upper Saddle River, NJ: Pearson.

Sternberg, R. J., & Williams, W. M. (2010). **스턴버그의 교육심리학** [*Educational psychology* (2nd ed.)]. (김정섭, 신경숙, 유순화, 이영만, 정명화, 황희숙 공역). 서울: 시그마프레스. (원저는 2009년에 출판).

Strong, E. K. (1966). *Strong Vocational Interest Blank, Form T399*. Stanford, CA: Stanford Press.

Tashakkor, A., & Teddlie, C. (2001). **통합연구방법론 - 질적 · 양적 접근방법의 통합** [*Mixed methodology: Combining qualitative and quantitative approaches*]. (염시창 역). 서울: 학지사. (원저는 1998년에 출판).

Taylor, C. W., & Ellison, R. L. (1968). *The alpha biographical inventory*. Greensboro, NC: Prediction Press.

Thomas, E. L., & Robinson, H. A. (1982). *Improving reading in every class*. Boston: Allyn & Bacon.

Thorndike, E. L. (1898). Animal intelligence: An experimental study of the associative processes in animals. *Psychological Monographs: General and Applied, 2*(4), 1-109.

Thorndike, E. L. (1905). *The elements of psychology*. New York: A. G. Seiler.

Thorndike, E. L. (1911). *Animal intelligence*. New York: Macmillan.

Thurstone, L. L. (1938). *Primary mental abilities*. Chicago: University of Chicago Press.

Tice, D. M., Buder, J., & Baumeister, R. F. (1985). Development of self-consciousness: At what age does audience pressure disrupt performance? *Adolescence, 20*, 301-305.

Tolman, E. C., & Honzik, C. H. (1930). Introduction and removal of reward, and maze performance in rats. *University of California Publications in Psychology, 4*, 257-275.

Tolman, E. C., Ritchie, B. F., & Kalish, D. (1946). Studies in spatial learning. II. Place learning versus response learning. *Journal of Experimental Psychology, 36*(3), 221-229.

Torrance, E. P. (1974). *The Torrance tests of creative thinking: Norms-technical manual*. Princeton, NJ: Personal Press.

Torrance, E. P. (1977). *Creativity in the classroom: What research says to the teacher*. Washington, DC: NEA.

Torrance, E. P. (1988). The nature of creativity as manifest in its testing. In R. J. Sternberg (Ed.), *The nature of creativity* (pp. 43-73). New York: Cambridge University Press.

Tulving, E. (1972). Episodic and semantic memory. *Organization of Memory, 1*, 381-403.

Tulving, E. (2002). Episodic memory: From mind to brain. *Annual Review of Psychology*, *53*(1), 1-25.

Tulving, E., & Thomson, D. M. (1973). Encoding specificity and retrieval processes in episodic memory. *Psychological Review, 80*(5), 352-373.

Urdan, T. C. (2004). Using multiple methods to assess students' perceptions of classroom goal structures. *European Psychologist, 9*, 222-231.

Vansteenkiste, M., Duriez, B., Soenens, B., & De Witte, H. (2005). *Examining the impact of parental extrinsic versus intrinsic goal promotion and parental educational level on ethnic prejudice*. Manuscript submitted for publication.

Vygotsky, L. S. (1962). *Thought and language*. Cambridge, MA: MIT press.

Vygotsky, L. S. (1978). *Mind in society: The development of higher psychological processes*. Cambridge, MA: Harvard University Press.

Vygotsky, L. S., van der Veer, R. E., Valsiner, J. E., & Prout, T. T. (1994). *The Vygotsky reader*. Oxford: Blackwell.

Walberg, H., & Haertel, G. D. (1992). Educational psychology's first century. *Journal of Educational Psychology, 84*, 6-19.

Walker, L. J. (1980). Cognitive and perspective-taking prerequisites for moral development. *Child Development, 51*, 31-139.

Wallas, G. (1926). *The art of thought*. London: Jonathan Cape.

Walters, G. C., & Grusec, J. E. (1977). *Punishment*. Oxford, England: W. H. Freeman.

Watson, J. B., & Rayner, R. (1920). Conditioned emotional reactions. *Journal of Experimental Psychology, 3*, 1-14.

Watson, M., & Battistich, V. (2006). Building and sustaining caring communities. In C. M. Evertson & C. S. Weinstein (Eds.), *Handbook of classroom management: Research, practice, and contemporary issues* (pp. 253-279). Mahwah, NJ: Erlbaum.

Weiner, B. (1972). Attribution theory, achievement motivation, and the educational process. *Review of Educational Research, 42*(2), 203-215.

Weiner, B. (1979). A theory of motivation for some classroom experiences. *Journal of Educational Psychology, 71*, 3-25.

Weiner, B. (1985). An attributional theory of achievement motivation and emotion. *Psychological Review, 92*(4), 548-573.

Weiner, B. (1992). *Human motivation: Metaphors, theories, and research* (2nd ed.). London: Sage.

Weinstein, C. E., & Meyer, D. K. (1991). Cognitive learning strategies and college teaching. *New Directions for Teaching and Learning, 45*, 15-26.

Wigfield, A. (1994). Expectancy-value theory of achievement motivation: A developmental perspective. *Educational Psychology Review, 6*(1), 49-78.

Wigfield, A., & Eccles, J. S. (1992). The development of achievement task values: A theoretical analysis. *Developmental Review, 12*(3), 265-310.

Wigfield, A., & Eccles, J. S. (2000). Expectancy-value theory of achievement motivation. *Contemporary Educational Psychology, 25*, 68-81.

Willis, J. (1995). A recursive, reflective instructional design model based on constructivist-interpretivist theory. *Educational Technology, 35*(6), 5-23.

Wilson, K., & Korn, J. H. (2007). Attention during lectures: Beyond ten minutes. *Teaching of Psychology, 34*(2), 85-89.

Winner, E. (1996). *Gifted children: Myths and realities*. New York: Basic Books.

Wittrock, M. C., & American Educational Research Association. (1986). *Handbook of research on teaching: A project of the American Educational Research Association*. New York: Macmillan.

Wolpe, J. (1958). *Psychotherapy by reciprocal inhibition*. Palo Alto, CA: Stanford University

Press.

Wolpe, J. (1969). *The practice of behavior therapy.* New York: Pergamon Press.

Wolpe, J., & Plaud, J. J. (1997). Pavlov's contributions to behavior therapy: The obvious and the not so obvious. *American Psychologist, 52*(9), 966-972.

Woolfolk, A. E. (2004). *Educational psychology* (9th ed.). Boston: Allyn & Bacon.

Woolfolk, A. E. (2013). *Educational psychology* (12th ed.). Boston: Allyn & Bacon.

Yerkes, R. M., & Dodson, J. D. (1908). The relation of strength of stimulus to rapidity of habit-formation. *Journal of Comparative Neurology and Psychology, 18*, 459-482.

Yin, R. K. (2016). *Qualitative research from start to finish* (2nd ed.). New York: Guilford.

Zeidner, M. (1998). *Test anxiety: The state of the art*. New York: Plenum.

Zhou, L., Goff, G. A., & Iwata, B. A. (2000). Effects of increased response effort on self-injury and object manipulation as competing responses. *Journal of Applied Behavior Analysis, 33*, 29-40.

Zins, J. E., Bloodworth, M. R., Weissberg, R. P., & Walberg, H. J. (2004). The scientific base linking social and emotional learning to school success. In J. E. Zins, R. P. Weissberg, M. C. Wang, & H. J. Walberg (Eds.), *Building academic success on social and emotional learning* (pp. 3-22). New York: Teachers College Press.

Zins, J. E., & Elias, M. J. (2006). Social and Emotional Learning. In G. G. Bear & K. M. Minke (Eds.), *Children's needs III* (pp. 1-13). Bethesda, MD: NASP.

Jasper http://jasper.vueinnovations.com/adventures-of-jasper-woodbury

교육부 학생건강정보센터 http://www.schoolhealth.kr

찾아보기

인명

내 용

저자 소개

신현숙(Shin Hyeonsook)
미국 미네소타 대학교 학교심리학 전공(Ph.D.)
현 전남대학교 사범대학 교육학과 교수

오선아(Oh Suna)
전남대학교 대학원 교육학과 교육공학 전공(교육학박사)
현 광주대학교 교수학습연구원 교수

류정희(Lyu Jeonghee)
전남대학교 대학원 교육학과 학교심리학 전공(교육학박사)
현 광주대학교 청소년상담평생교육학과 교수

김선미(Kim Sunmi)
전남대학교 대학원 교육학과 학교심리학 전공(교육학박사)
현 동강대학교 유아교육과 교수

교육심리학(2판)

-이론과 실제-

Theories and Practice in Educational Psychology (2nd ed.)

2019년 3월 25일 1판 1쇄 발행
2020년 6월 30일 2판 1쇄 발행
2023년 6월 20일 2판 5쇄 발행

지은이 • 신현숙 · 오선아 · 류정희 · 김선미
펴낸이 • 김진환
펴낸곳 • ㈜학지사
04031 서울특별시 마포구 양화로 15길 20 마인드월드빌딩
대표전화 • 02-330-5114 팩스 • 02-324-2345
등록번호 • 제313-2006-000265호

홈페이지 • http://www.hakjisa.co.kr
페이스북 • https://www.facebook.com/hakjisabook

ISBN 978-89-997-2131-1 93370

정가 20,000원

이 도서의 국립중앙도서관 출판시도서목록(CIP)은 서지정보유통지원시스템 홈페이지(http://seoji.nl.go.kr)와 국가자료공동목록시스템(http://www.nl.go.kr/kolisnet)에서 이용하실 수 있습니다.
(CIP 제어번호: CIP2020026051)